Inhalt

D1665896

Ausgewählte Analysen und Forschungsergebnisse zur inklusionsorientierten Transformation pädagogischer Professionalität

Christian Lindmeier / Hans Weiß

Pädagogische Professionalität im Spannungsfeld von sonderpädagogischer Förderung und inklusiver Erziehung und Bildung (Einleitung)

In neueren Kompendien zur pädagogischen Professionalität/Lehrerprofessionalität (vgl. z.B. Zlatkin-Troitschanskaia et al. 2009; Terhart / Bennewitz / Rothland 2011; Helsper / Tippelt 2011) fehlen theoretisch-reflexive und empirisch-analytische Beiträge zu den Strukturveränderungen professionellen pädagogischen Handelns, die die Umsetzung des (menschrechts-)politischen Bildungsauftrags der Inklusion in den pädagogischen Handlungsfeldern bewirkt. Selbst die inklusive Bildung von Kindern und Jugendlichen mit Behinderungen, die unter dem Gesichtpunkt des pädagogischen Umgangs mit Diversität nur einen Teilaspekt der Realisierung eines inklusiven Bildungssystems darstellt, ist in der jüngeren pädagogischen Professionalitätstheorie und -forschung bislang kaum thematisiert worden. Deshalb ist auch weitgehend ungeklärt, welche Aufgabe einer weiterentwickelten sonderpädagogischen Professionalität in diesem Prozess einer inklusionsorientierten Professionalisierung pädagogischer Berufe zukommen könnte (vgl. Lindmeier / Lindmeier 2012).

Grundannahmen zur pädagogischen Professionalität

Wir folgen in diesem Beiheft dem Plädoyer Helspers und Tippelts, „die professionstheoretische Perspektive von ‚Profession' auf ‚Professionalität' zu verschieben" (2011, 272). Mit einer solchen Perspektivenverschiebung geht zugleich das Votum einher, „Professionalität im Kern über die Rekonstruktion der Handlungs- und Anforderungsstruktur zu bestimmen. Nicht Profession als Zustand und Status, sondern als die Spezifik der Handlungsstruktur und ihres Prozessierens wird zum zentralen Bezugspunkt" (2011, 272).

Im alltäglichen Sprachgebrauch werden unter Professionalität oder professionellem Handeln ‚gekonnte Beruflichkeit' und ‚qualitativ hochwertige Arbeit' (Nittel 2000, 15) verstanden. Dieses Verständnis wird auch durch professionstheoretische Ansätze aufgegriffen, die die Handlungsstruktur pädagogischen Handelns in den Mittelpunkt ihrer Analyse stellen. Zu ihrer Terminologie gehört auch der Begriff der Professionalisierung, allerdings im Sinne der reflexiven Weiterentwicklung professionellen pädagogischen Handelns. Gleichermaßen liegen diese Begriffe denjenigen Ansätzen zu Grunde, die sich auf den Kompetenzbegriff beziehen, und denjenigen, die Professionalität als berufsbiographisches Entwicklungsproblem verstehen (vgl. Lindmeier / Lindmeier 2012, 224 ff.).

Die professionell Handelnden sind ein zentraler Faktor für das Verständnis und die Analyse der gegenwärtigen Bildungsverhältnisse. Sie sind mit Sicherheit jedoch der zentrale Faktor, wenn es um die Fragen der Gestaltung und Umsetzung von Innovationen in Institutionen unseres Bildungswesens geht (vgl. Terhart / Bennewitz / Rothland 2011). Die Beschäftigung mit der pädagogischen Professionalität gehört deshalb zum Grundlagenwissen über innerinstitutionelle Abläufe und die organisatorische Entwicklung dieser Institutionen.

Die Professionalität von Sonderpädagoginnen und Sonderpädagogen wie auch die Professionalität von allgemeinen Pädagoginnen und Pädagogen wird im Kontext der Weiterentwicklung unseres Bildungssystems zu einem System mit inklusivem Anspruch erheblichen Veränderungen ausgesetzt sein, die – vor dem Hintergrund einer notwendigen Neupositionierung der Sonderpädagogik als (subsidiäres) Unterstützungssystem – ihre Rolle und ihr Aufgabenfeld entsprechend nachhaltig verändern werden.

Diese Veränderungen wirken sich auf verschiedene Bereiche des pädagogischen Handelns aus, insbesondere auf Diagnostik, Kooperation und Beratung etc. Dabei wird sich das Handeln der Sonderpädagoginnen und Sonderpädagogen schwerpunktmäßig von der ‚Arbeit mit dem Kind' auf die ‚Arbeit für das Kind' verlagern (Reiser 1996; 1998; Rauh 2012). Noch ist allerdings wenig darüber bekannt, wie sich die pädagogischen Kompetenzen, die Wertüberzeugungen und das berufliche Selbstverständnis sowie die berufsbezogenen Belastungen dadurch verändern werden.

Zur Konzeption des Beiheftes

In diesem ersten Beiheft der Zeitschrift ‚Sonderpädagogische Förderung heute' wird das Thema der pädagogische Professionalität unter der Fragestellung beleuchtet, inwiefern sich durch den Bildungsauftrag Inklusion Strukturveränderungen professionellen pädagogischen Handelns abzeichnen. Die

Beantwortung dieser Fragestellung wird in Form grundlegender theoretischer Beiträge und empirischer Analysen über die Breite der pädagogischen Handlungsfelder hinweg in den Blick genommen. Dabei gehen wir von der Annahme aus, dass sich eine inklusionsorientierte pädagogische Professionalität nicht ohne die Weiterentwicklung der sonderpädagogischen Professionalität entfalten wird.

Im ersten Teil des Beihefts wird eine grundsätzliche historisch-vergleichende und theoretisch-konzeptionelle Bestandsaufnahme von pädagogischer Professionalität im Spannungsfeld von sonderpädagogischer Förderung und inklusiver Erziehung und Bildung angestrebt.

An diese Bestandsaufnahme schließt sich im zweiten Teil eine Sichtung zentraler pädagogischer Handlungsfelder an. Für die Bereiche der interdisziplinären Frühförderung, der Schule (Primarstufe, Sekundarstufe I) und der Erwachsenenbildung werden die entscheidenden Entwicklungen der letzten Jahre hinsichtlich ihrer Bedeutung und Konsequenz für die pädagogische Professionalität analysiert. In allen Beiträgen wird die Entwicklung der pädagogischen Professionalität unter besonderer Berücksichtigung des Spannungsfeldes von sonderpädagogischer Förderung und inklusiver Erziehung und Bildung bearbeitet.

Im dritten Teil dieses Beiheftes werden ausgewählte Analysen und Forschungsergebnisse zu wichtigen Teilaspekten der Professionalität und Professionalisierung in verschiedenen Handlungsfeldern fokussiert. Nach einer Sichtung zahlreicher Studien zur inklusiven Lehrerinnen- und Lehrerbildung im Rahmen der ersten, universitären Phase und der Skizzierung sich daraus ergebender Desiderate werden Einblicke in professionelle Profilaspekte von Förderschullehrerinnen und -lehrern eröffnet: zum einen zu beruflichen Überzeugungen („beliefs"), zum anderen Metaphernanalysen zur Erhellung der Relation zwischen professionellem Wissen einerseits und Handeln andererseits. Zwei weitere Beiträge beziehen sich auf die Fundierung und Gestaltung einer sonderpädagogischen Diagnostik zur Analyse der Bedingungen von Entwicklungs-, Erziehungs- und Bildungsprozessen, dabei speziell auch von Lehr-/Lernprozessen in inklusiven Arbeitsfeldern, sowie auf die Konzipierung einer Sonderpädagogischen Professionsberatung zur Unterstützung von Allgemeinpädagoginnen und -pädagogen im anerkennenden und förderlichen Umgehen mit Heterogenität in inklusiven Bildungssystemen. Ein abschließender Beitrag widmet sich dem Spannungsfeld pädagogischer Professionalität zwischen notwendiger Technologieorientierung und professionsethischen Reflexionserfordernissen.

Dieses erste Beiheft soll einen Beitrag leisten für die (weitere) Entwicklung einer inklusionsorientierten Professionalität und Professionalisierung in pädagogischen Handlungsfeldern, wobei unter anderem folgende Fragestellungen auch künftig von hohem Interesse sein werden: Was sind die generellen Trends in den pädagogischen Handlungsfeldern und welche Bedeutung haben sie für die inklusionsorientierte pädagogische Professionalität? Wo zeigen sich Unterschiede zwischen den Handlungsfeldern, wo lassen sich Gemeinsamkeiten aufzeigen? Welche Bedeutung haben diese Entwicklungen für die Einheit der pädagogischen Berufskultur und Professionalität (,inclusiveness' als zentrale Anforderung professionellen pädagogischen Handelns)?

Literatur

Helsper, W. / Tippelt, R. (Hrsg.) (2011): Pädagogische Professionalität. Weinheim/Basel. [= Zeitschrift für Pädagogik, 57. Beiheft].

Lindmeier, B. / Lindmeier, C. (2012): Pädagogik bei Behinderung und Benachteiligung. Band 1: Grundlagen. Stuttgart.

Nittel, D. (2000): Von der Mission zur Profession? Stand und Perspektiven der Verberuflichung in der Erwachsenenbildung. Bielefeld.

Rauh, B. (2012): Sonderpädagogische Professionalität in der inklusiven Schule – ein Szenario für den Förderschwerpunkt Lernen. In: Lehren & Lernen 38, 12, 21–26.

Reiser, H. (1996): Arbeitsplatzbeschreibungen – Veränderungen der sonderpädagogischen Berufsrolle. In: Zeitschrift für Heilpädagogik 47, 5, 178–186.

Reiser, H. (1998): Sonderpädagogik als Service-Leistung? Perspektiven der sonderpädagogischen Berufsrolle. In: Zeitschrift für Heilpädagogik 49, 2, 46–54.

Terhart, E. / Bennewitz, H. / Rothland, M. (Hrsg.) (2011): Handbuch der Forschung zum Lehrerberuf. Münster.

Zlatkin-Troitschanskaia, O. / Beck, K. / Sembill, D. / Nickolaus, R. / Mulder , R. (Hrsg.) (2009): Lehrprofessionalität. Bedingungen, Genese, Wirkungen und ihre Messung. Weinheim/Basel.

Anschrift der Verfasser:
siehe bei den entsprechenden Beiträgen

Pädagogische Professionalität im Spannungsfeld von sonderpädagogischer Förderung und inklusiver Bildung – eine historische und theoretische Bestandsaufnahme

Sieglind Luise Ellger-Rüttgardt

Historische Perspektiven sonderpädagogischer Professionalität

Thematische Rahmung

Seit der Ratifizierung der Behindertenrechtskonvention im Jahr 2009 zählt die Gestaltung eines inklusiven Schulsystems zu den aktuellen bildungspolitischen Themen in Deutschland. Auch wenn sich die Forderung nach Inklusion keineswegs allein auf behinderte Schüler beschränkt, so steht doch im Fokus der Debatte die Frage nach dem gemeinsamen Unterricht von behinderten und nicht behinderten Schülern. Die Forderung nach Einschluss behinderter und von Behinderung bedrohter Kinder und Jugendlicher in die allgemeine Schule ist auch eine Herausforderung für die pädagogische Spezialdisziplin Heil- und Sonderpädagogik, aber keineswegs ausschließlich für sie. Es geht wieder einmal um die Justierung des Verhältnisses von allgemeiner und spezieller Pädagogik – oder vielleicht doch um eine Krise der Sonderpädagogik (Möckel 1996)? Diese schwelt bekanntlich seit den 70er-Jahren des vergangenen Jahrhunderts, als die Bildungskommission des Deutschen Bildungsrats in radikaler Abkehr vom traditionellen separaten Sonderschulwesen für mehr Gemeinsamkeiten zwischen behinderten und nicht behinderten Schülern plädierte und das „Kooperative Schulzentrum" als zukünftiges Modell aus der Taufe hob (Deutscher Bildungsrat 1973). Seit diesem Zeitpunkt ist nicht nur die Institution Sonderschule in Frage gestellt, sondern auch das Selbstverständnis sonderpädagogischer Disziplin und Profession. Dabei reichen die Positionen von der Forderung nach Auflösung sonderpädagogischer Disziplin und Professionalität (Eberwein 1988; Hänsel 2003; kritisch dazu Ellger-Rüttgardt 2004; Möckel 2004) bis hin zu verschiedenen Versuchen, sonderpädagogische Professionalität vor dem Hintergrund gewandelter Aufgaben neu zu bestimmen, etwa als eine „institutionalisierte systembezogene Service-Leistung", die durch die Elemente von Kooperation, Beratung und Expertise für Unterrichts- und Erziehungserschwernisse gekennzeichnet ist (Reiser 1998).

Auch wenn noch vieles ungeklärt ist im Hinblick auf Selbstverständnis und Funktionsbestimmung sonderpädagogischer Professionalität (vgl. etwa

Lindmeier / Lindmeier 2012; Werning / Baumert 2013), so scheint doch weitgehend Konsens zu herrschen, dass „die Sonderpädagogik als wissenschaftlich begründete Disziplin erhalten bleibt" (Reiser 1998, 51), und zwar, so wird unisono betont, als Spezialisierung und Teil innerhalb der Erziehungswissenschaft (vgl. C. Lindmeier 1997; Moser 2003; Horster / Hoyningen-Süess / Liesen 2005; Ellger-Rüttgardt / Wachtel 2010).

Seit den ersten PISA-Untersuchungen und dem Aufstieg der empirischen Bildungsforschung wird auch in Deutschland der Frage nach Unterrichtsqualität und deren Verbesserung besondere Aufmerksamkeit geschenkt (Helmke 2012). Damit unweigerlich verknüpft, rückt die Lehrerprofessionalität in das Zentrum des Interesses, zumal empirische Studien belegen, dass kompetentes Lehrerhandeln entscheidend ist bei der Lösung der schwierigen pädagogischen Aufgabe, wie mit Heterogenität angemessen umzugehen sei (vgl. Helmke 2012; Terhart / Bennewitz / Rothland 2011; Zlatkin-Troitschanskaia et al. 2009). Die neuere Schulforschung (Rolff 2007; Fend 2008) und weiterführend die Modelle von Steuerung im Bildungswesen betonen, dass die Implementierung von Schulreformen weniger durch eine Steuerung des Gesamtsystems gelingt als durch ein Zusammenwirken der einzelnen Ebenen des Systems, wobei der einzelnen Schule mit ihren Akteuren eine zentrale Rolle zufällt. Helmut Fend rückt in seiner „Neuen Theorie der Schule" das Handeln von Lehrpersonen in der Mittelpunkt seiner Analyse, indem er der Frage nachgeht, wie Akteure und Institutionen, die durch die Makro- und Mesoebene des Bildungssystems vorgegeben sind, interagieren. Lehrer als Akteure in sozialen Ordnungen folgen nach Fend zwar vorgegebenen Regeln, aber sie sind zugleich Schaffende und Gestaltende neuer Ordnungen und Regeln (Fend 2006a, 179).

Die Bedeutung der einzelnen Schule und der in ihr Handelnden findet sich bestätigt durch empirische Untersuchungen zu den Indikatoren für eine erfolgreiche Beschulung von Kindern mit Behinderungen. Auf der Basis der Auswertung von Modellversuchen identifizierten Borchert und Schuck (1992) Kriterien für die Voraussetzungen und Bedingungen von Fördererfolgen in integrativen Settings, und Ellger-Rüttgardt und Wachtel (2002) ermittelten anhand einer Auswertung empirischer Untersuchungen und in Anlehnung an Fends Mehrebenenanalyse für den deutschsprachigen Raum Qualitätsindikatoren für eine erfolgreiche Beschulung von Kindern mit Behinderungen, die anschlussfähig an die von Borchert und Schuck erhobenen Befunde sind.

Die Befunde für die Relevanz pädagogischen Handelns sind erdrückend; sie sagen allerdings nichts darüber aus, welches Selbstverständnis Pädagogen haben, welche Ziele sinnstiftend für die Formulierung pädagogischer und sonderpädagogischer Professionalität sind. Hierzu bedarf es historisch vermittelter und berufsethisch begründeter Entscheidungen.

Die empirische Bildungsforschung hat zweifellos eine Fülle von Erkenntnissen und Details zutage befördert, die geeignet sind, die komplexen Strukturen des Bildungswesens sowie der Handlungsmuster relevanter Akteure transparenter werden zu lassen, sie ist aber in der Gefahr, die geschichtliche Dimension von Bildungs- und Erziehungssystemen, das Gewachsensein dieser Strukturen aus dem Auge zu verlieren und damit eine historisch geleitete, kritisch-reflexive Standortbestimmung in der Gegenwart zu vernachlässigen. So bemerkt Kai Cortina in seiner kritischen Rezension des von Altrichter und Maag Merki verfassten „Handbuch Neue Steuerung im Schulsystem" von 2010 zutreffend:

> „Wer sich in der Bildungsgeschichte der Bundesrepublik auskennt, muss an einigen Stellen schmunzeln, weil irgendwie das Rad neu erfunden wird. Vieles, was jetzt unter ‚Neuer Steuerung' firmiert, hatte der Deutsche Bildungsrat in den 1970er-Jahren bereits ausführlich diskutiert. Aus der Analyse, warum sich bestimmte Dinge nicht haben durchsetzen können, lassen sich die Erwartungen an die Nachhaltigkeit der aktuellen Reformbemühungen ableiten. Die geringe Rolle, die Bildungshistoriker in der heutigen Zeit spielen, ist den Herausgebern fast nicht anzulasten, ist es doch charakteristisch für die gesamte jüngere Reformdebatte" (Cortina 2012, 900).

Was die Rolle der Sonderpädagogen schließlich, ihr Selbstverständnis und Funktionsbewusstsein in der inklusiven Schule betrifft, so dürfte die Warnung Fends vor dem Verlust von geschichtlicher Reflexion nicht leichtfertig beiseitezuwischen sein: „Ohne eine historische Sensibilität können Gestaltungsaktivitäten im Bildungswesen schnell zu Vorschlägen und Maßnahmen führen, die an die historisch entstandenen kulturellen Vorgaben nicht anschließbar sind und deshalb vom schulischen ‚Innensystem' abgestoßen werden" (Fend 2006b, 17). Um nicht dem Vorwurf zu erliegen, das „Rad neu zu erfinden", braucht die Debatte um sonderpädagogische Professionalität den Blick auf die Vergangenheit, braucht sie Erkenntnisse darüber, wie Sonderpädagogik als Disziplin und Profession entstanden ist und wie sie in ihrer Zeit agierte und sich selbst verstand. Dies soll im Folgenden, notgedrungen mehr skizzenhaft und ansatzweise, geschehen.

Der Prozess sonderpädagogischer Professionalisierung

Die ersten Pioniere der Heilpädagogik, die die aufklärerische Idee der Bildbarkeit für behinderte Menschen theoretisch begründeten und in der Praxis erprobten, entwickelten spezifische Methoden, suchten den kollegialen Austausch und strebten nach der Schaffung besonderer Lehrhäuser für ihre

Zöglinge. Ende des 18. Jahrhunderts erschien es völlig illusionär, gehörlose oder blinde mit „normalen" Schülern gemeinsam zu unterrichten. Sehr nüchtern schreibt Charles Michel de l'Epée, Begründer der französischen Gehörlosenpädagogik, in seinem grundlegenden Werk aus dem Jahre 1776 (deutsche Übersetzung von 1910) ‚Die Unterweisung der Taubstummen durch die methodischen Zeichen':

> „Die Welt wird niemals lernen, ihre Finger und Augen in größter Eile arbeiten zu lassen, nur um das Vergnügen zu haben, sich mit den Taubstummen unterhalten zu können. Das einzige Mittel, diese der menschlichen Gesellschaft völlig wiederzugeben, ist, sie zu lehren, mit den Augen zu hören und sich mündlich auszudrücken. Bei vielen unserer Schüler gelingt uns das, obgleich sie nicht bei uns wohnen, sondern nur zweimal wöchentlich in unsere Unterrichtsstunden kommen [...]. Diese Fähigkeit sollte man ausbilden, und man würde unfehlbar zu etwas Vollkommenem gelangen, wenn man Erziehungshäuser hätte, die ganz diesem Werke geweiht wären. Es scheint jetzt, daß das erste in Deutschland durch den Herzog von Sachsen-Weimar gegründet werden wird. Als dieser junge Fürst einer unserer Unterrichtsstunden beigewohnt hatte, hat er sogleich den Plan einer solchen Anstalt gefaßt [...]" (de l'Epée 1910, 76 f.).

Der Gedanke de l'Epées, dass sich die Welt der „Normalen" nicht jenen anpasst, die anders sind, sondern die Tendenz hat, sie aus der menschlichen Gesellschaft auszuschließen, findet sich auch bei Georgens und Deinhardt, etwa ein Jahrhundert später:

> „Was in den Rahmen der Normalität, den die Anlage, die Sitte, das Vorurteil und das Urtheil gebildet haben, nicht hineinpasst, wird von der Gesellschaft überall, wenigstens bis zu einem gewissen Grade, ausgeschlossen, bei Seite geschoben, verdeckt. Ebenso verfahren die Erziehung und die Heilpraxis, welche an sich die Aufgabe haben, die Abnormitäten und Deformitäten, die sich vorfinden, soweit es möglich ist, zu überwinden und die Normalität herzustellen" (Georgens / Deinhardt 1861, 30).

Die Trias aus heilpädagogischer Theorie, Profession und Institution bestand für den gesamten Entwicklungsprozess seit mehr als 200 Jahren, aber ihre Elemente veränderten während der Entwicklung immer wieder ihre Gestalt, die zwischen Besonderung, Separierung und Abgrenzung auf der einen sowie Annäherung an und Verbindung zur allgemeinen Pädagogik auf der anderen Seite schwankten. Damit offenbart sich eine Ambivalenz des heilpädagogischen Selbstverständnisses, die bis auf den heutigen Tag besteht und letztlich nicht aufhebbar ist. Die Erweiterung von Idee und Praxis der Bildsamkeit durch die Entdeckung der Bildbarkeit Behinderter (Ellger-Rüttgardt / Tenorth 1998) leitete Prozesse ein, die unausweichlich waren: Entwicklung spezifischer Methoden, Institutionalisierung und Professionalisierung. Indem diese Prozesse auf Besonderung hinausliefen, repräsentierten sie die Kehrseite einer Medaille, die als Ganzes durch Inklusion und Exklusion gekennzeichnet ist. Somit entstand das Paradoxon, dass die Einbeziehung behinderter Menschen in das allgemeine Bildungswesen – bislang, so möchte ich hinzufügen, – nur um den Preis von Exklusionsvorgängen zu realisieren war.

Die enge Verbindung von Disziplin- und Professionsentwicklung mit Institutionalisierungsprozessen verlief auf nationaler und internationaler Ebene in sehr ähnlicher Weise. Die ersten Pioniere wussten nicht nur voneinander, sondern sie pflegten einen engen, international geprägten Kontakt und inspirierten sich nicht selten gegenseitig. Der Franzose Séguin kannte den Schweizer Guggenbühl und den Deutschen Saegert, und so war es auch umgekehrt. Die US-Amerikaner Gallaudet und Howe reisten nach Europa, übernahmen das, was ihnen opportun erschien, und brachten sich sogar eigene Hilfslehrer vom alten Kontinent mit. Der blinde Lehrer Knie aus Breslau bereiste ganz Deutschland und der Taubstummenpädagoge Gronewald aus Köln wollte sich ein eigenes Bild von den verschiedenen Unterrichtsversuchen mit Gehörlosen in Deutschland verschaffen und begab sich ebenfalls auf ausgedehnte Reisen.

Es war naheliegend, dass mit einer wachsenden Institutionalisierung auf nationaler Ebene das Bedürfnis nach fachlichen Kontakten stieg; ihren Niederschlag fanden diese Bestrebungen in der Gründung von beruflichen Vereinigungen sowie in der Herausgabe von fachlichen Publikationsorganen. Vorbild für die einzelnen Länder auf dem Felde der Periodika waren zweifellos das 1826 von Bébian in Paris herausgegebene „Journal de l'instruction des sourds-muets et des aveugles" sowie dessen Nachfolger, die „Circulaires de l'Institut Royal des Sourds-Muets de Paris" (1827–1836), die von Marie-Joseph Degérando (1772–1842), dem Verfasser des zweibändigen Werkes „De l'éducation des sourds-muets de naissance" (1827), und dem Pariser Gehörloseninstitut redigiert wurden.

In Deutschland wurden 1838 die „Blätter für das Taubstummen- und Blindenwesen" ins Leben gerufen, die als Beilage der „Darmstädter Allgemeinen Schulzeitung" an die Öffentlichkeit traten. Schon bald allerdings empfanden die Gehörlosen- und Blindenlehrer ein regional begrenztes Beiblatt als unbefriedigend, und so kam es 1856 zur Herausgabe des „Organ der Taubstummen- und Blinden-Anstalten in Deutschland und den deutschredenden Nachbarländern", das bis 1880 erscheinen sollte.

Analog zur weiteren, zunehmend separaten Entwicklung von Taubstummen- und Blindenanstalten entstand der Wunsch nach jeweils eigenen Zeitschriften. Seit 1881 erschien „Der Blindenfreund" und im selben Jahr rief der Gehörlosenlehrer Johannes Vatter aus Frankfurt a. M. das „Organ der

Taubstummenanstalten in Deutschland und den deutschredenden Nachbarländern" (bis 1916) ins Leben. Nur sechs Jahre später, 1887, kam eine zweite Zeitschrift der Gehörlosenpädagogik auf den Markt, die „Blätter für Taubstummenbildung", verantwortlich redigiert von dem äußerst rührigen Berliner Taubstummenpädagogen Eduard Walther.

Ähnliche Entwicklungen lassen sich für das Ausland nachweisen, wo ebenfalls, allerdings in unterschiedlichen Ausprägungen, ein differenziertes heilpädagogisches Zeitschriftenwesen entstand (vgl. Ellger-Rüttgardt 2008, 185 f.).

Die Tatsache, dass sich erst 1884 ein nationaler Gehörlosenverband konstituierte, aber schon seit 1878 internationale Kongresse zur Frage der Bildung und Erziehung hörgeschädigter Kinder stattfanden, belegt für das gesamte 19. Jahrhundert das Festhalten an einer internationalen Kommunikationsstruktur der Gehörlosen- und auch Blindenpädagogen (vgl. Ellger-Rüttgardt 2008, 186 ff.).

Auch die Blindenlehrer folgten in der Vereinsbildung einem ähnlichen Muster wie die Taubstummenlehrer. Am Anfang stand der Besuch regionaler Treffen, dann internationaler Kongresse und erst 1920, anlässlich des 15. Blindenlehrerkongresses in Hannover, wurde der „Deutsche Blindenverein" gegründet, zu dessen Verbandsorgan der seit 1881 existierende „Blindenfreund" erklärt wurde. Der erste Kongress der Blindenlehrer fand 1873 in Wien statt und war noch explizit als internationaler Kongress deklariert worden; bereits 1879 in Berlin, vor dem Hintergrund eines deutlich gewachsenen Nationalismus, wurde die Internationalität aufgekündigt, und von nun an handelte es sich nur noch um „deutsche" Blindenlehrerkongresse.

Vergleichen wir den Professionalisierungsprozess der neuen, aufstrebenden Gruppe der Hilfsschullehrer mit dem der Pädagogen für Sinnesbehinderte, so fallen gravierende Unterschiede ins Auge: Die Hilfsschullehrer waren gerade nicht Repräsentanten einer allseits anerkannten Bildungsinstitution, sondern kämpften für Anerkennung und Ausbreitung einer durchaus umstrittenen neuen Schulform, deren Legitimität durch den Nachweis einer spezifischen Klientel nur schwer zu beschaffen war. Für die Durchsetzung bildungs- und standespolitischer Ziele brauchten die Hilfsschullehrer einen schlagkräftigen Verband, und so war es nur folgerichtig, dass nach einer relativ kurzen Periode der Kontaktaufnahme zur „Conferenz für Idioten-Heil-Pflege" und dem Deutschen Lehrerverein sich 1898 ein nationaler Interessenverband gründete, der „Verband der Hilfsschulen Deutschlands" (Möckel 1998), der erst zehn Jahre später, 1908, auch eine eigene Zeitschrift mit dem programmatischen Titel „Die Hilfsschule" ins Leben rief.

Die Berufspolitik der Hilfsschullehrer, die auf Eigenständigkeit und Abgrenzung zielte, bewahrte ihren Charakter bis weit in das 20. Jahrhundert hinein; sie wird zu Recht seit Jahrzehnten der Kritik unterzogen (Ellger-

Rüttgardt 1980; 2003), aber es ist historisch nicht korrekt, sie mit dem gesamten Gebiet der Heil- und Sonderpädagogik gleichzusetzen bzw. sie als deren Prototyp auszugeben.

Professionalisierungsprozesse beinhalten stets standespolitische Aspekte wie Ausbildung, Besoldung und Amtsbezeichnung. Die Gehörlosen- und Blindenlehrer erhielten bereits in der frühen Anfangszeit eine zusätzliche Qualifikation durch Fortbildungskurse an den beiden Berliner Anstalten, was in der Folgezeit ausgebaut und fortgesetzt wurde. Bereits 1831 wurde in Preußen erstmals eine Prüfungsordnung für Taubstummenlehrer erlassen, die in den Folgejahren immer wieder revidiert wurde, und schon bald erfolgte eine besoldungsmäßige Gleichstellung der Taubstummenpädagogen mit den Oberlehrern. Bis in die 1870er-Jahre existierte die enge Verbindung zwischen Taubstummenanstalten und Lehrerseminaren in der Weise, dass die Taubstummenanstalten dem Direktor des jeweiligen Lehrerseminars untergeordnet waren. Es war nur eine Frage der Zeit, bis sich aus dieser Verbindung Zündstoff entlud, der zur Loslösung der Taubstummenanstalten von den Seminaren führte.

Friedrich Moritz Hill, Seminardirektor und Vorsteher der Taubstummenanstalt in Weißenfels (damalige preußische Provinz Sachsen), versuchte vergeblich sich dieser Entwicklung entgegenzustellen. Mit Argumenten, die wir aus der gegenwärtigen Debatte kennen, verfocht er sein Ideal einer engen Verbindung von Volksschullehrer- und Taubstummenlehrerbildung:

„Aber so sehr ich auch alle die bereits aufgezählten Vortheile zu schätzen weiss, welche die Verbindung der Tbst.-Anstalten mit Seminarien der Sache der Tbst. gewährt: so liegt doch der Quell meiner, ich kann sagen, pädagogischen Begeisterung für die Verbindung auf einem höheren Gebiete, nämlich in der Beziehung, in welche dadurch die Gesammtheit der Tbst.-Lehrer zur pädagogischen Welt überhaupt, das Tbst.-Bildungswesen zum Elementarschulwesen gesetzt wird [...]. Indem der reiche Strom der allgemeinen Pädagogik vermittelst durch die Seminar-Tbst.-Anstalten anregend, befruchtend und reinigend auf das Störgebiet der Tbst.-Bildung einwirkt, bewahrt er die Lehrer vor der Einseitigkeit, Einschrumpfung und Versteifung, vor der Abgeschlossenheit und Engherzigkeit, vor den Verkehrtheiten und Verschrobenheiten, vor dem Stehenbleiben und der selbstgefälligen Ueberschätzung, denen sie bei der grossen Beschränktheit ihres Gebietes und ihrer Verhältnisse, namentlich bei zunehmendem Alter und der damit eintretenden Bequemlichkeit, Gleichgültigkeit etc., so leicht ausgesetzt sind und denen man in früheren Jahren bei so vielen Vorstehern und Lehrern von Tbst.-Anstalten begegnete" (Hill 1866, 305 f.).

Die Gehörlosenpädagogen verweigerten Hill ihre Zustimmung. Auf der 5. Versammlung der Taubstummen-Lehrer Nordwest-Deutschlands im August 1871 in Braunschweig nahm die Versammlung einen Antrag an, der die

Schaffung einer besonderen Ausbildungsstätte für Taubstummenlehrer forderte. Darin heißt es unter anderem:

> „Es besteht zur Zeit in Deutschland ein grosser Mangel an hinreichend befähigten und wohlvorbereiteten jungen Tbst.-Lehrern, der für die Tbst.-Anstalten, welche nicht allein vacant werdende, sondern bei der zunehmenden Ausdehnung und Vermehrung derselben auch nothwendig neu zu errichtenden Lehrerstellen zu besetzen haben, je länger, desto mehr zu einer wahren Noth wird. Die Heranbildung einer jederzeit ausreichenden Anzahl zur definitiven Anstellung befähigter Schulamts-Kandidaten zu Tbst.-Lehrern ist daher ein dringendes Bedürfniss. Demselben kann sicher nur durch Errichtung einer oder mehrerer Anstalten [...] abgeholfen werden [...].
>
> Es ist daher eine dringende Nothwendigkeit, dass in Deutschland, der Grösse des Bedürfnisses entsprechend, eine oder mehrere Bildungsanstalten für Tbst.-Lehrer errichtet werden" (Hill 1872, 1 f.).

Damit war die Marschrichtung für eine besondere Ausbildung der Heilpädagogen eingeschlagen, die in der Folgezeit immer stärker auf Spezialistentum setzte und im Rahmen dieses Emanzipationsprozesses nahezu zwangsläufig die Fäden zur Mutterdisziplin Pädagogik brüchiger werden ließ. Die für die Taubstummenpädagogik charakteristische starke Abgrenzung von der allgemeinen Pädagogik erklärt sich allerdings nicht allein aus der berufsständischen Interessenlage, sondern auch aus der Eigenart und Kompliziertheit dieses Fachgebietes. Somit wird auch deutlich, warum es vergleichbare Phänomene in dieser Schärfe nicht in der Blindenpädagogik gab, für die eine stärkere Anlehnung an die allgemeine Pädagogik sehr viel unproblematischer war. Während in der Gehörlosenpädagogik alles um den Mangel an Lautsprache und deren Kompensationsmöglichkeiten und damit um gravierende Kommunikationsprobleme im Bildungsgeschehen kreiste, brauchte sich die Blindenpädagogik lediglich auf die Bereitstellung adäquater Technologien zu konzentrieren, um Bildung und Erziehung ihrer Klientel zu realisieren. Mithin ist es nicht verwunderlich, dass sich der Lehrplan der Provinzial-Blindenanstalt zu Düren von 1887 explizit den Allgemeinen Bestimmungen der preußischen Volksschule von 1872 anschloss und alle darin vorgesehenen Unterrichtsfächer mit einschloss (Degenhardt / Rath 2001, 50 ff.).

Als 1911 in Preußen eine verbindliche Fachprüfung für Blinden- und Gehörlosenlehrer eingeführt wurde, war der entscheidende Schritt in Richtung einer akademischen Ausbildung für alle Heilpädagogen getan. Dass eine preußische Prüfungsordnung auch für Hilfsschullehrer nur zwei Jahre später erlassen wurde, belegt sehr eindrucksvoll die wirksame Lobbyarbeit der Hilfsschullehrer, aber auch das Wohlwollen der staatlichen Organe gegenüber dieser loyalen und systemkonformen Lehrergruppe sowie dem neuen Schultypus Hilfsschule.

Während der Prozess der Professionalisierung in der Gehörlosen- und Blindenpädagogik und vor allem in der Hilfsschulpädagogik stark auf Eigenständigkeit und damit Abgrenzung von anderen pädagogischen Professionen gerichtet war, vollzog sich in der sich zeitlich später entwickelnden Geistigbehindertenpädagogik eine deutlich andere Tendenz, die unserem gegenwärtigen Verständnis von Subsidiarität und Teamarbeit sehr nahekommt.

Das Besondere der pädagogischen Arbeit in den Schulabteilungen der Idiotenanstalten war, dass sie eingebunden war in einen multiprofessionellen Kontext, der durch Theologen, Pädagogen und Mediziner geprägt war, repräsentiert durch die von dem Theologen Heinrich Sengelmann gegründete „Conferenz für Idioten-Heil-Pflege". Zumindest in den ersten Jahren bis zum Ausscheiden Sengelmanns 1889 wurde in den Zusammenkünften der Konferenzen ein „interdisziplinäre[r] Dialog zwischen den verschiedenen Berufsgruppen in Respekt voneinander und mit Erfolg geführt" (Schümann 2001, 302), und auch die Zeitschriften, in denen Fragen des Idiotenwesens erörtert wurden, waren interdisziplinär besetzt, als da wären: die „Zeitschrift für das Idiotenwesen" (1880–1884), die „Zeitschrift für die Behandlung Schwachsinniger und Epileptischer" (seit 1885) sowie die „Zeitschrift für Kinderforschung" (seit 1896).

Historische Beispiele schulischer Inklusionsversuche

Wie wir versuchten darzulegen, wies der sonderpädagogische Professionalisierungsprozess Ambivalenzen auf, die durch Inklusions- und Exklusionsphänomene gekennzeichnet sind. Im Folgenden möchten wir zwei historische Beispiele für den Einschluss behinderter Schüler in das allgemeine Schulwesen darstellen, die aus dem 19. und 20. Jahrhundert stammen.

Das Experiment der „Verallgemeinerung" im 19. Jahrhundert

Mit dem Entstehen der ersten Bildungseinrichtungen für gehörlose und blinde Kinder ergab sich das Problem, wie es gelingen könne, dass die prinzipiell anerkannte Bildungsfähigkeit aller in Praxi auch für diese Kinder zu realisieren sei.

Bereits Samuel Heinicke hatte sich frühzeitig Gedanken darüber gemacht, wie es anzustellen sei, dass nicht nur die wenigen in seinem Leipziger Institut erzogenen Zöglinge Unterricht erhielten, sondern auch die vielen bislang unversorgten jungen taubstummen Menschen, die entsprechend der vorherrschenden Volksmeinung meist als blödsinnig angesehen wurden. So unterbreitete Heinicke in verschiedenen Denkschriften die Idee, sowohl am Leipziger Mutterinstitut Lehrer in der Kunst der Taubstummenpädagogik auszubilden, die anschließend im Lande Sachsen gehörlosen Kindern in besonderen Klassen Unterricht erteilten sollten, als auch ein Lehrerseminar zu errichten, das in enger Verbindung mit dem Leipziger Taubstummen-Institut für die Ausbildung spezialisierter Lehrer sorgen sollte (Schumann 1940, 250). Während Heinickes Ideen noch ohne Resonanz bei den politisch Verantwortlichen blieben, entstand zu Beginn des 19. Jahrhunderts eine neue Lage, als im Zuge der Anerkennung des humanistischen Bildungsideals auch für Blinde und Gehörlose bildungspolitischer Handlungsbedarf entstand.

Auf der Diskursebene war es vor allem die Veröffentlichung des Kreisschulrates Heinrich Stephani aus Ansbach/Bayern, die eine Diskussion in Gang setzte, die mit der Veröffentlichung von Johann Baptist Graser (1766–841), ebenfalls ein bayerischer Schulrat (Bayreuth), ihren ersten Höhepunkt fand. Ausgangspunkt war für beide die unterrichtliche Vernachlässigung der Gruppe der Taubstummen, die zu unterrichten eine staatliche Pflicht sei, sowie die Überzeugung, dass dies im Rahmen der allgemeinen Elementarerziehung erfolgen sollte. Aufgrund der hohen finanziellen Lasten, aber auch wegen der Entfernung vom realen Leben wandte sich Graser gegen einen weiteren Ausbau von abgeschlossenen Taubstummenanstalten und forderte stattdessen, „daß jeder Schullehrer auch Taubstumme zu unterrichten vermag, und folglich jede Schule eine Taubstummen-Schule seyn könne; folglich jeder Taubstumme in seinem Orte und im Kreise seiner Familie seine Bildung erhalte; und – dahin muß es kommen, daß jeder Taubstumme die Sprach seiner Mitmenschen erlerne, und mit ihnen wie andere Hörende in Verkehr trete" (Graser 1829, Vorwort).

Die Position Grasers blieb nicht ohne Kritik, und die vor allem von den wenigen Vertretern der Taubstummeninstitute ins Feld geführten Argumente in dieser überaus lebendigen Debatte sind auch heute noch von Interesse. So entgegnete der Direktor des Taubstummen- und Blindeninstituts in Gmünd (Württemberg), Viktor Jäger, dass ein Elementarlehrer niemals so viel Zeit für seine taubstummen Schüler aufbringen könne wie der Lehrer in einer Taubstummenanstalt und dass es unmöglich sei, allen Begabungen in der Klasse gerecht zu werden. In einer Erwiderung auf Graser bezweifelte Jäger nicht, dass es möglich sei, Taubstumme an den Ortsschulen zu bilden, „vorausgesetzt der Taubstumme erhalte dort Privatunterricht", also individuellen Unterricht, aber er wiederholte seine Überzeugung, dass auf besondere Institute nicht verzichtet werden könne, wobei er gern einräumte, dass kleinere, direkt in den Wohnorten sich befindende Anstalten gegenüber den größeren zu bevorzugen seien, sodass die Möglichkeit zur Begegnung mit hörenden Menschen gegeben sei. Jäger berichtete aber auch von seiner

Beobachtung, dass „andere Kinder sich nicht gern mit ihm [dem Taubstummen, E.-R.] abgeben, ja ihn nicht selten sogar misshandeln" und dass sich daher der Taubstumme in einem Taubstummeninstitut „erst unter seines Gleichen den Genuß des Umgangs mit Anderen findet" und sich „heimisch" fühle. Jäger bekräftigte, dass Taubstummeninstitute „immer nötig bleiben" werden, und zwar sowohl als Orte der Professionalisierung von Taubstummenlehrern als auch als Bildungsstätte für jene taubstummen Schüler, die weit entfernt von Schulen wohnen, die ohne Eltern wären oder wegen Misshandlung durch die Eltern von ihnen entfernt werden müssten (Jäger 1831, 289–294).

Ein Taubstummenlehrer von der Anstalt in Köln, Joseph Gronewald, besuchte voll Sympathie für die Grasersche Verallgemeinerungsidee dessen Unterricht mit Gehörlosen in Bayreuth im Jahre 1835. Gronewald, der seine Ausbildung an der Berliner Taubstummenanstalt erhalten hatte, war allerdings massiv enttäuscht von dem, was er sah, nicht zuletzt wegen der geringen Kenntnisse der taubstummen Schüler. Gronewald hospitierte in einer Elementarklasse, die von 143 (!) 6- bis 8-jährigen Schülern besucht wurde, von denen sieben taubstumm waren. Diese gehörlosen Schüler waren vor Aufnahme in die Klasse in einem 2-jährigen vorbereitenden Unterricht in Sprechen, Lesen und Schreiben eingeführt worden und erhielten jeden Tag eine Art Nebenunterricht, in dem der Unterrichtsstoff der Klasse vor- und nachbereitet wurde. Die gehörlosen Schüler rückten mit den anderen nun aber nicht in die nächste Klasse auf, sondern verblieben während ihrer gesamten Schulzeit in der ersten Klasse, wo „auch jedes Mal das alte Pensum von vorn wieder anfängt" (Gronewald 1835, 58).

Gronewald kam zu dem Schluss, dass die insgesamt geringen Lernergebnisse der gehörlosen Schüler vor allem Frucht des besonderen Nebenunterrichts waren und dass ihre Lernmöglichkeiten in einer Schule nur für Gehörlose ungleich größer gewesen wären. Aufgrund seiner desillusionierenden Erfahrungen urteilte Gronewald: „Sollte ich nun [...] bekennen müssen, welcher Art von Taubstummen-Bildungs-Anstalten ich nach Betrachtung der Graserschen Schule den Vorzug gäbe, so würden es [...] unbedingt die reinen Taubstummen-Schulen sein" (1835, 57).

Ungeachtet der von den ‚Fachleuten' erhobenen Bedenken und Einwände fand die Idee der Verallgemeinerung bei Vertretern der Volksschulpädagogik breite Unterstützung, denn sie erschien angesichts der gegebenen Verhältnisse als der einzig aussichtsreiche Weg, auch sinnesbehinderten Kindern ein Mindestmaß an Bildung zu vermitteln. So schrieb Friedrich Heinrich Christian Schwarz in seiner 1829 in zweiter Auflage in Leipzig erschienenen ‚Erziehungslehre in 3 Bänden': „Es giebt sehr gute Unterrichtsanstalten für die Taubstummen und Blinde, und ein sehr wichtiger Fortschritt in unsern Tagen ist die Einführung dieser Hülfe in die Volksschulen, und also ihre

Verallgemeinerung" (Schwarz 1829, Erster Band, 504). Unter dem Kapitel 'Die Volksschule in besonderen Gestaltungen' widmete sich Wilhelm Harnisch, der Seminardirektor von Weißenfels, in seinem 'Handbuch für das deutsche Volksschulwesen' auch den Schulen für Taubstumme und Blinde und seine leitende Fragestellung lautete: „Wie ist es zu bewirken, daß wie jedes vollsinnige Kind, so auch jedes taubstumme und jedes blinde den nöthigen Schulunterricht erhalte?" (Harnisch 1839, 557).

Die preußische Provinz Sachsen griff die Idee der Verallgemeinerung frühzeitig auf und verfolgte eine Bildungspolitik, die, wie von Harnisch propagiert, darauf abzielte, gehörlose und blinde Kinder an den Ortsschulen durch speziell ausgebildete Lehrer unterrichten zu lassen. Diese besondere Qualifikation der Lehrer sollte an den zu Beginn des 19. Jahrhunderts neu eingerichteten Lehrerseminaren erworben werden, die eng mit Taubstummen-Übungsschulen verbunden waren. Derartig kombinierte Lehrerseminare und Taubstummenschulen entstanden zunächst an den bereits bestehenden Taubstummen-Instituten in Erfurt und Halberstadt, später kamen Magdeburg und Weißenfels hinzu.

Aber schon Anfang der 1840er-Jahre änderte sich die politische Situation; die entstandenen Mehrkosten wurden unübersehbar und der sächsische Landtag zog die Finanzbremse. Mit dem Hinweis auf die Provinz Brandenburg plädierten die politisch Verantwortlichen in Sachsen nun nur noch für eine erste Vorbereitung gehörloser Kinder an den Ortsschulen und eine daran anschließende Unterbringung in einer Taubstummenanstalt. Diese gewissermaßen als Kompetenzzentren konzipierten Taubstummen-Anstalten sollten darüber hinaus ihre Wirksamkeit „durch die Einrichtung eines zweimal abzuhaltenden sechswöchentlichen Kursus zur Instruction solcher Schullehrer und Schulamts-Bewerber, welche anderweits keine Gelegenheit gefunden haben, sich die Befähigung zum Taubstummen-Unterricht zu erwerben, erweitern" (zit. n. Ellger-Rüttgardt 2008, 112).

Der Versuch, die finanziellen Lasten von der Provinz auf den Staat abzuwälzen, führte schließlich dazu, dass sich die sächsische Provinz in ihrem Engagement für eine breit angelegte Verankerung des Taubstummenunterrichts an den Elementarschulen zurückzog und stattdessen für die Etablierung staatlicher Taubstummenanstalten plädierte. Ebenfalls als Folge der finanziellen Restriktionen wurde die Zahl der Taubstummenanstalten in Sachsen im Dezember 1845 auf drei reduziert, sodass die Magdeburger Anstalt 1846 aufgegeben wurde.

Auch in der Provinz Brandenburg konnte zu Beginn des 19. Jahrhunderts nur ein geringer Prozentsatz der registrierten Taubstummen mit Unterricht versorgt werden. Das Königliche Taubstummeninstitut zu Berlin führte eine lange Warteliste, vor allem für die Anwärter auf die wenigen Freistellen, und es blieb im Einzelfall völlig ungewiss, ob angesichts der geringen Platzzahl überhaupt ein Anwärter zum Zuge kam. Damit war es naheliegend, dass auch die Provinz Brandenburg zunächst den Weg der „Verallgemeinerung des Taubstummenunterrichts" einschlug. In der Circular-Verfügung von 1832 zum Elementarschulwesen finden wir unter der Überschrift ‚Besondere Lehranstalten' die folgende höchst aufschlussreiche Passage zu den ‚Taubstummen-Anstalten', die alle wichtigen Elemente der Verallgemeinerung beinhaltet:

> „Die große Menge von Taubstummen, welche zwar noch im bildungsfähigen Alter, aber in den wenigen vorhandenen Taubstummen-Instituten nicht mehr unterzubringen sind, so wie der übergroße, im Zunehmen begriffene Andrang zu diesen Instituten, hat das Ministerium veranlaßt, auf umfassende und durchgreifende Maßregeln zum Besten dieser Unglücklichen Bedacht zu nehmen [...]. Das Ministerium findet es [...] angemessen, einen neuen Weg einzuschlagen, wozu auch die Fortschritte des Zeitalters in der Taubstummen-Bildung auffordern, indem man den Taubstummen-Unterricht nicht mehr als eine geheime, sehr complicirte und schwierige Kunst, sondern als eine zwar eigenthümliche, auf die besondere mangelhafte Beschaffenheit des Schülers berechnete, aber mit jeder andern psychologisch begründeten, naturgemäßen Unterrichtsmethode sehr verwandte Lehr- und Behandlungsweise betrachtet und das Zusammenleben von taubstummen mit hörenden und sprechenden Kindern nicht nur für zulässig, sondern sogar für wünschenswerth und mehr sachförderlich erklärt [...]. Für die Lösung dieser Aufgabe ist es besonders wünschenswert, daß baldmöglichst in jedem Schul-Inspektionskreise ein Lehrer vorhanden sei, welcher die Taubstummen seines Wohnortes und der nächsten Umgegend zu unterrichten im Stande sei [...]. Auf diese Weise wird es sich vielleicht in einem Jahrzehnt bewirken lassen, daß in allen Provinzen der Monarchie, ohne unverhältnismäßige und unerschwingliche Kosten für die Bildung der unglücklichen Taubstummen in der Nähe, oder selbst an Ort und Stelle gesorgt, und der jetzige meist vergebliche Andrang zu den Instituten beseitigt wird" (Neigebaur 1834, 246 f.).

Das war das Programm, die Theorie – aber wie sah die Praxis aus? Vieles deutet darauf hin, dass die Erwartungen nicht erfüllt wurden, und überlieferte Berichte belegen, dass auch in den Folgejahren nur einem kleinen Teil der taubstummen Kinder Bildungsmaßnahmen angeboten werden konnten.

Nachdem der Plan der Gründung einer Lehrerbildungsanstalt in Verbindung mit einer Taubstummenschule an keinem Ort in Brandenburg in die Tat umgesetzt wurde, blieb als einzige Möglichkeit der Qualifizierung ein Fortbildungsangebot für Volksschullehrer an der Taubstummenanstalt zu Berlin, wo ab 1836 jeweils 6-wöchige Lehrerkurse über die Methodik des Taubstummenunterrichts abgehalten wurden.

Die Verallgemeinerungsbewegung bezog sich auch auf die Gruppe der Blinden, wobei die methodischen Schwierigkeiten des Unterrichts im Vergleich zu dem der Taubstummen als prinzipiell geringer angesehen wurden. Dies mag auch ein Grund dafür sein, dass es zu keinen kombinierten Einrichtungen von Blindenschulen und Lehrerseminaren kam. Angesichts der großen Notlage und des Bedarfs unterstützten die wenigen pädagogischen Fachleute, also die Blindenpädagogen, die Verallgemeinerungsbestrebungen des Blindenunterrichts uneingeschränkt. So befürwortete der bereits erwähnte Knie eine frühzeitige Unterrichtung blinder Kinder an den Ortsschulen als Vorbereitung für die spätere Ausbildung an einer Blindenanstalt, wobei er nicht zuletzt auf die positiven Effekte eines gemeinsamen Unterrichts auch für die nicht behinderten Schüler hinwies, „denn ein blindes Kind kann von dem fünften, spätestens von dem achten Jahre an die öffentliche Schule der Sehenden mit sehr großem Nutzen besuchen, wenn nur der Lehrer auf den Zustand des Kindes in der vorhin angedeuteten Art gehörig Rücksicht nehmen will. Ja, die sehenden Kinder können sogar viel bei dieser Gelegenheit mitlernen, wenn der Lehrer sie auf die Bedürfnisse des blinden Kindes und auf die Art aufmerksam macht, wie man mit demselben umgehen müsse, nicht zu vergessen, den moralischen Nutzen, den es für die sehenden Kinder hat, wenn sie sich gewöhnen, dem hülfsbedürftigen Blinden durch wechselweises Abholen zur Schule und auf andere Art hülfreiche Hand zu leisten" (Knie 1838, 323). Allerdings machte Knie zugleich deutlich, dass besondere Blindeninstitute für eine adäquate Ausbildung der Blinden unerlässlich seien. In ähnlicher Weise argumentierte der Leiter der Gmünder Taubstummen- und Blindenanstalt, Viktor August Jäger. Jäger erhoffte sich von einer Unterrichtung blinder Schüler an den heimischen Ortschulen nicht nur eine Überwindung bestehender kapazitärer Grenzen, sondern zugleich einen besseren Erfolg der Blindeninstitute, die häufig sehr spät ihre Schüler erhielten. Damit brachte Jäger den uns heute so geläufigen Gedanken der Prävention in die Debatte:

> „Die öffentliche Sorge für die Blinden muß mit dem Entstehen ihres Gebrechens beginnen und nicht erst, wie bis jetzt allgemein geschah mit ihrer Aufnahme in ein Institut" (Jäger 1830, 132).

Auch August Zeune, der Begründer der Berliner Blindenanstalt, äußerte sich wiederholt positiv zu den Verallgemeinerungsbestrebungen, da die wenigen bestehenden Blindenanstalten auf keinen Fall den Bedarf decken konnten. Allerdings, es klaffte ein großer Spalt zwischen Theorie und Praxis der „Verallgemeinerung". Wiederholter Tenor der Berichte über den Unterricht Blinder war, dass die betreffenden Kinder in der Ortsschule häufig unbeachtet blieben und dass Lehrer, aber auch Eltern mit der Aufgabe überfordert seien. So heißt es anlässlich der Aufnahme des 13-jährigen Knaben August Witzsche in die Blindenanstalt von Berlin im August 1853: „Mit dem 6ten Jahre

ist der Knabe in die Schule gegangen, ohne daß der Schullehrer sich besonders mit ihm abgegeben hat" (zit. n. Ellger-Rüttgardt 2008, 118).

Ein Grund für das Scheitern der Verallgemeinerungsbewegung lag zweifellos in der sozialen Lage der Volksschullehrer auf dem Lande zu Beginn des
19. Jahrhunderts. In großer Abhängigkeit von der geistlichen Schulaufsicht,
schlecht bezahlt, konfrontiert mit Klassenstärken von 100 Schülern und
mehr, ungenügend ausgebildet und mit geringen Mitteln ausgestattet, sollten
sie nun auch noch für den Unterricht behinderter Schüler sorgen, der wohl
von den politisch Verantwortlichen als zusätzliche Bürde kleingeredet
wurde, aber von all denen, die als Fachleute über Erfahrungen verfügten oder
aber als Anfänger vor die Aufgabe gestellt waren, als große pädagogische
Herausforderung erlebt wurde.

Als Wilhelm Harnisch 1839 seine dritte Auflage des Handbuches für das
deutsche Volksschulwesen vorlegte, in dem nach wie vor für die Idee der Verallgemeinerung geworben wurde, war der Zenit dieser Bewegung auf deut-
schem Boden bereits überschritten. Kein geringerer als Friedrich Moritz Hill
(1805–1874), ein über die Grenzen Deutschlands hinaus bekannter Vertreter
der Taubstummenpädagogik, der seit 1830 an dem von Harnisch geleiteten
Lehrerseminar in Weißenfels der Taubstummenschule vorstand, schrieb re-
signiert in Diesterwegs ,Wegweiser für deutsche Lehrer' von 1838:

> „Fragt man endlich, nachdem jene Veranstaltungen zur Verallgemeinerung des
> Taubstummen-Unterrichts 15 Jahre bestanden haben, nach dem Erfolge dersel-
> ben, so muß eingestanden werden, daß er im Ganzen sehr gering ist und also die
> Hoffnungen, welche man bei ihrer Einrichtung hegte, sich nicht erfüllt haben. Die
> Zahl der Volksschullehrer, welche sich mit dem Taubstummen-Unterricht beschäf-
> tigen, ist sehr gering, und die Erfolge dieser Thätigkeit sind nur selten erheblich.
> Die Mehrzahl der Taubstummen entbehrt unter solchen Umständen immer noch
> eines geistbildenden Unterrichts" (Hill 1838, 472 f.).

Und nicht anders als der Berliner Blindendirektor Hientzsch sah Hill die Zukunft der Taubstummenpädagogik allein in der verstärkten Etablierung besonderer Schulen für Taubstumme, jedoch nicht in isolierten, abgeschlossenen Anstalten, wobei er Dänemark als leuchtendes Vorbild erwähnte:

> „Erst dann also, wenn alle Taubstummen in besondern Anstalten unterrichtet wer-
> den und alle geschlossenen Institute in Schulen umgewandelt worden sind, läßt
> sich sagen, daß die Taubstummen-Bildungsangelegenheit äußerlich ihre höchste
> Entwicklungsstufe erlangt hat" (Hill 1844, 474).

Die Idee der ,Verallgemeinerung', die auch in Wien und Paris Fuß fasste, war
zweifellos ein mutiges bildungspolitisches Projekt im 19. Jahrhundert: ein
Elementarschulwesen zu schaffen, das auch den sinnesbehinderten Kindern
zugänglich sein sollte, das durch Kombination von Spezial- und Volksschulen

frühzeitige und behindertengerechte Bildung vermitteln, durch ein Höchstmaß an Gemeinsamkeit von behinderten und nicht behinderten Kinder soziales Lernen befördern und Exklusion verhindern sollte und das eine Lehrerbildung anstrebte, in der eine spezielle Pädagogik ein integraler Bestandteil derselben werden sollte. Aber, diese Idee scheiterte, musste scheitern – so urteilen wir aus heutiger Sicht, und die Gründe hierfür sind vielfältiger Natur. Sie lagen zum einen in einer halbherzigen Bildungspolitik, die zwar das Bildungsrecht Sinnesbehinderter im Prinzip anerkannte und zu befördern suchte, die aber weder bereit noch in der Lage war, die erforderlichen ideellen und materiellen Voraussetzungen für die Realisierung der formulierten Bildungsziele zu schaffen; die Systemschwäche des Bildungswesens war gekennzeichnet durch übergroße Klassen und damit die fehlende Möglichkeit zur Individualisierung, ferner durch gering oder gar nicht qualifizierte und schlecht bezahlte Pädagogen sowie einen Mangel an spezifischen Hilfsmitteln.

Schließlich lagen die Gründe des Scheiterns dieser Idee aber auch in der Natur einer sich etablierenden speziellen Pädagogik selbst, die nicht nur die Beachtung der Individualität des einzelnen Zöglings einforderte, sondern auch in didaktischer Hinsicht besondere Akzente setzte – so etwa, wenn der Berliner Direktor der Blindenanstalt daran erinnerte, dass der Unterricht für die Blinden besonders den Musik- und Handarbeitsunterricht zu pflegen habe und dass er seine Zweifel hege, ob dieses in ausreichender Weise in den Elementarschulen geschehen könne (vgl. Hientzsch 1854).

Auch wenn die Anhänger der Verallgemeinerungsidee die Hoffnung hegten, dass sich Sinnesbehinderte im Rahmen der Elementarbildung unterrichten ließen, so war doch nie ernsthaft in Frage gestellt worden, dass es dazu besonders qualifizierter Pädagogen bedürfe. Hiervon zeugen die Versuche, zukünftige Volksschullehrer während ihrer Ausbildung am Lehrerseminar mit heilpädagogischem Wissen und Können auszustatten oder sie für einige wenige Wochen an den Instituten für Gehörlose und Blinde, wie in Berlin, fortzubilden. Es lag somit in der Logik der weiteren Entwicklung, dass mit einem stärkeren Ausbau der ‚Sonderschulen' auch die Notwendigkeit einer institutionalisierten heilpädagogischen Ausbildung an Bedeutung gewinnen würde. Der Bedarf an Fachkräften war jedenfalls unübersehbar, denn die „Schwierigkeit [...] geeignete Hülfskräfte zu finden" (Georgens 1860, 66) betraf nicht nur die „Levana" von Georgens und Deinhardt.

Ein reformpädagogischer Versuch zur Vermeidung des Hilfsschulbesuchs in der Weimarer Republik

Die seit 1848 von den Volksschullehrern und der Arbeiterbewegung erhobene Forderung nach Demokratisierung des deutschen Schulwesens im

Sinne einer Einheitsschule war mit der Novemberrevolution in greifbare Nähe gerückt. Ergebnis zäher Verhandlungen war der 1920 erzielte sogenannte Weimarer Schulkompromiss, der schließlich die Einführung der gemeinsamen vierjährigen Grundschule vorsah; die weiterführende Schule hingegen blieb in ihrer durch äußere Differenzierung gekennzeichneten Struktur weitgehend unangetastet. Der Deutsche Lehrerverein, das bedeutendste Sprachrohr der deutschen Volksschullehrerschaft, legte 1919 sein Schulprogramm zur Einführung der Einheitsschule vor, das auch einen besonderen Passus hinsichtlich der pädagogischen Förderung der verschiedenen Gruppen behinderter Schüler enthielt. Die Tatsache, dass dieses Programm die Frage der institutionellen Verankerung sonderpädagogischer Förderung offen ließ, wurde zum Hauptkritikpunkt der organisierten Hilfsschullehrerschaft, deren schulpolitisches Ziel nach wie vor die eigenständige Hilfsschule war. Vor dem Hintergrund einer „drohenden" Vereinheitlichung des deutschen Schulwesens sah sich die organisierte Hilfsschullehrerschaft erneut herausgefordert, das Besondere der Hilfsschularbeit herauszustellen. Die Denkschrift des Hilfsschulverbandes von 1920 ist hierfür ein anschauliches Beispiel, denn sie repräsentiert sowohl die Kontinuität der Bestrebungen der organisierten Hilfsschullehrer als auch ihr Bemühen, ihre interessengeleitete und damit ideologische Argumentation, die stets zu Lasten einer negativen Beurteilung ihrer Schülerschaft geht, den neuen politischen Verhältnissen anzupassen (vgl. Ellger-Rüttgardt 2003, 186 ff.).

Insgesamt gilt für die Zeit der Weimarer Republik, dass die Heilpädagogik als sich etablierende wissenschaftliche Disziplin und das sich weiter auffächernde Sonderschulwesen breite Aberkennung erfuhren. Als 1927 in Berlin „Die Heilpädagogische Woche" stattfand (Fuchs 1927), die ein eindrucksvolles Zeugnis für den Entwicklungsstand des Berliner Sonderschulwesens der zwanziger Jahre des vergangenen Jahrhunderts bot, hielt kein geringerer als der Ordinarius für Pädagogik an der Friedrich-Wilhelms-Universität zu Berlin, Eduard Spranger, den Festvortrag. Spranger bezeichnete die Heilpädagogik auf der einen Seite als „vertiefte Pädagogik" und betonte damit das Verbindende von allgemeiner Pädagogik und Heilpädagogik, zum anderen aber verwies er auf ihren besonderen Charakter, begründet durch erschwerte Bedingungen bei der Entwicklung und Bildung „anomaler" Kinder.

Angesichts der einvernehmlichen Arbeitsteilung zwischen „Normal"- und Sonderschule verwundert es nicht, dass zur Zeit der Weimarer Republik nur vereinzelt eine kritische Haltung gegenüber der Hilfsschule eingenommen wurde. Dies geschah etwa in Hamburg, einer Hochburg der Reformpädagogik zur Einführung der Einheitsschule (Milberg 1970; Rödler 1987). Dabei war Hamburg das einzige Land, in dem der Versuch unternommen wurde, das Reformkonzept der Einheitsschule auch auf die höhere Schule zu übertragen, und es war Peter Petersen, der ab 1920 bis zu seiner Berufung nach Jena jene höhere Schule leitete, die den programmatischen Namen „Lichtwarkschule" trug.

Aus dem Kreis der Hilfsschullehrerschaft selbst kam die Hamburgerin Frieda Buchholz (Ellger-Rüttgardt 1997; Buchka / Grimm / Klein 2002; Heimlich 2009), die an der Hilfsschule von Hamburg-Bergedorf von 1936 bis 1937 einen Unterrichtsversuch nach dem Jena-Plan durchführte. Bei Frieda Buchholz verwischt die Grenze zwischen allgemeiner und besonderer Pädagogik bis zur Unkenntlichkeit, und damit kann sie als eine direkte Vorläuferin gegenwärtiger bildungspolitischer Reformbewegung gelten. Sie betrachtete die Hilfsschule lediglich als eine ‚Notlösung', die bei entsprechender Veränderung der Regelschule durchaus überflüssig werden könnte. Dem Hilfsschulkind schrieb sie – im Unterschied zu vielen ihrer Hilfsschulkollegen – keine besonderen Seins-Qualitäten zu, und sie betrachtete das Hilfsschulkind als ein ‚Normalkind', dessen Schulversagen in erster Linie auf soziale und pädagogische Ursachen zurückzuführen sei.

Im Rahmen des Volksschulwesens hatten sich mit Genehmigung der Schulbehörde nach 1919 in Hamburg einige Versuchsschulen etabliert, die, basisdemokratisch organisiert, ein Konzept von Einheitsschule erprobten, das auf jegliche Auslese verzichtete.

Unter starker Anlehnung an die Arbeitsschulpädagogik wurde Schule als ein lebendiger Organismus verstanden, der sich aus sich selbst heraus entwickelt und durch keine Vorgaben in seiner Entwicklung eingeschränkt werden dürfe. Auch wenn die Versuchsschulen keineswegs jedes Kind aufnahmen, so galt doch der Grundsatz, niemanden wieder auszuschulen. Die Tatsache, dass zum Schuljahreswechsel 1923 15 Kinder der Hilfsschule überwiesen wurden, führte zu einem Disput zwischen Elternvertretern und Pädagogen der Schule „Berliner Tor". Die Entgegnung des Lehrers Peters auf die Beschwerde eines Vaters macht deutlich, dass eine fortschrittliche Programmatik im Gegensatz zu den Bedingungen und Erfahrungen der Praxis geraten kann und dass letztlich die konkrete Schulsituation darüber entscheidet, inwieweit Ideale sich verwirklichen lassen. Da viele der von Lehrer Peters angesprochenen Aspekte für die gegenwärtige Debatte um die inklusive Schule von hoher Relevanz sind und deutlich machen, wie hoch die historische Kontinuität ungelöster pädagogischer Probleme ist, soll eine längere Passage des Antwortschreibens wiedergegeben werden. Es heißt dort:

„In den beiden letzten Elternausschußsitzungen kam bei einer Reihe von Eltern die Furcht zum Ausdruck: unsere Schule ist auf falschen Wegen. Vor Jahren wurde in schönen Worten ein Idealbild aufgestellt und jetzt sehen wir wie wenig wir erreicht haben. Damals sprach man: Wir wollen keine Auslese; alle Kinder: Begabte, Schwache, Ältere und Jüngere mögen beieinander bleiben, durch menschliche Bande verknüpft. Heute ist es geschehen, daß Kinder in die Hilfsschule abgeschoben worden sind, daß man davon spricht, besonders begabte Kinder in eine höhere Schule aufnehmen zu lassen. Ich hörte hinter dem Ton der Besorgnis leise, doch vernehmlich, den Ton der Anklage, der da forderte: Verschweigt nichts, sagt uns: was wir alle gewollt, läßt sich nicht vollbringen; die Schule, wie wir sie gewollt haben, ist verkehrt; wir müssen uns zu etwas anderem bekennen! Darauf wollen wir eine Antwort geben, vornehmlich deshalb, weil hieran wieder klar werden muß, was unsere Schule bedeutet.

Wir wollen vor einem Dogmatismus warnen! Am Anfange unseres Weges stehen große Ideen, weithin leuchtende Fackeln: laßt uns in Gemeinschaft leben, laßt uns keine natürlich gewachsenen Gruppen, keine Freundschafen trennen, weil ein Unterrichtsstoff es erfordert, laßt uns Schwache und Starke beieinander behalten, sie mögen sich gegenseitig helfen und fördern; auch wer Hilfe gibt erstarkt daran.

Sind alle diese Gedanken Wirklichkeit geworden? Nein! Nein! Liebe Eltern und Freunde der Schule, hütet euch in jenen Wegweisungen Dogmen zu sehen, die erfüllt werden müssen, um jeden Preis. Wißt, wenn sie leicht zu erfüllen wären, diese Forderungen, man hätte nicht nötig gehabt, sie auszusprechen. Aufgestellt sind sie, damit sie uns in täglich ringender Arbeit den Weg erleuchten und weisen.

Von Gemeinschaft ist viel gesprochen! Wo ist sie? Nirgend! Es gibt nirgend eine vollkommene Gemeinschaft; sich immer wieder erziehen im Hinblick auf das Ziel, so leben, daß Gemeinschaft möglich ist, darauf kommt es an. Gemeinschaft bedeutet keinen Zustand, sondern auch hier wieder Richtung. Denn wer lebt so, daß er ohne Fehler und Schuld einen Weg geht? Die Richtung ist das Entscheidende, diese Richtung wollen wir einschlagen, nicht müde werden, jeden Tag neu beginnen, trotz Mißerfolge, trotz schlechter Erfahrung. Unsere Ideen sind so groß, daß sie nie ganz wirklich werden können. Auf dem Wege zu ihnen hin bleiben, das ist unsere ständige Aufgabe.

Wir wollen keine Auslese! Das Wort enthält die Abkehr von einer Gewohnheit, die überall, ja heute in verstärktem Grade, herrscht. Hüten wir uns vor dem Schlagwort. Darf es uns ein Dogma, ein Gesetz sein, das wir buchstäblich zu erfüllen haben? Vor solchem Schematismus gerade wollen wir uns bewahren. Unsere Schule ist, ich freue mich dessen, von stärkerer Wirklichkeit als alle Schlagwörter und Dogmen. Freilich, in der Auslese haben wir ein Problem vor uns, das fast nur Schulproblem ist. Viele Eltern, die niemals oder doch nur selten das Leben einer Klasse, nicht nur beobachtet, sondern miterlebt haben, können so manche Aufgabe, so manche Not der Schule nicht spüren. Deshalb hier ein paar kurze, darum sehr dürftige Auskünfte aus einem wirklichen Gruppenleben, soweit sie die Aufgabe der Auslese angehen […].

Darauf eben kommt es an, daß die Aufgaben der Schule in ihrer vollen Lebendigkeit erblickt werden. Wir wollen an den Nöten, die das Zusammenleben der Gruppe mit sich bringt, nicht blind vorbeigehen, wir wollen sie sehen und an ihrer Beseitigung arbeiten. Not ist überall, wo Leben ist. Wir wollen keine Not um eines Schlagwortes willen übersehen, wir wollen auch keine Not schematisch abwenden.

In allen Klassen, darf ich behaupten, sind Schüler, die in eine Hilfsschule aufgenommen werden könnten. Eine Anzahl von solchen besonders unglücklichen Menschenkindern kann eine Klasse tragen. Das ist auch ihre Aufgabe, solange eine Gruppe in ihrer Zusammensetzung nach Begabten und Schwachen ein Abbild der schulpflichtigen Jugend Hamburgs ist. Machen aber solche gering Begabten einen überaus starken Bestandteil der Gruppe aus, dann entsteht für sie eine Not. Und wir haben dieser Not zu steuern.

War die Auslese der besonders Schwachen, die nach langer Arbeit und vielem Raten schweren Herzens getroffen wurde, nicht die beste Lösung, nun denn, so haben wir die Aufgabe aufs neue zu lösen. Doch laßt uns die Not nicht leugnen, laßt uns gemeinsam die Wege suchen, sie zu überwinden.

Ernst Peters" (zit. n. Ellger-Rüttgardt 2003, 221 ff.)

Ausblick in die Gegenwart

Was ist das Einigende der Heil- und Sonderpädagogik, worin besteht ihre Legitimität als wissenschaftliche Disziplin? Was zeichnet sie aus und was unterscheidet sie von den anderen Teildisziplinen der Pädagogik? Diese Fragen werden gegenwärtig häufig gestellt und nicht selten wird darauf mit Ratlosigkeit geantwortet. Dabei lehrt der Blick auf die historische Entwicklung seit mehr als 200 Jahren, dass Heil- und Sonderpädagogik stets Teil der Pädagogik war, die, wie die Mutterdisziplin, durch Ambivalenzen und Widersprüche gekennzeichnet ist.

Bildsamkeit als der zentrale Begriff der Pädagogik „zur Bezeichnung der Erziehbarkeit und Selbstbestimmungsfähigkeit des Menschen" (Benner / Brüggen 2004, 174) schließt als Idee und aus anthropologischer Sicht alle Personen ein, also auch behinderte Menschen, sie gilt demnach universell. In ihrer praktischen Wirksamkeit – und darin liegt zugleich ihr paradoxaler Charakter – führt diese Idee der Bildsamkeit zu Besonderheiten, zur Partikularität, sei es durch spezifische Methoden, besondere Bildungsorganisationen oder aber eigene Professionsgruppen. „In der subtilen Identifikation von Problemen wird die Partikularisierung verschärft und die Differenz und Separierung der Klientel erzeugt, die der an Gleichheit von Bildung und Bildsamkeit orientierte Diskurs an sich verbietet" (Tenorth 2006, 498).

Ungeachtet des verbindlichen, universalen, gemeinsamen Bezugspunktes von Bildsamkeit geht es in der Sonderpädagogik mit Blick auf Partikularität stets auch um Differenz und Differenzierungsprozesse. Die bereits bei Arno Fuchs 1928 anzutreffende Unterscheidung in ältere und jüngere Sonderschulen ist ein bedeutsamer Hinweis auf das Phänomen der Differenzierung bzw. Ausdifferenzierung, das auch jüngst von Ursula Hofer als zentral herausgestellt wurde. Sie schreibt: „Die historische Konsolidierung des Fachgebiets

Sonderpädagogik zeigt sich als Akt zunehmender Ausdifferenzierung und Spezialisierung der Bemühungen um menschliche Bildbarkeit" (Hofer 2004, 887).

Der Fokus auf die Differenz und auf Differenzierungsprozesse offenbart erneut das ambivalente Spannungsverhältnis zwischen dem Besonderen und dem Allgemeinen in der Pädagogik. Die in der Disziplin der modernen Pädagogik selbst zu verortenden Tendenzen von Universalität und Partikularität, von Inklusion und Exklusion, von Gleichheit und Differenz haben in verschiedenen Epochen, so versuchten wir zu zeigen, zu unterschiedlichen Resultaten geführt.

Damit schließt sich der Kreis. Nicht anders als Pädagogik allgemein ist Heilpädagogik gekennzeichnet durch das Phänomen der Ambivalenz, auch in ihrem Verhältnis zur Mutterdisziplin. Somit entfällt ein separatistischer Eigencharakter, aber auch die illusionäre Ansicht, „irgendwie" in der allgemeinen Pädagogik aufgehen zu können. Heil- und Sonderpädagogik als Disziplin und Profession ist zugleich eigenständig und doch auch abhängig und angewiesen – angewiesen auf den erziehungswissenschaftlichen Diskurs.

Literatur

Altrichter, H. / Maag Merki, K. (Hrsg.) (2010): Handbuch Neue Steuerung im Schulsystem. Wiesbaden.

Benner, D. / Brüggen, F. (2004): Bildsamkeit/Bildung. In: Benner, D. / Oelkers, J. (Hrsg.): Historisches Wörterbuch der Pädagogik. Weinheim/Basel, 174–215.

Borchert, J. / Schuck, K. D. (1992): Integration: Ja! Aber wie? Ergebnisse aus Modellversuchen zur Förderung behinderter Kinder und Jugendlicher. Hamburg.

Buchka, M. / Grimm, R. / Klein, F. (Hrsg.) (²2002): Lebensbilder bedeutender Heilpädagogen und Heilpädagoginnen im 20.Jahrhundert. München/Basel.

Cortina, K. (2012): Rezension zu Herbert Altrichter / Katharina Maag Merki (Hrsg.): Handbuch Neue Steuerung im Schulsystem. In: Zeitschrift für Pädagogik 58, 6, 898–900.

de l'Epée, M. (1910): Die Unterweisung der Taubstummen durch die methodischen Zeichen. Ein Werk, das den Entwurf einer Weltsprache vermittelst der in ein System gebrachten natürlichen Zeichen enthält. Aus dem Französischen übersetzt von G. Brand, Taubstummenlehrer. Stade.

Degenhardt, S. / Rath, W. (2001): Blinden- und Sehbehindertenpädagogik. Band 2 der „Studientexte zur Geschichte der Behindertenpädagogik". Neuwied/Berlin.

Deutscher Bildungsrat (1973): Empfehlungen der Bildungskommission: Zur pädagogischen Förderung behinderter und von Behinderung bedrohter Kinder und Jugendlicher. Bonn.

Eberwein, H. (1988): Zur dialektischen Aufhebung der Sonderpädagogik. In: Eberwein, H. (Hrsg.): Behinderte und Nichtbehinderte lernen gemeinsam. Handbuch der Integrationspädagogik. Weinheim/Basel, 343–345.

Ellger-Rüttgardt, S. (1980): Der Hilfsschullehrer. Sozialgeschichte einer Lehrergruppe (1880–1933). Weinheim/Basel.

Ellger-Rüttgardt, S. (²1997): Frieda Stoppenbrink-Buchholz (1897–1993) Hilfsschulpädagogin, Anwältin der Schwachen, soziale Demokratin. Weinheim.

Ellger-Rüttgardt, S.(2003): Lernbehindertenpädagogik. Band 5 der „Studientexte zur Geschichte der Behindertenpädagogik". Weinheim/Basel/Berlin.

Ellger-Rüttgardt, S. (2004): Sonderpädagogik – ein blinder Fleck der Allgemeinen Pädagogik? Eine Replik auf den Aufsatz von Dagmar Hänsel. In: Zeitschrift für Pädagogik 50, 3, 416-429.

Ellger-Rüttgardt, S. L. (2008): Geschichte der Sonderpädagogik. Eine Einführung. München/Basel.

Ellger-Rüttgardt, S. / Tenorth, H.-E. (1998): Die Erweiterung von Idee und Praxis der Bildsamkeit durch die Entdeckung der Bildbarkeit Behinderter – Anmerkungen zu einem Forschungsprojekt. In: Zeitschrift für Heilpädagogik 49, 10, 438–441.

Ellger-Rüttgardt S. / Wachtel, G. (2002): Quality Indicators for Education of Children with Special Educational Needs. A Review of the German Literature. In: Hollenweger, J. / Haskell, S. (Hrsg.): Quality Indicators in Special Needs Education. An International Perspective. Luzern, 45–66.

Ellger-Rüttgardt, S. L./ Wachtel, G. (Hrsg.) (2010): Pädagogische Professionalität und Behinderung. Herausforderungen aus historischer, nationaler und internationaler Perspektive. Stuttgart.

Fend, H. (2006a): Neue Theorie der Schule: Einführung in das Verstehen von Bildungssystemen. Wiesbaden.

Fendt, H. (2006b): Geschichte des Bildungswesens. Der Sonderweg im europäischen Kulturraum Wiesbaden.

Fend, H. (2008): Schule gestalten. Systemsteuerung, Schulentwicklung und Unterrichtsqualität. Wiesbaden.

Fuchs, A. (Hrsg.) (1927): Die Heilpädagogische Woche in Berlin. Berlin.

Fuchs, A. (1928): Das Sonderschulwesen. In: „Die neuzeitliche deutsche Volksschule". Bericht über den Kongreß Berlin 1928, hrsg. von der Kongreßleitung. Berlin, 404-415.

Georgens, J.-D. (1860): Zur Geschichte der „Levana". In: Allgemeine Schulzeitung. Ein Archiv für die neueste Geschichte des gesammten Schul-, Erziehungs- und Unterrichtswesens der Universitäten, Gymnasien, Volksschulen und aller höheren und niederen Lehranstalten 37, 5, 65–71.

Georgens, J.-D. / Deinhardt, H. M. (1861): Die Heilpädagogik mit besonderer Berücksichtigung der Idiotie und der Idiotenanstalten. 1. Bd. Leipzig.

Graser, J. B. (1829): Der durch Gesicht- und Tonsprache der Menschheit wiedergegebene Taubstumme. Bayreuth.

Gronewald, J. J. (1835): Reisebericht des Lehrers Gronewald. In: Dritter Jahres Bericht des Verwaltungs-Ausschusses des Vereins zur Beförderung des Taubstummen-Unterrichts zu Köln. Das Schuljahr von Pfingsten 1834 bis Pfingsten 1835 umfassend. Köln.

Hänsel, D. (2003): Die Sonderschule – Ein blinder Fleck in der Schulsystemforschung. In: Zeitschrift für Pädagogik 49, 4, 591–609.

Harnisch, W. (31839): Handbuch für das deutsche Volksschulwesen. Breslau.

Heimlich, U. (2009): Lernschwierigkeiten. Sonderpädagogische Förderung im Förderschwerpunkt Lernen. Bad Heilbrunn.

Helmke, A. (⁴2012): Unterrichtsqualität und Lehrerprofessionalität. Diagnose, Evaluation und Verbesserung des Unterrichts. Seelze-Velber.

Hientzsch, J. G. (1854): Jahresschrift über das Blindenwesen im Allgemeinen wie über die Blinden-Anstalten Deutschlands insbesondere. Berlin.

Hill, F.-M. (1838): Leitfaden für den Unterricht der Taubstummen. Essen.

Hill, F.-M. (³1844): Der Unterricht der Taubstummen. In: Diesterweg, F. A. W. (Hrsg.): Wegweiser zur Bildung für deutsche Lehrer. Essen, 465–532.

Hill, F.-M. (1866): Der gegenwärtige Zustand des Taubstummen-Bildungs-Wesens in Deutschland. Eine Mahnung an die Taubstummen-Lehrer und ihre Vorgesetzten, die Communal- und Kreis-Schulbehörden, die Geistlichen und Aerzte, die Stadtregierungen und Landesvertreter. Weimar.

Hill, F.-M. (1872): Die neusten Vorschläge zur Förderung des Taubstummen-Bildungs-Wesens. Weimar.

Hofer, U. (2004): Sonderpädagogik. In: Benner, D. / Oelkers, J. (Hrsg.): Historisches Wörterbuch der Pädagogik. Weinheim/Basel, 887–902.

Horster, D. / Hoyningen-Süess, U. / Liesen, C. (Hrsg.) (2005): Sonderpädagogische Professionalität. Beiträge zur Entwicklung der Sonderpädagogik als Disziplin und Profession. Wiesbaden.

Jäger, V. A. (1830): Was sollte für die Blinden allgemein geschehen? In: Freimüthige Jahrbücher der allgemeinen deutschen Volksschulen, hrsg. v. Schwarz, F. C. H. / Wagner, F. L. / d'Autel, A. H. / Schellenberg, C. A. Bd. 10, H. 2, 128–139.

Jäger, V. A. (1831): Ueber die Idee des allgemein einzuführenden Taubstummenunterrichtes. In: Allgemeine Schulzeitung 8, 37, 289–294.

Knie, J. (²1838): Der Unterricht der Blinden. In: Diesterweg, F. A. W. (Hrsg.): Wegweiser zur Bildung für deutsche Lehrer. Essen, 308–343.

Lindmeier, C. (1997): Heilpädagogik als konstitutives Moment jeglicher Pädagogik. In: Pädagogische Rundschau 51, 3, 289–306.

Lindmeier, B. / Lindmeier, C. (2012): Pädagogik bei Behinderung und Benachteiligung. Band I: Grundlagen. Stuttgart.

Milberg, H. (1970): Schulpolitik in der pluralistischen Gesellschaft. Die politischen und sozialen Aspekte der Schulreform in Hamburg 1890–1935. Hamburg.

Möckel, A. (1988): Geschichte der Heilpädagogik. Stuttgart.

Möckel, A. (1996): Krise der Sonderpädagogik? In: Zeitschrift für Heilpädagogik 47, 3, 90–95.

Möckel, A. (Hrsg.) (1998): Erfolg – Niedergang – Neuanfang. 100 Jahre Verband Deutscher Sonderschulen – Fachverband für Behindertenpädagogik. München/Basel.

Möckel, A. (2004): „Die Sonderschule – ein blinder Fleck in der Schulsystemforschung"? Zum Artikel von Dagmar Hänsel in der Zeitschrift für Pädagogik. In: Zeitschrift für Pädagogik 50, 3, 406-415.

Moser, V. (2003): Konstruktion und Kritik. Sonderpädagogik als Disziplin. Opladen.

Neigebaur, J. F. (Hrsg.) (1834): Das Volks-Schulwesen in den Preußischen Staaten. Eine Zusammenstellung der Verordnungen, welche den Elementar-Unterricht der Jugend betreffen. Berlin/Posen/Bromberg.

Reiser, H. (1998): Sonderpädagogik als Service-Leistung? Perspektiven der sonderpädagogischen Berufsrolle. Zur Professionalisierung der Hilfsschul- bzw. Sonderschullehrerinnen. In: Zeitschrift für Heilpädagogik 49, 2, 46-54.

Rödler, K. (1987): Vergessene Alternativschulen. Geschichte und Praxis der Hamburger Gemeinschaftsschule 1919–1933. Weinheim/München.

Rolff, H.-G. (2007): Studien zu einer Theorie der Schulentwicklung. Weinheim/Basel.

Schümann, B. (2001): Heinrich Matthias Sengelmann als Stifter und Anstifter der Behindertenarbeit. Münster/Hamburg/London.

Schumann, P. (1940): Geschichte des Taubstummenwesens vom deutschen Standpunkt aus dargestellt. Frankfurt a. M.

Schwarz, F. H. C. (^{2}1829): Erziehungslehre. In drei Bänden. 1. Band: Geschichte der Erziehung. Leipzig.

Tenorth, H.- E. (2006): Bildsamkeit und Behinderung – Anspruch, Wirksamkeit und Selbstdestruktion einer Idee. In: Raphael, L. / Tenorth, H.-E.: (Hrsg.): Ideen als gesellschaftliche Gestaltungskraft im Europa der Neuzeit. Beiträge für eine erneuerte Geistesgeschichte. München, 497–520.

Terhart, E. / Bennewitz, H. / Rothland, M. (Hrsg.) (2011): Handbuch der Forschung zum Lehrerberuf. Münster.

Werning, R. / Baumert, J. (2013): Inklusion entwickeln: Leitideen für Schulentwicklung und Lehrerbildung. In: Schulmanagement-Handbuch. Bd. 146, hrsg. von Baumert, J. / Masuhr, V. / Möller, J. / Riecke-Baulecke, T. / Tenorth, H.-E. / Werning, R., 38–55.

Zlatkin-Troitschanskaia, O. / Beck, K / Sembill, D. / Nickolaus, R. / Mulder, R. (Hrsg.) (2009): Lehrprofessionalität. Bedingungen, Genese, Wirkungen und ihre Messung. Weinheim/Basel.

Anschrift der Verfasserin:
Prof. Dr. Sieglind Luise Ellger-Rüttgardt
Entenweg 32
22549 Hamburg

Norbert Ricken

Pädagogische Professionalität und das Problem der Anerkennung

Eine kritische Relektüre

Obwohl Professionstheorie schon lange zum Grundbestand soziologischer Theoriebildung gehört (vgl. Parsons 1939; Stichweh 2013), so mehren sich doch erst seit geraumer Zeit die Beiträge, die ausdrücklich die Frage der Professionalität mit Blick auf das pädagogische Feld diskutieren (als Überblick vgl. Helsper / Tippelt 2011b). Ein Teil dieser Konjunktur resultiert auch aus der Bemühung, der – auch durch die empirische Bildungsforschung nach PISA beförderten – gestiegenen Bedeutung der Lehrenden für das Gelingen von Unterricht und Lernen Rechnung zu tragen, ohne diese – wie selbst in divergierenden Diskursfeldern bisweilen umstandslos vorgenommen (vgl. Mayr / Neuweg 2006 und Roth 2011) – an deren Persönlichkeit zu binden bzw. gar auf sie zurückzuführen. Professionstheorie bzw. Professionalität gilt dabei als Perspektive, das pädagogische Handeln sowohl in seiner Eigenstruktur zu rekonstruieren als auch in seinen Schwierigkeiten durchsichtiger zu machen und dadurch zu verbessern und auch für angehende Lehrkräfte ‚erlernbar(er)‘ zu machen. Professionalisierung ist daher eine der ebenso frühen wie bis heute anhaltenden zentralen Antworten auf die Bildungsanalysen und -diagnosen seit Ende der 1990er-Jahre (vgl. Terhart 2000; 2013).

Was dabei als (klassischer) Kern des Professionsverständnisses gelten kann, ist zwar nicht unumstritten, variiert aber in einem doch nur kleineren Umfang: Immer genannt werden die *akademische Wissensbasierung* des professionellen Handelns, mit der selbstreflexive Urteils- und Handlungsfähigkeit jenseits von Kasuistik und Technologie ermöglicht werden sollen, und die *Selbständigkeit freier Berufe*, die vor falschen Inanspruchnahmen und Abhängigkeiten schützen soll; beide gelten als institutionelle Absicherungen eines spezifischen *Berufsethos*, das erforderlich ist, weil das konkrete Handeln weder (technisch) anweisbar noch in seinem Erfolg linear auswertbar und kontrollierbar ist (vgl. Terhart 2001). Je weniger aber diese – oft an der Geschichte der Professionen mit Blick auf Theologie, Jurisprudenz und Medizin gewonnenen – Kriterien auch gegenwärtig noch Ausschließlichkeit beanspruchen können und auf der einen Seite (zumindest in Teilen) für zunehmend mehr Berufe und Dienstleistungen in der Wissensgesellschaft gelten und auf der anderen Seite gerade für pädagogische Berufe zumeist nicht gelten (vgl. bereits früh Etzioni 1967 sowie die Diskussion in Vanderstraeten 2007), desto mehr wird derzeit das Augenmerk auf die Spezifizität der Arbeit, auf den besonderen Charakter derselben und ihre nicht umstandslos auf andere Berufe ausdehnbare Logik gelegt (vgl. z.B. in historischer Perspektive Abbott 1988). Folgt man dieser Weichenstellung, „die professionstheoretische Perspektive von ‚Profession' auf ‚Professionalität' zu verschieben" und „Professionalität im Kern über die Rekonstruktion der Handlungs- und Anforderungsstruktur zu bestimmen" (Helsper / Tippelt 2011a, 272), dann zeigen sich zumeist zwei Problemkreise, die als Spezifikum von Professionalität – und dann auch pädagogischer Professionalität – gelten können: *Krisenintervention* und *stellvertretende Problemlösung* auf der einen Seite und *Klientenorientierung* und *uneigennützige Fürsorge* auf der anderen Seite.

Verkürzt formuliert – und hier folge ich der strukturtheoretischen Orientierung, wie sie insbesondere von Ulrich Oevermann entwickelt worden ist (vgl. insbes. Oevermann 1996 und den Überblick bei Helsper 2011 sowie auch den Beitrag von Bettina Lindmeier in diesem Band) – geht es im professionellen Handeln zunächst um die stellvertretende Bearbeitung von persönlichen Problemen oder Krisen anderer, in der das zu lösende Problem aber weder linear (und insofern instrumentell) für die anderen bewältigt, sondern nur kommunikativ – d.h. unter Berücksichtigung der Subjektivität der anderen und mit diesen – noch bloß individuell bearbeitet werden kann, weil die stellvertretende Krisenbearbeitung auch systematische Erkenntniskritik und die Bearbeitung von gesellschaftlichen Geltungsfragen erfordert. Es ist also nicht nur so, dass die ‚Arbeit am Lebendigen' (Metzger 1962, 18–37) eigene (lineare) Zwecksetzungen durchbricht, ohne dadurch von der übernommenen Aufgabe zu dispensieren und die Stellvertretung aufzuheben; vielmehr verweist der Charakter der Krise auf nicht ein für allemal klärbare, sondern immer wieder neu auszuhandelnde gesellschaftliche Geltungsfragen – Oevermann nennt hier die Aufrechterhaltung bzw. Wiederherstellung von Recht und Gerechtigkeit (als Kern juristischer Professionalität), die Aufrechterhaltung bzw. Wiederherstellung (beschädigter) leiblicher und sozialer Integrität (als Kern der heilenden Professionen wie Medizin und Psychotherapie) sowie die Aufrechterhaltung und Wiederherstellung von Sinnordnungen (als traditioneller Kern der Theologie) bzw. die modern prozessualisierte Bearbeitung von Wahrheits-, Geltungs- und Sinnfragen in Wissenschaft und Kunst (vgl. Oevermann 1996, 88 ff.) –, sodass die persönliche Krise immer auch mit jeweilig systematischen Strukturkrisen der Gesellschaft verbunden ist.

Vor diesem Hintergrund wird in dieser Fokussierung nicht nur deutlich, dass und wie Wissensbasierung, berufliche Selbständigkeit und spezifisches Berufsethos Stützsysteme jeweiliger Professionalität sind und sein sollen, sondern auch, dass es im Kern des professionellen Handelns um ein ebenso kommunikatives wie riskantes Handeln geht, das insofern nur als paradoxes Handeln möglich ist: Zum einen erfordert die Form professionellen Handelns als ‚Kommunikation unter Anwesenden' (Goffman 1994, 55) auch die kritisch-irritierende Befragung der Selbstdarstellung der anderen mit Blick auf das zu lösende Problem, sodass Asymmetrie (und Autorität) bedeutsam werden und geläufige Praktiken der ‚alltäglichen Gesichtswahrung' (Goffman) mindestens einklammern; zum anderen aber verlangt die Krise der Klienten ein Handeln, das nicht – wie z.B. in den Wissenschaften – ausgesetzt werden kann, wenn Schwierigkeiten und Ungewissheiten auftauchen und die Wissensbasierung nicht ausreicht. Beides setzt den Klienten und den Professionellen in ein spezifisches Verhältnis zueinander und macht – z.B. entlang der Stichworte des ‚Arbeitsbündnisses', des ‚Vertrauens' einerseits und der ‚Verschwiegenheit' andererseits nachvollziehbar – den Kern der Professionalität als ein Anerkennungsproblem deutlich.

Im Folgenden soll daher der Versuch unternommen werden, im Anschluss an diese sicherlich verkürzte Skizze die zwei Charakteristika einer jeden Professionalität in ihrer Bedeutung für das pädagogische Feld bzw. das pädagogische Handeln zu diskutieren. Dabei führt der Weg zunächst in die Frage nach einer spezifisch pädagogischen bzw. pädagogisch zu bearbeitenden Strukturkrise (I.), in deren veränderter Beantwortung sich dann auch die Frage der ‚Uneigennützigkeit' bzw. der ‚disinterestedness' (Stichweh) – auch kategorial – anders bzw. neu stellt (III.); da es dabei im Kern um Fragen der Anerkennung geht, wird ein anerkennungstheoretischer Exkurs (II.) eingeschoben, der neben der Frage nach der Bedeutung von Anerkennung auch die damit verbundene Problematik einer angemessenen Theoriearchitektur diskutiert und für die Kennzeichnung (auch und gerade pädagogischer) Professionalität nutzbar zu machen versucht, bevor dann der mögliche Gewinn dieser Diskussion insgesamt bilanziert werden kann (IV.).

I.

Fragt man nach der spezifischen Fassung der (notwendigerweise nur) pädagogisch zu bearbeitenden gesellschaftlichen Struktur- und Geltungskrise, so stößt man zunächst auf den irritierenden Befund, dass Oevermann diese Gesellschaftskrise als eine vom therapeutischen Handeln abgeleitete Figur der prophylaktischen (Wieder-)Herstellung von personaler Integrität und Autonomie skizziert (vgl. Oevermann 1996, 148–151). In ihrem Kern geht es darum, die zwar (noch) nicht beschädigte, aber noch nicht hinreichend entwickelte Autonomie (der Nachwachsenden) durch professionelle Hilfe prophylaktisch „wiederherzustellen" (1996, 114) und die „Biographie von Schülern" dadurch vor „Pathologie" zu schützen und deren „psychosoziale Normalität" (1996, 149) zu befördern. Auch wenn pädagogisches Handeln zunächst und zumeist durch Wissens- und Normvermittlung (vgl. 1996, 144) gekennzeichnet sind, so macht aber erst die „implizite therapeutische Funktion" die Professionalisierungsbedürftigkeit des pädagogischen Handelns aus (1996, 146), weil dieses – alters- und entwicklungsbedingt – für die Genese des Jugendlichen konstitutiv ist und es daher darum gehen muss, „potentiell negative Entwicklungsfolgen kontrolliert zu verhindern" (1996, 148); therapeutisch – wenn auch nur analog therapeutisch – ist dieses Handeln deswegen, weil es im Umgang mit dem ‚Zögling' darum geht, den Zukünftigen im Gegenwärtigen um seiner realen wie möglichen Integrität willen zu vertreten.

So sehr aber die insbesondere von Oevermann vorgenommene gesellschaftstheoretische Justierung von – allgemeiner – Professionalität und ihre Kennzeichnung als stellvertretende Bearbeitung von gesellschaftlichen Struktur- und Geltungskrisen zu überzeugen vermag (vgl. auch Oevermann 2002), so wenig hilfreich scheint mir die Bestimmung der pädagogisch zu bearbeitenden Krise – der prophylaktischen Wiederherstellung von Integrität und Autonomie – im Horizont therapeutischer Tätigkeiten. Es ist aber weniger der therapeutische Charakter, der hier stört und mit wissensorientierten Vermittlungspraktiken gekontert werden müsste (vgl. dazu die Auseinandersetzung zwischen Baumert / Kunter 2006 und Helsper 2007), weil es Oevermann dabei zu Recht um die Struktur des daraus folgenden Handelns als einem uneigennützigen Handeln geht (vgl. Helsper 2011, 151–154); vielmehr verwundert es, dass die die Pädagogik konstituierende gesellschaftliche Struktur- und auch Geltungskrise nicht von Anfang an anders – nämlich eigenlogisch – justiert wird.

Bestimmt man die Strukturkrisen der traditionellen Professionen mit Gerechtigkeits-, Gesundheits- bzw. Integritäts- und Verbindlichkeitsfragen im Sinne von Wahrheits- bzw. Sinnfragen (vgl. Oevermann 1996, 88 ff.), dann sind mit ihnen gesellschaftliche Sollbruchstellen benannt, die einerseits gerade nicht ein für allemal, sondern permanent und immer wieder neu zu bearbeiten sind und sich andererseits durch ihren Modus der Stellvertretung – und der damit zusammenhängenden Uneigennützigkeit bei gleichzeitiger Beanspruchung und Nutzung der professionellen Person – auszeichnen. Dies aber gilt ebenfalls und uneingeschränkt für das Problem der Generationalität, das sich in zweierlei Hinsicht als eine gesellschaftliche Strukturkrise – und auch Geltungskrise, weil die Gesellschaft im Generationenbruch selbst ständig zur Disposition steht – beschreiben lässt: Generationalität meint zum einen das ständige ‚Kommen' und ‚Gehen' von Menschen (in einer spezifischen generationalen Lagerung), d.h. die durch Geburt und Tod erzeugte gesellschaftliche Diskontinuität, die der permanenten sozialen Kontinuierungsarbeit bedarf, damit die Gesellschaft selbst nicht mit dem Verschwinden der Älteren auch verschwindet. Dass diese Arbeit an der Kontinuität bereits in sich selbst mindestens spannungs- bzw. widerspruchsvoll ist, nämlich als unauflösliche Balancierung von Tradition und Transformation (vgl. Peukert 1987), sei hier unbenommen; entscheidend scheint mir zu sein, dass sie als Arbeit an der Kontinuität – selbst wenn sie nicht, wie im Fall der Moderne, am Neuen schlechthin interessiert ist – diese Kontinuität nicht einfach linear herstellen kann, sondern nur über den Umweg der Erziehung der Jüngeren erreichen kann und insofern auf Diskontinuität setzen bzw. mit dieser rechnen und strategisch kalkulieren muss (Masschelein 2000). Erziehung ist daher immer und in allen Kulturen die widersprüchliche Arbeit an der Reproduktion der jeweiligen Gesellschaft, die sich an der nachwachsenden Generation bricht und brechen muss, weil auch noch die bloße affirmative Reproduktion des Gewohnten auf die (dann immer kritische) Selbsttätigkeit der Nachkommen angewiesen ist und insofern nicht einfach linear sich durch- bzw. fortzusetzen vermag. Nicht zufällig ist daher der Übertritt der Jüngeren in den Stand der Älteren von jeher – wenn auch sicherlich sehr unterschiedlich – ritualisiert und mit eigenen Praktiken sowie scharfen Einschnitten, Markierungen und Sanktionen bewehrt (vgl. exemplarisch Schäfer 1999). Diese doppelte Problematik der gesellschaftlichen Kontinuierungsarbeit einerseits und der ritualisierten Aufnahme der Jüngeren in die gesellschaftliche Ordnung der Älteren (und der dadurch erforderlichen Vorbereitung darauf) andererseits ist zugleich immer stellvertretend praktiziert worden. Auch wenn es nicht zu allen Zeiten (systemisch) ausdifferenzierte Formen dieser Praktiken – geschweige explizit pädagogische Praktiken – gegeben hat, so waren diese Tätigkeiten doch immer herausgehobene, insofern hoheitliche Tätigkeiten, die bedeutsamen Mitgliedern, z.B. den Priestern und Magiern, überantwortet waren; die Zuschreibung dieses Aufgabenkomplexes an die Pädagogik bzw. die funktionale Ausdifferenzierung derselben zu einem eigenständigen Funktionssystem ist dann eine nicht zwingende (insofern nicht nur auch anders mögliche, sondern historisch immer wieder auch anders gewählte), aber historisch gesehen spezifisch neuzeitlich-moderne Bearbeitungsform, die mit der Institutionalisierung von Schule sowie der Ausbildung von Organisationen und Professionalität einhergeht und an diese auch gebunden bleibt (vgl. ausführlicher Luhmann 2002). Mit anderen Worten: Es ist meines Erachtens überaus naheliegend, das Problem der Generationalität selbst als eine gesellschaftliche Struktur- und Geltungskrise sui generis zu beschreiben, deren gesellschaftliche Bearbeitung im Modus der Stellvertretung (und auch Arbeitsteilung) zu fassen und dann auch als – historisch bedingten – Kern des pädagogischen Professionalitätsverständnisses zu verankern.

Entscheidend dafür scheint zu sein, das pädagogische Handeln nicht – wie bei Oevermann latent in der Darstellung der Wissens- und Normvermittlung geschehen – als ein lineares Handeln zu veranschlagen, in dem die Älteren sich (und das, was ihnen wichtig ist) in den Jüngeren durchsetzen; vielmehr – so die Pointe der oben entwickelten Argumentation – ist auch noch die allereinfachste und affirmative Durchsetzungsphantasie darauf angewiesen, dass die Nachwachsenden das Gesollte selbst tun – was jedes Gesollte in eine Form des wie auch immer Gewollten transformiert und dadurch die vermeintliche Linearität der Handlungsfigur (als Durchsetzung) bricht und in eine relationale Form bringt, in der neben der Orientierung am eigenen Interesse der Älteren auch – wie klein und anfanghaft auch immer – das Moment des Eigeninteresses des Zöglings bzw. das der Orientierung an dessen zukünftiger Lebensform an Bedeutung gewinnt. Im Zuge der (funktionalen) Ausdifferenzierung des pädagogischen Handelns kommt es daher zur zunehmenden und notwendigerweise paradoxen Orientierung an – in Oevermanns Begrifflichkeit – der Autonomie des Zöglings, die als zukünftige im gegenwärtigen Zögling vertreten werden muss; dies gilt dann in besonderer Weise für moderne Verhältnisse, in denen sich die Orientierung an Selbstbestimmung – statt an Gehorsam – und Individualität – statt an Zugehörigkeit – auch in funktionaler (und nicht bloß freiheitstheoretischer) Hinsicht durchgesetzt hat (vgl. Luhmann 1989). Die Nähe zu den anderen Professionen, insbesondere zum ärztlich-therapeutischen Handeln ergibt sich dann aus deren gemeinsamer Strukturlogik – hier gefasst als stellvertretendes Handeln im Sinne des fürsorglichen Handelns – und muss insofern nicht über Ableitungen aus diesem bzw. diesen hergestellt werden.

Mit dieser Situierung des Pädagogischen im Generationenverhältnis geht zudem einher, auch die Entwicklung der Jüngeren so in der Beziehung zu den Älteren zu verankern, dass die jeweilig Älteren als konstitutive Bedingung der Epigenesis der Jüngeren gedacht werden können. Das aber unterbindet von Anfang an Konzeptionen des Pädagogischen, in dem Herstellungs- einerseits und Entfaltungsbilder andererseits dominieren, und öffnet den Raum für relationale, nichtsdestotrotz aber asymmetrische Modelle pädagogischen Handelns.

II.

Der zweite Topos der Professionalität – verkürzt gefasst als ‚Fürsorglichkeit‘, ‚Uneigennützigkeit‘ oder ‚disinterestedness‘ – enthält in sich eine Problematik, die seit Anfang der 1990er-Jahre zunehmend breiter unter dem Stichwort der (Bedeutung von) Anerkennung diskutiert worden ist (vgl. den Überblick in Nothdurft 2007); in ihr ist nicht nur – sozusagen phänomenal – die (für

Fürsorge und Stellvertretung relevante) Frage der paradoxen Orientierung am Anderen enthalten, sondern es ist darin – auf kategorialer Ebene – auch zu einer Verschiebung der Theoriearchitektur gekommen. Bevor die Diskussion von Professionalität fortgesetzt werden soll, ist es daher unverzichtbar, einen kurzen Blick in ‚das Problem der Anerkennung' zu werfen (vgl. zur folgenden Argumentation ausführlicher Balzer / Ricken 2010).

Während Anerkennung sowohl im gesellschaftspolitischen Diskurs, in dem es vorwiegend um Fragen der Integration und der Anerkennung von Differenz und Vielfalt geht, als auch im moralphilosophischen Diskurs, der sich zentral um die Grundlagen moralischen Handelns und die Frage seiner Begründbarkeit dreht, überwiegend als ‚Wertschätzung' und ‚Bestätigung' gefasst wird (vgl. ausführlicher Schild 2000 wie auch Schmidt am Busch / Zurn 2009), ist es im entwicklungs- und identitätstheoretischen Diskurs der Anerkennung zu einer Bedeutungsverschiebung gekommen, die auch die Bedeutung der Anerkennung in pädagogischer Perspektive betrifft. Kern dieser Perspektive ist dabei die Frage, die Epigenesis des Selbst als einen sowohl selbstreferentiellen (und insofern – wenn auch verzögert – notwendig selbstreflexiven) als auch sozial konstituierten Prozess – verkürzt formuliert: als Epigenesis des Selbst vom Anderen her – zu verstehen, in dem ‚Identität' – also die Frage, wie man sich auf sich selbst bezieht, zu beziehen lernt und als wer man sich selbst versteht – als Möglichkeitsbedingung weiterer Entwicklung (und nicht bloß jeweilig nachträglicher Selbstbezug) ausgelegt wird und an die Erfahrung von vorgängiger Anerkennung durch Andere gebunden wird. Dabei kann Honneths – an Hegel und Mead erarbeitetes – Konzept der Anerkennung als einer der zentralen Bezugspunkte im Diskurs gelten (vgl. Honneth 1992; 2010); so fasst dieser den „Originalmodus der Anerkennung" begrifflich als „Affirmierung von positiven Eigenschaften menschlicher Subjekte oder Gruppen" (Honneth 2004, 55), kurz: als wertschätzende Bestätigung, und veranschlagt diese – wenn auch wechselseitig gedacht – als „praktische Bedingung eines positiven Selbstverhältnisses" (Honneth 2003, 308), d.h. als Bedingung „intakter Identität" (Honneth 1992, 209) und der „Möglichkeit der Verwirklichung von individueller Autonomie" (1992, 213). Mit dieser Weichenstellung, das Selbst nicht als gegeben und dann auf andere bezogen zu denken, sondern von Anfang an als sozial – d.h. durch konstitutive Andere – konstituiert zu verstehen (vgl. auch Todorov 1998), sind jedoch nun drei Begriffsverschiebungen verbunden, die an das Verständnis der Anerkennung bei Honneth zwar anknüpfen, es aber auch notwendig verschieben, um der Systematik dieser Perspektive gerecht werden zu können.

So hat Jessica Benjamin in ihren zahlreichen Arbeiten immer wieder darauf hingewiesen (insbes. Benjamin 1990), dass Anerkennung – erstens –

auch phänomenal viel zu kurz verstanden wird, wenn sie bloß als ‚positive Bestätigung und Wertschätzung' in den Blick kommt; damit Anerkennung überhaupt anerkennend sein kann, ist sie notwendigerweise auch Versagung und Entzug – und insofern auf vermeintlich eindeutige Positivität nicht festlegbar. Benjamin hat diesen Gedanken eindrücklich am Beispiel der Mutter-Kind-Beziehung aufgezeigt, indem sie nachweist, dass Anerkennung dann wertlos ist, wenn sie bloß zentrische Spiegelung des Selbst im Anderen ist: Es geht dem Selbst nicht darum, bloß anerkannt zu werden, sondern auch von jemandem anerkannt zu werden, der sich als unabhängig, als eigen erweist; wenn das Kind aber immer alles bekommt, was es will, und die anderen zentrisch nur als auf sich bezogen erlebt, dann kann es projizierte und realistische Andere nicht unterscheiden – und muss die Situation als Verlassensein interpretieren (vgl. Benjamin 1990, 37); insofern erweist sich erst in der Versagung, in der Auseinandersetzung, in der Differenz des Anderen zum eigenen Entwurf der Andere als unabhängiger bzw. selbständiger Anderer, dessen Anerkennung dann allererst bedeutsam werden kann. Daran anschließend hat Alexander Garcia Düttmann darauf aufmerksam gemacht, dass Anerkennung nicht nur als ein konstatives Geschehen einer nachträglichen ‚Bestätigung', sondern – zweitens – auch als eine konstituierende ‚Stiftung' zu konzipieren ist, in der erst hervorgebracht wird, was als vermeintlich vorgängig anerkannt worden zu sein scheint (vgl. Düttmann 1997). Folgt man dieser performativen Fassung von Anerkennung, dann wird Anerkennung – schließlich drittens – auch in ihrer ganzen Ambivalenz deutlich, weil sie nicht mehr bloß als vermeintliche ‚Befreiung' des anderen zu sich selbst, sondern auch als dessen Festlegung, Identifizierung und auch Fixierung zu rekonstruieren ist, weil man immer als jemand – und zwar als ein spezifischer Jemand – anerkannt wird, der sich als anerkennbar zu erweisen sucht. Es ist insbesondere das Verdienst von Judith Butler, auf die machttheoretischen Implikationen der Anerkennung hingewiesen und sie als ein Subjektivationsgeschehen beschrieben zu haben (vgl. Butler 2001; 2003). Die Frage der Genese des Selbst aus der Anerkennung heraus dreht sich – so Butlers Argument – immer auch darum, was es eigentlich heißt, für andere anerkennbar zu sein; es geht daher nicht bloß um den paradoxen Sachverhalt, dass jemand Anerkennung für etwas erhält, was er oder sie ist, und dadurch dieses auch wird, sondern darum, dass Anerkennung in sozialen Kontexten nach Erwartungen, Kategorien und Normen vergeben wird, die nicht die eigenen sind, sodass Anerkennung für das Selbst zunächst und vor allem Anerkennbarkeit des Selbst durch und vor Anderen heißt. Mit Normen der Anerkennbarkeit sind dabei jene Strukturen und Praktiken gekennzeichnet, denen das Selbst sich einerseits unterwerfen muss, andererseits aber nicht vollständig unterwerfen kann, da es auch als spezifischer Jemand und nicht bloß irgendeiner anerkannt werden will. Butler formuliert: „Um zu sein, müssen wir anerkennbar sein, und zugleich die Normen in Frage stellen, durch die uns Anerkennung zuteil wird" (2003, 64).

Ohne hier nun weitere anerkennungstheoretische Folgerungen aus dieser Begriffsarbeit ziehen zu können (vgl. ausführlicher Balzer / Ricken 2010, 72–78 sowie Ricken 2013) – mit den Erweiterungen des Begriffs der Anerkennung auf phänomenaler Ebene durch die Momente ‚Versagung', ‚Stiftung' und ‚Unterwerfung' ist es zunächst gelungen, ein zu positives und erhabenes Verständnis der Anerkennung zu durchkreuzen und die oft eher normativ gefasste Perspektive auf Anerkennung durch eine analytische zu ersetzen; zugleich geht mit dieser Begriffsverschiebung aber auch ein kategorialer Umbau einher, der die beanspruchten Grundbegriffe und deren theoriearchitektonische Justierung tangiert.

Pointiert formuliert: Ein solcher anerkennungstheoretisch justierter Zugriff hat auch Folgen für das Verständnis von Subjektivität und führt in einen notwendigen Bruch mit dem klassischen Subjektdenken (vgl. ausführlicher Ricken 1999; 2009); pointiert formuliert: Wer Anerkennung denkt, wer diese auch als bedeutsam und damit konstitutiv für die Genese des Selbst denkt, kann Subjektivität nicht schlicht unverändert modern denken – sprich: als autonomes, sich selbst bestimmendes und sich selbst bewusstes wie transparentes Subjekt; vielmehr ist es zwingend, Subjektivität als differentielles und relationales Selbst, als Inter-Subjektivität zu denken, wie dies bereits früh Käte Meyer-Drawe vorgeschlagen hat (vgl. 1984). In einem solchen Verständnis kommen dann Selbstfremdheit und Entzogenheit, Differenz und Anderenbezogenheit sowie Angewiesenheit und Exposition nicht mehr bloß als defizitäre und mangelhafte Formen von Subjektivität in den Blick; vielmehr treten sie in eine deutliche Spannung mit den überkommenen Bestimmungsmomenten der Selbstvertrautheit und des Selbstbewusstseins, der Identität und Gleichheit mit sich selbst sowie der Souveränität und Autonomie und erzwingen ein Subjektdenken, in dem der Aspekt des Zugrundeliegenden mit dem des Unterworfenen zusammengedacht werden muss (vgl. auch Meyer-Drawe 1990). Subjektivität dann aber relational zu denken heißt nicht nur, der Nichthintergehbarkeit einerseits und der Nichtursprünglichkeit andererseits auch konzeptionell Rechnung zu tragen, sondern Selbst- und Anderenbezogenheit miteinander zu verbinden und als ein Ineinander zu denken; pointierter formuliert: Subjektivität kann weder als eine vorgängige Größe – sei sie nun von Anfang an gegeben oder sich gemäß des Paradoxons ‚Werde, der Du bist' entfaltend bzw. gar sich selbst erschaffend – noch als ein bloß nachgängiges Produkt anderer Mechanismen verstanden werden, sondern muss als eigentümliche Selbstbezüglichkeit justiert werden, die erst durch Anderenbezüglichkeit ermöglicht ist, ohne durch diese darin aber festgelegt und determiniert zu sein. Sich selbst von anderen und durch andere – als Andere – zu erlernen, heißt ja nicht nur, das ‚Ich' vom ‚Du' her

begreifen zu lernen und als ein zusammenhängendes ‚Grundwort Ich-Du'
(vgl. Buber 1984) auszusprechen, wie dies insbesondere in der dialogischen
Philosophie konzipiert worden ist (vgl. auch Theunissen 1965); vielmehr ist
damit auch verbunden, mit den üblichen Vor- und Nachordnungen zu brechen und Fundierungsverhältnisse zugunsten komplexer Figurationen (vgl.
Elias 1992) aufzugeben und insofern relational denken zu lernen. Relationalität meint dabei – wie dies bei Søren Kierkegaard nachdrücklich formuliert
worden ist – immer eine doppelte Relationalität, ein Sichbeziehen(können)
auf sein eigenes Bezogensein. Mit Kierkegaard formuliert:

> „Was aber ist das Selbst? Das Selbst ist ein Verhältnis, das sich zu sich selbst ver-
> hält, oder ist das an dem Verhältnisse, daß das Verhältnis sich zu sich selbst ver-
> hält; das Selbst ist nicht das Verhältnis, sondern daß das Verhältnis sich zu sich
> selbst verhält" (Kierkegaard 1992, 8).

Mit diesem Theorieumbau aber geht nicht nur die Reformulierung zentraler
Grundbegriffe (wie z.B. Autonomie und Identität) und deren Verschiebung
(z.B. für Identität vom Problem der Selbigkeit zum Problem der Selbstheit,
vgl. Ricœur 1996) einher; bedeutsam für die Argumentation hier ist auch,
dass Selbstbestimmung und Fremdbestimmung bzw. Autonomie und Heteronomie nicht mehr traditionell oppositional einander gegenüberstehen und
dann in ein paradoxes Verhältnis zueinander gesetzt werden können – was
dann auch die klassische Konstruktion des pädagogischen Paradoxons von
Freiheit durch Zwang unterminiert. Vielmehr muss Subjektivität – d.h. un-
aufhebbare Selbstbezüglichkeit – selbst als durch Anderenbezüglichkeit,
schärfer: als durch Fremdbestimmung anderer bedingt verstanden werden;
individuelle ‚Handlungsfähigkeit' – so ließe sich die Argumentation Butlers
hier wieder aufgreifen – basiert nicht auf einem (sozialfreien) subjektiven Re-
siduum, sondern resultiert aus Anerkennbarkeit, d.h. aus der Unterwerfung
unter die Normen der anderen (vgl. auch Balzer / Ludewig 2012). Für die
Epigenesis des Selbst ist es daher zwingend, als Epigenesis vom Anderen her
konzipiert zu werden.

III.

Vor diesem Hintergrund lässt sich nun der unterbrochene Faden der
professionstheoretischen Auseinandersetzung wieder aufnehmen und das
zweite Moment eines (auch pädagogischen) Professionalitätsverständnisses
diskutieren: Es ist der klientenorientierte und fürsorgliche Charakter des
professionellen bzw. pädagogischen Handelns (vgl. auch Oevermann 1996),
der – so der klassische Zuschnitt der Professionstheorie – aus der nur para-

dox möglichen Kombination von Stellvertretung (und Fremdbestimmung) und Selbstbestimmungs- und Autonomieorientierung resultiert, der die Professionalisierungsbedürftigkeit (auch des pädagogischen) Handelns ausmacht. Als ein Handeln *für* andere (Dienstleistungsseite), was aber *am* anderen (Stellvertretungsseite) vollzogen werden muss und doch nur *mit* ihm (Kooperationsseite) gelingen kann, auch wenn dabei zugleich immer wieder ein Handeln *gegen* ihn erforderlich ist bzw. sein kann (Interventionsseite), ist es von Anfang als ein ebenso selbstloses und uneigennütziges wie zugleich personales Handeln zu begreifen, das durch ein Arbeitsbündnis, eine Autorisierung einerseits und eine Approbation andererseits, getragen sein muss. Bereits die Kombination von ‚disinterestedness' (Stichweh 1996) und Personalität des Handelns (bzw. des Handelns als Person) stellt vor paradoxe Anforderungen, die der expliziten Bearbeitung und Professionalisierung – als Schutz vor alltagsweltlichen Entparadoxierungen auf verschiedenen Ebenen – bedürfen: So sind persönliche Motive und Interessen zwar grundsätzlich nicht ausgeschlossen, müssen aber weitgehend ‚enthalten' und zwingend mit Blick auf die eigene Rolle reflexiv bearbeitet werden; aber auch umgekehrt gilt es, sich davor reflexiv zu schützen, vereinnahmt und benutzt zu werden, ohne anders herum sich aus der Verantwortung stehlen zu können und delegierte Selbstverantwortung zu propagieren. Dies wird dann umso dringlicher, wenn der Charakter des Handelns selbst ebenfalls paradox bzw. nichtlinear ist – und zwar in doppelter Weise: Man kann nicht nur nicht (technisch) herstellen, was man sich vornimmt bzw. vorgegeben bekommt, sondern man kann noch nicht einmal eine spezifische Gestalt – ein Können, Wollen, Sein – in Auftrag geben, weil das, was man will, von dem abhängt, für den man das will, und nur mit diesem kooperativ zu erreichen ist. Das für die Gestaltung der Konditionalität erforderliche Wissen ist daher kein technologisches oder ingenieuriales Wissen, sondern ein soziales und – als akademisches Wissen – ein reflexives Wissen, das zwar kasuistisch entwickelt, nicht aber linear angewendet werden kann und insofern permanent eine selbstständige und -verantwortliche Urteilsbildung und Handlungsentscheidung verlangt, die weder einfach angewiesen noch letztlich ausgewertet bzw. sogar kontrolliert werden kann, und insofern auf erworbenen Haltungen und einem expliziten Ethos basiert (vgl. bereits früh Terhart 1987).

Doch so sehr diese Fassung des pädagogischen Handelns als eines paradoxen, weil auf Fremdbestimmung basierenden und doch an Autonomie orientierten Handeln eingewöhnt ist – in einer anerkennungstheoretischen Reformulierung verschiebt sich diese um Uneigennützigkeit und Fürsorglichkeit fokussierte Perspektive doch; in drei Perspektiven sei dies hier angedeutet:

1. Zunächst (und zu Recht) geht es in ‚Uneigennützigkeit' um eine Limitierung der eigenen Interessen, weil diese weder einfach in den Jüngeren durchgesetzt werden dürfen noch zu einer eigenen Profitorientierung des Erziehers im pädagogischen Handeln führen dürfen; insofern ist Anderenorientierung einer der Kerne des pädagogischen Handelns – wenn auch nicht konkurrenzlos. Denn selbstverständlich stellen auch Pädagoginnen und Pädagogen – wie im übrigen alle Professionellen – (an Maßstäben reflektierte) Anforderungen an die Lernenden bzw. Klienten, in deren Namen sie die Betroffenen unterstützen oder herausfordern und in die Pflicht nehmen. Im (anerkennungstheoretischen) Wissen darum, für die Nachwachsenden unverzichtbare Entwicklungsbedingung zu sein, kann dann ‚Uneigennützigkeit' aber gerade nicht Neutralität oder bloße Zurückhaltung bedeuten, die den oder die andere/n sozusagen ‚ungestört' ließe, sondern verlangt – sicherlich reflektierte – Positionierung und Engagement. Weil sowohl überformende ‚Bestimmung' als auch antipädagogische ‚Freilassung', die meines Erachtens die eigentliche Gefahr einer bloß subjekttheoretischen Fassung des pädagogischen Problems darstellt, jeweils ‚bildend' sind, d.h. von den Nachwachsenden als Bedingung der eigenen Entwicklung aufgenommen und beantwortet werden, geht es weniger darum, die (eine) richtige pädagogische Position bzw. Positionierung zu finden, sondern darum, diese in ihren Perspektiven, Setzungen und auch unvermeidlichen Schließungen dialogisch, praktisch und auch habituell zu öffnen und auf die Logik der anderen hin zu durchbrechen. Das impliziert immer ein Abwägen (mit den Anderen), wann es um Beharren, wann um Entgegenkommen geht. ‚Uneigennützigkeit' hebt daher den unvermeidlich subjektivierenden Charakter eines jeden (pädagogischen) Handelns nicht auf und enthebt insofern auch nicht davon, sich mit den Folgen dessen (selbst-)kritisch-reflexiv auseinanderzusetzen. Orientierung an ‚Uneigennützigkeit' verlangt dann aber, sich der eigenen subjektivierenden Bedeutung für die Nachwachsenden nicht nur klar zu werden, sondern diese auch wollend anzunehmen – und sich zugleich der dadurch entstehenden Schuld, sowohl des Schuldigwerdens als auch des Schuldigbleibens, zu stellen und nicht zu entziehen (vgl. Vinnai 2007) und diese mindestens im Nachhinein diskutierbar zu machen.

2. Darüber hinaus aber erfordert ‚Uneigennützigkeit' auch – bei aller dringenden Bezogenheit und Fürsorglichkeit – eine Form der doppelten Unabhängigkeit bzw. die Bereitschaft, sowohl zuzulassen, dass die anderen sich als unabhängig zeigen, als auch sich selbst als unabhängig gegenüber den anderen zu erweisen, weil es gerade das Paradox der gleichzeitigen Unabhängigkeit und Abhängigkeit ist, was die Logik der Anerkennung – folgt man z.B. den Überlegungen Benjamins (vgl. insbes. 1990) – ausmacht. Ohne auf diese Paradoxie der Anerkennung nun näher eingehen

zu können (vgl. ausführlicher Balzer / Ricken 2010), folgt aus ihr professionstheoretisch meines Erachtens vor allem die Bereitschaft, sich auch als Gegenüber zur Bearbeitung der jeweiligen Themen der Nachwachsenden – wenn auch sicher nicht einfach stillhaltend, sondern streitend – zur Verfügung zu stellen und die daraus resultierende Position, ein Ärgernis zu sein und Unlust auf sich zu ziehen, auf sich zu nehmen – und d.h. dann, die eigene Angewiesenheit auf Anerkennung als pädagogisch Handelnder (und die daraus resultierende Verführbarkeit gegenüber der Anerkennung der Nachwachsenden) gerade nicht zu leugnen, sondern wahrzunehmen und sowohl reflexiv als auch kollegial zu bearbeiten. Mir scheint daher – neben dem unverzichtbaren Struktur- und Handlungswissen des Pädagogischen – der Kern der pädagogischen Professionalität nicht die Ein- oder gar Ausklammerung der eigenen Perspektiven und Interessen zu sein, sondern deren Öffnung, Infragestellung und auch Exposition; wenn das mit ‚Uneigennützigkeit' gemeint ist, dann ließe sich ihr auch anerkennungstheoretisch zustimmen.

3. Schließlich gelte es, auch systematisch über die pädagogische (bzw. sozialisatorische) Bedeutung der unvermeidbaren ‚Verkennung' des Anderen (vgl. Bedorf 2010) und deren Rolle für die Epigenesis des Selbst nachzudenken. Denn die – aus der Unmöglichkeit, die Alterität des Anderen zu verstehen, resultierende – ‚Verkennung' eröffnet nicht nur neue und andere Spielräume der Re-Adressierung, d.h. des Antwortgebens auf erfahrene Adressierung, sondern macht – gerade aufgrund ihres Charakters als (sozialisatorisch folgenreiche) Unter- und Überbestimmung des Anderen – auch darauf aufmerksam, dass das weithin verbreitete ‚Versprechen der Anerkennung', bei hin- und ausreichender Anerkennungspraxis Identität, Selbstbewusstsein etc. zu ermöglichen, notwendigerweise gebrochen werden muss bzw. selbst nichts anderes als eine – vielleicht aber notwendige – Illusion ist (vgl. auch Liebsch 2011). Professionstheoretisch gewendet impliziert diese Überlegung einen negativistischen Vorbehalt für professionelle Tätigkeiten – negativistisch in dem Sinne, dass die Tätigkeit nicht ungebrochen und restlos in Positivität verwandelt oder überführt werden kann (vgl. auch Liebsch / Hetzel / Sepp 2011).

Vor diesem Hintergrund der verschobenen Diskussion der ‚Uneigennützigkeit' erscheint auch die Debatte um das pädagogische Arbeitsbündnis in einem anderen Licht: Gilt sie in der klassischen Professionstheorie Oevermanns als eine Art Schutzregel, die sich aus der Freiwilligkeit des Klienten einerseits und unterschiedlichen Rollenanforderungen an Klient und Therapeut andererseits ergibt und daher für Oevermann als Haupthindernis der Professionalisierungsfähigkeit pädagogischer Tätigkeiten gilt (vgl. Oevermann 1996: Helsper / Hummrich 2008), so wäre jetzt darauf hinzuweisen, dass auch das freiwillig eingegangene Arbeitsbündnis nicht aus den beschriebenen Anerkennungs- und Machtparadoxien (z. B. einer immer unvermeidlichen Subjektivierung) befreit, auch wenn es das professionelle und insbesondere pädagogische Handeln legitimatorisch und auch motivational sicherlich zunächst vereinfachen würde; anders formuliert: Vielleicht ist es vielmehr die Schulpflicht und – diesseits der gesellschaftspolitischen Problematisierung ihrer Unverzichtbarkeit (vgl. die Diskussion zwischen Oevermann 2003 bzw. Oevermann 2006, Blankertz 2003 und Gruschka 2003 sowie die Antwort von Oevermann 2004) – der mit ihrer Etablierung deutlich werdende Bruch mit dem auf Freiwilligkeit setzenden Arbeitsbündnis, die die Sollbruchstelle des pädagogischen Handelns markiert und dadurch den notwendig zu professionalisierenden Kern des Pädagogischen reflektierbar macht, weil sie die Vorstellung, mit einem funktionierenden Arbeitsbündnis wäre alles anders (und besser), als Illusion zu erweisen vermag. Folgt man dieser Perspektive, dann geht es gerade nicht darum – was aber in Teilen durch das Arbeitsbündnis suggeriert wird –, freiheitliche Pädagogiken gegen machtvolle und autoritäre Pädagogiken zu konturieren und dann auch auszuspielen, sondern den Streit zwischen verschiedenen (auch pädagogischen) Machtformationen zu führen und Macht nicht in Gewalt und Herrschaft umschlagen zu lassen (vgl. Meyer-Drawe 2001).

IV.

Die hier vorgelegte Skizze einer anerkennungstheoretischen Relektüre von pädagogischer Professionalität formuliert Professionalität nicht neu, sondern regt allenfalls eine Verschiebung in ihr an; Kern dieses Versuchs ist dabei die Beobachtung, dass der – insbesondere von Ulrich Oevermann vorgetragene – strukturtheoretische Begriff der (pädagogischen) Professionalität untrennbar ist von einer starken subjekttheoretischen Argumentation, in der das Subjektsein und -werden der Individuen nur paradox mit Fremdbestimmung und pädagogischem Handeln vereinbar ist, weil Autonomie nicht aus Heteronomie entstehen kann. Verlässt man aber diese eingewöhnten Argumentationswege – und dafür gibt es neben den vielfachen poststrukturalistischen und inter-subjektivitätstheoretischen Argumenten auch und vor allem pädagogisch zwingende Gründe –, dann zeigt sich die (vermutlich weitgehend gleiche) Landschaft aus einer anderen Perspektive.

‚Autonomie‘ – so eine erste Beobachtung – ließe sich dann nicht mehr ungebrochen nur als freiheitliche Version des Selbst vertreten, weil sie selbst als gesellschaftliche Formatierung des Menschlichen verstehbar würde, die weder frei ist von Zwang noch dem Menschlichen (quasi natürlich) einfach entspräche, sondern selbst als moderne Form der Subjektivation in vielfältigen Praktiken – der Identifizierung des Eigenen und der Distinktion vom Anderen, der (Selbst-)Zuschreibung von Handlungen und Urheberschaften sowie der Einforderung von Verantwortlichkeit und verallgemeinernder Rechtfertigung etc. – erst hergestellt werden muss. Pointiert formuliert: ‚Der Mensch‘ – als ebenso fiktive wie abstrakte Selbstbezeichnung – *ist* kein Subjekt und kommt auch nicht im Subjektsein zu sich selbst, sondern wird dazu ‚gemacht‘; das ‚Subjekt‘ ist vielmehr selbst eine zwar historisch erkämpfte (und insofern wertvolle und nicht preislos aufkündigbare), aber doch kulturell bedingte moderne Form des Menschlichen, die ihren zeitlichen und kulturellen Index verbirgt, indem sie sich entlang der Differenz von Selbst- und Fremdbestimmung stilisiert. Nur mit (einer nicht einnehmbaren) Distanz sind alle Formationen des Menschlichen in irgendeiner Weise – nämlich kulturelle Formate zu sein, die praktiziert werden müssen – gleich; der Streit um die ‚Güte‘ der Formate, um Differenzen, Graduierungen oder auch Unterschiede ums Ganze lässt sich aber nicht dadurch lösen, dass auf eine letztlich doch substanielle, quasi-natürliche Legitimation zurückgegriffen wird, nach der alle Menschen immer schon Subjekte waren und dieses zu anderen Zeiten noch nicht erreicht hätten oder es erst gar nicht gewusst hätten. Die Frage, wer denn der Mensch vor seinen jeweiligen historisch-kulturellen Formatierungen sei, lässt sich nicht beantworten, sondern führt in unauflösbare Differenzen – nämlich: sich in den Formatierungen zu den Formatierungen immer nochmal zu verhalten und verhalten zu können.

Vor diesem Hintergrund lässt sich – in einer zweiten Beobachtung – das jeweilige pädagogische Handeln vor der insbesondere reformpädagogischen Dauerverdächtigung, es sei in den uns bekannten Formaten nichts anderes als ein disziplinierender Übergriff, verteidigen und als ein konstitutives, d.h. mit der sozialen Konstitution verbundenes (und dann allerdings auszudifferenzierendes und sicherlich unterschiedlich ausdifferenzierbares) Handeln verstehen. Bereits diese Justierung des Pädagogischen scheint mir ein Gewinn gegenüber den eingewöhnten und latent antipädagogischen Bahnen der modern subjekttheoretischen Fassung des pädagogischen Problems. Mit ihr sind zwei weitere Gewinne verbunden: die plausiblere Beschreibung der Epigenesis des Selbst vom Anderen her, wie sie in den anerkennungstheoretischen Debatten zunehmend an Form gewinnt, sowie die Kennzeichnung des pädagogischen Handelns als eines unvermeidlich subjektivierenden Handelns, die dazu zwingt, den eigenen Einsatz zu problematisieren und zum Anderen hin zu öffnen, nicht aber ein- und auszuklammern. Die – anfänglich als Erfahrung beschriebene – Tendenz des pädagogischen Handelns zur (auch wechselseitigen) Ab- und Entwertung der betroffenen Akteure ließe sich zunächst auch als Schwierigkeit begreifen, die erforderliche (und oben beschriebene) Spannung zwischen Abhängigkeit und Unabhängigkeit durchgängig aufrechterhalten zu können und nicht doch einseitig zerbrechen zu lassen (was dann oft mit Herrschaft und auch Gewalt einhergeht); sie macht aber auch darauf aufmerksam, dass Kritik und Korrektur gerade unter subjekt- und autonomietheoretischen Vorzeichen zunehmend schwieriger werden und von den Betroffenen bereits früh als Einmischung, unberechtigte Infragestellung und Übergriff verstanden werden können. Der Rückgewinn des Pädagogischen bestünde dann auch darin, eine Streitkultur zu etablieren, die Aus-einander-Setzung ermöglicht und nicht Abwendung und Abbruch provoziert und so der zunehmenden Immunisierung der Individualisierung entgegenarbeitet – ein meines Erachtens ganz praktisches Desiderat einer sich kritisch verstehenden Pädagogik (und Erziehungswissenschaft).

Kern einer pädagogischen Professionalität – so eine dritte und letzte Bilanzierung – ist dann aber vielleicht nicht nur (oder mindestens weniger) das Ethos einer ‚disinterestedness‘, das qua Enthaltsamkeit und Rollenbewusstsein dazu in die Lage versetzen soll, unterschiedliche und auch konkurrierende Ansprüche pädagogischen Handelns (wie z.b. ‚Fürsorglichkeit‘, ‚Gerechtigkeit‘ und Wahrhaftigkeit‘, vgl. Oser 1998) ebenso wie eigen- und anderenzentrierte Orientierungen zu balancieren, sondern die ‚Kunst‘ einer pädagogischen Folgenabschätzung, der es zwar auch darum geht, was jemand und warum jemand etwas tut, in deren Zentrum aber die Frage steht, ‚was und wie das tut, was man tut‘ (nach Foucault in Dreyfus / Rabinow 1994, 219).

Literatur

Abbott, A. (1988): The System of Professions. Chicago: University of Chicago Press.

Balzer, N. / Ludewig, K. (2012): Quellen des Subjekts. Judith Butlers Umdeutungen von Handlungsfähigkeit und Widerstand. In: Ricken, N. / Balzer, N. (Hrsg.): Judith Butler: Pädagogische Lektüren. Wiesbaden: Springer VS, 95–124.

Balzer, N. / Ricken, N. (2010): Anerkennung als pädagogisches Problem. Markierungen im erziehungswissenschaftlichen Diskurs. In: Schäfer, A. / Thompson, C. (Hrsg.): Anerkennung. Paderborn: Schöningh, 35–87.

Baumert, J. / Kunter, M. (2006): Stichwort: Professionelle Kompetenz von Lehrkräften. In: Zeitschrift für Erziehungswissenschaft 9, 4, 469–520.

Bedorf, T. (2010): Verkennende Anerkennung. Über Identität und Politik. Frankfurt a. M.: Suhrkamp.

Benjamin, J. (1990): Die Fesseln der Liebe. Psychoanalyse, Feminismus und das Problem der Macht. Basel: Stroemfeld/Roter Stern.

Blankertz, S. (2003): Professionalisierung oder Standesinteressen? In: Pädagogische Korrespondenz 16, 30, 80–84.

Buber, M. (1984): Das dialogische Prinzip. Heidelberg: Lambert Schneider.

Butler, J. (2001): Psyche der Macht. Das Subjekt der Unterwerfung. Frankfurt a. M.: Suhrkamp.

47

Butler, J. (2003): Noch einmal: Körper und Macht. In: Honneth, A. / Saar, M. (Hrsg.): Michel Foucault – Zwischenbilanz einer Rezeption. Frankfurt a.M.: Suhrkamp, 52–67.

Dreyfus, H. L. / Rabinow, P. (^{2}1994): Michel Foucault. Jenseits von Strukturalismus und Hermeneutik. Weinheim: Beltz.

Düttmann, A. G. (1997): Zwischen den Kulturen. Spannungen im Kampf um Anerkennung. Frankfurt a.M.: Suhrkamp.

Elias, N. (1992): Art. Figuration. In: Schäfers, B. (Hrsg.): Grundbegriffe der Soziologie, Opladen: Leske + Budrich, 88–91.

Etzioni, A. (1967): The Semi-Professions and Their Organization. New York: Free Press.

Goffman, E. (1994): Interaktionsordnung. In: Goffman, E.: Interaktion und Geschlecht. Hrsg. von Knoblauch, H. A., mit einem Nachwort von Kotthoff, H. Frankfurt a. M./New York: Campus, 50–104.

Gruschka, A. (2003): Von der Kritik zur Konstruktion ist oft nur ein Schritt: der der Negation. In: Pädagogische Korrespondenz 16, 30, 71–79.

Helsper, W. (2007): Replik: Eine Antwort auf Jürgen Baumerts und Mareike Kunters Kritik am strukturtheoretischen Professionsansatz. In: Zeitschrift für Erziehungswissenschaft 10, 4, 567–579.

Helsper, W. (2011): Lehrerprofessionalität – der strukturtheoretische Professionsansatz zum Lehrberuf. In: Terhart, E. / Bennewitz, H. / Rothland, M. (Hrsg.): Handbuch der Forschung zum Lehrerberuf. Münster: Waxmann, 149–170.

Helsper, W. / Hummrich, M. (2008): Arbeitsbündnis, Schulkultur und Milieu. Reflexionen zu Grundlagen schulischer Bildungsprozesse. In: Breidenstein, G. / Schütze, F. (Hrsg.): Paradoxien in der Reform der Schule. Ergebnisse qualitativer Sozialforschung. Wiesbaden: VS Verlag für Sozialwissenschaften, 43–73.

Helsper, W. / Tippelt, R. (2011a): Ende der Profession und Professionalisierung ohne Ende? Zwischenbilanz einer unabgeschlossenen Diskussion. In: Helsper, W. / Tippelt, R. (Hrsg.): Pädagogische Professionalität. Weinheim/Basel, 268–288. [= Zeitschrift für Pädagogik, 57. Beiheft].

Helsper, W. / Tippelt, R. (Hrsg.) (2011b): Pädagogische Professionalität. Weinheim/Basel: Beltz. [= Zeitschrift für Pädagogik, 57. Beiheft].

Honneth, A. (1992): Kampf um Anerkennung. Zur moralischen Grammatik sozialer Konflikte. Frankfurt a.M.: Suhrkamp.

Honneth, A. (2003): Der Grund der Anerkennung. Eine Erwiderung auf kritische Rückfragen. In: Honneth, A.: Kampf um Anerkennung. Zur moralischen Grammatik sozialer Konflikte [Neuauflage mit einem neuen Nachwort]. Frankfurt a.M.: Suhrkamp, 303–341.

Honneth, A. (2004): Anerkennung als Ideologie. In: WestEnd 1, 1, 51–70.

Honneth, A. (2010): Das Ich im Wir. Studien zur Anerkennungstheorie. Frankfurt a.M.: Suhrkamp.

Kierkegaard, S. (1992): Die Krankheit zum Tode [1849]. Gesammelte Werke Abt. 24/25, hrsg. von Hirsch, E. / Gerdes, H., übersetzt von Hirsch, E. Gütersloh: GTB.

Liebsch, B. (2011): Verfehlte Anerkennung? Zur gegenwärtigen Diskussion um einen sozialphilosophischen Grundbegriff. In: Liebsch, B. / Hetzel, A. / Sepp, H. R. (Hrsg.): Profile negativistischer Sozialphilosophie. Ein Kompendium. Berlin: Akademie Verlag, 289–307.

Liebsch, B. / Hetzel, A. / Sepp, H. R. (Hrsg.) (2011): Profile negativistischer Sozialphilosophie. Ein Kompendium. Berlin: Akademie Verlag.

Luhmann, N. (1989): Individuum, Individualität, Individualismus. In: Luhmann, N.: Gesellschaftsstruktur und Semantik. Studien zur Wissenssoziologie der modernen Gesellschaft. Band 3. Frankfurt a.M.: Suhrkamp, 149–258.

Luhmann, N. (2002): Das Erziehungssystem der Gesellschaft. Frankfurt a.M.: Suhrkamp.

Masschelein, J. (2000): Die Zeit der Generationen. In: Masschelein, J. / Ruhloff, J. / Schäfer, A. (Hrsg.): Erziehungsphilosophie im Umbruch. Beiträge zur Neufassung des Erziehungsbegriffs. Weinheim: Deutscher Studien Verlag, 211–229.

Mayr, J. / Neuweg, G. H. (2006): Der Persönlichkeitsansatz in der Lehrer/innen/forschung. Grundsätzliche Überlegungen, exemplarische Befunde und Implikationen für die Lehrer/innen/bildung. In: Heinrich, M. / Greiner, U. (Hrsg.): Schauen, was rauskommt. Kompetenzförderung, Evaluation und Systemsteuerung im Bildungswesen. Wien/Münster: LIT, 183–206.

Metzger, W. (²1962): Schöpferische Freiheit. Frankfurt a.M.: Kramer.

Meyer-Drawe, K. (1984): Leiblichkeit und Sozialität. Phänomenologische Beiträge zu einer pädagogischen Theorie der Inter-Subjektivität. München: Fink.

Meyer-Drawe, K. (1990): Illusionen von Autonomie. Diesseits von Ohnmacht und Allmacht des Ich. München: Kirchheim.

Meyer-Drawe, K. (2001): Erziehung und Macht. In: Vierteljahrsschrift für wissenschaftliche Pädagogik 77, 4, 446–457.

Nothdurft, W. (2007): Anerkennung. In: Straub, J. / Weidemann, A. / Weidemann, D. (Hrsg.): Handbuch Interkulturelle Kommunikation und Kompetenz. Grundbegriffe – Theorien – Anwendungsfelder. Stuttgart/Weimar: Metzler, 110–122.

Oevermann, U. (1996): Theoretische Skizze einer revidierten Theorie professionalisierten Handelns. In: Combe, A. / Helsper, W. (Hrsg.): Pädagogische Professionalität. Untersuchungen zum Typus pädagogischen Handelns. Frankfurt a.M.: Suhrkamp, 70–182.

Oevermann, U. (2002): Professionalisierungsbedürftigkeit und Professionalisiertheit pädagogischen Handelns. In: Kraul, M. / Marotzki, W. / Schweppe, C. (Hrsg.): Biographie und Profession. Bad Heilbrunn/Obb.: Klinkhardt, 19–64.

Oevermann, U. (2003): Brauchen wir heute noch eine gesetzliche Schulpflicht und welches wären die Vorzüge ihrer Abschaffung? In: Pädagogische Korrespondenz 16, 30, 54–70.

Oevermann, U. (2004): Über den Stellenwert der gesetzlichen Schulpflicht. Antwort an meine Kritiker. In: Pädagogische Korrespondenz 17, 32, 74–84.

Oevermann, U. (²2006): Zur Behinderung pädagogischer Arbeitsbündnisse durch die gesetzliche Schulpflicht. In: Rihm, T. (Hrsg.): Schulentwicklung. Vom Subjektstandpunkt ausgehen … Wiesbaden: VS Verlag für Sozialwissenschaften, 69–92.

Oser, F. (1998): Ethos – die Vermenschlichung des Erfolgs. Zur Psychologie der Berufsmoral von Lehrpersonen. Opladen: Leske + Budrich.

Parsons, T. (1939): The Professions and Social Structure. In: Social Forces 17, 4, 457–467.

Peukert, H. (1987): Tradition und Transformation. Zu einer pädagogischen Theorie der Überlieferung. In: Religionspädagogische Beiträge, H. 19, 16–34.

Ricken, N. (1999): Subjektivität und Kontingenz. Markierungen im pädagogischen Diskurs. Würzburg: Königshausen & Neumann.

Ricken, N. (2009): Über Anerkennung – oder: Spuren einer anderen Subjektivität. In: Ricken, N. / Röhr, H. / Ruhloff, J. / Schaller, K. (Hrsg.): Umlernen. Festschrift für Käte Meyer-Drawe. Paderborn: Fink, 75–92.

Ricken, N. (2013): Anerkennung als Adressierung. Über die Bedeutung von Anerkennung für Subjektivationsprozesse. In: Alkemeyer, T. / Budde, G. / Freist, D. (Hrsg.): Selbst-

Bildungen. Soziale und kulturelle Praktiken der Subjektivierung. Bielefeld: transcript, 65–95.

Ricœur, P. (1996): Das Selbst als ein Anderer. München: Fink.

Roth, G. (2011): Bildung braucht Persönlichkeit. Wie Lernen gelingt. Stuttgart: Klett-Cotta.

Schäfer, A. (1999): Unsagbare Identität. Das Andere als Grenze in der Selbstthematisierung der Batemi (Sonjo). Berlin: Reimer.

Schild, W. (Hrsg.) (2000): Anerkennung. Interdisziplinäre Dimensionen eines Begriffs. Würzburg: Königshausen & Neumann.

Schmidt am Busch, H.-C. / Zurn, C. F. (Hrsg.) (2009): Anerkennung. Berlin: Akademie-Verlag. [= Deutsche Zeitschrift für Philosophie, Sonderband 21].

Stichweh, R. (1996): Professionen in einer funktional differenzierten Gesellschaft. In: Combe, A. / Helsper, W. (Hrsg.): Pädagogische Professionalität. Untersuchungen zum Typus pädagogischen Handelns. Frankfurt a. M.: Suhrkamp, 49–69.

Stichweh, R. (2013): Wissenschaft, Universität, Professionen. Soziologische Analysen [unveränd. Neuauflage der Ausgabe 1994]. Bielefeld: transcript.

Terhart, E. (1987): Vermutungen über das Lehrerethos. In: Zeitschrift für Pädagogik 33, 6, 787–804.

Terhart, E. (Hrsg.) (2000): Perspektiven der Lehrerbildung in Deutschland. Abschlussbericht der von der Kultusministerkonferenz eingesetzten Kommission. Weinheim/Basel: Beltz.

Terhart, E. (2001): Lehrerprofessionalität: Ein Literaturbericht. In: Terhart, E.: Lehrerberuf und Lehrerbildung. Forschungsbefunde, Problemanalysen, Reformkonzepte. Weinheim/Basel: Beltz, 40–89.

Terhart, E. (2013): Erziehungswissenschaft und Lehrerbildung. Münster/New York/München/Berlin: Waxmann.

Theunissen, M. (1965): Der Andere. Studien zur Sozialontologie der Gegenwart. Berlin/New York: de Gruyter.

Todorov, T. (1998): Abenteuer des Zusammenlebens. Versuch einer allgemeinen Anthropologie. Frankfurt a. M.: Fischer.

Vanderstraeten, R. (2007): Quasi-Professionalität. In: Ricken, N. (Hrsg.): Über die Verachtung der Pädagogik. Analysen – Materialien – Perspektiven. Wiesbaden: VS Verlag für Sozialwissenschaften, 275–292.

Vinnai, G. (2007): „Die Lehrer – ich kann sie nicht leiden". Zur Sozialpsychologie der Verachtung von Lehrern. In: Ricken, N. (Hrsg.): Über die Verachtung der Pädagogik. Analysen – Materialien – Perspektiven. Wiesbaden: VS Verlag für Sozialwissenschaften, 313–331.

Anschrift des Verfassers:
Univ.-Prof. Dr. Norbert Ricken
Ruhr-Universität Bochum
Fakultät für Philosophie und Erziehungswissenschaft
Universitätsstraße 150/GA
44801 Bochum

Bettina Lindmeier

Sonderpädagogische Professionalität und Inklusion

Einleitung

Durch die Etablierung inklusiver Schulen als Regelangebot, wie es durch die Empfehlungen der Konferenz der Kultusminister (KMK 2011) empfohlen und durch neue Schulgesetze in vielen Bundesländern eingeführt wird, stellt sich die Frage nach der Fachlichkeit, den Aufgaben und dem beruflichen Selbstverständnis der beteiligten Lehrkräfte, pädagogischen Fachkräfte sowie Schulassistenzkräfte. In dieser Situation zeigt sich deutlicher als in der Arbeitssituation der Sonder- bzw. Förderschule, dass eine Bestimmung sonderpädagogischer Professionalität auch in der Auseinandersetzung mit Lehrerprofessionalität im Allgemeinen zu geschehen hat.

Alle neueren Professionstheorien rücken ab von einer indikatorischen Professionssoziologie, wie sie lange Zeit vorherrschend war und auch das sonderpädagogische Professionsverständnis prägte (vgl. hierzu B. Lindmeier 2013, 296). Helsper und Tippelt nehmen eine starke Tendenz wahr, „die professionstheoretische Perspektive von ‚Profession' auf ‚Professionalität' zu verschieben [...] [und] zugleich [...] Professionalität im Kern über die Rekonstruktion der Handlungs- und Anforderungsstruktur zu bestimmen" (2011, 272). Dies geschieht zurzeit im Rahmen von unterschiedlichen Forschungsansätzen. Der strukturtheoretische Ansatz untersucht in verschiedenen Handlungsfeldern die dort vorfindbaren Handlungsstrukturen. Dabei wird angestrebt, nicht an der Oberfläche des deskriptiv Beschreibbaren zu bleiben, sondern strukturelle Handlungsprobleme und Antinomien sowie ihre Bearbeitung durch die im Feld Tätigen herauszuarbeiten. Die Forschung zur professionellen Kompetenz von Lehrkräften untersucht, welche Kompetenzen von Lehrkräften zu Lernfortschritten bei Schülerinnen und Schülern führen. Hier steht die empirische Erforschung von Wissensbeständen und ihrer Umsetzung in Handlungsroutinen im Vordergrund. Terhart benennt als eine dritte Richtung der Professionsforschung die von ihm vertretene berufsbiographische Forschungslinie, die zwar Bezüge zu den erstgenannten Richtungen herstellt, jedoch „die in den beiden Ansätzen zwar angelegte, aber nicht im Mittelpunkt stehende dynamische Entwicklungsperspektive zum Kernanliegen macht, Berufs- und Privatleben miteinander verschränkt sieht und anhand dieser Orientierung bis zu einem gewissen Grad eine verbindende Klammer zwischen struktur- und kompetenztheoretischem Ansatz sein kann" (2011a, 209). Eine Kontroverse zwischen Baumert und Kunter (2006) einerseits und Helsper (2007) andererseits führte dazu, dass die Differenzen zwischen dem strukturtheoretischen Ansatz und dem Kompetenzansatz stark wahrgenommen werden. Möglicherweise wird diese Kontroverse in den nächsten Jahren an Schärfe abnehmen, indem es gelingt, die Fachwissen, Handlungskompetenzen und reflexive Fallkompetenz als gleichermaßen wichtige Bestandteile des professionellen Selbst anzuerkennen, wobei berufsbiographische Forschung eine wichtige vermittelnde und ergänzende Rolle spielen könnte.

Ein großer Teil der sonder- und integrationspädagogischen Auseinandersetzung mit (sonder-)pädagogischer Professionalität hat diese Arbeiten allerdings (noch) nicht rezipiert. Aus der Position verschiedener sonderpädagogischer Fachrichtungen wird durch die Einführung der inklusiven Schule eine „Deprofessionalisierung" (vgl. exemplarisch Motsch 2008) befürchtet, womit ein Verlust sonderpädagogischer Kompetenzen und Wissensbestände gemeint ist. Eine Beschreibung der Spezifik sonderpädagogischer Professionalität erfolgt dabei in der Regel aber nicht. Stattdessen wird Professionalität über den besonderen Förderort und die Zuständigkeit für die entsprechende Schülerschaft proklamiert. Daher erleben sonderpädagogische Lehrkräfte die Infragestellung und den drohenden Verlust des identitätsbildenden Ortes ‚Sonderschule' und den Wechsel an die inklusive Schule überwiegend als bedrohlich. Durch den Verlust der Klassenlehrerfunktion erleben sie einen Verlust an Autonomie, und durch das Fehlen etablierter Formen der Zusammenarbeit, die veränderten Anforderungen und extrem vielfältigen, teilweise nicht in ihren Kompetenzbereich gehörigen Anfragen und Probleme, die an sie herangetragen werden, entsteht eine grundsätzliche Verunsicherung hinsichtlich ihrer Professionalität (vgl. ausführlich Lindmeier / Lindmeier 2012, 249 ff.).

Diese Verunsicherung betrifft auch die Regelschullehrkräfte, die ebenfalls mit einer wachsenden Heterogenität umgehen sollen und für die Teamarbeit im Unterricht ebenfalls neu ist. Es ist daher nachvollziehbar, dass alle Beteiligten an der zweiten Bestimmungsgröße sonderpädagogischer Professionalität, der Zuständigkeit für bestimmte Kinder, um so stärker festhalten. Dies erscheint zudem in der Organisation der Schule zunächst als die einfachste und dadurch für alle beste Lösung, da sie eine tiefgreifende Veränderung überflüssig macht: Mit den Schülerinnen und Schülern mit Förderbedarf werden auch deren Lehrkräfte in die Schule aufgenommen und behalten die Zuständigkeit für diese. Diese Arbeitsteilung, die für alle Beteiligten die

Handlungsunsicherheit reduziert, reproduziert allerdings ein Modell von Unterricht, das Reiser die „Sonderschule in der Westentasche" (1997, 273; 1998, 50) nennt. In dieser Situation kann die Rezeption professionstheoretischer Erkenntnisse neue Perspektiven eröffnen, um die Frage, ob und in welcher Weise sich sonderpädagogische Professionalität in einer inklusiven Schule bestimmen lässt, ein Stück voranzutreiben. Zuvor soll allerdings skizziert werden, welche Bedeutung Heterogenität heute in der allgemeinen Schule hat und wie sonderpädagogische Professionalität historisch ausgebildet wurde.

Ausgangslage: ein neuer Umgang mit Heterogenität in der (inklusiven) Schule?

Kritik an einer inklusiven Schule bezieht sich fast immer auf den Umgang mit Heterogenität. Die Befürchtung lautet, dass Unterschiede nivelliert werden und das durchschnittliche Leistungsniveau demjenigen der leistungsschwachen Schülerinnen und Schüler angeglichen, also sinken werde. Eltern und Lehrkräfte sehr schwer beeinträchtigter Kinder ebenso wie Lehrkräfte aus dem Förderschwerpunkt Verhalten befürchten, dass ‚ihre Kinder' dennoch ‚untergehen', d. h. ebenfalls nicht ihren besonderen Bildungs- und Erziehungsbedürfnissen entsprechende Aufmerksamkeit erfahren. Exemplarisch nachzulesen ist diese Argumentation bei Ahrbeck, der von der „Einebnung von Unterschieden" spricht (2011, 43). Dieses Argumentationsmuster versteht die inklusive Schule als Schule, die an der gedanklichen Konstruktion einer homogenen Klasse festhält und das Lehr-Lern-Angebot an einem fiktiven Durchschnitt ausrichtet. Bei einem derartigen (falschen) Verständnis von inklusiver Schule wird auch die Argumentation Ackermanns verständlich, der von „Inklusions-Kitsch! Kitsch, der zugunsten der Harmonisierung die tatsächlichen Differenzen verdeckt und diese erst gar nicht sichtbar werden lässt" (2010, 243), spricht.

Hier wirkt noch immer nach, dass die Jahrgangsklasse seit Comenius als möglichst schulleistungshomogene Gruppe konzipiert war, ohne allerdings je eine solche gewesen zu sein. Schulleistungsbezogene Heterogenität kommt bereits zum Zeitpunkt der Einschulung in hohem Maße vor und verringert sich trotz aller Maßnahmen zur Homogenisierung nicht so weit, dass man die Jahrgangsklassen der deutschen Schulen als leistungshomogene Gruppen bezeichnen könnte – Terhart spricht von einer „Homogenitätsfiktion" (2010, 99). Schulleistungsbezogene Heterogenität wird aber, soweit möglich, nicht dadurch berücksichtigt, dass Lernangebote und Lernziele wesentlich differenziert werden. Stattdessen wird sie als individuelle Abweichung Einzelner definiert und in Ziffernnoten beschrieben. Wird sie zu groß, d. h. werden die

Leistungen als ‚mangelhaft' angesehen, wird die Differenz durch Nachhilfeunterricht, Klassenwiederholungen, Wechsel an eine andere, in der Regel ‚niedrigere' Schulform ausgeglichen – im Fall ‚zu guter Leistung' auch durch das Überspringen von Klassen. Terhart beschreibt diese Position so: „Wenn einem diese oberflächliche Homogenisierung ausreicht, ja wenn Schule explizit darauf angelegt ist, ein Lehrplanpensum zu bewältigen und Schüler danach zu beurteilen, wie sie das festgesetzte Pensum bewältigen – dann gibt es eigentlich für die Schule kein Problem; das Problem, das die Schüler damit haben, ist dann kein Problem, das sich die Schule zu eigen machen muss. Denn in einem solchen Kontext ist die je besondere Individualität der Schüler belanglos; man hält es für richtig, gerade nicht auf sie einzugehen" (2010, 95).

Stark gegliederte Schulsysteme beruhen also auf der Annahme, dass Homogenisierung möglich und dem Lernfortschritt der Klasse sowie einem wenig differenzierenden, gleichschrittigen Unterricht dienlich sei. Die Grundschulpädagogik hat sich in den letzten Jahrzehnten allerdings intensiv mit der wachsenden Heterogenität der Schülerinnen und Schüler auseinandergesetzt und mit der flexiblen Schuleingangsstufe den veränderten Annahmen hinsichtlich der Entwicklung(sfähigkeit) von Kindern Ausdruck verliehen: Sie geht nicht mehr davon aus, dass ein Kind ‚schulreif' sein muss, um in die Grundschule aufgenommen zu werden – der Grundgedanke dieser Praxis bestand ebenfalls darin, größtmögliche Homogenität zu erreichen und bereits zu Schulbeginn ein Leistungsergebnis (oder, noch problematischer: der erwarteten Leistungsfähigkeit) mit der Zuordnung zu einer sozialen Gruppe zu verbinden. Stattdessen soll die Grundschule alle Kinder einer Altersgruppe aufnehmen und mit der dadurch entstehenden Heterogenität flexibel umgehen. Die dazu konzipierte Ausbildung der flexiblen Schuleingangsstufe soll mehrere Schuljahre als organisatorische und pädagogische Einheit zusammenfassen, jahrgangsübergreifendes Lernen, flexiblen Verbleib und individuelle Förderung ermöglichen. Sie soll zudem alle sechsjährigen Kinder aufnehmen und selektive Maßnahmen wie Rückstellungen, verspätete Einschulungen, Schulkindergärten und Förderschulen unnötig machen (vgl. Götz 2011). Geiling (2012) zeigt zwar, dass die Praxis der Bundesländer diese von Götz als „Optimalmodell" (2011, 85 f.) bezeichnete Schuleingangsstufe häufig nur in Teilen umsetzt, vielmehr die benannten selektiven Strukturen und Mechanismen erhält. Selbst im Optimalmodell sind Kinder mit wesentlichen Behinderungen noch nicht systematisch mit bedacht, sodass die flexible Schuleingangsstufe noch nicht als inklusiv gelten kann. Dennoch bedeutet die Anerkennung der heterogenen Klasse als Grundbedingung des Lehrens und Lernens eine Individualisierung und Flexibilisierung des Lernens, wie sie bisher nur in der Reformpädagogik und Sonderpädagogik denkbar schienen.

Die Anerkennung von Heterogenität als Grundbedingung für Lehren und Lernen ist im Primarbereich am deutlichsten erkennbar, lässt sich aber auch für den Sekundarbereich zeigen: Es wird – bei großen Unterschieden zwischen den Schulformen – zunehmend anerkannt, dass Schule sich mit wachsender Heterogenität auseinanderzusetzen hat. So fragt Terhart, „wie die Lehrerschaft im Kontext der Schule mit der Heterogenität der Schüler umgeht, und inwieweit der Anspruch der Lehrerschaft, eine spezifische Qualität von Berufsarbeit, nämlich professionelle Arbeit zu leisten, sich im Bereich ihres Umgangs mit der Heterogenität der Schüler erweist und erweisen kann" (2010, 89). Dies ist nicht einfach, und verschiedene Studien kommen zu dem Ergebnis, dass die Alltagspraxis an Schulen mit der normativen Orientierung an Heterogenität nicht Schritt hält, wie beispielsweise Wischer (2007) in einer Sekundäranalyse empirischer Studien herausarbeitet. Noch immer dominiert zielgleicher, lehrergelenkter, die ganze Klasse in gleicher Weise ansprechender, kaum individualisierender Unterricht, in dem die Heterogenität der Schüler eher als Belastung denn als Chance wahrgenommen wird. Noch immer finden Lehrkräfte auch Rahmenbedingungen vor, die eine Überwindung dieses ‚Standard-Unterrichts' stark erschweren: räumliche und organisatorische Bedingungen, zu erfüllende Lehrpläne, Stundendeputate und Klassengrößen, Elternerwartungen und die gesellschaftliche Selektionsfunktion der Schule, mit dem deutschen Spezifikum, diese Selektion bereits gegen Ende der Primarstufe zu vollziehen. Diese Diskrepanz zwischen der normativen Erwartung an Lehrkräfte und der Möglichkeit ihrer Einlösung wird von Terhart so interpretiert:

> „Einerseits muss auf der Ebene der Organisation (sprich: des Schulsystems) reagiert werden, denn anscheinend versperrt seine faktische Einrichtung den Lehrern die Möglichkeit, die (heute) offiziell geforderte Individualisierung zu leisten. Andererseits müssen mit Blick auf die Professionellen selbst deren berufliche Fähigkeiten wie auch deren Überzeugungshaushalt (Berufsethik) stärker in Richtung auf die Einlösung des Individualisierungsgebots entwickelt werden" (2010, 99).

Die Diskrepanz zwischen normativen Erwartungen und Möglichkeiten ihrer Realisierung wird durch die Zielsetzung, in den nächsten Jahren eine inklusive Schule zu etablieren, noch verstärkt:

1. Die „Sonderschulbedürftigkeit" (KMK 1972) bzw. der „sonderpädagogische Förderbedarf" (KMK 1994) war lange Zeit die einzige Heterogenitätsdimension (im Gegensatz zu Gender, Ethnizität), für die Regelschullehrkräfte sich als nicht zuständig und nicht kompetent erklären durften. Es galt trotz vieler erfolgreicher Schulversuche zur Integration seit den 1970er-Jahren weiterhin als anerkannt, dass angesichts dieser Dimension

von Heterogenität besondere Vorkehrungen im Unterricht der Regelschule nötig seien, in der Mehrzahl der Fälle sogar eigene Schulformen. Hintz und Grünke formulieren dies in Bezug auf lernschwache Kinder, also Kinder mit relativ geringen Ansprüchen an die Anpassung des Unterrichts, so: „Die Kinder und Jugendlichen, von denen hier die Rede ist, stellen eine sehr heterogene Gruppe dar, deren Gemeinsamkeit darin besteht, dass ihre Rückstände in der allgemeinen Schule nicht mehr toleriert und nicht mehr von ihr auf ein verträgliches Maß reduziert werden können (vgl. Souvignier 2008). Sie besuchen deshalb häufig eine spezielle Schule mit dem Förderschwerpunkt Lernen [...]" (2009, 47). Letzteres gilt jetzt nicht mehr: Lehrkräfte sollen auch diese Kinder erfolgreich unterrichten können.

2. Zugleich wird in den meisten neuen Schulgesetzen implizit deutlich, dass das Ziel einer inklusiven Schule durch den Gesetzgeber selbst angezweifelt wird: Die Beibehaltung der Förderschulen (zumindest in den Förderschwerpunkten, in denen eine Behinderung mitverursachend für den Förderbedarf ist) ist ökonomisch und angesichts des Mangels an sonderpädagogischen Fachkräften ein gravierendes Hindernis für den Aufbau inklusiver Schulen. Der Erhalt eines Doppelsystems ist nur dann sinnvoll, wenn angenommen wird, dass eine inklusive Schule nicht erreicht werden wird. Auch das in den meisten Schulgesetzen vorgesehene und von Elternverbänden geforderte Elternwahlrecht ist nur vor diesem Hintergrund verständlich: Welchen Grund gäbe es für Eltern, eine ausgrenzende, stigmatisierende, wohnortferne, mit hoher Wahrscheinlichkeit zu einem unzureichenden oder keinem Bildungsabschluss führende Förderschule zu wählen, wenn in der inklusiven Schule gute Lernbedingungen und soziale Einbindung erreicht werden können? Welchen Grund gäbe es für die Kultuspolitik, diese Schulen zulasten einer angemessenen Lehrkräfteversorgung in den inklusiven Schulen aufrechtzuerhalten?

3. Grundsätzlich besteht der Anspruch auf zusätzliche sonderpädagogische Lehrkraftstunden, wenn ein Kind mit sonderpädagogischem Förderbedarf in der ‚inklusiven Schule' unterrichtet wird. Ersatzweise, mitunter auch zusätzlich wird in großem Umfang einzelfallbezogen Schulassistenz bewilligt (vgl. B. Lindmeier / Polleschner 2014). In den Schulklassen finden sich dementsprechend zunehmend mehr Erwachsene, die in irgendeiner Weise eingebunden werden müssen.

Eine weitere Veränderung der Rahmenbedingungen durch Kultusministerien und Landesschulbehörden findet nicht statt. Denkbar wäre beispielsweise eine Verankerung von Teamzeiten, Beratungsstunden, Diagnostik und Schulentwicklungsaufgaben im Stundendeputat sowie eine damit einhergehende Reduktion des unterrichtsbezogenen Stundendeputats, ebenso eine (zeitweilige) Auflösung von Jahrgangsklassen und Fächergrenzen zugunsten von Lerngruppen, Wochenplanarbeit und projektorientierter Arbeit, wie sie in der flexiblen Schuleingangsstufe und einzelnen weiterführenden Schulen bereits praktiziert wird. Auch zusätzliche Mittel für die arbeitsintensive Phase der Umstellung stehen nicht zur Verfügung. Die Entwicklung inklusiver Strukturen, Praktiken und Kulturen durch einen schulbezogenen Ansatz ('whole school approach to inclusion') (vgl. Forlin 2010) wird so nicht unterstützt.

Die Forderung nach Anerkennung von Heterogenität, nach Differenzierung und Individualisierung wird dadurch tendenziell zu einer Überforderung für Lehrkräfte und Schulleitungen. Sie ist aber in der Schule als normative Orientierung, als Maßstab für guten Unterricht ,angekommen' und muss in Beziehung gesetzt werden zu den weiterhin gültigen Zielen der Universalisierung wie dem Erreichen von Bildungszielen für möglichst alle Schülerinnen und Schüler.

Das Professionsverständnis in der Sonderpädagogik

Die Einführung der inklusiven Schule bedeutet auch für Sonderpädagoginnen und Sonderpädagogen eine massive Infragestellung ihres Berufsbildes, wie es sich mit der Etablierung der Sonderpädagogik entwickelt und trotz der Integrationsbewegung bis heute weitgehend erhalten hat. Sonderpädagogik als Profession etablierte sich zu derselben Zeit, als mit der weitgehenden Durchsetzung der Schulpflicht und ihrer Organisation in der angeblich homogenen Jahrgangsklasse auch die Hilfsschule als erste wohnortnahe Sonderschule sich verbreitete. Spätestens zu dieser Zeit, im ausgehenden 19. Jahrhundert, verfestigte sich in der Arbeitsteilung zwischen Hilfsschule und Volksschule eine Verflachung des innovativen pädagogischen Diskurses, der zur Entstehung der Sonderpädagogik geführt hatte. Die erneute Zusammenführung beider in einer inklusiven Schule kann daher unter Anknüpfung an die historischen Errungenschaften und ihre zeitgemäße Weiterentwicklung zu einer Neubestimmung des professionellen Selbstverständnisses beider pädagogischen Teildisziplinen führen.

Die Entstehung der ersten sonderpädagogischen Versuche wurde bereits von Möckel (1988) mit der Annahme einer universellen Bildsamkeit aller Menschen erklärt, die er wiederum der Aufklärung zuschrieb. Nur die Annahme der Bildsamkeit der bis zu diesem Zeitpunkt für nicht bildsam gehaltenen Kinder ließ denkbar erscheinen, dass andere, bessere Methoden es ermöglichen könnten, blinde, gehörlose, geistig behinderte und erziehungsschwierige Kinder zu bilden und zu erziehen. Tenorth greift diesen Gedanken auf und weist auf die Gleichzeitigkeit von universaler Zuschreibung von

Bildsamkeit und individualisierenden Praktiken hin: „Bedeutsam ist in der Konstitutionsphase der Sonderpädagogik [...], dass sie ihr Problem aller genuinen und eigenständigen Praktiken der Ursprungsphase zum Trotz eben nicht allein spezialisiert denkt, durch Separation etwa, sondern inkludierend, durch die Zuschreibung von Bildsamkeit an diejenigen Adressaten, die als nicht bildsam galten" (Tenorth 2010, 19). Er geht so weit, hier den Ursprung moderner Pädagogik zu erkennen: die Binnendifferenzierung entsprechend den besonderen Bedürfnissen der Klientel, die Pädagogisierung aller Heranwachsenden bei gleichzeitiger Individualisierung.

Typisch für die Schriften der Gründungszeit im 18. und frühen 19. Jahrhundert sind ein pädagogischer Optimismus, durch neue, spezialisierte Methoden weitere Fortschritte in der Bildung behinderter Kinder zu erzielen, und der Anspruch, damit einen Beitrag zur Pädagogik als Ganzer zu leisten (vgl. C. Lindmeier 2004; 2013a). Georgens, Deinhardt und von Gayette stellten beispielsweise ihre Überlegungen zum Verhältnis von theoretischem Unterricht, Arbeit und Spiel sowie zu Gesundheit und Hygiene, die sie in der Bildung geistig behinderter Kinder gewonnen hatten, als Erkenntnisse von weiterführender Bedeutung auf einem Volksschulkongress vor (vgl. Lindmeier / Lindmeier 2002, 219).

Maßgeblich für das Professions- und Disziplinverständnis der Sonderpädagogik wurde aber die Differenz der besonderen Klientel und die Zuschreibung einer reduzierten, deformierten Bildsamkeit, wie sie exemplarisch im Schwachsinnskonzept des ausgehenden 19. Jahrhunderts deutlich wird. In dieser Zeit „zerfällt der Systemcharakter der Methode, also die Einheit einer antizipierenden, in der universalen Idee der Bildsamkeit begründeten Technologie, und es bleibt auf der einen Seite professionelle Technik ohne die ursprünglich große Idee und statt der Antizipation einer besseren Zukunft die Klassifikation der schlechten Gegenwart des Klienten" (Tenorth 2006, 519), eine Entwicklung, die Tenorth als „Selbstdestruktion des ursprünglichen Anspruchs auf Bildsamkeit" (2006, 519) bezeichnet.

Die Entstehung der Hilfsschule markiert den vorläufigen Endpunkt einer Entwicklung, die bereits früher begonnen hatte. Bereits mit der Gründung größerer „Anstalten", die als Sondereinrichtungen der Erziehung und Bildung von Kindern ebenso wie der Ausbildung von Personal dienten, wurde es schwieriger, die Zugehörigkeit dieser Erziehungs- und Bildungsbemühungen zur allgemeinen Pädagogik zu erkennen. Die Zusammenfassung vieler erziehungsschwieriger oder behinderter Kinder an einem Ort förderte eine gruppenbezogene Gliederung des Unterrichts und des Tagesablaufs und die Homogenisierung dieser Gruppen. Sie ließ weniger Raum für eine weitgehende Individualisierung als die frühen Erziehungsversuche, die immer als individuelle, auf ein einzelnes Kind bezogene Erziehungsansätze konzipiert waren. Manche Anstaltspädagogen versuchten jedoch die Individualisierung zu erhalten: Georgens, Deinhardt und von Gayette entwickelten beispielsweise das Konzept eines ‚Gelegenheitsunterrichts‘, der vor der Einführung systematischen Unterrichts ansetzen sollte. „Die Aufgabe des Gelegenheitsunterrichts ist es, an das, wofür das Interesse des Kindes schon gewonnen ist, Anderes anzuknüpfen, seine Anschauungen zu verinnern, und es zu der selbständigen Combination, zu dem Associiren von Vorstellungen zu gewöhnen und zu befähigen" (1858/2002, 345). Weil es für sie schwerer sei, gedankliche Verknüpfungen herzustellen, müsse über längere Zeit dort angesetzt werden, wo ein Interesse entstanden sei. Andere, beispielsweise Barthold oder Gürtler, legten dagegen Unterrichtskonzepte vor, die das klassenweise Nachahmen und Nachsprechen von Handlungen und Sätzen des Lehrers zum Kern des Unterrichts machten und die auch in die Hilfsschule Eingang fanden (vgl. Barthold 1895/2002, 348 ff.; Gürtler 1921/2002, 379 ff.).

Nicht immer waren die Bildungserfolge so groß wie in den ersten Versuchen. Immer seltener lässt sich nachweisen, dass neue, innovative Methoden gesucht wurden, diese Kinder dennoch anzusprechen. In der Erziehung und Bildung ‚blödsinniger‘ Kinder (vergleichbar der heutigen Geistigbehindertenpädagogik) entstand so eine erneute Unterscheidung zwischen bildungsfähigen und nicht bildungsfähigen Kindern (vgl. Damerow 1858/2002, 160; Fliedner 1910/2002, 163 ff.). Der frühere Bildungsoptimismus, der im Glauben an eine universelle Bildsamkeit nach neuen Bildungsansätzen und besseren Methoden suchte, wurde auch und gerade in den spezialisierten Einrichtungen aufgegeben. Die universelle Bildsamkeit aller Kinder wurde wieder in Frage gestellt und die enge Verknüpfung der Bildsamkeit mit geeigneten Methoden, die im Zusammenspiel erst Bildungschancen eröffneten, ging weitgehend verloren.

Mit der Entstehung der Hilfsschule, die die in der Volksschule gescheiterten Kinder aufnahm, wurden Erfolg und Scheitern der Kinder endgültig als Folge der je persönlichen ‚Ausstattung‘ angesehen: Erziehungs- und Bildungsmethoden ebenso wie Armut und Unterernährung, deren Aufhebung in den frühen Erziehungsversuchen geistig behinderter, körperlich behinderter und erziehungsschwieriger Kinder noch als wichtige Rahmenbedingungen für erfolgreiche Erziehung und Bildung angesehen wurden, gerieten aus dem Blickfeld. Die Methoden der Hilfsschule und ihre Bildungserfolge wurden nicht mehr als etwas angesehen, was auch für die Volksschule von Belang sein könnte, und das medizinische Schwachsinnskonzept wurde zur Begründung der Schulform und der eigenständigen Professionsentwicklung ihrer Lehrerschaft herangezogen. Der Unterricht wurde etwas anschaulicher, aber doch ähnlich dem der Volksschule organisiert und suchte ebenfalls eine möglichst homogene, gleichschrittig zu führende Lerngruppe zu erreichen, aus der seit den 1920er-Jahren wiederum die leistungsschwachen Kinder in Sammelklassen ausgegliedert wurden (vgl. Lindmeier / Lindmeier 2002,

393 ff.). Trotz der äußerlichen Erfolgsgeschichte der Sonderpädagogik ist das professionelle Selbstverständnis nicht wesentlich weiterentwickelt worden, sondern beruht noch immer wesentlich auf den in dieser Zeit gegründeten besonderen Institutionen und Methoden. Dagegen ist es nicht gelungen, die für eine theoretische Fundierung der Profession wie der Disziplin nötige Standortbestimmung der Fachrichtungen in ihrem fachlichen Zusammenhang miteinander, mit den sonderpädagogischen Grundlagenfächern und der Erziehungswissenschaft sowie den übrigen, zum Teil sehr dominanten Bezugsfächern in schlüssiger Weise zu leisten. Dies schien wenig problematisch, so lange kein äußerer Legitimationsdruck vorhanden war. Die Forderung nach Inklusion kann daher ein Anstoß sein, das brüchig gewordene Professionsverständnis neu zu bestimmen. Dabei muss an die bereits erreichten Erkenntnisse angeknüpft werden:

1. Jedes Kind ist bildbar. Diese normative Setzung ist die „Betriebsprämisse" (Tenorth 2010, 18) der Sonderpädagogik ebenso wie der inklusiven Pädagogik.
2. Besondere Schwierigkeiten im Bildungsprozeß erfordern ein fallrekonstruktives Vorgehen, bei dem in der reflexiven Analyse der Vermittlungsprobleme neue Lösungen gewonnen und umgesetzt werden.
3. Dabei werden auch neue Lehr-/Lernmethoden, Hilfsmittel und Strategien entwickelt sowie spezialisiertes Wissen gewonnen.
4. Die Erkenntnisse, die in diesem Kontext gewonnen werden, sind darauf zu überprüfen, ob und in welcher Weise sie einen Beitrag zur Weiterentwicklung von Schule und zur Professionalisierung von Lehrkräften beitragen. Besonders interessant ist, wie in der heutigen Zeit Universalisierung und Individualisierung in Beziehung gesetzt werden können.

In den jüngsten Überlegungen zur Gestaltung einer inklusiven Schule und einer inklusiven Lehrerbildung (vgl. Moser et al 2012; Heinrich / Urban / Werning 2013; Hillenbrand / Melzer / Hagen 2013; C. Lindmeier 2013b; 2014; Laubner / C. Lindmeier in diesem Beiheft) sind auch implizite Annahmen darüber enthalten, in welchem Verhältnis allgemeinpädagogische und sonderpädagogische Professionalität stehen. Dazu gibt es unterschiedliche Auffassungen, die von einer Auflösung der Sonderpädagogik bis zu ihrem weitgehend unveränderten Erhalt reichen. Eine sehr weitreichende Position ist diejenige Feusers, der für die vollständige Integration sonderpädagogischer Wissensbestände und Kompetenzen in einer inklusionskompetenten Allgemeinen Pädagogik eintritt (vgl. Feuser 2013). Oft wenig theoretisch begründet, aber begründbar mit diesem Modell einer allgemeinen Pädagogik ist die in der Integrationsbewegung relativ verbreitete Forderung nach einer Doppelbesetzung im Unterricht, in der beide Lehrkräfte alle anfallenden Aufgaben gleichermaßen übernehmen (können). Innerhalb der im internationalen Raum entwickelten Modelle der Lehrerbildung entspräche dieser Position das ‚verschmolzene Modell' (merged model), in dem die Studierenden verschiedener Lehramtstypen einen neuartigen Studiengang absolvieren, der für inklusionspädagogische Tätigkeiten qualifiziert und indem die früheren allgemeinpädagogischen und sonderpädagogischen Studiengänge aufgegangen sind (vgl. Pugach / Blanton 2009).

Dieses Modell scheint mit Blick auf die derzeitige Schulpraxis, in der Lehrkräfte mit verschiedenen Spezialisierungen und unterschiedlicher beruflicher Identität aufeinander treffen, kaum umsetzbar. Bereits im Primarbereich erfolgt entlang der Spezialisierung der Studiengänge eine Arbeitsteilung, in der die Regelschullehrkräfte stärker für die Unterrichtsplanung und für die Leitung der gesamten Klasse zuständig sind, während die sonderpädagogische Lehrkraft in unterschiedlicher Weise für besondere Kinder zuständig ist. Im Sekundarbereich verstärkt sich diese Arbeitsteilung auf Grund der höheren Bedeutung des Fachwissens und des Fachlehrkraftprinzips. Dennoch wird zu prüfen sein, ob zukünftig verschmolzene Modelle in der Lehrerbildung umsetzbar sein werden und wie ihre Absolventen in der inklusiven Schule zusammenarbeiten können, gegebenenfalls gemeinsam mit Absolventen anderer Modelle.

Die meisten Publikationen gehen von einem Professionsverständnis aus, das unterschiedliche Spezialisierungen weiterhin zulässt. Allerdings sollen die Schnittbereiche größer werden, wobei das Augenmerk stärker auf den Veränderungen liegt, die sich für die Regelschullehrkräfte im Regelbereich ergeben, als auf den Veränderungen für sonderpädagogische Lehrkräfte. Regelschullehrkräfte sollen Basiswissen zu ehemals als sonderpädagogisch geltenden Fragestellungen erwerben, meist begrenzt auf leichte Lern- und Verhaltensschwierigkeiten sowie unterrichtsintegrierte Sprachförderung. Dies ist im Rahmen neuerer Modelle inklusiver Lehrerbildung in zwei Formen möglich: (1) Durch die Aufnahme sonderpädagogischer Basismodule in ein ansonsten unverändertes Ausbildungsmodell (discrete model) für Regelschullehrkräfte wird Basiswissen für diese vermittelt. (2) Durch eine weitergehende Integration der Bestandteile regelpädagogischer und sonderpädagogischer Ausbildungsgänge entsteht ein gemeinsames Curriculum (integrated model), das von Studierenden verschiedener Studiengänge zusammen besucht werden kann. Es gibt allerdings keine völlige Übereinstimmung der Inhalte wie im verschmolzenen Modell, sondern Spezialisierungen, die meist im Master-Studiengang einsetzen.

In Bezug auf die jetzige Praxis an Schulen erfolgt die Auseinandersetzung mit der Arbeitsteilung im Klassenteam zum einen unter Bezug auf angelsächsische Arbeiten zu unterschiedlichen Kooperationsformen (vgl. Lindmeier / Lindmeier 2012, 264), zum anderen auf Reisers Analyse verschiedener ‚sonderpädagogischer Serviceleistungen' (1998; 2005).

Perspektiven und Bedeutung der neueren pädagogischen Professionsforschung

Im Folgenden soll skizziert werden, welche Impulse für die Professionalisierung sonderpädagogischen Handelns im Kontext der inklusiven Schule von den neueren Professionstheorien ausgehen könnten. Das kann selbstverständlich nur sehr schlaglichtartig geschehen.

Strukturtheoretischer Ansatz

Innerhalb der an der Rekonstruktion spezifischer Handlungsprobleme und -logiken interessierten Professionstheorien lassen sich systemtheoretische, interaktionistische und strukturtheoretische Ansätze unterscheiden. Aus Gründen des Umfangs wird exemplarisch auf den strukturtheoretischen Ansatz Bezug genommen, da er durch Helsper am Beispiel des Lehrerhandelns ausgearbeitet wurde.

Professionalisierung ist nach Oevermann (2002) dann notwendig, wenn es nicht möglich ist, Handeln durch eindeutige Vorgaben und Regeln zu strukturieren und Handlungsroutinen zu entwickeln. Dies ist der Einzigartigkeit der jeweiligen Situation nicht angemessen, in der in einem Arbeitsbündnis mit dem Klienten, in stellvertretender Krisenbearbeitung, eine einzigartige und neuartige Lösung für dessen Lebensproblem, seine in die Krise geratene autonome Lebenspraxis, gefunden werden muss.

Auch die Schulpraxis kann als stellvertretende Bewältigung einer Lebenspraxis angesehen werden, wenn Bildung als nicht routinisierter, nicht standardisierbarer Prozess angesehen wird, sondern als störanfälliger und individueller Prozess, der ein gemeinsames Handeln von Lehrendem und Lernendem erfordert. Dann sind auch hier Themen wie Stellvertretung, Vertrauensvorschuss und Arbeitsbündnis zu bearbeiten, denn Lernende müssen sich darauf einlassen, dass Lehrende gemeinsam mit ihnen diesen Prozess zu einem guten Ergebnis führen, ohne dass sie zu Beginn einschätzen können, ob ihr Vertrauen gerechtfertigt ist. Die daraus resultierenden Antinomien ordnet Helsper daher den zwei Grundproblemen der Stellvertretung und des rollenförmigen versus ganzheitlichen Handelns zu (vgl. 2002; 2006). Stellvertretung meint im Kontext der Schule, dass Fragen der Auswahl des Lernstoffes, der Gestaltung der Lernsituation und Vermittlung stellvertretend durch die Lehrkraft entschieden werden, bevor der Schüler oder die Schülerin sie beurteilen und ihnen informiert zustimmen kann. Daher muss ein Vertrauensvorschuss gewährt werden, bevor sich gezeigt hat, ob das Vertrauen gerechtfertigt ist und obwohl auch die Lehrkraft den Erfolg nicht garantieren kann. In einer inklusiven Schule wird die antinomische, komplexe Struktur dieses Prozesses wieder deutlicher erkennbar und besser bearbeitbar, da stärker in Frage steht, ob der Bildungsprozess ein erfolgreicher sein wird. Im Kontext der Stellvertretung nennt Helsper die folgenden Antinomien:

- *Begründungsantinomie (erhöhter Entscheidungsdruck versus gesteigerte Begründungspflichtigkeit):* Sie besteht darin, „ständig entscheiden zu müssen, dies aber legitimerweise nur zu dürfen, wenn abgesicherte Begründungen vorliegen" (2002, 77). In der jetzigen Phase der Transformation zu einer inklusiven Schule wird besonders deutlich, dass die Angemessenheit und Rechtmäßigkeit schulischer Praktiken keine unhinterfragte Gültigkeit mehr besitzen, abgesicherte Begründungen also fehlen.
  Dies gilt auch für das sonderpädagogische Handeln. Die Anwesenheit der sonderpädagogischen Lehrkraft in der Klasse ist zwar allgemein begründbar mit deren angesichts der besonderen Bedürfnisse bestimmter Kinder notwendigen besonderen Wissensbeständen und Kompetenzen. Im alltäglichen beruflichen Handeln erweist sich dies in der inklusiven Schule allerdings schnell als wenig tragfähig im Sinne ‚abgesicherter Begründungen' für sonderpädagogisches Handeln. Zum einen sind die vorhandenen Wissensbestände und Kompetenzen nur in Teilen brauchbar, da die Heterogenität der Anfragen und Anforderungen immens ist und immer wieder über das Fähigkeitsprofil der Lehrkräfte hinausgeht. Zum anderen ist im Schulalltag auszuhandeln, wie die Aufgabe auszuführen ist: In Einzel- oder Kleingruppenförderung mit dem einzelnen Kind, also als additive personenbezogene Leistung? Oder in systembezogener Form in Abstimmung mit den beteiligten Lehrkräften, und falls ja, wann und wie erfolgt die Abstimmung? Welche Aufgaben bestehen im Umgang mit weiteren Kräften wie Schulassistentinnen und -assistenten?
- *Praxisantinomie (Theorie versus Praxis):* Unter dem in der Praxis herrschenden Entscheidungs- und Handlungsdruck ist die notwendige Vermittlung von Theorie und Praxis nicht möglich. Fortbildung, Supervision und gemeinsame Reflexion im Team sind Mittel, auf diese Antinomie zu reagieren, da sie die Vermittlung von theoretischem Wissen und praktischen Handlungsanforderungen bezwecken.
  In der inklusiven Schule kann durch die Arbeit im Klassenteam eine stärkere Professionalisierung stattfinden, da die Anwesenheit mehrerer Erwachsener eine Aufgabenteilung ermöglicht, die immer wieder eine partielle Entlastung von Handlungsdruck erlaubt, die Reflexion und das Einbringen von (neuem) theoretischem Wissen gestattet. Die sonderpädagogische Position ist in diesem Fall dadurch gekennzeichnet, dass sie besonderes Wissen und besondere Kompetenzen in Bezug auf Behinderungen und Benachteiligungen in den Reflexionsprozess einbringt, wo dies den Beteiligten im Bildungs- und Erziehungsprozess sinnvoll und

notwendig erscheint. Wenn es gelingt, andere Differenzlinien dabei nicht aus dem Blick zu verlieren, ist bereits ein großer Schritt des gesamten Teams von einer sonderpädagogischen zu einer inklusionspädagogischen Herangehensweise vollzogen worden. Dabei ist es von hoher Bedeutung, dass zum einen auch die Regelschullehrkraft die Möglichkeit erhält, durch das Heraustreten aus den alltäglichen Handlungsanforderungen in eine beobachtende, reflexive Rolle zu wechseln, um Theoriewissen neu einzubeziehen und die im nächsten Punkt angesprochene Rekonstruktion des Einzelfalles zu leisten, und dass zum anderen die Lösungsansätze im Team erarbeitet und umgesetzt werden.

- *Subsumptionsantinomie (Subsumption versus Rekonstruktion):* Kennzeichnend für diese Antinomie ist es, dass die Anwendung von Regelwissen (Subsumption) nötig ist, zugleich aber die Logik des Einzelfalles entschlüsselt werden muss (Rekonstruktion). Oevermann kritisiert, dass die Schule vielfach eine routinierte Normen- und Wissensvermittlung praktiziere, entsprechend „dem verkürzten Selbstbild des Normalpädagogen" (1996, 150), wodurch diese Antinomie ausgeblendet werde. Entstehende Probleme, die sich aus einem derartigen, nicht ausreichend professionalisierten Handeln ergäben, würden dann an die Sonderpädagogik delegiert.

Die Subsumptionsantinomie wird im Kontext der inklusiven Schule entsprechend wesentlich deutlicher, da eine solche Delegation schwerer möglich und entsprechend die Situationen, die nicht durch die Anwendung von Regelwissen gelöst werden können, deutlicher erkennbar sind. Dies gilt auch im Vergleich zur Arbeit an Förderschulen, die ebenfalls nach Homogenisierung streben und ebenfalls darauf ausgerichtet sind, die Einmaligkeit jeder Einzelsituation weniger deutlich hervortreten zu lassen. Diese Rekonstruktion kann zwar durch die sonderpädagogische Lehrkraft strukturiert werden, es ist aber eine gemeinsame Rekonstruktion nötig, in der Regelwissen und Fallverstehen der beteiligten Lehrkräfte zusammengeführt werden. Wie dies zu leisten sein könnte, ist noch weitgehend ungeklärt.

- *Ungewissheitsantinomie (Vermittlungsversprechen versus Ungewissheit hinsichtlich der Zielerreichung):* Lehrkräfte sichern zwar zu, die Vermittlung des angestrebten Wissens leisten zu können, können es aber nicht garantieren. Zu komplex sind die Mitwirkungsnotwendigkeiten auf Seiten der Lernenden und zu krisenanfällig ist der Lernprozess selbst.

Während im gegliederten Schulsystem ein dauerhaftes Scheitern der Vermittlung durch die Entfernung des betroffenen Kindes aus der Klasse oder Schule „behoben" wurde, sodass auch diese Antinomie nicht so deutlich zutage trat, ist dies in einer inklusiven Schule nicht möglich. Es gilt zurzeit als offen, ob und inwieweit die inklusive Schule ihr Vermitt-

lungsversprechen halten kann. Dies wird allerdings meist als ‚Problem'
der inklusiven Schule und als Zeichen für ihre mangelnde Umsetzbarkeit
angesehen. Es wird nicht erkannt, dass hier lediglich eine der grundlegenden Antinomien wieder unübersehbar deutlich geworden ist, dass die
Zielerreichung immer ungewiss ist und dass sich die inklusive Schule gerade daran beweisen muss, (neue und individuelle) Wege der Erziehung
und Bildung zu finden. Ebenso wenig wird bisher diskutiert, dass für die
‚normal Lernenden ohne sonderpädagogischen Unterstützungsbedarf'
die Situation im traditionellen Schulsystem ebenfalls unbefriedigend ist.
Auch sie machen zum weit überwiegenden Teil die Erfahrung, mit Ver-
ständnisschwierigkeiten allein gelassen zu sein. Die Erfahrung von unzu-
reichender individualisierender Hilfe im Unterricht und gegebenenfalls
(mehrfachen) Klassenwiederholungen und Schulwechsel werden von zu
vielen Schülerinnen und Schülern als persönliches Scheitern erlebt, weil
das Arbeitsbündnis, das Vertrauen in die Lehrkraft nicht tragfähig ist und
die in der Situation geforderte gemeinsame Problembewältigung nicht
gelingt – oft auch nicht gelingen kann angesichts der Lehr-/Lernbedin-
gungen in den Klassen. Da die Schülerinnen und Schüler dies einseitig als
individuelles Versagen interpretieren (müssen), wirken sich diese Erfahrungen äußerst ungünstig auf die weitere Lernbiographie aus (vgl. van Essen 2013).

- *Symmetrie- oder Machtantinomie (symmetrische versus asymmetrische
  Beziehung):* Die Machtposition der Lehrkraft, die Helsper nicht auf die
  Organisationsform Schule, sondern auf den Wissensvorsprung und die
  Ressourcen der Lehrkraft zurückführt, führt zu einer asymmetrischen Beziehung. Über die in dieser Beziehung verfügbare Macht kann die Lehrkraft aber keine Problemlösungen erzwingen, denn dies wird nur unter
  freiwilliger Beteiligung des Schülers oder der Schülerin in einer symmetrischen Beziehung zustande kommen können. Meines Erachtens ist
  Helsper hier so zu verstehen, dass nur eine Machtposition, die auf Wissensvorsprung basiert, zu einem freiwilligen Arbeitsbündnis und damit
  immer wieder zu einer Aufhebung in einer symmetrischen Beziehung
  führen kann.
- Kennzeichnend für die *Vertrauensantinomie* ist, dass ein Vertrauensvorschuss benötigt wird, dass Vertrauen vorausgesetzt werden muss, damit
  eine Beziehung entstehen kann, die erst zu Vertrauen führen kann. „Für
  die Eröffnung und den Verlauf der Professionellen-Adressaten-Bezie-
  hung bedarf es somit in besonderem Maße des Vertrauens bei Konstellationen, die dessen Herstellung zugleich erschweren. Dies lässt sich in der
  Lehrer-Schüler-Beziehung anhand des Umgangs mit Fehlern, Ungewissheit oder dem Scheitern bei Lösungen verdeutlichen: das Eingestehen von
  Nicht-Wissen, von Grenzen des Auffassungsvermögens bzw. kognitiver

Lösungspotentiale oder auch immer wiederkehrender Fehler beinhaltet, seine eigenen Schwächen und Grenzen öffentlich zu machen, einem anderen mitzuteilen. Auch wenn es hier große Unterschiede zwischen Schülern gibt, wie sie diese Veröffentlichung von Wissens- und Kompetenzgrenzen als Schwäche, Beschämung, Entwertung oder Makel erfahren, beinhaltet das Eingeständnis von Fehlern, dass sie sich dem Lehrer gegenüber als unterstützungs- und hilfsbedürftig ausweisen. Dies setzt das Vertrauen in den Lehrer voraus, dass er, der zugleich ihre kognitiven Leistungen bewertet und wertschätzt, dieses Zugeständnis mangelnden Wissens und Könnens nicht gegen die Schüler wendet, sie in seinen Augen entwertet oder die ‚Inkompetenz' gar veröffentlicht und zur Bloßstellung, Degradierung oder Demütigung der Schüler verwendet, ihnen also die individuelle Anerkennung verweigert" (Helsper 2002, 82).

- Symmetrie- und Vertrauensantinomie sind in einer inklusiven Schule leichter auszubalancieren als in dem jetzigen gegliederten Schulsystem, in dem an vielen Schulen Lernende eher anstreben, Fehler zu verbergen als Unterstützungsbedarf zuzugeben, da sie andernfalls – häufig leider zu Recht – Nachteile in Form einer Geringschätzung ihrer Leistungsfähigkeit und schlechter Noten befürchten. In einem stark exkludierenden Schulsystem wird Angst vor Ausschluss und dadurch Misstrauen zwischen Lehrkräften, Eltern und Schülerinnen und Schülern sowie eine klar asymmetrische Beziehungswahrnehmung gefördert.

Weitere Antinomien resultieren aus der Gleichzeitigkeit rollenförmiger, universalistischer Beziehung und diffuser, partikularer Beziehung. Hier spielt also auch die Frage der Universalität versus Individualität, die bereits oben erörtert wurde, eine wichtige Rolle:

- *Näheantinomie (Nähe versus Distanz):* Schule erfordert rollenspezifisches Handeln. Darin unterscheidet sie sich von vorschulischen Einrichtungen, dass die Rollen aller Beteiligten wesentlich stärker reglementiert und an Verhaltenserwartungen ausgerichtet sind. Zugleich begegnen Schülerinnen und Schüler der Lehrkraft immer auch als ‚ganze Person'. Daraus entsteht die Anforderung, sich zumindest situativ auf Nähe einzulassen, da weder Lernprobleme noch soziale Konflikte ohne diese Nähe bearbeitbar sind. Andererseits muss die der Lehrer- und Schülerrolle eigene Distanz immer wieder hergestellt werden.
  In der sonderpädagogischen Arbeitssituation wird häufig die Nähe überbetont, was durch die individualisierende Arbeitsorganisation, die Arbeit an drängenden Problemen der Schülerinnen und Schüler und die körperliche Nähe in Pflege- und Assistenzsituationen unterstützt wird. In der Arbeitssituation der Regelschullehrkräfte wird dagegen die Distanz und

Universalität der Beziehungen übermäßig betont, was durch den Bezug auf die Klassengruppe und den Anspruch der Gleichbehandlung aller Schülerinnen und Schüler gefördert wird. Dies dürfte auch in einer arbeitsteilig organisierten Teamarbeit in einer inklusiven Schule tendenziell so bleiben. Wichtig ist aber, dass in der inklusiven Schule die antinomische Struktur des Nähe-Distanz-Problems flexibler gestaltet werden muss und kann.

- *Sachantinomie (Sachbezug versus lebensweltliche Bedeutung):* Ein ähnliches Spannungsverhältnis besteht zwischen den durch Lehrpläne formulierten universalistischen Inhalten und Themen und ihrer lebensweltlichen Bedeutung für die Schüler, deren Relevanzsysteme und Gegenstandsbezüge für die Initiierung von Bildungsprozessen ebenfalls aufgenommen werden müssen. Dies ist dort deutlicher sichtbar, wo die Lernfähigkeit eingeschränkt ist, wie die Aussage von Georgens und Deinhardt zum Gelegenheitsunterricht exemplarisch zeigt. Die Forderung nach Individualisierung, die, wie oben dargestellt, in die Regelschule Eingang gefunden hat, enthält aber eine Forderung nach Berücksichtigung der lebensweltlichen Bedeutung. Ebenso wird für die Bildung von Kindern mit Behinderung gefordert, die mitunter herrschende Beliebigkeit zugunsten curriculumbasierter Lernziele zu verändern, womit der universalistische Pol gestärkt wird

- *Organisationsantinomie (Organisation versus Interaktion):* Keine Institution ist ohne organisationale Rahmungen denkbar. Sie strukturieren Verhaltensmöglichkeiten und wirken so einerseits entlastend, behindern andererseits aber unter Umständen ergebnisoffene Interaktionen. Sind organisationale Rahmungen zu rigide, können sie die Professionalisierung pädagogischen Handelns daher behindern, da sie Routinehandeln zulasten von reflexiven, einzelfallorientierten Handlungen begünstigen.

- *Differenzierungsantinomie (Differenzierung versus Einheit):* Zum organisationalen Rahmen gehört als besondere Bedingung, dass Schülerinnen und Schüler einer Klasse gleich zu behandeln sind. Andererseits wird erwartet, dass Differenzierung und Individualisierung erfolgen. Diese Antinomie tritt in einer inklusiven Schule besonders deutlich zu Tage und ist verbunden mit der Frage nach Gleichheit und Gerechtigkeit, wie das folgende Beispiel einer gängigen Praxis in Integrationsklassen in Niedersachsen zeigt: Hier war es vielerorts üblich, dass Kinder mit unzureichenden Leistungen die zweite Klasse wiederholten, während andere Kinder, die noch schlechtere Leistungen zeigten, als Integrationskinder nach anderen Anforderungen beurteilt wurden und im Klassenverband verblieben. Eine inklusive Schule muss sich intensiv mit dem Problem der Differenzierung beschäftigen, und zwar nicht nur in Bezug auf die Bewertung von Leistungen, sondern auch in Bezug auf die innere (und äußere) Differenzierung und den Umgang mit Ressourcen.

- *Autonomieantinomie:* Diese Antinomie bezeichnet Helsper als Autonomie und Heteronomie oder als Antinomie von Freiheit versus Zwang (vgl. 2006, 31). Sie ist eng verbunden mit den vorhergehenden Ausführungen. Die Organisation Schule bestimmt, welches Maß an Autonomie den Schülerinnen und Schülern nicht nur möglich, sondern von ihnen gefordert ist. Damit geschieht die Definition dieses Spielraums auch im Rahmen der symmetrisch-asymmetrischen Beziehung zur Lehrkraft und im Kontext mit Sachaspekten und lebensweltlichen Interessen. Weniger deutlich sichtbar ist, dass die Möglichkeiten zu autonomem Handeln der Schülerinnen und Schüler mit denen der Lehrkräfte in enger Beziehung stehen.

Es bleibt abzuwarten, wie sich die Ausformung dieser Antinomien in einer inklusiven Schule gestaltet. Gelingt es, andere Aspekte der Stellvertretung und des Rollenhandelns stärker zu reflektieren und dadurch zu professionalisieren, könnte die erlebte Autonomie von Lehrenden und Lernenden dadurch gestärkt werden.

Davon ausgehend, dass sonderpädagogische Fachkräfte bis auf Weiteres als Spezialisten für bestimmte pädagogische Situationen und Problemlagen (vgl. B. Lindmeier 2005) in der inklusiven Schule tätig sind, ist der Schlüssel zum Verständnis ihres Handelns die von Oevermann (2002) beschriebene ‚Krise der autonomen Lebenspraxis'. Anders als bisher, als durch die Herausnahme der als schwierig geltenden Kinder aus der Situation und ihre separate Beschulung in Förderschulen oder Extraräumen der Regelschule eine gemeinsame Problemlösung verhindert wurde, ist sie heute gefordert. Diese gemeinsame Lösung kann zu einer Professionalisierung der Schule führen, indem alle Beteiligten anerkennen, dass die erlebten Probleme grundsätzliche pädagogische Handlungsprobleme sind, dass Unsicherheit hinsichtlich des Erfolgs konstitutiv zu pädagogischem Handeln gehört, dass Probleme von Nähe und Distanz, Vertrauen, Vermittlungsprobleme etwas sind, was zum pädagogischen Alltag gehört.

Kompetenztheoretischer Ansatz

Das Ausbalancieren der widersprüchlichen Anforderungen ist, wie insbesondere die Begründungs- und die Praxisantinomien zeigen, nicht denkbar ohne Fachwissen und pädagogisches Wissen. Der kompetenztheoretische Ansatz konzentriert sich auf diese sachbezogenen und spezifisch planbaren Anteile unterrichtlicher Tätigkeit. Fachbezogenes Wissen, Vermittlungswissen und entsprechende Kompetenzen stehen im Mittelpunkt. Die von Lehrkräften benötigten Wissensbestände und Kompetenzen werden bislang vor allem fachbezogen analysiert, da Lehrerhandeln im Fach, in der Vermittlung von Fachwissen, stattfindet. Die theoretische Grundlage bildet meist das Modell von Shulman (1986), und besonders gut untersucht ist durch das Projekt COACTIV (*cognitive activation in the classroom*) das Professionswissen von Mathematiklehrkräften in seinem Einfluss auf die Lernentwicklung (vgl. Baumert / Kunter 2006, 506). Die Untersuchungen sind überwiegend quantitativ angelegt und untersuchen beispielsweise, welches Fachwissen und welche gezeigten Kompetenzen von Lehrkräften im Unterricht mit guten Leistungen bzw. Kompetenzentwicklung der Schülerinnen und Schüler zusammenhängen. Noch wenig geklärt ist, wie aus Fachwissen Kompetenzen entwickelt werden, zumal der Kompetenzbegriff selbst noch unzureichend geklärt ist (vgl. Lindmeier / Lindmeier 2012, 241 ff.). Dennoch kann der kompetenztheoretische Ansatz dazu beitragen zu bestimmen, ob und welche besonderen Wissensbestände und Kompetenzen Sonderpädagogen haben sollen. Dies sollte unter maßgeblicher Beteiligung der Fachrichtungen und der sonderpädagogischen Grundlagenfächer geschehen, da letztere eine Brücke zu pädagogischem Wissen des ‚Regelbereichs' schlagen können (C. Lindmeier 2004).

Ausgehend vom Alltag der inklusiven Schule lässt sich zeigen, dass es Lern- und Verhaltensprobleme gibt, die so häufig sind, dass Lehrkräfte jeder Schulform sie alltäglich erleben und auf sie reagieren müssen. Dies sind vor allem begrenzte, oft unterrichtsfachspezifische Lernschwierigkeiten und soziale Konflikte wie störendes Verhalten (einschließlich der Modediagnose ADHS), Bullying und internalisierende Verhaltensweisen wie sozialer Rückzug und Schüchternheit. Andere sind sehr selten und/oder erfordern so viel spezialisiertes Wissen und spezialisierte Kompetenzen, dass eine Regelschullehrkraft damit überfordert sein muss, selbst dann, wenn sonder- und inklusionspädagogische Inhalte stärker im Studium und der Fortbildung berücksichtigt werden. Diese Schwierigkeiten sind nicht pauschal bestimmten Förderschwerpunkten zuzuordnen, sondern innerhalb jedes Förderschwerpunktes gibt es solche besonderen Problemlagen. Im Förderschwerpunkt emotionale und soziale Entwicklung ist beispielsweise an den Umgang mit schwer traumatisierten Kindern zu denken, beispielsweise Kriegsflüchtlingen oder sexuell traumatisierten Kindern, aber ebenso an starke Ausprägungen der sehr häufigen Probleme von Schüchternheit (sozialer Angst), hyperaktiven oder aggressiven Verhaltens, die eine differenzierte interdisziplinäre Diagnose und besondere, über den Regelunterricht hinausgehende Maßnahmen erfordern. Im Förderschwerpunkt Sprache kann ein Anfangsunterricht, der alltagsintegriert sprachfördernde Elemente enthält, bei leichten Sprachauffälligkeiten wichtige Entwicklungsimpulse für einzelne Kinder geben. Die

Frage, ob es sich bei einer Auffälligkeit um eine normale Entwicklungsphase im Rahmen des Zweitspracherwerbs, um einen verzögerten Spracherwerb im Zusammenhang mit einer allgemeinen Entwicklungsverzögerung oder um eine spezifische Sprachentwicklungsstörung handelt, ist dagegen äußerst komplex. Dies gilt insbesondere für eine Kombination verschiedener Möglichkeiten, da auch Kinder, die Deutsch als Zweitsprache erlernen, ja von Entwicklungsverzögerungen und spezifischen Sprachentwicklungsstörungen betroffen sein können. Im Bereich der seltenen Förderschwerunkte Sehen und Hören sind die Hilfsmittelversorgung und Anpassung bestimmter Unterrichtsmethoden sowie die spezifischen Kommunikationsformen Braille und Gebärdensprache beispielhaft zu nennen. Bei Autismus muss eine Lehrkraft die diversen Erklärungstheorien und darauf aufbauenden pädagogisch-therapeutischen Ansätze kennen und angemessen einsetzen können, auch unabhängig von den ausgeprägten ‚Moden‘. Bei Kindern mit fehlender oder eingeschränkter expressiver Lautsprache müssen die sich rasant entwickelnden Methoden der Unterstützten Kommunikation – wiederum in fallrekonstruktiver Form – in Beziehung gesetzt werden zu Sprachentwicklung, motorischen und kognitiven Fähigkeiten des jeweiligen Kindes.

Diese wenigen Beispiele sollen zeigen, dass spezifische Wissensbestände und Kompetenzen sehr vielfältig sind. Sie sind in der Regel bei sonderpädagogischen Lehrkräften entsprechend ihrer jeweiligen Spezialisierung vorhanden. Ihr Verlust würde zu der befürchteten Deprofessionalisierung führen. Sie sind allerdings auch nicht in jeder Förderschulklasse in der Form vorhanden, wie dies wünschenswert oder nötig wäre. In der inklusiven Schule ist dringlicher noch als in der Regelschule und in der Förderschule die Frage zu klären, wie festgestellt werden kann, welche Kompetenzen wo benötigt werden und wie sie dort passgenau und schnell verfügbar gemacht bzw. entwickelt werden können.

Diese Frage kann unter Anknüpfung an die vorhandene Forschung zu Lehrerkompetenz bearbeitet werden, indem Wissen und Kompetenzen von Lehrkräften in der Planung und Durchführung von inklusivem (Fach-)Unterricht untersucht werden. Am Beispiel der Sekundarstufe lässt sich die Frage, welche Kompetenzen in einer inklusiven Schule benötigt werden, besonders deutlich herausarbeiten:

- (Wie) können sonderpädagogische Lehrkräfte (gemeinsam mit den Fachlehrkräften) in Fächern, in denen sie selbst kein vertieftes Fachwissen haben, Lehr-/Lernprobleme analysieren, verstehen und Lösungen erarbeiten?
- Welchen Stellenwert haben Fachwissen, didaktisches Wissen, allgemein (schul-)pädagogisches und sonderpädagogisches Wissen, und wie lassen sie sich zusammenführen, um einem individuellen Kind Lernmöglichkeiten

zu eröffnen – z. B. einem blinden Kind im Fach Physik, in dem viele Versuche durchgeführt werden und das Sehen der Versuchsergebnisse große Bedeutung hat.

- Wie entstehen (Handlungs-)Kompetenzen, die Wissen und Erfahrungen integrieren und rasche Handlungsfähigkeit ermöglichen? Welche Bedeutung hat dabei die reflexive Bewertung von erfolgreichem und weniger erfolgreichem Handeln? Dieser Fragenkomplex stellt Bezüge her zum berufsbiographischen Ansatz und zum professionstheoretischen Ansatz.

Berufsbiographischer Ansatz

Der Grundgedanke des berufsbiographischen Ansatzes besteht darin, dass die Entwicklung beruflicher Fähigkeiten in einem längerdauernden Prozess stattfindet, der bereits vor Beginn des Studiums mit der Entscheidung für den Lehrerberuf, den eigenen Schulerfahrungen und der Berufsmotivation beginnt und die gesamte berufliche Tätigkeit umspannt. Als besonders wichtig und prägend werden die Phase der Ausbildung und die Berufseinstiegsphase angesehen. Die berufsbiographische Entwicklung umfasst – neben anderem – die Entstehung von Handlungsfähigkeit im beruflichen Alltag, wozu auch Handlungsroutinen gehören. Sie umfasst zugleich die Entwicklung analytischer, reflexiver Fähigkeiten, die ermöglichen zu erkennen, wann Handlungsroutinen nicht ausreichend sind und eine weitergehende Auseinandersetzung mit einer Problemstellung erforderlich ist. Damit werden wichtige Forschungsschwerpunkte des strukturtheoretischen und des kompetenztheoretischen Professionsverständnisses aufgenommen, denn beide muss interessieren, wie diese komplexen Kompetenzen bei Lehrkräften entstehen und wie ihre Entstehung unterstützt werden kann.

Auch neuere Forschung zum ‚Experten-Paradigma' ist anschlussfähig (vgl. Krauss 2011). Expertenschaft von Lehrkräften in so offenen, komplexen Situationen wie dem schulischen Unterricht besteht maßgeblich darin, dass Experten mehr relevante Merkmale einer Situation erfassen als Laien oder ‚Novizen' und mit geeigneten Methoden der Problembearbeitung auf sie reagieren. Diese geschieht auf der Grundlage einer bereichsbezogenen guten Wissensbasis und einer auf diesen Bereich, das Gebiet ihrer Expertenschaft bezogenen Informationsverarbeitung, die durch Übung und Erfahrung, d. h. im Verlauf der beruflichen Sozialisation, erst allmählich entstehen kann.

Die Anschlussfähigkeit des berufsbiographischen Ansatzes ist allerdings auch dem Umstand geschuldet, dass noch kein ausgearbeitetes Forschungsprogramm gibt. Bereits 1991 wurde der Begriff durch Terhart eingeführt, um im Anschluss an die angelsächsische Forschung zur Lebensspanne zu zeigen, dass Professionalität im Lehrerberuf als kontinuierliches Entwicklungsprojekt verstanden werden kann. Eine von Terhart et al. (1994) durchgeführte quantitativ-empirische Untersuchung zu Berufsbiographien von Lehrerinnen und Lehrern wurde an einer Stichprobe niedersächsischer Lehrkräfte gewonnen und zeigt die Bedeutung des gesamten Berufslebens, der Schulform und genderbezogene Aspekte. Hericks und Stelmaszyk kommentieren allerdings: „Der berufsbiographische Ansatz wurde von Terhart in den folgenden Jahren empirisch nicht weiter verfolgt, programmatisch blieb er für seine Argumentationen über Lehrerberuf und Lehrerbildung jedoch maßgeblich" (2010, 232) und fruchtbar.

Hericks und Stelmazyk identifizieren innerhalb der berufsbiographischen Forschung ebenfalls eine strukturtheoretische und eine kompetenztheoretische Forschungsperspektive sowie eine Perspektive der Bildungsgangforschung, der sie sich selbst zuordnen. Sie beschäftigt sich mit der Frage, wie Handlungsanforderungen eines Feldes in der individuellen Biographie ihren Ausdruck finden, indem sie als Entwicklungsaufgaben aufgefasst werden, und wie sich dabei „biographisch und gesellschaftlich vorgeformte Handlungsdispositionen" (2010, 234) auswirken. Untersucht wird dies rekonstruktiv an Hand der Berufseingangsphase.

Es ist offensichtlich, dass die Frage, wie Handlungsanforderungen eines Feldes im Zusammenspiel mit Handlungsdispositionen von Lehrkräften bearbeitet werden, auch für die inklusive Schule von hoher Bedeutung ist. Auch die Betrachtung einer längeren Zeitspanne mit einem Fokus auf der zweiten Ausbildungsphase und der Berufseinstiegsphase ist für die Entwicklung von Professionalität für die inklusive Schule von hoher Bedeutung.

Bei der Analyse der individuellen Handlungsdispositionen ist auch die Entwicklung der Berufsmotivation einzubeziehen, denn die Frage, welche Berufswahlmotive Sonderpädagogikstudierende mitbringen, ist weniger gut untersucht als in Bezug auf andere Lehramtsstudiengänge. Es ist davon auszugehen, dass weniger das fachliche Interesse oder ein allgemeines Interesse am Lehrerberuf, sondern die persönliche Erfahrung mit behinderten Menschen ausschlaggebend ist, und somit deutlich andere Motivlagen zu finden sein könnten. Diese Frage ist auch vor dem Hintergrund der Gestaltung inklusionsorientierter Lehrerinnen- und Lehrerbildung von Belang, da in getrennten Studiengängen die unterschiedlichen Berufsmotivationen getrennt weiterentwickelt werden und nicht durch Motive anderer Lehramtstudierender infrage gestellt und erweitert werden können. Da die Erfahrungen der sonderpädagogischen Lehrkräfte weit überwiegend in Sondereinrichtungen gemacht wurden und im direkten, engen Kontakt mit behinderten Menschen bestanden, ist es nötig, die daraus entwickelte Berufsmotivation zu reflektieren und weiterzuentwickeln. Der Beruf der Sonderpädagogin bzw. des Sonderpädagogen in einer inklusiven Schule umfasst in wesentlich geringem Maße als an der Sonder- oder Förderschule das Unterrichten. In größeren

Anteilen sind dagegen Beobachtung und Diagnostik, Unterrichts- und Förderplanung in Abstimmung mit den Klassen- und Fachlehrkräften, Beratung von Kollegen, Eltern und älteren Kindern und Jugendlichen, Anleitung weiterer Fachkräfte, Kooperation mit außerschulischen Stellen (Jugendamt, Therapeuten), Koordination der auf ein Kind bezogenen besonderen Maßnahmen und gegebenenfalls Anpassung und Einsatz von Hilfsmitteln und besonderen Methoden zu leisten. Die berufsbiographische Entwicklung von Lehrkräften zu rekonstruieren, die diese Veränderung erfolgreich bewältigt haben, sowie von Lehrkräften, die ihr auszuweichen versuchen oder sich im Anpassungsprozess befinden, stellt ein wichtiges Desiderat für die Zukunft dar. Ein solcher Forschungsschwerpunkt ermöglicht zudem, an weitere durch Terhart (2011b) formulierte Forschungsdesiderate anzuknüpfen. Dies sind unter anderen Längsschnittstudien, die Fokussierung unterschiedlicher Gruppen von Lehrkräften und die Berücksichtigung von Berufszufriedenheit und Kompetenzerleben von Lehrkräften sowie die Untersuchung des Einflusses von Aus- und Weiterbildung. Wie bereits erwähnt, gehört auch die Überwindung des Gegensatzes professionstheoretischer, berufsbiographischer und kompetenztheoretischer Ansätze zu diesen Desideraten:

> „Lässt man Fehlzuschreibungen, Dramatisierungen, Mißverständnisse etc. beiseite und beurteilt die Differenzen nüchtern, so liefert jeder Ansatz wichtige, zum Teil sogar sich wechselseitig ergänzende, ja bestätigende Erkenntnisse – dies allerdings durchweg in ansatzspezifischer Semantik. Ohne die Differenzen harmonisierend einebnen zu wollen und ohne die Zielsetzung einer Zusammenarbeit oder gar Vereinheitlichung propagieren zu wollen – nichts wäre falscher! – lässt sich aus meiner Sicht gleichwohl zumindest in manchen Teilen von einem Ergänzungsverhältnis sprechen; bei anderen Teilen sind die Differenzen eklatant und nicht zu überbrücken" (Terhart 2011a, 202).

In der Entwicklung einer inklusiven Schule liegt eine Chance, die lange geforderte Neubestimmung (sonder-)pädagogischer Professionalität zu leisten, indem Gemeinsamkeiten und Spezifika des Professionsverständnisses verschiedener Lehrkräfte neu bestimmt und durch Personal- und Unterrichtsentwicklung weiter entfaltet werden. Im Sinne des professionstheoretischen Ansatzes wird dabei von zentraler Bedeutung sein, das Dilemma einzelfallbezogen zu bearbeiten, das aus der Notwendigkeit einer arbeitsteiligen Entwicklung spezifischer Kompetenzen für bestimmte Bedarfslagen und der daraus resultierenden Zuschreibung einer ‚Alleinverantwortung' für die gesamte schulische Situation des betreffenden Kindes entstehen kann. Zugleich lässt sich aus dieser Forderung ein Forschungsprogramm entwickeln, das sowohl die berufsbiographische Entwicklung von Lehrkräften, die Kompetenzentwicklung als auch den Umgang mit professionsspezifischen Dilemmata in den Blick nimmt, jeweils unter Berücksichtigung verschiedener Studiengänge und verschiedener Tätigkeitsfelder.

Literatur

Ackermann, K. E. (2010): Zum Verhältnis von geistiger Entwicklung und Bildung. In: Musenberg, O. / Riegert, J. (Hrsg.): Bildung und geistige Behinderung. Reflexionen und aktuelle Fragestellungen. Oberhausen, 242–244.

Ahrbeck, B. (2011): Der Umgang mit Behinderung. Stuttgart.

Barthold, C. C. G. (1895/2002): Der erste vorbereitende Unterricht für Schwach- und Blödsinnige, nebst einer Einleitung ‚Über das Wesen des Blödsinns (Idiotismus)'. Wiederabdruck in Auszügen in: Lindmeier, B. / Lindmeier, C. (2002): Geistigbehindertenpädagogik. Band 3 der „Studientexte zur Geschichte der Behindertenpädagogik". Weinheim/Berlin/Basel, 348–366.

Baumert, J. / Kunter, M. (2006): Stichwort: Professionelle Kompetenz von Lehrkräften. In: Zeitschrift für Erziehungswissenschaft 9, 4, 469–520.

Damerow, H. P. (1858/2002): Zur Cretinen- und Idiotenfrage. Wiederabdruck in Auszügen in: Lindmeier, B. / Lindmeier, C. (2002): Geistigbehindertenpädagogik. Band 3 der „Studientexte zur Geschichte der Behindertenpädagogik". Weinheim/Berlin/Basel, 153–162.

Feuser, G. (2013): Grundlegende Dimensionen einer LehrerInnen-Bildung für die Realisierung einer inklusionskompetenten Allgemeinen Pädagogik. In: Feuser, G. / Maschke, T. (Hrsg.): Lehrerbildung auf dem Prüfstand. Welche Qualifikationen braucht die inklusive Schule? Gießen, 1–56.

Fliedner, R. (1910/2002): Wie setzen wir uns mit den Anschauungen über die Nutzlosigkeit des Schwachsinnigen-Unterrichts auseinander. Wiederabdruck in Auszügen in: Lindmeier, B. / Lindmeier, C. (2002): Geistigbehindertenpädagogik. Band 3 der „Studientexte zur Geschichte der Behindertenpädagogik". Weinheim/Berlin/Basel, 163–170.

Forlin, C. (Hrsg.) (2010): Teacher Education for Inclusion. Changing Paradigms and Innovative Approaches. New York: Routledge.

Geiling, U. (2012): Die neue Schuleingangsstufe aus inklusionspädagogischer Perspektive – ein barrierefreier Schulstart für alle schulpflichtigen Kinder? In: Moser, V. (Hrsg.): Die inklusive Schule. Standards für die Umsetzung. Stuttgart, 114–125.

Georgens, J. D. / Deinhardt, J. M. / von Gayette, J. M. (1858/2002): Der Unterricht der Blödlinge. Wiederabdruck in Auszügen in: Lindmeier, B. / Lindmeier, C. (2002): Geistigbehindertenpädagogik. Band 3 der „Studientexte zur Geschichte der Behindertenpädagogik". Weinheim/Berlin/Basel, 342–347.

Götz, M. (^{3}2011): Schuleingangsstufe. In: Einsiedler, W. / Götz, M. / Hartinger, A. / Heinzel, F. / Kahlert, J. / Sandfuchs, U. (Hrsg.): Handbuch Grundschulpädagogik und Grundschuldidaktik. Bad Heilbrunn, 82–92.

Gürtler, R. (1921/2002): Triebgemäßer Erlebnisunterricht. Wiederabdruck in Auszügen in: Lindmeier, B. / Lindmeier, C. (2002): Geistigbehindertenpädagogik. Band 3 der „Studientexte zur Geschichte der Behindertenpädagogik". Weinheim/Berlin/Basel, 379–392.

Heinrich, M. / Urban, M. / Werning, R. (2013): Grundlagen, Handlungsstrategien und Forschungsperspektiven für die Ausbildung und Professionalisierung von Fachkräften für inklusive Schulen. In: Döbert, H. / Weishaupt, H. (Hrsg.): Inklusive Bildung professionell gestalten. Situationsanalyse und Handlungsempfehlungen. Münster/New York/München/Berlin, 69–133.

Helsper, W. (2002): Lehrerprofessionalität als antinomische Handlungsstruktur. In: Kraul, M. / Marotzki, W. / Schweppe, C. (Hrsg.) (2002): Biographie und Professionalität. Bad Heilbrunn, 64–102.

Helsper, W. (⁷2006): Pädagogisches Handeln in den Antinomien der Moderne. In: Krüger, H.-H. / Helsper, W. (Hrsg.): Einführung in die Grundbegriffe und Grundfragen der Erziehungswissenschaft. Opladen/Farmington Hills, 15–34.

Helsper, W. (2007): Eine Antwort auf Jürgen Baumerts und Mareike Kunters Kritik am strukturtheoretischen Professionsansatz. In: Zeitschrift für Erziehungswissenschaft 10, 4, 567–579.

Helsper, W. / Tippelt, R. (2011): Ende der Profession oder Professionalisierung ohne Ende? Zwischenbilanz einer unabgeschlossenen Diskussion. In: Helsper, W. / Tippelt, R. (Hrsg.): Pädagogische Professionalität. Weinheim/Basel 268–288 [= Zeitschrift für Pädagogik, 57. Beiheft].

Hericks, U. / Stelmaszyk, B. (2010): Professionalisierungsprozesse während der Berufsbiographie. In: Bohl, T. / Helsper, W. / Holtappels, H. G. / Schelle, C. (Hrsg.): Handbuch Schulentwicklung. Bad Heilbrunn, 231–237ö.

Hillenbrand, C. / Melzer, C. / Hagen, T. (2013): Bildung schulischer Fachkräfte für inklusive Bildungssysteme. In: Döbert, H. / Weishaupt, H. (Hrsg.): Inklusive Bildung professionell gestalten. Situationsanalyse und Handlungsempfehlungen. Münster/New York/München/Berlin, 33–68.

Hintz, A.-M. / Grünke, M. (2009): Einschätzung von angehenden Lehrkräften für Sonder- und allgemeine Schulen zur Wirksamkeit von Interventionen für den Schriftspracherwerb bei lernschwachen Kindern. In: Empirische Sonderpädagogik 1, 1, 45–61.

KMK (1972): Empfehlungen zur Ordnung des Sonderschulwesens. Bonn.

KMK (1994): Empfehlungen zur sonderpädagogischen Förderung in Schulen der Bundesrepublik Deutschland. Bonn.

KMK (2011): Inklusive Bildung von Kindern und Jugendlichen mit Behinderungen in Schulen. Beschluss der Kultusministerkonferenz vom 20.10.2011. Berlin.

Krauss, S. (2011): Das Experten-Paradigma in der Forschung zum Lehrerberuf. In: Terhart, E. / Bennewitz, H. / Rothland, M. (Hrsg.): Handbuch der Forschung zum Lehrerberuf. Münster/New York/München/Berlin, 171–191.

Laubner, M. / Lindmeier, C. (2016): Forschung zur inklusionsorientierten Lehrerinnen- und Lehrerbildung in Deutschland – eine Übersicht über die neueren empirischen Studien zur ersten, universitären Phase. In: Lindmeier, C. / Weiß, H. (Hrsg.): Pädagogische Professionalität im Spannungsfeld von sonderpädagogischer Förderung und inklusiver Bildung. Weinheim/Basel, 154-201

Lindmeier, B. (2005): Kategorisierung und Dekategorisierung in der Sonderpädagogik. In: Sonderpädagogische Förderung 50, 2, 131–149.

Lindmeier, B (2013): Professionelles Handeln im Förderschwerpunkt geistige Entwicklung. In: Ackermann, K. E. / Musenberg, O. / Riegert, J. (Hrsg.): Geistigbehindertenpädagogik!? Disziplin – Profession – Inklusion. Oberhausen, 291–313.

Lindmeier, B. / Lindmeier, C. (2002): Geistigbehindertenpädagogik. Band 3 der „Studientexte zur Geschichte der Behindertenpädagogik". Weinheim/Berlin/Basel.

Lindmeier, B. / Lindmeier, C. (2012): Pädagogik bei Behinderungen und Benachteiligungen. Stuttgart.

Lindmeier, B. / Polleschner, S. (2014): Schulassistenz – ein Beitrag zu einer inklusiven Schule oder Verfestigung nicht inklusiver Schulstrukturen? In: Gemeinsam Leben 22, 4, 195–205.

Lindmeier, C. (2004): Status, Funktion und Leistungsfähigkeit einer allgemeinen Theorie der Heilpädagogik in Studium und Wissenschaft – eine Profilierung aus aktuellem Anlass. In: Zeitschrift für Heilpädagogik 55, 12, 510–524.

Lindmeier, C. (2013a): Geschichte und Gegenwart der Sonderpädagogik als wissenschaftliche Disziplin. In: Ackermann, K. E. / Musenberg, O. / Riegert, J. (Hrsg.): Geistigbehindertenpädagogik!? Disziplin – Profession – Inklusion. Oberhausen, 111–142.

Lindmeier, C. (2013b): Aktuelle Empfehlungen für eine inklusionsorientierte Lehrerbildung – ein Kommentar. In: Zeitschrift für Heilpädagogik 64, 5, 180–193.

Lindmeier, C. (2014): Aktuelle bildungspolitische Bemühungen um eine inklusionsorientierte Erneuerung der deutschen Lehrerausbildung. In: Zeitschrift für Heilpädagogik 65, 3, 84–97.

Möckel, A. (1988/²2007): Geschichte der Heilpädagogik. Stuttgart.

Moser, V. / Demmer-Dieckmann, I. unter Mitarbeit von Lütje-Klose, B. /, Seitz, S. / Sasse, A. / Schulzeck, U. (2012): Professionalisierung und Ausbildung von Lehrkräften für inklusive Schulen. In: Moser, V. (Hrsg.): Die inklusive Schule. Standards für die Umsetzung. Stuttgart, 153–172.

Motsch, H.-J. (2008): Deprofessionalisierung der (Sprach-)Heilpädagogik – internationalisiert, inkompetent, wegrationalisiert. In: Vierteljahresschrift für Heilpädagogik und ihre Nachbargebiete (VHN) 77, 1, 4–10.

Oevermann, U. (1996): Theoretische Skizze einer revidierten Theorie professionalisierten Handelns. In: Combe, A. / Helsper, W. (Hrsg.): Pädagogische Professionalität. Untersuchungen zum Typus pädagogischen Handelns. Frankfurt a. M., 70–182.

Oevermann, U. (2002): Professionalisierungsbedürftigkeit und Professionalisiertheit pädagogischen Handelns. In: Kraul, M. / Marotzki, W. / Schweppe, C. (Hrsg.): Biografie und Profession. Bad Heilbrunn 2002, 19–63.

Pugach, M. C / Blanton, L. P. (2009): A framework for conducting research on collaborative teacher education. In: Teaching and Teacher Education 25, 4, 575–582.

Reiser, H. (1997): Lern- und Verhaltensstörungen als gemeinsame Aufgabe von Grundschul- und Sonderpädagogik unter dem Aspekt der pädagogischen Selektion. In: Zeitschrift für Heilpädagogik 48, 7, 266–275.

Reiser, H. (1998): Sonderpädagogik als Service-Leistung? Perspektiven der sonderpädagogischen Berufsrolle. In: Zeitschrift für Heilpädagogik 49, 2, 46–54.

Reiser, H. (2005): Professionelle Konzepte und das Handlungsfeld Sonderpädagogik. In: Horster, D. / Hoyningen-Suess, U. / Liesen, C. (Hrsg.): Sonderpädagogische Professionalität. Wiesbaden, 133–150.

Shulman, L. (1986): Paradigms and research programs in the study of teaching: A contemporary perspective. In: Wittrock, M. C. (Hrsg.): Handbook of research on teaching. New York, 3–36.

Tenorth, H.-E. (2006): Professionalität im Lehrerberuf. Ratlosigkeit der Theorie, gelingende Praxis. In: Zeitschrift für Erziehungswissenschaft 9, 4, 580–597.

Tenorth. H.-E. (2010): Sonderpädagogische Professionalität – zur Geschichte ihrer Entwicklung. In: Ellger-Rüttgardt, S. / Wachtel, G. (Hrsg.): Pädagogische Professionalität und Behinderung. Herausforderungen aus historischer, nationaler und internationaler Perspektive. Stuttgart, 13–27.

Terhart, E. (1991): Lehrerberuf und Lehrerbildung. Forschungsbefunde, Problemanalysen, Reformkonzepte. Weinheim/Basel.

Terhart, E. (2010): Heterogenität der Schüler – Professionalität der Lehrer: Ansprüche und Wirklichkeiten. In: Ellger-Rüttgardt, S. / Wachtel, G. (Hrsg.): Pädagogische Professionalität und Behinderung. Herausforderungen aus historischer, nationaler und internationaler Perspektive. Stuttgart, 89–104.

Terhart, E. (2011a): Lehrerberuf und Professionalität: Gewandeltes Begriffsverständnis – neue Herausforderungen. In: Helsper, W. / Tippelt, R. (Hrsg.): Pädagogische Professionalität. Weinheim/Basel, 202–224 [= Zeitschrift für Pädagogik, 57. Beiheft].

Terhart, E. (2011b): Forschung zu Berufsbiographien von Lehrerinnen und Lehrern: Stichworte. In: Terhart, E. / Bennewitz, H. / Rothland, M. (Hrsg.): Handbuch der Forschung zum Lehrerberuf. Münster/New York/München/Berlin, 339–342.

Terhart, E. / Czerwenka, K. / Ehrich, K. / Jordan, F. / Schmidt, H. J. (1994): Berufsbiographien von Lehrern und Lehrerinnen. Frankfurt a. M./Berlin/Bern/New York/Paris/Wien.

van Essen, F. (2013): Soziale Ungleichheit, Bildung und Habitus. Möglichkeitsräume ehemaliger Förderschüler. Dordrecht.

Wischer (2007): Umgang mit Heterogenität in der Schule – Zwischen Veränderungsnotwendigkeiten und Veränderungsmöglichkeiten. In: Behindertenpädagogik 46, 1, 19–32.

Anschrift der Verfasserin:
Prof. Dr. Bettina Lindmeier
Leibniz Universität Hannover
Institut für Sonderpädagogik
Abteilung Allgemeine Behindertenpädagogik und -soziologie
Schloßwender Str. 1
30159 Hannover

Entwicklungstendenzen einer inklusionsorientierten Professionalisierung in pädagogischen Handlungsfeldern und Organisationen

Martin Thurmair

Heilpädagogische Professionalität in der interdisziplinären Frühförderung

Vorausbemerkung

Das Wort „Professionalität", das hier im Zentrum der Analyse stehen soll, ist für mich – vor allem mit dem Blick auf das pädagogische Tun – mit einem gewissen Unwohlsein verbunden. Als Bürger dieses Landes bin ich ja umzingelt von Profi-Werkzeugen, Profi-Haus- und Gartengeräten, Profi-Schneebesen und -Kochtöpfen, Profi-Grillgeräten usw., die natürlich nur mit Profi-Arbeitskleidung, -Schürzen und -Grillhandschuhen richtig zu bedienen sind. Andererseits genießen „Profis" ohne Zweifel eine gewisse Achtung, und wäre der Vorwurf, jemand würde in seinem Beruf „unprofessionell" handeln, stark. Nach Professionalität zu streben enthält ohne Zweifel den Akzent, besser zu sein in seinem Fach als ein Selfmade-Man oder eine Selfmade-Woman. Das Profi-„Werkzeug" trägt dazu weniger bei denn die Ausbildung und die Menge an Übung, die in der berufsmäßigen Tätigkeit steckt.

Die Grundlage meiner Ausführungen hier ist meine langjährige Erfahrung als Mitarbeiter der Pädagogischen Abteilung der Arbeitsstelle Frühförderung Bayern in der Fortbildung, Vernetzung und Konzeptentwicklung für die bayerischen interdisziplinären Frühförderstellen, und insbesondere die heilpädagogische Tätigkeit.

Professionen in der Frühförderung

Als interdisziplinär, also fächer- und professionsübergreifend angelegtes System von Diensten hat die Frühförderung die Kooperation verschiedener Berufe (Professionen) aus unterschiedlichen System-Kontexten (Disziplinen), also beispielsweise der Medizin, der Pädagogik, der Psychologie, erlernen müssen. Zu diesem Entwicklungs- und Lernprozess gehörten – und sind bis heute aktuell – einige Merkmale der Profilierung von Berufen (mit ihren sachlichen wie auch ständischen Aspekten), die gleichzeitig Positionsbestimmungen zu anderen Berufen und zu Positionsansprüchen anderer Berufe sind.

Solche Profilierungen finden innerhalb einzelner Berufsgruppen statt (vor allem in den Berufsverbänden), teils aber auch innerhalb des Frühförder-Systems: so beispielsweise in der „Vereinigung für Interdisziplinäre Frühförderung", die ein Qualifikationspapier für alle einschlägigen Berufsgruppen erarbeitet hat (2001); oder in der tabellarischen Übersicht über Schwerpunkte und Gemeinsamkeiten der Berufsgruppen in der Frühförderung, die dem bayerischen Rahmenvertrag Frühförderung anhängt (Rahmenvertrag zur Früherkennung und Frühförderung behinderter und von Behinderung bedrohter Kinder in Interdisziplinären Frühförderstellen in Bayern; RV IFS).

a) Mitwirkungsansprüche: „Nicht ohne mich!"

In der Entstehungsphase der Frühförderung spielten Mitwirkungsansprüche vor allem zwischen Medizin (Ärzten) und Pädagogik (Sonderpädagogen) eine wichtige Rolle. Es ging dabei einerseits um eine substantielle (und nicht bloß durch das Abzeichnen eines Formulars erledigte) Mitwirkung der Ärzteschaft, andererseits um die obligatorische und substantielle Einbeziehung der (Sonder-, Heil-)Pädagogik in ein Frühfördersystem: „Nicht ohne mich!". Diese Auseinandersetzungen der 1970er-Jahre sind Geschichte; die Mitwirkung beider Disziplinen fand letztlich ihren Niederschlag in der „Komplexleistung" des SGB IX (SGB IX, § 30). Eine reale Basis hatte der Diskurs um die Mitwirkung in damals schon existierenden Modellen, wie einerseits dem Kinderzentrum München (seit 1968), das nach Art einer Klinik organisiert war und ist, und andererseits einer Reihe regionaler pädagogischer Frühförderstellen, wie sie zunächst teils von den Schulen für Sinnesbehinderte, teils aber auch von Elternvereinigungen wie der Lebenshilfe initiiert wurden, und die in einem Modellprojekt der Bund-Länder-Kommission für Bildungsplanung 1974 in Bayern unter wissenschaftlicher Begleitung systematisch aufgebaut wurden.

Neben Ärzten und Pädagogen gab es Mitwirkungsansprüche und Mitwirkungsnotwendigkeiten auch für Therapeuten (Physio-, Ergotherapeuten, Logopäden) wie für Psychologen. Auch diese Professionen sind in der „Komplexleistung" mit genannt; wie sie in das System der interdisziplinären Frühförderung institutionell eingebunden sind, ist in verschiedenen Bundesländern allerdings verschieden.

Die Art der Einbindung hat organisatorische und institutionelle Voraussetzungen (z.B.: Gibt es für die Beteiligung der Ärzte eine Abrechnungsziffer bei der gesetzlichen Krankenversicherung? Können Therapeutinnen ohne Weiteres ebenfalls im Hausbesuch arbeiten, können sie am Team teilnehmen? ...); jenseits davon sind Ansprüche und Zufriedenheiten von verschiedenen Faktoren in der jeweiligen Kooperation abhängig (Behringer und Höfer 2005 haben gründliche Analysen dazu vorgelegt), unter anderem von persönlichen Einstellungen, Erfahrungen und Ansprüchen

b) Gestaltungsansprüche: „Hier geht's lang!"

Wer in der Frühförderung und an Frühförderstellen der „Bestimmer" sein dürfe, war eine zentrale Kontroverse zwischen Teilen der Ärzteschaft und in Frage kommenden Exponenten nicht-ärztlicher Berufsgruppen (Sonderpädagogen, Psychologen). Auf beiden Seiten erinnere ich mich an Hardliner, die den Vertretern der jeweils anderen Disziplinen die Rolle lediglich der Zulieferer von Leistungen zuwiesen, und an kooperative Vertreter, die dem jeweils Anderen im interdisziplinären System „auf Augenhöhe" zu begegnen wussten. Gegenwärtig ist die Gestaltungsmacht rechtlich so geregelt, dass in „Sozialpädiatrischen Zentren" die Ärzte Leitung und Verantwortung haben, für die interdisziplinären Frühförderstellen hingegen die Leitungsfunktion nicht beruflich definiert ist. Sie liegt vielfach in den Händen von Sonder- oder Heilpädagogen, Sozialpädagogen, Psychologen. Die Verantwortung für die Förderung und Behandlung hingegen tragen der behandelnde Arzt und der Leiter/die Leiterin der Interdisziplinären Frühförderstellen (IFS) gemeinsam, was durch zwei Unterschriften auf dem Förder- und Behandlungsplan (der die „Eintrittskarte" in die Frühförderung darstellt) dokumentiert ist.

c) Alleinvertretung: „Ich schon, du nicht!"

Kooperationen zwischen Berufsvertreterinnen und Berufsgruppen enthalten immer auch Profilierung, Abgrenzung, Konkurrenzgesichtspunkte – geht es doch in der Frühförderung um ein System, in dem gesellschaftliche Ressourcen (der Krankenversicherung, der Sozialhilfe, der Jugendhilfe, des Schulsystems, der Landesregierungen ...) verfügbar sind und verteilt werden. Diese Ressourcen sind gebunden an Bedarfe von Kindern und ihren Familien, weshalb die Frage, welcher Berufsvertreter jeweils zum Zug kommt, auch einen ökonomischen Aspekt hat. Auch diese Auseinandersetzungen sind auf vielen Ebenen geführt worden, sei es bei der Zulassung bestimmter Berufe an IFS und Sozialpädiatrischen Zentren (SPZ) (und damit auch der Nicht-Zulassung andere Berufe), sei es bei der Zulassung zu Fort- und Weiterbildungen, sei es bei Versuchen der Monopolisierung in Bezug auf Diagnostik (wer „darf" welche Tests durchführen?) oder Therapieverfahren (wer darf „Sensorische Integrationstherapie" oder „Sprachtherapie" anbieten?). Beliebte Argumentationsmuster in diesen Zusammenhängen sind beispielsweise: „Nur wir XY haben gelernt, dass ..." oder „Nur wir XY bringen die nötigen Voraussetzungen mit, um ..."

In berufsständischen Diskursen werden solche Alleinstellungsmerkmale gelegentlich deutlich akzentuiert. Die Praxis hat – vielleicht auch verbunden mit einer allgemeinen Wurstigkeit – viele dieser Monopolisierungs-Versuche abgewiesen; und in der konkreten Arbeit verschiedener Menschen aus verschiedenen Berufen spielen neben der formellen Qualifikation auch persönliche Qualitäten und Erfahrungen eine wichtige Rolle.

„Professionen" sind in der interdisziplinären Frühförderung also ein bedeutsames Element, und „Professionalität" stellt sich als Frage im sozusagen „gesicherten Hafen" der Professionen.

Begriffliche Vor-Festlegungen

Vor Beginn der Arbeit über die heilpädagogische Professionalität in der interdisziplinären Frühförderung scheint es hilfreich, einige begriffliche Voraus-Festlegungen zu treffen, die zum Teil auf die spezifischen Bedingungen „Pädagogischer Professionalität" (als Teil des Titels dieses Beiheftes) in der interdisziplinären Frühförderung behinderter und entwicklungsgefährdeter Kinder abheben.

- „Professionalität" soll vorab gelten für ein berufliches Handeln, das fachgerecht ist, das die/der Handelnde als Beruf ausübt (heißt unter anderem: er/sie verdient Geld damit, verbringt ein Gutteil Lebenszeit damit, hat einen definierten Status als Angestellte/r, Selbständige/r ...) und über das die/der Handelnde profiliert Auskunft geben kann.
  Impliziert ist hier bereits eine Unterscheidung in eine Ebene der Praxis (d. h. in der Frühförderung vor allem des Handelns mit dem Kind) und eine Ebene des Diskurses, d. h. des Auskunft-Gebens über und des Vertretens von eigener Fachlichkeit und des Teilnehmens an fachlichem und – insbesondere auch in der Interdiszipinären Frühförderung – fachübergreifendem Austausch.
- „Heilpädagogik" soll jenseits grundsätzlicher Überlegungen hier pragmatisch verwendet werden für die unterschiedlichen heil- und sonderpädagogischen Ausbildungen, deren Absolventen in der Frühförderung arbeiten können, auch mit ihren unterschiedlichen formalen Bildungsniveaus. In der interdisziplinären Frühförderung sind von Erzieherinnen mit heil-/ rehabilitationspädagogischen Zusatzausbildungen bis hin zu universitär ausgebildeten Fachkräften (Sonderschullehrer, Diplom-Pädagogen ...) viele verschiedene pädagogische Berufe vertreten und erwünscht. Vertragswerke wie der bayerische Rahmenvertrag Frühförderung fassen diese verschiedenen Berufsgruppen unter den Sammelbegriff „Heilpädagogik"; dies ist eher eine Notlösung denn eine fachliche Akzentuierung. Nach meiner Erfahrung ist der Begriff „Heilpädagogik" als ein fachlicher Überbegriff in den verschiedenen pädagogischen Berufsgruppen der Frühförderung nicht konsensfähig.
- „Bildung" – im Titel dieses Beihefts als „inklusive Bildung" akzentuiert – ist in der interdisziplinären Frühförderung kein Thema, will sagen: das Wort wird weder diskutiert noch ist es professionell handlungsleitend. Es

wird deshalb hier auch nicht thematisiert. Heilpädagogische Arbeit in der Frühförderung wird am ehesten als „Förderung" verstanden und tritt eher einmal (keineswegs durchgängig) in Gegensatz zur „Therapie".

- Von „besonderen Bedürfnissen" soll hier gesprochen werden, wenn von Behinderungen, Entwicklungsgefährdungen, -störungen, -verzögerungen, -problemen von Kindern die Rede ist. Zum Rahmen von interdisziplinärer Frühförderung gehört es, dass die „Behinderung" (oder „drohende Behinderung") eines Kindes die Bedingung der Möglichkeit ist, Frühförderung als gesellschaftliche Dienstleistung in Anspruch zu nehmen. Das Gesetz benutzt als Kriteriumsdimensionen für „Behinderungen" die Abweichung von einem altersentsprechenden Zustand und die Dauer dieser Abweichung, für die „drohende Behinderung" prognostische Aussagen, und es trägt der interdisziplinären Frühförderung insbesondere auf, der Behinderung und ihren Auswirkungen entgegenzuwirken.

  „Inklusion" – ein weiterer inhaltlicher Orientierungspunkt im Buchtitel – kommt demnach als Handlungsorientierung der Professionellen (Förderung von Selbstbestimmung und Teilhabe) oder als Thema oder Ziel der Förderung vor. Nur Vertreter extremer Inklusions-Positionen stellen die Frühförderung als „aussonderndes System" grundsätzlich in Frage (Speck 2012 analysierte dazu die provokative Frage: „Sind interdisziplinäre Frühförderstellen mit dem Inklusionsprinzip vereinbar?").

- Für die folgende Darstellung sehe ich die Unterscheidung zwischen „Praxis" und „Diskurs" als hilfreich an. Unter „Praxis" verstehe ich das berufliche Handeln von Heilpädagoginnen in der Frühförderung mit ihren Klienten; das sind in erster Linie die Kinder mit ihren besonderen Bedürfnissen, daneben auch ihre Mütter, Väter und andere bedeutsame Erwachsene sowie die Erzieherinnen in den Kindertageseinrichtungen und andere Bezugspersonen, die dort tätig sind. Unter „Diskurs" verstehe ich Auskünfte, fachliche Äußerungen, berufsständische und theoretische Konzepte und Positionen der verschiedenen Spielarten von „Heilpädagogik in der Frühförderung". Praxis-Konstellationen sind häufig, tatsächliche diskursive Konstellationen in der Frühförderung eher selten (am häufigsten noch in den „Teams"). Die „Praxis" ist übrigens nicht sprachlos; aber Fachsprache, die in diskursiven Konstellationen notwendig und hilfreich ist, spielt dort eine näher zu bestimmende Rolle.

Heilpädagogische Praxis in der Frühförderung

Die heilpädagogische Praxis in der Frühförderung besteht in erster Linie, und in großem Umfang (um die 80 Prozent; Arbeitsstelle Frühförderung Bayern 2011, 22), aus direkter Arbeit mit den Kindern und der Beratung von Eltern und Erzieherinnen in den Kitas. Daneben sind übergreifende Tätigkeiten notwendig, die diese Arbeit ermöglichen, stützen und wirksam werden lassen. Dazu gehören z.B. Vor- und Nachbereitungen, Telefonate mit anderen Fachpersonen (Ärzten, Erzieherinnen ...), Auswertung von Videoaufnahmen, Fallberatungen im Team oder Fall-Team, Berichte und Dokumentationen, Informationsbeschaffung (Lesen, Internetrecherche ...), Pflege von Spiel- und Therapiematerial, Verwaltungstätigkeiten (Anträge, Listen, Akten, Telefonate mit Zentralverwaltung ...) und anderes.

Kindbezogene Praxis

Die Förderstunde

Die kindbezogene Praxis besteht zum überwiegenden Teil aus „Förderstunden", also definierten Zeiteinheiten (zwischen 60 und 90 Minuten sind verbreitet), die in der Regel wöchentlich stattfinden und die die Frühförderin mit einzelnen Kindern, Paaren von Kindern oder kleinen Gruppen durchführt. „Förderstunden" finden in den Räumen der Frühförderung, in Räumen einer Kita oder auch in der häuslichen Umgebung des Kindes statt. Die Förderstunde dient zunächst der Förderung der Kinder, die als Spielen oder „im Spiel", zumindest „spielerisch", gelegentlich auch instruierend und übend, stattfindet. Dabei liegt die Gestaltungsmacht und Verantwortung bei der Frühförderin; sie ist die „Bestimmerin", und es liegt in ihrer Hand, Interesse, Freude, Erfolgserlebnisse, Spaß am Spiel mit ihren Förderzielen und -vorhaben zu verbinden. Förderziele sind anfänglich im (gesetzlich geforderten) Förder- und Behandlungsplan ausgewiesen; sie können unterschiedlich konkret formuliert sein. Ihr Zusammenhang mit dem Handeln der Frühförderin „jetzt" ist über viele Zwischenschritte und Rand-Bedingungen vermittelt (was interessiert das Kind heute? Wie ist es heute „drauf"? Welches Spielmaterial könnte heute funktionieren?), und es gibt − ausgenommen sind Lern-Programme − immer verschiedene Wege zu einem Ziel. Die Förderstunde ist Teil eines längeren Prozesses (der eher nach Jahren denn nach Wochen gemessen wird).

Wissen

Die Frühförderin bringt in die Förderstunde zunächst Kenntnisse über das Kind/die Kinder mit. Sie kennt in der Regel die Ergebnisse der Diagnostik (und kann/will damit mehr oder weniger anfangen); sie kennt − zunächst im Groben − die Förderziele, hat an ihrer Ausarbeitung mehr oder weniger intensiv mitgewirkt und kann sie vor allem den Eltern gegenüber vertreten. Sie kennt die besonderen Bedürfnisse des Kindes und vielleicht Züge seiner

Persönlichkeit. Beides sucht sie im Förderprozess näher und besser kennenzulernen. Sie hat eine Einschätzung darüber, in welchen Bereichen das Kind in seiner Entwicklung wie weit von der Altersnorm entfernt ist, hat eine Einschätzung darüber, womit ein Rückstand zusammenhängt, und hat Vorstellungen davon – also Theorien mehr oder weniger expliziter Art –, wie das Kind so gefördert werden kann, dass es sich gut weiterentwickelt. Alles Wissen über das Kind differenziert sie im Lauf der Zeit durch fachspezifische Diagnostik und differenzierte Beobachtung. (Ich habe im Lauf meiner Tätigkeit viele Heilpädagoginnen kennengelernt, die sich von diagnostischen Informationen, die z.B. Psychologen und andere Kollegen über ein Kind anfänglich gesammelt haben, nur wenig Hilfe versprechen. Viele von ihnen legen hohen Wert darauf, sich zunächst selbst ein möglichst unverstelltes Bild vom Kind zu machen.)

Im Förderprozess entsteht Beziehungs-Geschichte, mit stabilen Momenten und Brüchigkeiten, mit freudigen Situationen und neuralgischen Punkten, mit Fortschritten und Rückschlägen. Um sie präsent haben zu können, ist eine Dokumentation hilfreich, die am Ende die Grundlage für einen Bericht ist.

Spielmittel

Spielmittel sind in der Förderstunde unentbehrliche Bestandteile des gemeinsamen Handelns. Sie sind das „Dritte", das für die beteiligten Personen der Motor ihrer Interaktion ist. Frühförderinnen wählen die Spielmittel meist vor der Förderstunde aus. Sie haben darin unterschiedliche Erfahrungen, Vorlieben und Kompetenzen: Die eine baut häufig Bewegungsspiele ein, die andere arbeitet gerne mit Musik, eine dritte hat viel Bastel-Geschick, eine vierte ein großes Repertoire an Fingerspielen und Versen, und eine fünfte ist besonders beschlagen in Förderspielen jeglicher Art.

Ein großer Fundus an Spielmitteln für die verschiedenen Altersbereiche und Förder-Bedürfnisse ist wichtig – wenn auch mit wachsender Berufserfahrung manche Frühförderinnen den Inhalt ihres Spiele-Lagers sehr reduzieren können. Auswahl und Einsatz von Spielmitteln sind, soweit ich das beurteilen kann, sehr individuell und vielfältig; die Förderziele und Bedürfnisse des Kindes lassen sich ja auf verschiedenen Wegen verfolgen, und die meisten Spielmittel funktionieren auf sehr vielen Dimensionen, sind selten nur eindimensional für einen ganz bestimmten Zweck da.

Steuerung und Leitung

Dass in der Förderstunde und im Förderprozess die Förderziele zu ihrem Recht kommen, liegt in der Verantwortung der Frühförderin. Sie ist die „Bestimmerin". (Diese Verantwortung nimmt sie nicht nur aus ihrem beruflichen Selbstverständnis heraus wahr; sie wird auch den Eltern darüber

Rechenschaft geben, ebenso wie gegebenenfalls ihrem Vorgesetzten.) Das verlangt von ihr, nicht nur mitzuspielen und das Spiel im Fluss zu halten, sondern auch ein sorgfältiges Registrieren, wo das Kind sich gerade befindet, wie es handelt, welche Signale des Interesses, der Freude, der Überforderung, der Langweile es aussendet, welche Fähigkeiten und Schwierigkeiten es zeigt, wie es um seine Aufmerksamkeit, seine Motivation, sein Verständnis bestellt ist. Sie nutzt dazu das Verständnis, das sie aus der Diagnostik, Anamnese, den Gesprächen mit den Eltern und den ersten Begegnungen mit dem Kind gewonnen hat. Aus diesem Vorverständnis, den Förderabsichten und dem konkreten Umgang mit dem Kind entsteht der „rote Faden" der Förderung, der auf die lange Frist (nicht unbedingt in jedem Abschnitt der Fördersituationen) sichtbar und handlungsleitend ist („verstehen und danach handeln").

Elternbezogene Praxis

Wenn hier von „Eltern" die Rede ist, dann sind damit die Personen gemeint, die für die Frühförderin als Erziehungsverantwortliche greifbar sind. Das sind oft die Mütter, auch die Väter, oft aber auch Omas, Erzieherinnen und andere Bezugspersonen. Die Zusammenarbeit mit den Eltern gehört zum Aufgabespektrum der Frühförderinnen unverzichtbar dazu, ist konzeptionell wie auch rechtlich seit je verankert.

Situationen

Die Zusammenarbeit mit den Eltern kann in verschiedenen Situationen stattfinden: Konzeptionell gewollt, aber in der aktuellen Praxis selten geworden ist die Anwesenheit der Eltern (Mütter) in der Förderstunde; dahinter steht die Idee, dass die Eltern konkret sehen und auch erklärt bekommen, was in der Förderung wichtig ist und wie man es machen kann. Häufiger und eher Standard geworden sind Gespräche mit den Eltern außerhalb des Handelns der Heilpädagogin mit dem Kind. Sie finden oft als Teil der Förderstunden nach der Arbeit mit dem Kind statt oder werden als gesonderter Gesprächstermin vereinbart. In einer explorativen Studie hat M. P. Krause ermittelt, dass Heilpädagoginnen den Austausch im Anschluss an die Förderung bevorzugen, wenn sie bei den Familien zu Hause arbeiten; bei ambulanter Förderung oder Förderung in der Kita bieten sich eher eigens anberaumte Gespräche an (2012, 175). Der aktuelle Austausch liegt zeitlich dabei in der Gegend von 10–15 Minuten; längere Gespräche mit den Eltern (30–60 Minuten) bieten die Heilpädagoginnen monatlich oder auch in größeren Abständen an; ein Schwerpunkt lag in der Untersuchung von Krause bei einem Gespräch alle 3 Monate (2012, 172).

Inhalte

Inhalte der Zusammenarbeit mit den Eltern sind wohl in erster Linie die Fragen, die die Erziehung und Förderung des Kindes betreffen. Dazu gehört, dass die Frühförderin Auskunft gibt über ihre Pläne und Ziele, über ihre Erfahrungen mit dem Kind, über das Erreichte und das Schwierige, und dass sie auch hört, was die Erfahrungen, Wünsche, Lebensverhältnisse der Familien sind. Die fachlich in der Geschichte der Frühförderung viel bedachten Fragen des Umgehens der Eltern und Familien mit der Behinderung des Kindes und der „Bewältigung" sind quantitativ dagegen eher in den Hintergrund gekommen, wie auch Krause in der erwähnten Studie ermittelt hat (2012, 173). Inhalte der Zusammenarbeit sind natürlich auch viele praktische Fragen, die die Eltern haben, nach Ärzten, Therapeuten, gesellschaftlichen Ressourcen, Netzwerken und anderes mehr.

Im Themenkomplex der Förderung und Erziehung spielen Erwartungen und Hoffnungen der Eltern, ihre Sicht des Kindes und ihre Handlungsweisen eine wichtige Rolle. Sie in Kontakt zu bringen mit den Erfahrungen der Frühförderin, mit ihrem Verständnis des Kindes und ihren Zielen und Verfahrensweisen in der Förderung ist nicht immer problemlos. Gesprächssituationen zu gestalten und Gespräche zu führen ist deswegen in vielen Ausbildungsgängen und in Fortbildungsangeboten ein breites Thema. Am bekanntesten und verbreitetsten ist dabei wohl das Konzept der klientenzentrierten Gesprächsführung nach Rogers (s. Arbeitsstelle Frühförderung Bayern 2011, 21), wenn auch in der Praxis oft wichtig ist, den Eltern zu verdeutlichen, was man selbst für wichtig hält und was man sich von ihnen wünscht oder auch von ihnen erwartet.

Inhalte der Zusammenarbeit sind aber auch Anliegen der Frühförderinnen, die die Familien selbst betreffen. Das gilt insbesondere für familiäre Konstellationen, die selbst ein Risiko für die Entwicklung der Kinder darstellen, wie Armut und Migration, Alkohol- und Drogenabhängigkeit, psychische Erkrankungen und anderes mehr. Es ist dabei eine Frage unter Umständen längerdauernder Verhandlungen, ob Frühförderinnen von den Eltern ein Mandat bekommen, Fragen und Probleme wie auch Hilfsmöglichkeiten zum Thema zu machen. Sarimski hat für Verhandlungen dieser Art die Methode der „motivierenden Gesprächsführung" vorgeschlagen und dargestellt (2013, 127 ff.). Bedeutung erlangt haben in diesen Zusammenhängen – neben Vernetzungsaktivitäten der Frühförderstellen allgemein in den Gesundheitsbereich, in den Bereich der Kinder- und Jugendhilfe und der „Frühen Hilfen" – vor allem interaktionsorientierte Interventionen, die – oft mit Video-Unterstützung – die Interaktionen zwischen Eltern und Kindern zum Thema machen („Entwicklungspsychologische Beratung" (Schöllhorn und Ziegenhain 2012), STEEP (Kißgen und Götz 2012), Marte Meo (Bünder 2012) und andere). Vor allem im frühkindlichen Bereich, und aufgrund der

Erkenntnisse über die hohe Bedeutung der Bindungsentwicklung, sind Frühförderinnen in solchen Möglichkeiten zunehmend geschult.

In das Gespräch mit den Eltern muss die Heilpädagogin ihre Fachkompetenz einbringen. Sie wird den Verlauf der Förderung nach ihren Zielen, in den Erfolgen und Widrigkeiten, in der Kooperation und der Entwicklung des Handelns des Kindes fachlich deuten, und aus ihren theoretischen Konzepten heraus die nächsten Schritte, das Wünschenswerte und Notwendige skizzieren. Nutzt sie dazu ihre Fachsprache und ihre fachlichen Argumentationsmuster, kann sie sich als „Profi" ausweisen. Je nach Bildungsniveau und Informiertheit der Eltern können sich daraus konstruktive oder auch konflikthafte Dynamiken ergeben; manchmal werden die Eltern auch durch Fachsprache und fachliches Argumentieren zwar beeindruckt, aber abgehängt.

Fachberatung in Kitas

Dass Frühförderinnen als Fachberaterinnen für Kitas verfügbar sind, ist in einigen Systemen (z. B. Hessen) konzeptioneller Standard der Frühförderung, in anderen Systemen eher „naturwüchsig" entstanden. „Naturwüchsig" heißt hier so viel wie: Wenn die Frühförderin sowieso mit Förderstunden in den Räumen der Kita anwesend ist, kommen von selbst auch persönliche und fachliche Kontakte zu den Erzieherinnen zustande.

Mit dem Anwachsen der Inanspruchnahme von Kita-Betreuung durch die Eltern vor allem im letzten Jahrzehnt (Rechtsanspruch, Kita-Ausbau, Thema Vereinbarkeit von Familie in Beruf ...), die häufig mit der Berufstätigkeit der Eltern zusammenhängt, ist die Kita immer öfter der Förder-Ort für die Kinder, und die Erzieherin die „greifbare Person", wenn es um die Förderung des Kindes in seinem Alltag geht. Eine zunehmende Sensibilität in den Kitas für Entwicklungsauffälligkeiten von Kindern, und auch die Forderung nach Inklusion behinderter Kinder in die allgemeine Kita hat für die Frühförderung das Feld einer Fachberatung für die Kitas eröffnet (wenn es nicht schon so etabliert war).

Situationen

Strukturell zeichnet sich eine solche „Fachberatung" dadurch aus, dass hier nicht die Eltern die Auftraggeber sind, sondern die Kita – mit dem Einverständnis der Eltern natürlich, sofern es sich um ein bestimmtes Kind handelt –, die Dienste der Frühförderung in Anspruch nimmt (und sie auch bezahlt, wenn es nicht länderspezifische Pauschalregelungen gibt). Auch sind die Kooperationspartnerinnen der Frühförderinnen nun nicht mehr Laien (wie es die Eltern überwiegend sind, auch wenn sie oftmals über ein großes lebensweltliches Erfahrungswissen und auch Fachkenntnisse über ihr Kind verfügen), sondern Professionelle, die ebenfalls im pädagogischen Feld ausgebildet und tätig sind.

Nach einer repräsentativen Erhebung an bayerischen Kitas von 2010 ist die Frühförderung nur einer von verschiedenen Fachdiensten, die von Kitas in Anspruch genommen werden (Held / Mayr / Thurmair 2012, 16). Fachdienste einzubeziehen bedeutet für Kitas Änderungen in ihren Organisationsabläufen (Zeiten und Räume für Besprechungen, Anwesenheit Dritter in der Gruppe, Herausnahme von Kindern aus der Gruppe ...), die nicht immer einfach zu bewerkstelligen und nicht immer willkommen sind. Andererseits können Fachdienste wichtige Entlastungen für die Kitas und ihre Mitarbeiter darstellen, indem sie diagnostische Klärungen vornehmen, die Eltern informieren und beraten, und die Kinder fördern.

Inhalte

Unter der Anforderung der Inklusion stehen für die Frühförderung in den Kitas zwei Aufgaben an: Die eine ist die Diagnostik und Förderung der Kinder mit besonderen Bedürfnissen, damit sie in ihrer Entwicklung und den für die Kita relevanten Kompetenzen vorankommen (manche Vertreter der Inklusion nennen diese Förderung der Kinder auch „Integration"). Dazu gehören vor allem kommunikative und soziale Kompetenzen wie Selbstbehauptung und Kooperation, Emotionsausdruck und Emotionsregulation, Aufgabenorientierung und anderes mehr. Die andere Aufgabe ist dadurch skizziert, dass die Kinder im Rahmen einer Gruppe agieren und dass sich in einer Gruppe der Großteil ihres Lebens und Lernens abspielt. Inklusion braucht also nicht nur den Blick auf das pädagogische Personal der Kita, sondern auch den Blick auf die ‚peers' und auf die Prozesse in den Gruppen, in denen die Kinder sind. Hier sind die Beteiligung der Kinder am Geschehen, die Einbeziehung und die Art der Kooperationen und Interaktionen von Bedeutung. Kreuzer und Klaverkamp (2012, 332 f.) haben einige Muster herausgearbeitet, wie Kinder mit besonderen Bedürfnissen in Gruppen positioniert sein können: Partnerschaft und Austausch; Impulsivität, Konflikt und Missverständnis; freundliche Zuwendung im Vorübergehen; Erwachsenenorientierung mit gelegentlichem Peer-Bezug; Erwachsenenorientierung ohne Peer-Resonanz.

Für einen Fachdienst würde das bedeuten, diese Dimensionen beobachten und thematisieren zu können und zu dürfen. In diesem Feld steht aber, so weit ich das sehen kann, die Frühförderung in ihrem eigenen fachlichen Diskurs noch am Anfang (was für die Praxis von hier erfahrenen Heilpädagoginnen wahrscheinlich nicht gilt).

Diskursive Konstellationen

„Die spielen ja nur!" oder: „Mit meinem Kind spielen kann ich selber!" sind für Heilpädagoginnen herausfordernde Sätze. Sie weisen darauf hin, dass man der Praxis heilpädagogischen Tuns ihren Sinn nicht ohne Weiteres ansieht; das ist beim Spiel eher einmal der Fall (etwas anderes sind Szenen, in denen offensichtlich etwas geübt wird oder gelernt werden soll: Blas- und Zungenübungen in der Sprachförderung, mit der Schere schneiden, einen Stift führen: Szenen, in denen auch Anweisungen, Ermutigungen, Korrekturen geäußert werden). „Die spielen ja nur" kann geäußert werden von (enttäuschten) Eltern, von wenig wohlwollenden Fachleuten benachbarter Dienste, vor allem wenn diese aus Bereichen kommen, in denen klare Zweck-Mittel-Beziehungen (im eher naturwissenschaftlichen Sinn) eine Wunschvorstellung sind.

„Die spielen ja nur" löst das Abgeben von Erklärungen aus über den Sinn und den Hintergrund des „Spielens"; damit wird der heilpädagogische Diskurs geöffnet, der zum einen ein differenziertes Hinschauen einfordert, was die Heilpädagogin da wirklich tut (sie spielt ja selber nicht, sondern arbeitet), andererseits den Sinnzusammenhang aufmacht, was Spielen mit Lernen, Entwicklung, Identität, Kind-Sein … zu tun hat.

Heilpädagoginnen lernen diesen Diskurs in ihrer Ausbildung kennen, die ja neben praktischen auch reflexive und theoretische Inhalte hat. Sie sind nach meiner Erfahrung an diesem Diskurs teils mehr, teils weniger interessiert und mehr oder weniger beteiligt. Aber auch die sehr praxisorientierten Heilpädagoginnen, die wenig Affinität zu Theorie und Reflexion haben, können sich darauf stützen, dass der fachliche Diskurs auch in der Frühförderung den Heilpädagoginnen genügend Sicherheit und Position verschafft hat: Die Zeiten sind, denke ich, vorbei, in denen Heilpädagogik von wichtigen Vertretern anderer an der Frühförderung beteiligter Professionen als nebulös, als „jedenfalls nix Gescheites" angesehen werden konnte.

Gewisse diskursive Konstellationen – und ich nenne „diskursive Konstellationen" solche Gesprächssituationen, in denen Heilpädagoginnen als Vertreterinnen ihres Faches mit seinen spezifischen Ansätzen, Herangehensweisen, Kompetenzen und Profilen gefragt sind – sind allerdings in der Frühförderung auch für Heilpädagoginnen die Regel.

Das sind vor allem die Arbeitsgruppen (sei es das „Team" der Frühförderstelle, seien es Untergruppen davon), in denen über den Förderplan für ein Kind beraten und entschieden wird. In diesen oft multiprofessionellen Arbeitsgruppen geht es um Erkenntnisse über das Kind und seine Familie, um Inhalte und Schwerpunkte der Förderung, um organisatorische Entscheidungen (Förderung mobil, ambulant, einzeln, in einer Gruppe? z.B.), und um die Person(en), die an der Förderung beteiligt werden soll(en), und deren

Schwerpunkte, wenn es mehrere sind. Die Heilpädagogin wird ihre Sicht der Dinge und ihre Ideen in dieses Gespräch einbringen; wie der Diskurs dann verläuft und welche Entscheidungen getroffen werden, hängt unter anderem mit der Eingespieltheit der Gruppe, mit den fachlichen Profilen und Persönlichkeiten der anderen Teilnehmerinnen, und oft auch mit außerfachlichen organisatorischen Sachverhalten zusammen („Wer hat denn noch einen Platz frei für dieses Kind?").

Aus meiner Sicht wäre es hier wichtig, dass die Heilpädagogin in diesem Diskurs die Individualität des Kindes mit seinen besonderen Bedürfnissen, die Komplexität seiner sozialen Bezüge (Familie, Kita, Frühförderung …) und die lebenspraktische Bedeutung von Förder- und Beratungsmaßnahmen unter der Zielvorgabe der Selbstbestimmung und Teilhabe präsent hält (das heißt: gegebenenfalls auf ungünstige Verkürzungen der Sichtweisen hinweist (ohne Grundsatzdebatten anzustoßen, dafür ist die Erstellung eines Förderkonzepts für ein Kind kaum der rechte Ort). Spezifische Sorgfalt brauchen hier Konstellationen, in denen die verschiedenen beruflichen Kompetenzen sich überschneiden. Das ist beispielsweise der Fall bei der großen Gruppe von Kindern, die wegen einer Sprachentwicklungsverzögerung in der Frühförderung sind (Heilpädagogin oder Logopädin?), oder auch solchen, bei denen der Zuweisungsgrund eine Wahrnehmungsstörung ist (Heilpädagogin oder Ergotherapeutin?). In vielen Teams haben die Mitarbeiterinnen pragmatische Lösungen für solche Fragen gefunden; oftmals spielt ja die Kenntnis der Person und ihrer Stärken und Schwächen eine bedeutsamere Rolle als die Zugehörigkeit zu einer Berufsgruppe. In formaleren und ständisch dominierten Bezügen werden Fragen dieser Art gelegentlich schärfer akzentuiert: Beispielsweise bestehen in Bayern die Krankenkassen darauf, dass Therapeuten keine heilpädagogischen Leistungen erbringen dürfen – ein Hinweis darauf, dass eine inhaltliche Nähe in der Praxis durchaus gegeben ist.

Weitere diskursive Konstellationen möchte ich unter dem Stichwort „Konzeptionelle Arbeit" zusammenfassen. Dazu zähle ich die Regelungen und Verschriftlichungen (Stichwort „Qualitätshandbuch"), die vor allem größere Frühförderstellen immer wieder treffen und fortschreiben; sie werden in Arbeitsgruppen, im Team, auch an eigenen Konzepttagen erarbeitet. Zu denken wäre hier an Leitbilder und Konzepte, an Ablauf-Regelungen für den Frühförder-Prozess, an Regelungen für die Dokumentation und die Berichte, für die Formen der Teamarbeit, des Austauschs und der kollegialen Beratung, an Arbeitsplatzbeschreibungen usw. In diesem Kontext sind immer wieder auch spezifische Kompetenzen und Profile der einzelnen Berufsgruppen gefragt, und es ist gute Praxis, wenn alle Mitarbeiterinnen in solche Arbeiten einbezogen werden und sich auch daran beteiligen. Konstellationen dieser Art sind nicht Alltag, sondern eher punktuelle Ereignisse.

Ähnliches gilt für die Öffentlichkeitsarbeit: In Jahresberichten, in Internet-Auftritten, in Flyern und an „Tagen der Offenen Tür" stellen die IFS gerne auch die Spezifika der Berufsgruppen vor, die bei ihnen arbeiten. Dazu gehoren dann in der Regel ein allgemeines Profil (das die Arbeitsinhalte der verschiedenen Professionen sorgfältig zueinander platziert, damit es nicht zu Missverständnissen kommt) und auch die spezifischen Zusatzqualifikationen, die einzelne Mitarbeiterinnen sich erworben haben (z. B. Familientherapie, Musiktherapie, Entwicklungspsychologische Beratung, Marte Meo ...).

Flankiert und getragen wird die heilpädagogische Profession und Professionalität von einer Reihe von weiter ausgreifenden Diskursen, in denen dann eher exponierte Fachleute und Funktionäre eine Rolle spielen: rechtliche und vertragliche Regelungen über die Position von Heilpädagoginnen in der interdisziplinären Frühförderung, tarifliche Verabredungen, Vereinbarungen mit privaten und kirchlichen Trägern, die Fortentwicklung des Faches in Ausbildungsinstituten, in Hochschulen, an Universitäten, und nicht zuletzt auch in den Standesvertretungen und Berufsverbänden. Diese Ebenen sind für die heilpädagogische Praxis, für die berufliche Identität und das Ansehen des Berufes, für die Bedingungen am Arbeitsplatz, die Bezahlung und vieles andere mehr substantiell, wie die Praktikerinnen oft genug erleben. Aber sie näher zu betrachten gehört nicht in diesen Beitrag.

Literatur

Arbeitsstelle Frühförderung Bayern (2011): Fragen zur Lage – Systemanalyse Interdisziplinäre Frühförderung in Bayern. FranzL 2010. Resultate, Teil III: Das Leistungsangebot der bayerischen Interdisziplinären Frühförderstellen. http://www.fruehfoerderung-bayern.de/fileadmin/files/PDFs/FranzL_Resultate/Resultate_Teil_III.pdf

Behringer, L. / Höfer, R. (2005): Wie Kooperation in der Frühförderung gelingt. München/Basel: Reinhardt.

Bünder, P. (2012): Eltern-Kind-Konzepte auf den Punkt gebracht: Videoberatung nach der Marte-Meo-Methode. In: Frühförderung interdisziplinär 31, 4, 207–210.

Held, L. / Mayr, T. / Thurmair, M. (2012): Risikokinder in bayerischen Kindertageseinrichtungen. Repräsentative Analyse der Situation für das Kindergartenjahr 2009/2010. Abschlussbericht. www.fruehfoerderung-bayern.de/fileadmin/files/PDFs/RISKID-Auswertungen/ RisKid_Abschlussbericht.pdf [07.01.2016].

Kißgen, R. / Götz, C. (2012): Eltern-Kind-Konzepte auf den Punkt gebracht: Das STEEP™-Programm. In: Frühförderung interdisziplinär 31, 3, 144–147.

Krause, M. P. (2012): Verliert die Frühförderung die Familien? In: Frühförderung interdisziplinär 31, 4, 164–177.

Kreuzer, M. / Klaverkamp, A. (2012): „Dabei sein ist nicht alles" – Pädagogische Ansätze zur Förderung der sozialen Inklusion in Kindertagesstätten. In: Gebhard, B. / Henning, B. / Leyendecker, C. (Hrsg.): Interdisziplinäre Frühförderung: exklusiv – kooperativ – inklusiv. Stuttgart: Kohlhammer, 331–339.

Rahmenvertrag zur Früherkennung und Frühförderung behinderter und von Behinderung bedrohter Kinder in Interdisziplinären Frühförderstellen in Bayern (RV IFS). www.aok-gesundheitspartner.de/by/heilberufe/vertraege/fruehfoerderung/index.html [07.01.2016].

Sarimski, K. (2013): Soziale Risiken im frühen Kindesalter. Grundlagen und frühe Interventionen. Göttingen et al.

Schöllhorn, A. / Ziegenhain, U. (2012): Eltern-Kind-Konzepte: Entwicklungspsychologische Beratung (EPB). In: Frühförderung interdisziplinär 31, 2, 97–100.

Speck, O. (2012): Sind interdisziplinäre Frühförderstellen mit dem Inklusionsprinzip vereinbar? In: Frühförderung interdisziplinär 31, 1, 46–49.

Vereinigung für Interdisziplinäre Frühförderung e. V. (2001): Qualifikation der Mitarbeiter in der Frühförderung. www.fruehfoerderung-viff.de/media/pdf/Qualifikation.pdf [07.01.2016].

Anschrift des Verfassers:
Dr. Martin Thurmair
Lichteneckstr. 10
81245 München

Birgit Lütje-Klose / Susanne Miller

Eine integrierte Lehrerinnenbildung[1] für die Primarstufe als Antwort auf Inklusion

Das Beispiel der gemeinsamen Ausbildung von Grundschullehrkräften und Lehrkräften für sonderpädagogische Förderung in Bielefeld

Einleitung

In der Institution Grundschule wird die Integrations- und Inklusionsdiskussion seit vielen Jahren geführt, denn diese Schulform versteht sich – anders als die Schulen des gegliederten Sekundarstufensystem – seit jeher als „Schule für alle Kinder" und hat diese Leitperspektive spätestens seit den 1970er-Jahren in vielen Veröffentlichungen thematisiert (z.B. Heyer et al. 1993; Schöler 1993; Valtin / Sander / Reinartz 1984). Dabei wurden und werden neben der aktuell durch die UN-Behindertenrechtskonvention im Fokus stehenden Heterogenitätsdimension „Behinderung/sonderpädagogischer Förderbedarf" systematisch auch weitere Dimensionen wie Geschlecht, Ethnie, Herkunftssprache, soziale Lebenslage etc. berücksichtigt (z.B. Prengel 1993/2006; Hinz 1993; Miller 2012), so wie dies ein erweiterter Inklusionsbegriff vorsieht (vgl. Prengel 2013; Hinz 2009; 2013). Es besteht eine lange Tradition des produktiven Umgangs mit Heterogenität und schulischer Integration in der Grundschule. Auch ein jahrgangsübergreifender Unterricht und ein bewusster Umgang mit Mehrsprachigkeit werden deutlich häufiger praktiziert als an weiterführenden Schulen, sodass die Anforderungen einer inklusiven Beschulung in dieser Schulform eher auf ein vorbereitetes Kollegium treffen als

---

1 Da die Studierenden in den lehramtsbezogenen Studiengängen mehrheitlich weiblich sind, wird nachfolgend von Lehrerinnenbildung gesprochen, männliche Studierende sind gleichberechtigt mit gemeint.

an weiterführenden Schulen (vgl. Seitz / Scheidt 2012). Trotzdem darf nicht übersehen werden, dass sich bei weitem nicht alle Grundschullehrkräfte für die Aufgabe einer inklusiven Beschulung vorbereitet fühlen und ein höheres Maß an unterstützenden Strukturen sowie eine bessere Vorbereitung einklagen (Kemena / Miller 2011).

Auch wenn im Hinblick auf Schülerinnen und Schüler mit sonderpädagogischen Förderbedarfen die Grundschule als „Schule für alle" längst nicht durchgängig die Regel darstellt, so ist doch die Quote der gemeinsamen Beschulung von Schülerinnen und Schülern mit und ohne einen sonderpädagogischen Förderbedarf in dieser Schulform mit inzwischen 44 Prozent (Autorengruppe Bildungsberichterstattung 2014, 9) mit Abstand am höchsten. In einigen Bundesländern werden inzwischen keine neuen Klassen in der Klassenstufe 1 an den Förderschulen Lernen, Emotionale und Soziale Entwicklung sowie Sprache mehr eingerichtet.

Entsprechend dieser Praxis erfolgte auch die Entwicklung von Prinzipien integrativer und inklusiver Pädagogik und Didaktik und ihrer wissenschaftlichen Begleitung über viele Jahre hinweg vorrangig an dieser Schulform, und daran waren von Anfang an Lehrkräfte und Wissenschaftlerinnen und Wissenschaftler sowohl aus der allgemeinen (Grund-)Schulpädagogik (z.B. Muth, Graumann, Sander, Valtin, Topsch, Preuss-Lausitz, Hänsel, Heyer, Meyer) als auch der Sonderpädagogik (z.B. Begemann, Deppe-Wolfinger, Eberwein, Feuser, Kornmann, Kutzer, Prengel, Probst, Reiser) beteiligt. Eine mehrperspektivische, kooperative Entwicklung von pädagogischen und didaktischen Handlungsformen, die auf die gesteigerte Heterogenität der Schülergruppen reagieren, war auf der Ebene der pädagogischen Theoriebildung und Konzeptentwicklung vor allem im Modell der Integrationsklasse/des gemeinsamen Unterrichts für die deutsche Integrationsbewegung prägend und wurde nicht in Frage gestellt (vgl. Hinz 2013).

Ganz anders stellt sich die Situation dagegen auf der Ebene der Lehrerinnenbildung und Professionalisierung für die Aufgabe der Inklusion dar. Die Ausbildung von Grundschullehrkräften und Lehrkräften für sonderpädagogische Förderung erfolgt bis heute fast durchgängig in streng getrennten Strukturen und Instituten, und auch an den Universitätsstandorten, an denen beide Ausbildungsgänge verankert sind, ist die Sonderpädagogik meistens in eigenständigen Fakultäten oder Instituten und nicht etwa als Subdisziplin in den erziehungswissenschaftlichen Strukturen organisiert (vgl. Hänsel 2004). Zu den wenigen Ausnahmen gehören die Standorte Frankfurt am Main, Bremen und Bielefeld. Eine systematische Integration grundschulpädagogischer und sonderpädagogischer Professionalisierung ist dementsprechend die große Ausnahme. Je stärker Selektionsmaßnahmen im Sinne von Inklusion nun aber strukturell abgebaut werden, desto konsequenter müssen sich auch die Lehrerinnen und Lehrer als Lehrkräfte für alle Kinder verstehen und kompetent qualifiziert fühlen.

In der Lehrerinnenausbildung ist deshalb das Verhältnis von Sonderpädagogik und Regelschulpädagogik neu zu justieren. Dies bedeutet, wie es Klemm und Preuss-Lausitz (2011) in ihrer Expertise für das größte Bundesland Nordrhein-Westfalen fordern, dass die strikte Trennung zwischen den sonderpädagogischen und den anderen Lehrämtern in der Lehrerausbildung überwunden wird und sich Schulpädagogik und Sonderpädagogik nicht länger als voneinander getrennte Theorien verstehen, die zu unterschiedlichen Berufsverständnissen führen, sondern als Wurzeln einer gemeinsamen, zu entwickelnden Pädagogik der Vielfalt (vgl. Prengel 2007; Klemm / Preuss-Lausitz 2011, 32). Auch Oelkers (2013) konstatiert die bisherige getrennte Zuständigkeit von Allgemeiner Pädagogik und Sonderpädagogik für verschiedene Themenfelder: Das Allgemeine sei bisher so gefasst worden, dass bestimmte Gruppen nicht dazugehörten. „Insofern stellt der Wandel des Diskurses über Erziehung auch den Wandel des pädagogischen Blickes dar. Der Blick überwindet seine historische Beschränkung, an die sich Generationen von Pädagoginnen und Pädagogen gewöhnt und mit der sich Arbeitsfelder pädagogischer Berufe verbunden haben" (Oelkers 2013, 236).

Die Kooperation von Lehrkräften wie auch von Hochschullehrenden aus den Disziplinen Grundschulpädagogik und Sonderpädagogik stellt dafür eine entscheidende Bedingung dar. Auch wenn dies für die Praxis schulischer Inklusion inzwischen eine breit akzeptierte Conditio sine qua non (Lütje-Klose / Willenbring 1999, Werning / Arndt 2013 und andere) ist, möchten wir mit diesem Artikel die Professionalisierung unter dem Aspekt Kooperation schärfen. Es geht uns dabei auch darum zu analysieren, wodurch hierarchisierende Unterschiede im Professionalisierungsprozess perpetuiert werden, die einer gleichberechtigten Kooperation von Grundschullehrkräften und Lehrkräften für sonderpädagogische Förderung entgegenstehen. Gleichzeitig möchten wir zeigen, dass durch institutionelle und strukturelle Veränderungen an Universitäten im Sinne einer integrierten Ausbildung die Basis für gelingende, gleichwertige Kooperation nicht nur im schulischen Bereich, sondern gerade auch in den Hochschulen geschaffen werden kann. Als Sonderpädagogin und Grundschulpädagogin vertreten wir in gemeinsamer Verantwortung einen solchen Studiengang an der Universität Bielefeld, der die curriculare, disziplinäre und institutionelle Integration von Grundschul- und Sonderpädagogik umsetzt (vgl. Lütje-Klose / Miller 2012; Lütje-Klose / Miller / Ziegler 2014). Dieser Studiengang soll deshalb im Folgenden als Beispiel einer integrierten Ausbildung im Zusammenhang mit den aktuell formulierten Anforderungen vorgestellt und in den Kontext anderer nationaler und internationaler Reformvorhaben eingeordnet werden.

Professionalisierung für eine inklusive Grundschule

Eine veränderte Professionalisierung der Lehrkräfte ist sowohl für das Grundschullehramt als auch für das sonderpädagogische Lehramt von zentraler Bedeutung, um die Grenzen zwischen der Grundschulpädagogik und der schulischen Sonderpädagogik überwinden und eine gemeinsame Übernahme von Verantwortung für alle Kinder in der Primarstufe auch in der Breite erreichen zu können. So kommt Prengel (2013) auf der Grundlage ihrer Analyse des Standes inklusiver Bildung in der Primarstufe zu dem Ergebnis, „dass sich mit der Realisierung von Inklusion in der Fläche vor allem zwei Problembereiche als Entwicklungsaufgaben für das deutsche Bildungswesen stellen: Die angemessene Versorgung der inklusiven Schulen mit personellen und sächlichen Ressourcen und die Qualifizierung des multiprofessionellen Personals für eine *individualisierende Didaktik*, für eine *intersubjektive Beziehungsfähigkeit* und für die *Kooperation in multiprofessionellen Teams*" (Prengel 2013, 4; Hervorh. d. Verf.). Diese drei Kernbereiche einer inklusiv orientierten Professionalisierung von Lehrkräften sind dementsprechend in allen drei Phasen der Aus-, Fort- und Weiterbildung verstärkt zu berücksichtigen – eine Forderung, die angesichts der in den Standards der Lehrerinnenbildung vorzufindenden Ausrichtung alles andere als selbstverständlich ist.

Professionstheoretisch können zwei Ansätze unterschieden werden, die im Hinblick auf die inklusive Lehrerinnenbildung verschiedene, jeweils relevante Aspekte beleuchten: der strukturtheoretische Ansatz (Oevermann 1996; Helsper 2002) und der kompetenztheoretische Ansatz (Baumert / Kunter 2006). Der strukturtheoretische Ansatz geht davon aus, dass Lehrerinnenhandeln sich stets im Spannungsfeld nicht aufhebbarer Antinomien ereignet, zu denen unter anderem das Verhältnis von Nähe und Distanz, von Fördern und Bewerten und vor allem auch die Antinomie von Integration und Selektion gehören (vgl. auch Lindmeier / Lindmeier 2012). Im Sinne des strukturtheoretischen Ansatzes ist es für Professionelle kennzeichnend, dass sie die Bearbeitung und Lösung gesellschaftlich relevanter Probleme – hier das der inklusiven Erziehung und Bildung sowie der bestmöglichen Unterstützung individueller Entwicklungsprozesse aller Schülerinnen und Schüler einschließlich derjenigen mit besonderen Unterstützungsbedarfen – verantwortlich übernehmen. Eine zentrale Lehrerkompetenz ist aus dieser Sicht eine theoretisch begründete Reflexionsfähigkeit, die die Grundlage für einen bewussten Umgang mit den genannten Antinomien darstellt und erforderlich ist, um angesichts der prinzipiellen Unsicherheit pädagogischer Entscheidungen handlungsfähig zu bleiben.

Die Reflexion der angesprochenen Antinomien von Fördern und Bewerten, Integrieren und Selektieren ist im Kontext einer inklusiven Beschulung von besonderer Relevanz, denn die Forderung der Maximierung sozialer Teilhabe aller in einem inklusiven Bildungssystem spricht vor allem die Integrationsfunktion von Schule im Fendschen Sinne an (Fend 2006); sie steht aber zugleich in einem unauflösbaren Spannungsverhältnis zu ihrer Allokationsfunktion. Die Integrationsfunktion von Schule müsste, wie Heinrich, Urban und Werning (2013, 60 f.) in ihren konzeptionellen Überlegungen zu einer inklusiv ausgerichteten Lehrerinnenbildung herausarbeiten, in einem inklusiven Schulsystem gegenüber ihrer Allokationsfunktion deutlich stärker betont und von Lehrkräften wahrgenommen werden. Im Widerspruch dazu ist aktuell aufgrund der selektiven Grundstruktur, aber auch aufgrund bildungspolitischer Entscheidungen, wie der Beibehaltung der Zuweisung des sonderpädagogischen Förderbedarfs, der Klassenwiederholungen und Rückstellungen, der Einführung von Regelstandards und Vergleichsarbeiten, eine starke Betonung der Selektionsfunktion im deutschen Schulsystem zu konstatieren. Insbesondere die Beibehaltung der sieben verschiedenen Förderschulformen in den meisten Bundesländern (und auch die Perspektive des Übergangs in ein gegliedertes Sekundarstufensystem) führt dazu, dass die Frage nach dem „passenden Förderort" die Frage nach den Möglichkeiten der Schaffung individuell angemessener Lernbedingungen vielfach überlagert. Die „Fiktion homogener Lerngruppen" (Tillmann 2004) führt strukturell zu einem „Durchreichen nach unten", das im Widerspruch zur Idee der Inklusion steht. Neben schulstrukturellen Gegebenheiten spielt die Professionalität der Lehrkräfte dabei eine zentrale Rolle, denn ihre professionellen Kompetenzen, aber auch ihre Einstellungen und Bereitschaften sind – wie in der Forschung vielfach nachgewiesen wurde – mit entscheidend für die Umsetzung inklusiverer Strukturen und Prinzipien (Heinrich / Urban / Werning 2013, 67).

Der kompetenzorientierte Ansatz (Baumert / Kunter 2006) geht davon aus, dass Lehrkräfte bestimmte Kompetenzen benötigen, um professionell handeln zu können. Professionelle Kompetenz von Lehrkräften entsteht danach „aus dem Zusammenspiel von

- spezifischem, erfahrungsgesättigten deklarativen und prozeduralen Wissen (Kompetenzen im engeren Sinne: Wissen und Können)
- professionellen Werten, Überzeugungen, subjektiven Theorien, normativen Präferenzen und Zielen,
- motivationalen Orientierungen sowie
- metakognitiven Fähigkeiten und Fähigkeiten professioneller Selbstregulation" (Baumert / Kunter 2006, 481).

Mit den im zweiten Punkt angesprochenen Werten und Überzeugungen verweisen die Autoren auf die im Kontext von Inklusion als besonders bedeutsam herausgehobenen Beliefs. Die im letzten Punkt genannten metakognitiven Fähigkeiten sprechen die im strukturtheoretischen Modell betonte Reflexionskompetenz an. Besonders hervorgehoben wird von Baumert und Kunter (2006, 482 ff.) allerdings das professionelle Wissen und Können, das sie als Kompetenz im engeren Sinne bezeichnen und als kategorial getrennt von den verschiedenen Aspekten der Lehrereinstellungen sehen. Darauf bezogen entwickeln sie aufgrund empirischer Studien ein Modell professioneller Handlungskompetenz, das drei zentrale Wissensbereiche unterscheidet: das pädagogische Wissen, das universitär in den Bildungswissenschaften angesiedelt ist, sowie das Fachwissen und das fachdidaktische Wissen, die in den jeweils gewählten Unterrichtsfächern vermittelt werden. Kompetenzen werden dabei verstanden als „die bei Individuen verfügbaren oder durch sie erlernbaren kognitiven Fähigkeiten und Fertigkeiten, um bestimmte Probleme zu lösen, sowie die damit verbundenen motivationalen, volitionalen und sozialen Bereitschaften und Fähigkeiten, um die Problemlösungen in variablen Situationen erfolgreich und verantwortungsvoll nutzen zu können" (Weinert 2001, 27 f.). Die angesprochenen motivationalen, volitionalen und sozialen Kompetenzen betreffen die Ebene der Einstellungen und Beliefs von Lehrkräften, die in der professionsbezogenen Kompetenzforschung (Baumert / Kunter 2006) als besonders bedeutungsvoll für die Erreichung einer effektiven Förderung von Schülerinnen und Schülern eingeschätzt werden.

Eine positive Einstellung gegenüber den vielfältigen Lernvoraussetzungen und Vorerfahrungen der Schülerinnen und Schüler, die Bereitschaft zur Akzeptanz und Wertschätzung ihrer Unterschiedlichkeit sowie zur Planung und Durchführung eines adaptiven Unterrichts ist einer Meta-Analyse empirischer Studien von Moser et al. (2012) zufolge eine entscheidende Grundlage dafür, dass eine inklusive Unterrichtung und Förderung gelingen kann. Dies betrifft vor allem die oben genannte Ebene einer individualisierenden Didaktik. Deutlich weniger berücksichtigt wird die von Prengel (2013) aufgeworfene Kompetenz zu einer wertschätzenden pädagogischen Beziehungsgestaltung, die sich sowohl auf die Beziehung zwischen Lehrkräften und Kindern als auch die Unterstützung zur Entstehung solcher Beziehungen der Kinder untereinander bezieht und für die inklusive Zielperspektive einer Maximierung sozialer Teilhabemöglichkeiten zentral ist. Aber auch die fachwissenschaftlichen und fachdidaktischen Kompetenzen sind sehr bedeutsam, um Schülerinnen und Schüler in ihren jeweiligen Lernprozessen bestmöglich unterstützen zu können. Deshalb sei hier bereits erwähnt, dass im Bielefelder Modell die Ausbildung in den Unterrichtsfächern nicht zugunsten der sonderpädagogischen Fachrichtungen reduziert wird. Und schließlich gewinnen die Bereitschaft und Fähigkeit zur Kooperation zwischen Grundschullehrkräften und Lehrkräften für sonderpädagogische Förderung, aber auch die Einbindung von sozialpädagogischen Fachkräften zunehmend an Bedeutung, sodass eine erhöhte Aufmerksamkeit für die (inter-)professionelle Beziehungsgestaltung erforderlich ist.

Interdisziplinäre Kooperation als zentrales Merkmal einer inklusiven Lehrerinnenbildung

Die Entwicklung kooperativer Kompetenzen und Strukturen gilt daher in der aktuellen Debatte als bedeutsamer Teil der Lehrerinnenprofession für eine inklusive Schule und zugleich als wichtiger Indikator für inklusive Schul- und Organisationsqualität in der Grundschule: „Lehrkräfte im inklusiven Unterricht müssen diesen Unterricht, der ohne Kooperation bzw. Team-Teaching und Differenzierung nicht denkbar ist, wollen" (Hofmann / Koch / von Stechow 2012, 133). Kooperation wird dabei als „auf demokratischen Werten basierendes, auf der Gleichwertigkeit und gegenseitigem Vertrauen der Kooperationspartner/innen beruhendes, zielgerichtetes und gemeinsam verantwortetes Geschehen interpretiert, in dem aufgrund von Aushandlungsprozessen die Schaffung bestmöglicher Entwicklungsbedingungen aller Kinder angestrebt wird" (Lütje-Klose / Urban 2014, 115), also diejenigen mit besonderen Bedürfnissen eingeschlossen. Die Formulierung eines gemeinsamen Ziels ist demnach ebenso zu betonen wie die gemeinsame Verantwortung für inklusive Unterrichts-, Schulentwicklungs- und Professionalisierungsprozesse. Das Erreichen eines hohen Kooperationsniveaus ist ein voraussetzungsreicher Prozess, der ein hohes Maß an gegenseitiger Wertschätzung und Vertrauen erfordert (Lütje-Klose / Willenbring 1999). Je nachdem, wie ausgeprägt diese Voraussetzungen erfüllt sind und wie stark die gemeinsamen Ziele und Rahmenbedingungen es zulassen, können dabei unterschiedliche Kooperationsniveaus erreicht werden.

Gräsel, Fußangel und Pröbstel (2006) unterscheiden dabei unter Bezugnahme auf Little (1990) drei verschiedene Niveaustufen: den *Austausch* z.B. durch Gespräche und Materialaustausch, die *arbeitsteilige Kooperation,* bei der die einzelnen Mitglieder Teilaufgaben übernehmen, und die *Ko-Konstruktion,* die auf die wechselseitige Unterstützung und gemeinsame Reflexion und Entwicklung neuen Wissens ausgerichtet ist. Die Ko-Konstruktion stellt dabei die intensivste Form der Kooperation dar, während der Austausch mit geringerem Zeitaufwand und weniger Einschränkungen der Autonomie verbunden ist (Böhm-Kasper / Dizinger / Heitmann 2013). Der Modus der Ko-Konstruktion entspricht weitgehend dem anglo-amerikanischen Begriff der „Collaboration" (Friend / Cook 2010), die auf Kollegialität und Gleichwertigkeit basiert und einen einvernehmlichen Problemlösungsprozess betont: „A collaborative problem-solving process is used with teams of collaborators interacting in a collegial, parity-based, and consensus-building manner" (Idol / Paolucci-Whitcomb / Nevin 1995, 1).

Dass ein hohes Kooperationsniveau sich positiv auf die Schaffung geeigneter Strukturen für inklusive Settings auswirkt, lässt sich unter anderem aus einer aktuellen Studie von Holtappels (2013) ableiten: Demnach tendieren

Grundschullehrkräfte in fest installierten Jahrgangs- oder Klassenteams dazu, adaptivere Unterrichtsformen zu implementieren (vgl. 2013, 44). Kontinuierliche Teamgespräche, wie sie bei gelingender Kooperation zwischen Grundschullehrkräften und Lehrkräften für sonderpädagogische Förderung durchgeführt werden, regen zudem eine intensivere Reflexion des professionellen Wissens und Handlungsrepertoires an (vgl. Scruggs / Mastropieri / McDuffie 2007, 401), die im Sinne des strukturtheoretischen Professionsmodells als ein zentrales Professionsmerkmal gesehen wird und eine wichtige Bedingung für die Umsetzung eines guten inklusiven Unterrichts darstellt. Dementsprechend sind die Kompetenzen und Bereitschaften zur Umsetzung einer kooperativen Schul- und Unterrichtsentwicklung in der Grundschule ein zentrales Thema, das in der Aus- und Fortbildung von Grundschullehrkräften und sonderpädagogischen Lehrkräften systematisch und aufeinander bezogen zu berücksichtigen ist.

Internationale Modelle einer inklusiven Lehrerinnenbildung für die Primarstufe

In der nicht nur in Deutschland, sondern international geführten Debatte um die Ausbildung von Lehrerinnen und Lehrern für eine inklusive Schule wird deutlich, dass sich neue Anforderungen sowohl für die allgemeine als auch für die sonderpädagogische Lehrerinnenausbildung ergeben und in verschiedenen Ländern und Standorten unterschiedlich gelöst werden. Folgende Modelle werden in einem Literaturüberblick der European Agency for Development in Special Needs Education (2010) unter Bezugnahme auf Stayton und McCollum (2002) unterschieden:

- das Infusion Model, das eine grundlegende Einführung in sonderpädagogische bzw. inklusionspädagogische Fragestellungen im Rahmen von ein bis zwei Lehrveranstaltungen für die allgemeinen Lehrämter vorsieht und getrennte Lehramtsstudiengänge für Sonderpädagogik beibehält (vorgesehen unter anderem im nordrhein-westfälischen Lehrerausbildungsgesetz);
- das Collaborative Training Model, in dem Studierende allgemeiner Lehrämter gemeinsam mit Studierenden sonderpädagogischer Lehrämter deutlich mehr gemeinsame Veranstaltungen zu Fragen des pädagogischen Umgangs mit Heterogenität, Förderbedarfen und Inklusion angeboten bekommen, in denen aber auch spezielle sonderpädagogische Studienanteile existieren (z.B. in Schweden; Modelle der Universitäten Bielefeld, Bremen und Siegen);

- das Unification Model, in dem alle Lehramtsstudierenden das gleiche Curriculum absolvieren und gleichermaßen auf die Arbeit in inklusiven Schulen vorbereitet werden, sodass keine eigenständige sonderpädagogi sche Ausbildung mehr besteht (z.B. in Kanada; Modell der Universität Potsdam).

Das Maß, in dem eine inklusive Lehrerinnenbildung in den einzelnen Modellen als kooperativer Professionalisierungsprozess gesehen und von der Grundschulpädagogik und der Sonderpädagogik gemeinsam verantwortet wird, unterscheidet sich dabei zwischen den drei Modellen deutlich. Während das Infusion-Modell im Modus des Austausches (nach Gräsel / Fußangel / Pröbstel 2006) verbleibt und sonderpädagogische Studienanteile der allgemeinen Grundschullehramtsausbildung lediglich additiv hinzufügt, werden die verschiedenen Studienanteile im Collaborative Training Model systematisch aufeinander bezogen und zumindest potentiell von den beiden Disziplinen gemeinsam verantwortet, ohne dass die jeweiligen Fachperspektiven aufgegeben werden. Im Unification Model wiederum geht die Sonderpädagogik in der allgemeinen (Grund-)Schulpädagogik weitgehend auf, sodass die Chancen einer Mehrperspektivität möglicherweise nicht mehr gegeben sind und die Gefahr bestehen könnte, dass die damit verbundenen je spezifischen Kompetenzen nivelliert werden.

Unterschiedliche Professionalisierungsvorstellungen als Schwierigkeit inklusiver Lehrerinnenbildung: Zwei-Säulen-Modell versus integrierte Ausbildung

Die Frage der Ausbildung von Lehrkräften für ein weitgehend inklusives Schulsystem hängt eng mit der Frage zusammen, ob und wie sich das Verhältnis von sonderpädagogischer und allgemeinpädagogischer Lehrerprofessionalität bestimmt. Auch unter der Perspektive von Inklusion gibt es hierfür verschiedene Möglichkeiten, die jeweils ein unterschiedliches Aufgaben- und Rollenverständnis proklamieren.

Das Professionsverständnis der allgemeinen Lehrämter

Aus allgemeinpädagogischer Perspektive kann beobachtet werden, dass die Fragen des Umgangs mit Heterogenität, der individuellen Förderung, der Diagnose von Lernentwicklungen und der sonderpädagogischen Ausbildungsanteile in den letzten Jahren einen deutlich größeren Stellenwert in der gesamten schulpädagogischen Literatur einnehmen und sich dies auch in den

Ausbildungscurricula der ersten und zweiten Phase der Ausbildung für Regelschullehrkräfte widerspiegelt. Bereits im Abschlussbericht der Hamburger Kommission Lehrerbildung gehört der Umgang mit sozialer und kultureller Heterogenität zu einem der drei als prioritär eingestuften Themen für die Ausbildung: „Zwar ist die Erkenntnis, dass die Schülerinnen und Schüler sich je nach sozialer Herkunft, Geschlecht, Religion, Sprache usw. unterscheiden, nicht neu, wohl aber die Anerkennung von Heterogenität als Normalfall, verbunden mit der Forderung nach Überwindung der bisherigen homogenisierenden und zielgruppenspezifisch ausgerichteten kompensatorischen Strategien im Umgang mit Differenz. In diesem Sinne wird ein Perspektivenwechsel bzw. ein Paradigmenwechsel in der Lehrerbildung gefordert" (Keuffer / Oelkers 2001, 150). Bei den entsprechend formulierten Kompetenzen hat der Umgang mit Heterogenität nicht nur eine didaktisch-methodische Aufgabe zur Berücksichtigung von individuellen (Leistungs-)Unterschieden, sondern unter dem Erziehungsaspekt auch eine zentrale gesellschaftspolitische Bedeutung. Im Sinne der Chancengleichheit müsste sich ein erfolgreicher Umgang mit Heterogenität danach bemessen, Leistungsunterschiede zwischen den Schülerinnen und Schülern zu verringern und gleichzeitig die Lerngruppe zu einem erhöhten Leistungsniveau zu führen. Diese Kompetenz wird „als Aspekt von Lehrprofessionalität angesehen, weil sie zur Bildungsgerechtigkeit beiträgt" (Hofer 2009, 141). Die KMK-Standards für die Lehrerbildung (2014, 9) formulieren unter dem Kompetenzbereich Erziehen beispielsweise: „Lehrerinnen und Lehrer kennen die sozialen und kulturellen Lebensbedingungen, etwaige Benachteiligungen, Beeinträchtigungen und Barrieren von und für Schülerinnen und Schüler(n) und nehmen im Rahmen der Schule Einfluss auf deren individuelle Entwicklung." Die Standards der KMK beschreiben noch näher, dass hierzu die Kenntnisse von Theorien der Entwicklung und Sozialisation, von Benachteiligungen beim Lernprozess und Einsicht in die Bedeutung interkultureller und geschlechtsspezifischer Einflüsse einschließlich möglicher Hilfs- und Präventionsmaßnahmen gehören. In Nordrhein-Westfalen findet sich in der Ordnung des Vorbereitungsdienstes für Lehrämter an Schulen (Schulminsterium NRW 2011) entsprechend unter einem von sechs Handlungsfeldern das Handlungsfeld „Vielfalt als Herausforderung annehmen und Chancen nutzen", in dessen Rahmen Lehrer/innen unter anderem Benachteiligungen erkennen, pädagogische Hilfen und Präventionsmaßnahmen realisieren und individuell unterstützen sollen. Mit Blick auf die besondere Bildungsbenachteiligung von Kindern aus niedrigen Sozialschichten ist die Aussparung der Erwähnung sozio-ökonomischer Einflüsse allerdings zu monieren.

Obwohl in diesen Ausbildungsstandards für alle allgemeinen Lehrämter also eine deutliche Qualifikationsabsicht stattfindet, die ohne Zweifel in Richtung Kompetenzerwerb für Inklusion interpretiert werden kann, findet diese Zuordnung – zumindest nach unserer Wahrnehmung – nur sehr selten tatsächlich auch statt. Die angesprochenen Inhaltsbereiche werden eher unter dem Umgang mit Heterogenität subsumiert, ohne die Parallelität zur Inklusion genügend zu explizieren. Möglicherweise stellt dies eine professionspolitische Schwachstelle der allgemeinen Schulpädagogik dar, da auf diese Weise die bereits bestehende Expertise der allgemeinen Lehrkräfte für Inklusion von ihnen selbst oftmals nicht wahrgenommen wird und zudem oftmals nicht offensiv genug vertreten wird, sodass das Feld der Inklusion weitgehend der Auslegung durch die Sonderpädagogik überlassen bleibt: „Die aktuelle Literatur richtet den Fokus zumeist auf Lehrkräfte für Sonderpädagogik, die Rolle der Lehrkräfte allgemeiner Schulen wird hingegen kaum diskutiert" (Hillenbrand / Melzer / Hagen 2013, 44).

Das sonderpädagogische Professionsverständnis

Die sonderpädagogische Disziplin diskutiert das Aufgaben- und Rollenverständnis der sonderpädagogischen Lehrkräfte in inklusiven Settings hingegen recht vehement, zumal es auch um die Zukunft der sonderpädagogischen Profession im schulischen Kontext geht. Das eigene Professionsverständnis wird sowohl empirisch als auch theoretisch bereits seit den Anfängen des integrativen Unterrichts vielfach thematisiert und erfährt jetzt durch die Inklusionsdebatte eine neue Aktualität unter der Fragestellung, was es für die Profession ihrer Lehrkräfte heißt, in der allgemeinen Schule tätig zu sein. Das Ziel liegt darin begründet, durch die Bestimmung und Abgrenzung wesentlicher Aufgaben die Professionalisierung sonderpädagogischen Handelns zu fördern und an die Notwendigkeiten einer inklusiven Schule anzupassen (vgl. Lindmeier 2009, 217; Lütje Klose / Neumann 2015).

Dabei ist eine Professionalisierungsvorstellung dadurch gekennzeichnet, das Aufgaben- und Rollenverständnis der sonderpädagogischen Lehrkräfte deutlich von den Regelschullehrkräften abzugrenzen, also von unterschiedlichen Professionen auszugehen, wobei der formale Status als sonderpädagogische Lehrkraft beibehalten, aber inhaltlich stark modifiziert wird. Diese Sichtweise zeigt sich im sog. Zwei-Säulen-Modell zwischen Sonder- und Grundschulpädagogik, das die Parallelität der Institutionen, der Professionen und der Disziplin symbolisiert. Es findet seinen plastischen Ausdruck in einfachen Erklärungen, was den Unterschied von Sonderpädagogen und Regelschullehrern ausmache: Nach Murawski (2009) sind die Lehrkräfte der allgemeinbildenden Schule dazu ausgebildet „To see the forest", wohingegen die Förderschullehrkräfte „are taught to see the trees" – eine Unterscheidung, die es zu überwinden gelte (zit. nach Schwager 2011, 95; vgl. auch Hänsel / Miller 2014).

Mit Murawskis Bild wird die Frage angesprochen, ob Sonderpädagoginnen und Sonderpädagogen in inklusiven Settings eher als „Spezialisten" oder eher als „Generalisten" tätig sein sollten; eine Frage, die schon seit den 1990er-Jahren aufgeworfen und immer wieder kontrovers diskutiert wird (Kretschmann 1993; Reiser 1998: Lütje-Klose / Willenbring 1999; Hinz 2009; 2013). Das Generalisten-Modell, das Sonderpädagoginnen und -pädagogen vorrangig als Lehrkräfte versteht und von einer gleichberechtigten und gemeinsamen Verantwortungsübernahme für alle Kinder und alle schulischen Tätigkeitsbereiche (Unterrichten, Diagnostizieren, Fördern, Beraten, Innovieren) ausgeht, wird seit den Anfängen der Integrationsbewegung vertreten und vor allem im Rahmen des Modells Integrationsklasse/gemeinsamer Unterricht umgesetzt, das durch einen vergleichsweise hohen Anteil gemeinsamer Unterrichtung in Doppelbesetzung gekennzeichnet ist. Aus dieser Perspektive warnt Schöler (2009, 112) vor einer „Sonderpädagogisierung der Regelschule", die durch eine Selbstdefinition der Zuständigkeit nur für bestimmte, als behindert bzw. förderbedürftig diagnostizierte Kinder und Tätigkeiten dazu führe, dass integrative Prozesse erschwert werden und eine durch formalisierte diagnostische Prozesse ausgelöste Ausweitung dieser Gruppe entstehe.[2] Auch Hinz (2009, 174 ff.) kommt zu dem Schluss, dass es zu einer Verfestigung der Zwei-Gruppen-Theorie durch die Unterscheidung von Menschen mit und ohne Behinderungen komme, wenn sich die Lehrkräfte für Sonderpädagogik vorrangig für bestimmte, als behindert klassifizierte Schülerinnen und Schüler anstatt für die kooperative Bewältigung schwieriger Situationen zuständig sehen.

Ebenso wie Lindmeier (2009) und Lütje-Klose (2008) knüpft Hinz dabei an der Argumentation Reisers (1998) an, der die „Sonderpädagogik als Service-Leistung" für die Allgemeine (Grund-)Schule versteht. Weder die Form der „organisatorischen, separierenden Service-Leistung" (1998, 48) in speziellen, von den anderen in der Gruppe organisatorisch getrennten Situationen noch die Form der „personalisierten additiven Service-Leistung" (1998, 50) für einzelne diagnostizierte Kinder sind in diesem Verständnis als inklusiv anzusehen. Nur als „institutionalisierte systembezogene Service-Leistung" (1998, 50) kann die Sonderpädagogik demnach ihre Expertise im Sinne des Inklusionsgedankens systemisch für die Unterstützung aller Beteiligten in bestimmten Situationen einsetzen. Reiser (1998) unterscheidet dabei zwei Varianten:

---

2 Diese Gefahr wird aktuell wieder im Rahmen der breiten Etablierung des RTI-Modells (Grosche / Huber 2012; Hartke / Diehl 2013) diskutiert (Hinz 2013), siehe unten.

- die Variante a) der gemeinsamen und gleichberechtigten Unterrichtung und Förderung aller Kinder durch das Team von Grundschullehrkraft und sonderpädagogisch ausgebildeter Lehrkraft
- die Variante b), die eine eher externe Beratungs- und Unterstützungsrolle der Sonderpädagoginnen gegenüber den Grundschullehrkräften vorsieht.

In der sonderpädagogischen Literatur mit Perspektive auf Inklusion findet sich ein Aufgaben- und Rollenverständnis, das insbesondere die folgenden Bereiche abdeckt: *Diagnostik und individuelle Förderplanung* (Hillenbrand / Melzer / Hagen 2013; Gehrmann / Schmetz 2002; Stöppler 2011, Wachtel / Wittrock 1990; Moser 2013; Heinrich / Urban / Werning 2013); *Beratung* (Wachtel / Wittrock 1990; Wocken 2011, Hillenbrand / Melzer / Hagen 2013; Moser 2013; Reiser 1998; Heinrich / Urban / Werning 2013); *Didaktik und Methodik für den gemeinsamen/inklusiven Unterricht* (Wachtel / Wittrock 1990; Gehrmannn / Schmetz 2002: Stöppler 2011; Moser 2013; Heinrich / Urban / Werning 2013); *Kooperation/Netzwerkarbeit* (Lütje-Klose / Willenbring 1999; Wocken 2011; Hillenbrand / Melzer / Hagen 2013; Stöppler 2011; Moser 2013; Heinrich/Urban/Werning 2013); *Schulentwicklung* (Wocken 2011, Speck 2010, Benkmann 2010; Heinrich / Urban / Werning 2013).

Insgesamt ist feststellbar, dass der Akzent stärker auf die Bereiche Beratung, Schulentwicklung, Kooperation und Diagnostik verlagert wird und der Bereich des Unterrichtens zwar noch benannt wird, aber nicht die zentrale Rolle spielt. Prototypisch steht hierfür das Zitat von Wocken (1997, 12): „Der neue Sonderpädagoge ist eher ein pädagogischer Berater, ein therapeutischer Helfer, manchmal nicht einmal mehr ein Lehrer." Damit entspricht dieses Professionsverständnis eher der von Reiser skizzierten Variante b. Sie wird ebenfalls in einem internationalen Forschungsüberblick über die Aufgaben sonderpädagogischer Lehrkräfte für die inklusive Bildung bestätigt (vgl. Melzer / Hillenbrand 2013): In einer Auswertung von insgesamt 14 Studien aus acht Ländern wurden insgesamt 11 Aufgabenbereiche identifiziert, denen dann noch einmal konkretisierte Aufgaben zugeordnet wurden. Die Anzahl der Nennungen der Aufgaben wurde als Indiz für die Bedeutsamkeit gewertet. Im Ergebnis zeigte sich eine besondere Häufung von Aufgaben in den Bereichen Administration, Diagnostik, Unterricht, Zusammenarbeit, Anleitung anderer Lehrkräfte und Förderplanung. Als überraschend wurde der hohe Anteil der Managementfunktionen von den Autoren konstatiert: „Der Bereich der administrativen Aufgaben nimmt nach den internationalen empirischen Studien einen sehr hohen Stellenwert ein: die koordinativen Aufgaben – besonders die Koordination der sonderpädagogischen Unterstützung an der inklusiven Schule – wie auch Büroarbeit (‚Paperwork') nehmen einen großen (Zeit-)Raum ein. In einigen europäischen Ländern wurde auf diese Entwicklung bereits reagiert, indem bspw. in Schweden statt des ‚Special Teacher' der Begriff ‚Special Educator' ein-geführt wurde [...] " (Melzer / Hillenbrand 2013, 201).

Exemplarisch für ein Rollenverständnis, bei dem nicht mehr das Unter-richten im Zentrum des Tätigkeitsspektrums steht, kann die empirische Studie von Willmann angesehen werden, der das Aufgaben- und Rollenver-ständnis sonderpädagogischer Lehrkräfte im integrativen Unterricht unter-suchte und dabei auf ein Modell des integrierten Unterrichts von Reiser zu-rückgriff. Der Forschungsbericht von Willmann (2007) beinhaltet die Sicht der Sonderschullehrkräfte auf ihre Aufgabenfelder, Arbeitszusammenhänge und Tätigkeiten auf der Basis von 5 Interviews einer DFG-Studie in der Lauf-zeit von 2000 bis 2002. Die sonderpädagogische Lehrkraft wird als „Präven-tionslehrer" bezeichnet; sie fühlt sich zuständig für die pädagogische Leitung der Schule, und ihr ist die externe kollegiale Arbeitsgruppe sehr wichtig, um im fachlichen Austausch mit anderen sonderpädagogischen Lehrkräften zu bleiben. Sie möchte weitgehende zeitliche Flexibilität, um sich den Bera-tungsaufgaben widmen zu können. Dabei entstehe das Problem, dass sie von den Grundschullehrkräften beim Ko-Unterricht nicht hinreichend bei der Unterrichtsplanung und -durchführung eingebunden wird und sich eher als Hilfslehrer fühlt. Einige Beispielzitate sollen dieses Aufgaben- und Rollen-verständnis aus den verschiedenen Bereichen belegen:

- Schulentwicklung: „[...] ich verstehe jetzt pädagogische Leitung in dem Sinne: Die Sonderpädagogen sind zuständig für das pädagogische Gesamt-konzept der Schule [...] und von daher das Bild ‚pädagogische Leitung' in dem Sinne, dass grundsätzlich eine Zuständigkeit da ist [...]: Es geht um ein Konzept der Grundschule – Sonderpädagogik als eine Fragestellung, die das Gesamtverständnis der Grundschule betrifft" (Willmann 2007, 147).
- Beratung: „Ein Ziel [,] das damit zusammenhängt, ist: meinen Kollegin-nen auf der kollegialen Ebene zu helfen" (2007, 147).
- „[...] und bei den Kollegen eine ‚Akzeptanz von Verschiedenheit' zu er-zielen" (2007, 146).
- Kollegiale Arbeitsgruppe: „[...] der eigentliche Zweck dieser Arbeitsge-meinschaft ist es, sich immer wieder über die eigene Rolle klar zu werden: Als jemand, der eine Sonderrolle im Kollegium spielt. Also salopp gesagt: So vom Gehalt her, von der Ausbildung und vom Status her – Womit man dann in der Grundschule so vereinzelt ist, aber gleichzeitig auch den Auf-trag hat, mit allen zu kommunizieren" (Willmann 2007, 146).

Aus dieser Darstellung wird deutlich, dass die Aufgaben und Rollen von son-derpädagogischen Lehrkräften an Grundschulen in diesem Professionalisie-rungsmodell im Gegenüber zu denen der Grundschullehrkräfte definiert wer-den und dabei deutliche Tendenzen einer Hierarchisierung aufweisen. Am

Beispiel der Aufgabenfelder Schulentwicklung und Prävention wird deutlich, dass diese für den Zuständigkeitsbereich der Sonderpädagogik reklamiert werden, obwohl diese Aufgaben auch genauso ins grundschulpädagogische Aufgabenfeld gehören, d. h., die Gefahr der Sonderpädagogisierung scheint genau an dieser Stelle recht konkret. Im Falle der Beratung ist ziemlich genau festgeschrieben, dass die Präventionslehrer stets die Berater und die Grundschullehrer stets die zu beratenden Lehrkräfte sind, die zu etwas befähigt werden sollen. Hierdurch ist ein recht klares Hierarchieverhältnis festgelegt. Unterricht mit gemeinsamer Verantwortung spielt in der Darstellung der Ergebnisse eine nur untergeordnete Rolle.

In der Summe zeichnet sich durch die Studie von Willmann eine klare Bestätigung der in einer Studie von Werning und Urban (2001) festgestellten widersprüchlichen Rolle ab: „Die Sonderpädagogen übernehmen die Funktion einer ‚Avantgarde' und wollen gleichzeitig in ein gleichberechtigt aufgebautes Kooperationsverhältnis zu den Grundschullehrern treten" (Werning / Urban 2001, 182). Durch die Herausarbeitung eines entsprechenden Professionsverständnisses in der sonderpädagogischen Literatur wird deutlich, dass dieses Dilemma keineswegs naturgegeben in der Sache liegt, sondern mit dem kurz skizzierten Professionsverständnis der Besonderung der Rolle selber hergestellt wird. Der besondere Widerspruch liegt dann darin, dass auch und gerade in der Inklusionsdebatte diese Zwei-Säulen-Sichtweise teilweise noch gestärkt und ausgebaut wird. Dem angesprochenen kollaborativen Kooperationsverständnis, das auf einer wechselseitigen, gleichwertigen Beziehung mit einer hohen Ausprägung von gegenseitiger Wertschätzung und Vertrauen basiert, steht eine solche Hierarchisierung – sei es in der einen oder in der anderen Richtung – deutlich entgegen.

Das betrifft insbesondere die aktuelle Diskussion um das sogenannte Response-to-Intervention-Modell (RTI) (Grosche / Huber 2012; Hartke / Diehl 2013). In diesem Modell wird auf der Grundlage regelmäßig eingesetzter Kurztests evaluiert, ob die Schülerinnen und Schüler auf die angebotenen Fördermaßnahmen im Regelunterricht „antworten" und angemessene Lernfortschritte erreichen, um sie daran anschließend bestimmten Förderstufen zuzuweisen. Aus professionstheoretischer Sicht führt die klare Aufteilung der Zuständigkeiten von Grundschullehrkräften und Lehrkräften für sonderpädagogische Förderung in diesem Modell zu einer additiven oder sogar separierten Serviceleistung, die mit dem Inklusionsgedanken nicht vereinbar sind und das in der Inklusionsdebatte über viele Jahre entwickelte Theorem von Gleichheit und Differenz (Reiser et al. 1986; Hinz 1993; Prengel 1993/2006) und der Berücksichtigung und Akzeptanz heterogener Lernausgangslagen anstelle einer normorientierten, defizitorientierten Förderung ignorieren (vgl. Hinz 2013, 11 ff.).

Das Bielefelder Modell der integrierten Sonderpädagogik

Mit dem Bielefelder Modell der integrierten Sonderpädagogik gehen wir von einem anderen kooperativen Professionsverständnis aus. Danach sollen für die inklusive Schule Lehrerinnen und Lehrer ausgebildet werden, die sich in ihrer erziehungswissenschaftlichen, fachwissenschaftlichen und fachdidaktischen Grundkompetenz nicht unterscheiden, d.h. über ein Professionsverständnis, wie es für Lehrerinnen und Lehrer im Sinne Baumerts und Kunters und auch Helspers konstatiert wird. Die sonderpädagogisch profilierten Lehrerinnen und Lehrer erwerben zusätzliche Kompetenzen im Umgang mit besonderen sonderpädagogischen Förderbedarfen. Mit diesen Qualifikationen könnten diese Kolleginnen und Kollegen gleichberechtigt in einem Kollegium einer inklusiven Regelschule verankert sein, genauso wie es Kolleginnen und Kollegen gibt, die besonders spezialisiert sind auf den Bereich Deutsch als Zweitsprache oder Lese-Rechtschreibschwierigkeiten. Im Gegensatz zum Zwei-Säulen-Modell werden also hier die gemeinsamen Qualifikationsansprüche aller Lehrerinnen und Lehrer betont, bei denen auch das Unterrichten eine zentrale Rolle spielt. Trotzdem werden im Sinne des für den Studiengang zentralen Prinzips der Mehrperspektivität die unterschiedlichen disziplinären Perspektiven nicht aufgelöst.

Der Studiengang der integrierten Sonderpädagogik wurde von der Fakultät für Erziehungswissenschaft der Universität Bielefeld bereits mit der Umstellung auf die konsekutiven Studiengänge in der Lehrerbildung im WS 2002/03 eingeführt. Das zu der Zeit bundesweit einmalige und innovative Konzept wurde von Dagmar Hänsel entwickelt. Die Studierenden können seither im Rahmen des Studiengangs der Integrierten Sonderpädagogik einen doppelten Lehramtsabschluss erwerben: einen Abschluss, der für die Grundschule oder für den Sekundarstufen-I-Bereich qualifiziert, und einen für das sonderpädagogische Lehramt. Die Doppelqualifikation erfolgt durch eine institutionelle, curriculare und personelle Verschränkung des allgemein-erziehungswissenschaftlichen und des sonderpädagogischen Studiums (Hänsel 2004, 84). Dem Prinzip der Subsidiarität gegenüber der allgemeinen Pädagogik entsprechend ist die Sonderpädagogik in Bielefeld nicht in einer eigenen Fakultät, sondern in der Fakultät für Erziehungswissenschaft und hier in der Arbeitsgruppe „Schultheorie mit dem Schwerpunkt Grund- und Förderschulen" verankert, in der die Autorinnen eng zusammenarbeiten. Zukünftig wird die Sonderpädagogik noch deutlicher als Querstruktur sowohl innerhalb der Fakultät für Erziehungswissenschaft als auch innerhalb der anderen an der Ausbildung beteiligten Fakultäten verankert, weil ein vom Land geplanter Ausbau von Studienplätzen für das Lehramt für sonderpädagogische Förderung auch eine Erweiterung der personellen Ausstattung zulässt.

Strukturell wird die Doppelqualifikation dadurch erreicht, dass die Studierenden ein allgemeines Lehramt studieren und dabei innerhalb der bildungswissenschaftlichen Anteile sonderpädagogische Profilierungen anwählen. Die Sonderpädagogik wird also in die Bildungswissenschaften integriert. Im Sinne der oben bereits benannten Mehrperspektivität werden dabei neben den Gemeinsamkeiten auch die Differenzen der fachlichen Perspektiven herausgearbeitet, verglichen und kritisch analysiert. Dabei spielt auch die historische Entwicklung der Sonderschule eine zentrale Rolle. Die fachwissenschaftlichen und fachdidaktischen Anteile in den Unterrichtsfächern werden im vollen Umfang studiert, so wie es für das allgemeine Lehramt vorgesehen ist. Für den zusätzlichen Erwerb des sonderpädagogischen Lehramts, das in Nordrhein-Westfalen ein umfangreiches Studium in zwei sonderpädagogischen Fachrichtungen voraussetzt, können den Studierenden die entsprechend sonderpädagogisch profilierten Anteile des bildungswissenschaftlichen Studiums anerkannt werden. Die Studierenden müssen somit lediglich zwei Semester zusätzlich studieren, in denen dann ein sonderpädagogischer Schwerpunkt gesetzt wird. In Bielefeld werden ausschließlich die sonderpädagogischen Fachrichtungen Lernen und Emotionale und Soziale Entwicklung angeboten, weil diese eine hohe Übereinstimmung mit der sozialen Benachteiligung der Kinder und Jugendlichen haben und die Ausbildungsinhalte daher besonders anschlussfähig sind zum sozialwissenschaftlichen Profil der erziehungswissenschaftlichen Fakultät (Jürgens / Miller 2013).

Im Sinne des Collaboration Model sieht das Curriculum für die verschiedenen Lehrämter eine einführende Vorlesung in die Sonderpädagogik und in die inklusive Pädagogik vor, an die sich Wahlpflichtveranstaltungen zum pädagogischen Umgang mit Heterogenität anschließen. In Sinne des forschenden Lernens ist darin eine Fallstudienarbeit eingebettet, die durch spezifizierte Einführungs- und Begleitseminare (z. B. zur Unterstützung von Kindern in sozial benachteiligten Lebenslagen in einer „Schule für alle", zur Sprachförderung mehrsprachiger Kinder oder zur Individualisierung in Unterricht) gerahmt wird. Um für den Masterstudiengang Integrierte Sonderpädagogik zugelassen zu werden und damit den Doppelabschluss anzustreben, ist zudem ein Ergänzungsmodul zur Vertiefung sonderpädagogischer Fragestellungen verpflichtende Bedingung. Im Masterstudium folgt dann eine weitergehende sonderpädagogische Qualifizierung in Modulen zu den Inhaltsbereichen Institutionen, Didaktik, Diagnostik und Profession in den Fachrichtungen Lernen und Emotionale und Soziale Entwicklung, in die verschiedene Praxisphasen einschließlich ihrer Vorbereitung und Begleitung – im Sinne der Entwicklung eines reflexiven Professionsverständnisses sensu Helsper – systematisch integriert sind (Lütje-Klose / Miller 2012).

Eine erste Befragung von Absolvent/inn/en (N = 219), die sich im September 2011 in der Schulpraxis oder in der zweiten Ausbildungsphase befanden, lässt auf eine positive Bilanz in Bezug auf die Zielerreichung schließen. Die Absolvent/inn/en verstehen sich als Lehrkräfte für alle Kinder und die Nicht-Aussonderung ist für sie zum Normalfall geworden. Eine überwältigende Mehrheit ist weiterhin der Meinung, dass unter der Maßgabe einer Schule für alle Kinder alle zukünftigen Lehrkräfte ein Studium der integrierten Sonderpädagogik absolvieren sollten und ihr Studium in Bielefeld ein Gewinn für ihre gesamte berufliche Laufbahn darstellt. Einige Einschätzungen der Absolventen im Wortlaut:

> „Ich denke, dass ich durch die Doppelqualifikation einen umfassenderen Blick auf die Kinder habe, was im Hinblick auf die bestmögliche Förderung der Kinder hilfreich ist."
>
> „Ich habe einen zum Teil anderen Blick auf gängige Normalitätsvorstellungen. Ich kann ganzheitlicher arbeiten, habe weniger Vorurteile."
>
> „Alle Lehrer sollten ein integratives Studium absolvieren, um ein besseres Verständnis für alle Schüler zu erlangen."

Fazit

Wie am Bielefelder Beispiel deutlich wird, ist in den zukünftigen Modellen der Lehrerausbildung, die sich dem Inklusionsgedanken verpflichtet fühlen, die Frage nach der Interpretation des Inklusionsbegriff und seiner Umsetzung in der Schulpraxis grundlegend. Ausgangspunkt des Bielefelder Modells ist ein Inklusionsbegriff, der sich insgesamt den Abbau von Benachteiligungen zum Ziel setzt und die Antwort keineswegs allein in der Sonderpädagogik sucht, diese aber entsprechend ihres subsidiären Anspruchs systematisch einbezieht. Dabei ist eine enge Kooperation zwischen den Lehrenden der unterschiedlichen disziplinären Ausrichtungen von großer Bedeutung, um dem Prinzip der Mehrperspektivität entsprechend die unterschiedlichen Perspektiven auf die Gegenstände wie auch die Einigungsprozesse transparent zu machen und den Studierenden einen bewussten Umgang mit unterschiedlichen Sichtweisen vorzuleben.

Das Bielefelder Modell knüpft insofern am kompetenzorientierten Professionsmodell an, als dass eine vollständige Ausbildung sowohl in den sonderpädagogischen Studienanteilen als auch in den Fachwissenschaften und -didaktiken erfolgt, die die Rolle der Lehrkräfte als Expert/inn/en für das Lehren und Lernen stärkt. Die Bielefelder Absolventenstudien deuten darauf hin, dass im Bereich des pädagogischen, fachdidaktischen und fachlichen Wissens ebenso wie in Bezug auf die Einstellungen, Haltungen und Überzeugungen durch die integrierte Ausbildung von allgemeiner Pädagogik und Sonderpädagogik das Ziel erreicht wird, ein Selbstverständnis als Lehrkraft für alle Kinder zu entwickeln. Die so ausgebildeten Lehrkräfte sollen damit qualifiziert werden, sowohl alle Aufgaben im Bereich des Unterrichtens zum Beispiel auch in der Klassenlehrerfunktion zu übernehmen als auch für bestimmte Problemlagen im Bereich des Lernens und Verhaltens besonders qualifiziert zu sein und hier an Schulen zum Beispiel Aufgaben in der Diagnostik, Beratung und individuellen Unterstützung in besonderer Weise übernehmen zu können.

Literatur

Autorengruppe Bildungsberichterstattung (Hrsg.) (2014): Bildung in Deutschland 2014. Ein indikatorengestützter Bericht mit einer Analyse zur Bildung von Menschen mit Behinderungen. Bielefeld: Bertelsmann.

Baumert, J. / Kunter, M. (2006): Stichwort: Professionelle Kompetenz von Lehrkräften. In: Zeitschrift für Erziehungswissenschaft 9, 4, 469–520.

Benkmann, R. (2010): Professionalisierung von Sonderschullehrkräften für den Gemeinsamen Unterricht. In: Zeitschrift für Heilpädagogik 61, 12, 444–453.

Böhm-Kasper, O. / Dizinger , V. / Heitmann, V. (2013): Interprofessionelle Kooperation an offenen und gebundenen Ganztagsgrundschulen. In: Zeitschrift für Grundschulforschung 6, 2, 53–68.

European Agency for Development in Special Needs Education (2010): Teacher Education for Inclusion – International Literature Review. Odense, Denmark. http://www.european-agency.org/agency-projects/Teacher-Education-for-inclusion/teacher-education-web-files/TE4I-Literature-REview.pdf.

Fend, H. (2006): Neue Theorie der Schule. Einführung in das Verstehen von Bildungssystemen. Wiesbaden: VS Verlag für Sozialwissenschaften.

Friend, M. / Cook, L (2010): Interactions. Collaboration Skills for School Professionals. Boston: Pearson Education.

Gehrmann, P. / Schmetz, D. (2002): Veränderte Ausbildung von Lehrern im Kontext des gemeinsamen Unterrichts: In: Bundschuh, K. (Hrsg.): Sonder- und Heilpädagogik in der modernen Leistungsgesellschaft. Krise oder Chance. Bad Heilbrunn: Klinkhardt, 313–324.

Gräsel, C. / Fußangel, K. / Pröbstel, C. (2006): Lehrkräfte zur Kooperation anregen – eine Aufgabe für Sisyphos? In: Zeitschrift für Pädagogik 52, 2, 205–219.

Grosche, M. / Huber, C. (2012): Das response-to-intervention-Modell als Grundlage für einen inklusiven Paradigmenwechsel in der Sonderpädagogik. In: Zeitschrift für Heilpädagogik 63, 8, 312–322.

Hänsel, D. (2004): Integriertes Sonderpädagogisches Bachelor- und Masterstudium an der Universität Bielefeld. In: Carle, U. / Unckel, A. (Hrsg.): Entwicklungszeiten. Forschungsperspektiven für die Grundschule. Wiesbaden: VS Verlag für Sozialwissenschaften, 81–90. [= Jahrbuch Grundschulforschung, Bd. 8).

Hänsel, D. / Miller, S. (2014): Kritische Analyse der Ansprüche der inklusiven Sonderpädagogik aus allgemeinpädagogischer und professionstheoretischer Perspektive. In: Lichtblau, M. / Blömer, D. / Jüttner, A.-K. / Koch, K. / Krüger, M. / Werning, R. (Hrsg.): Forschung zu inklusiver Bildung. Gemeinsam anders lehren und lernen. Bad Heilbrunn: Klinkhardt, 91–104.

Hartke, B. / Diehl, K. (2013): Schulische Prävention im Bereich Lernen. Stuttgart: Kohlhammer.

Heinrich, M. / Urban, M. / Werning, R. (2013): Expertise „Ausbildung und Professionalisierung von Fachkräften für inklusive Bildung im Bereich Schulische Bildung. In: Döbert, H. / Weishaupt, H. (Hrsg.): Inklusive Bildung professionell gestalten. Situationsanalyse und Handlungsempfehlungen. Münster: Waxmann, 69–133.

Helsper (2002): Lehrerprofessionalität als antinomische Handlungsstruktur. In: Kraul, M. / Marotzki, W. / Schweppe, C. (Hrsg.): Biographie und Profession. Bad Heilbrunn: Klinkhardt, 64–102.

Heyer, P. / Korfmacher, E. / Preuss-Lausitz, U. / Sebold, L. (1993): 10 Jahre wohnortnahe Integration. Frankfurt a. M.: Arbeitskreis Grundschule.

Hillenbrand, C. / Melzer, C. / Hagen, T. (2013): Bildung schulischer Fachkräfte für inklusive Bildungssysteme. In: Döbert, H. / Weishaupt, H. (Hrsg.): Inklusive Bildung professionell gestalten. Situationsanalyse und Handlungsempfehlungen. Münster: Waxmann, 33–68.

Hinz, A. (1993): Heterogenität in der Schule. Integration – Interkulturelle Erziehung – Koedukation. Hamburg: Curio.

Hinz, A. (2009): Inklusive Pädagogik in der Schule – veränderter Orientierungsrahmen für die schulische Sonderpädagogik!? Oder doch deren Ende? In: Zeitschrift für Heilpädagogik 60, 5, 171–179.

Hinz, A. (2013): Inklusion – von der Unkenntnis zur Unkenntlichkeit!? – Anmerkungen zu einem Jahrzehnt Diskurs über schulische Inklusion in Deutschland. In: Zeitschrift für Inklusion, Nr. 1. http://www.inklusion-online.net/index.php/inklusion/rt/ [07.06.2015].

Hofer, M. (2009): Kompetenz im Umgang mit Schülerheterogenität als Beitrag zur Bildungsgerechtigkeit. In: Zlatkin-Troitschanskaia, O. / Beck, K. / Sembill, D. / Nickolaus, R. / Mulder R. (Hrsg.): Lehrerprofessionalität. Bedingungen, Genese, Wirkungen und ihre Messung. Weinheim/Basel: Beltz, 141–150.

Hofmann, C. / Koch, A. / von Stechow, E. (2012): Standards inklusiven Unterrichts – Standards guten Unterrichts. In: Benkmann, R. / Chilla, S. / Stapf, E. (Hrsg.): Inklusive Schule – Einblicke und Ausblicke. Kassel: Prolog, 122–135.

Holtappels, H. G. (2013): Schulentwicklung und Lehrerkooperation. In: McElvany, N. / Holtappels, H. G. (Hrsg.): Empirische Bildungsforschung. Theorien, Methoden, Befunde und Perspektiven. Münster: Waxmann, 35–61.

Idol, L. / Paolucci-Whitcomb, P. / Nevin, A. (1995): The Collaborative Consultation Model. In: Journal of Educational and Psychological Consultation 6. 4, 347–361.

Jürgens, E. / Miller, S. (2013): Ungleichheit in Gesellschaft und Schule. Eine Einleitung in die Problematik von Exklusions- und Inklusionsprozessen. In: Jürgens, E. / Miller, S. (Hrsg.): Ungleichheit in der Gesellschaft und Ungleichheit in der Schule. Eine interdisziplinäre Sicht auf Inklusions- und Exklusionsprozesse. Weinheim/Basel: Beltz Juventa, 7–32.

Kemena, P. / Miller, S. (2011): Die Sicht von Grundschullehrkräften und Sonderpädagogen auf Heterogenität – Ergebnisse einer quantitativen Erhebung. In: Lütje-Klose, B. / Langer, M.-T. / Serke, B. / Urban, M. (Hrsg.): Inklusion in Bildungsinstitutionen. Eine Herausforderung an die Heil- und Sonderpädagogik. Bad Heilbrunn: Klinkhardt, 124–134.

Keuffer, J. / Oelkers, J. (Hrsg.) (2001): Reform der Lehrerbildung in Hamburg. Abschlussbericht der von der Senatorin für Schule, Jugend, und Berufsbildung und der Senatorin für Wissenschaft und Forschung eingesetzten Hamburger Kommission Lehrerbildung. Weinheim/Basel: Beltz.

Klemm, K. / Preuss-Lausitz, U. (2011): Auf dem Weg zur schulischen Inklusion in Nordrhein-Westfalen. Empfehlungen zur Umsetzung der UN-Behindertenrechtskonvention im Bereich der allgemeinen Schulen. Erstellt im Auftrag des Ministeriums für Schule und Weiterbildung Nordrhein-Westfalen. Essen/Berlin.

[KMK 2014] Ständige Konferenz der Kultusminister der Länder in der Bundesrepublik Deutschland (2004): Standards für die Lehrerbildung. Bildungswissenschaften. i. d. F. vom 12.06.2014. http://www.kmk.org/fileadmin/veroeffentlichungen_beschluesse/2004/2004_12_16-Standards-Lehrerbildung-Bildungswissenschaften.pdf [07.06.2015].

Kretschmann, R. (1993): Methodik und Didaktik integrativen Unterrichtens. In: Mohr, H. (Hrsg.): Integration verändert Schule. Hamburg: Hamburger Buchwerkstatt, 54–72.

Lindmeier, B. / Lindmeier, C. (2012): Pädagogik bei Behinderung und Benachteiligung. Band 1: Grundlagen.Stuttgart: Kohlhammer.

Lindmeier, C. (2009): Sonderpädagogische Lehrerbildung für ein inklusives Schulsystem. In: Zeitschrift für Heilpädagogik 60, 10, 416–427.

Little, J. W. (1990): The Persistance of privacy: Antonomy and initiative in teachers' professional relations. In: Teachers Collage Record 91, 4, 509–536.

Lütje-Klose, B. (2008): Mobile sonderpädagogische Dienste im Bereich Sprache – Rekonstruktionen aus der Perspektive der durchführenden Sprachbehindertenpädagoginnen. In: Zeitschrift für Heilpädagogik 59, 4, 282–292.

Lütje-Klose, B. / Willenbring, M. (1999): Kooperation fällt nicht vom Himmel – Möglichkeiten der Unterstützung kooperativer Prozesse in Teams von Regelschullehrerin und Sonderpädagogin aus systemischer Sicht. In: Behindertenpädagogik 38, 1, 2–31.

Lütje-Klose, B. / Miller, S. (2012): Der Studiengang Integrierte Sonderpädagogik an der Universität Bielefeld – aktuelle Entwicklungen. In: Seitz, S. / Finnern, N.-K. / Korff, N. / Scheidt, K. (Hrsg.): Inklusiv gleich gerecht? Inklusion und Bildungsgerechtigkeit. Bad Heilbrunn: Klinkhardt, 235–240.

Lütje-Klose, B. / Miller, S. / Ziegler, H. (2014): Professionalisierung für die Inklusive Schule als Herausforderung für die LehrerInnenbildung. In: Soziale Passagen 6, 1, 69–84.

Lütje-Klose, B. / Urban, M. (2014): Professionelle Kooperation als wesentliche Bedingung inklusiver Schul- und Unterrichtsentwicklung. Teil 1: Grundlagen und Modelle inklusiver Schul- und Unterrichtsentwicklung. In: Vierteljahresschrift für Heilpädagogik und ihre Nachbargebiete 83,2 , 112–123

Lütje-Klose, B. / Neumann, P. (2015): Die Rolle der Sonderpädagogik im Rahmen der Lehrerinnen- und Lehrerprofessionalisierung für eine inklusive schulische Bildung. In: Häcker, T. / Walm, M. (Hrsg.): Inklusion als Entwicklung. Konsequenzen für Schule und Lehrerbildung. Bad Heilbrunn: Klinkhardt, 101–116.

Melzer, C. / Hillenbrand, C. (2013): Aufgaben sonderpädagogischer Lehrkräfte für die inklusive Bildung: empirische Befunde internationaler Studien. In: Zeitschrift für Heilpädagogik 64, 5, 194–202.

Miller, S. (2012): Die Herstellung von Bildungsungleichheit durch die Schule: Grundschullehrerinnen und Grundschullehrer als Akteure. In: Braches-Chyrek, R. / Lenz, G. / Kammermeier, B. (Hrsg.): Soziale Arbeit und Schule. Im Spannungsfeld von Erziehung und Bildung. Opladen: Budrich, 95–115. [= Schriftenreihe der Gilde Soziale Arbeit, Bd. 3].

Moser, V. (2013): Professionsforschung als Unterrichtsforschung. In: Döbert, H. / Weishaupt, H. (Hrsg.): Inklusive Bildung professionell gestalten. Situationsanalyse und Handlungsempfehlungen. Münster: Waxmann, 135–146.

Moser, V. / Kuhl, J. / Schäfer, L. / Redlich, H. (2012): Lehrer/innenbeliefs im Kontext sonder-/inklusionspädagogischer Förderung – Vorläufige Ergebnisse einer empirischen Studie. In: Seitz, S. / Finnern, N.-K. / Korff, N. / Scheidt, K. (Hrsg.): Inklusiv gleich gerecht? Inklusion und Bildungsgerechtigkeit. Bad Heilbrunn: Klinkhardt, 228–234.

Murawski, W. W. (2009): Collaborative Teaching in Secondary Schools: Making the Co-Teaching Marriage Work! Thousand Oaks, California: Corwin Press.

Oelkers, J. (2013): Allgemeine Pädagogik und Sonderpädagogik. In: Müller, H.-R. / Bohne, S. / Thole, W. (Hrsg.): Erziehungswissenschaftliche Grenzgänge. Markierungen und Vermessungen. Beiträge zum 23. Kongress der Deutschen Gesellschaft für Erziehungswissenschaft. Opladen/Berlin/Toronto: Budrich, 219–250.

Oevermann, U. (1996): Theoretische Skizze der revidierten Theorie professionalisierten Handelns. In: Combe, A. / Helsper, W. (Hrsg.): Pädagogische Professionalität. Untersuchungen zum Typus pädagogischen Handelns. Frankfurt a. M.: Suhrkamp, 70–183.

Prengel, A. (^{1}1993/^{6}2006): Pädagogik der Vielfalt. Opladen: Leske und Budrich.

Prengel, A. (2007): Pädagogik der Vielfalt. Grundlagen und Handlungsperspektiven in der Kita. In: Theorie und Praxis der Sozialpädagogik, H. 2.

Prengel, A. (2013): Inklusive Bildung in der Primarstufe. Eine wissenschaftliche Expertise des Grundschulverbandes. Frankfurt a. M.: Grundschulverband e. V. Kurzfassung: http://www.grundschulverband.de/fileadmin/bilder/Publikationen/Mitgliederbaende/Prengel_Kurzfassung.pdf [07.05.2015].

Reiser, H. / Klein, G. / Kreie, G. / Kron, M. (1986): Integration als Prozess. In: Sonderpädagogik 16, 3, 115–122 und Sonderpädagogik 16, 4, 154–160.

Reiser, H. (1998): Sonderpädagogik als Service-Leistung? Perspektiven der sonderpädagogischen Berufsrolle. Zur Professionalisierung der Hilfsschul- bzw. Sonderschullehrerinnen. In: Zeitschrift für Heilpädagogik 49, 2, 46–54.

Schöler, J. (1993): Integrative Schule, integrativer Unterricht. Reinbek: Rowohlt.

Schöler, J. (2009): Kinder und Jugendliche mit besonderen Bedürfnissen. In: Eberwein, H. / Knauer, S. (Hrsg.): Handbuch Integrationspädagogik. Weinheim/Basel: Beltz, 109–118.

Schulministerium NRW (2011): Ordnung des Vorbereitungsdienstes und der Staatsprüfung für Lehrämter an Schulen: Online unter: https://www.schulministerium.nrw.de/docs/Recht/LAusbildung/Vorbereitungsdienst/OVP.pdf [07.05.2015].

Schwager, M. (2011): Gemeinsames Unterrichten im Gemeinsamen Unterricht. In: Zeitschrift für Heilpädagogik 62, 3, 92–98.

Scruggs, T. E. / Mastropieri, M. A. / McDuffie, K. A. (2007): Co-teaching in inclusive classrooms: A metasynthesis of qualitative research. In: Exceptional Children 73, 4, 392–416.

Seitz, S. / Scheidt, K. (2012): Die Gruppe ist größer als der Schatz. Kooperative Lernformen im inklusiven Unterricht. In: Grundschule, H. 3, 14–15.

Speck, O. (2010): Schulische Inklusion aus heilpädagogischer Sicht. Rhetorik und Realität. München/Basel: Reinhardt.

Stayton, V. D. / McCollum, J. (2002): Unifying general and special education: What does the research tell us? In: Teacher Education and Special Education 25, 3, 211–218.

Stöppler, T. (2011): Inklusive Bildungslandschaften benötigen Professionalität. In: Journal für LehrerInnenbildung 11, 4, 19–26.

Tillmann, K.-J. (2004): System jagt Fiktion. Die homogene Lerngruppe. In: Friedrich Jahresheft 22, 6–9.

Valtin, R. / Sander, A. / Reinartz, A. (Hrsg.) (1984): Gemeinsam leben – gemeinsam lernen. Behinderte Kinder in der Grundschule. Konzepte und Erfahrungen. Frankfurt a.m.: Arbeitskreis Grundschule (Bd. 58/59).

Wachtel, P. / Wittrock, M. (1990): Aspekte der Kooperation von Grundschullehrern und Sonderschullehrern. In: Zeitschrift für Heilpädagogik 41, 4, 263–271.

Weinert, F. E. (2001): Vergleichende Leistungsmessung in Schulen – Eine umstrittene Selbstverständlichkeit. In: Weinert, F. E. (Hrsg.): Leistungsmessungen in Schulen. Weinheim/Basel, 17–31.

Werning, R. / Urban, M. (2001): Kooperation zwischen Grundschullehrern und Sonderpädagogen im Gemeinsamen Unterricht. Auswertung einer Gruppendiskussion mit Sonderpädagogen. In: Zeitschrift für Heilpädagogik 52, 5, 178–186.

Werning, R. / Arndt, A.-K. (Hrsg.) (2013): Inklusion: Kooperation und Unterricht entwickeln. Bad Heilbrunn: Klinkhardt.

Willmann, M. (2007): Sonderschullehrer in Grundschulen als Präventionslehrer in der Stadt Frankfurt am Main: Ein Modell der integrierten schulischen Erziehungshilfe. In: Reiser, H. / Willmann, M. / Urban, M.: Sonderpädagogische Unterstützungssysteme bei Verhaltensproblemen in der Schule. Bad Heilbrunn: Klinkhardt, 139–173.

Wocken, H. (1997): Kompetenzen und Ausbildung von Sonderpädagogen. Manuskript. Hamburg.

Wocken, H. (2011): Das Haus der inklusiven Schule. Baustellen – Baupläne – Bausteine. Hamburg: Feldhaus.

Anschrift der Verfasserinnen:
Prof. Dr. Birgit Lütje-Klose
Universität Bielefeld
Fakultät für Erziehungswissenschaft
AG 3: Schultheorie mit dem Schwerpunkt Grund und Förderschulen
Universitätsstraße 25
33615 Bielefeld

Prof. Dr. Susanne Miller
Universität Bielefeld
Fakultät für Erziehungswissenschaft
AG 3: Schultheorie mit dem Schwerpunkt Grund und Förderschulen
Universitätsstraße 25
33615 Bielefeld

Bettina Amrhein

Professionalisierung für Inklusion

Akteurinnen und Akteure der Sekundarstufe
zwischen Determination und Emergenz

> „Wie ich darlegen werde, ist es nicht möglich, das Problem des
> Wandels zu lösen, aber wir können lernen, konstruktiver und pro-
> duktiver damit umzugehen" (Fullan 1999, 9).

Doppelte Ungewissheit, Diskrepanzen inklusiver Bildungsreformen in der Sekundarstufe

Nach Georg Feuser (2013, 13) ist Inklusion die Realisierung der Erziehung und Bildung aller Schüler/innen in gleichberechtigter und gleichwertiger Teilhabe an einem gemeinsamen Unterricht, der sich in uneingeschränkter Anerkennung aller Akteurinnen und Akteure an den auf die nächste Zone ihrer Entwicklung gerichteten Kompetenzen der Kinder und Jugendlichen orientiert.

Seit Ratifizierung der UN-Konvention über die Rechte von Menschen mit Behinderung im März 2009 und der damit einhergehenden Verpflichtung zur Schaffung eines inklusiven Bildungssystems auf allen Ebenen lassen sich zahlreiche Hinweise auf einen grundlegenden Strukturwandel in der deutschen Bildungslandschaft identifizieren. Dabei unterscheiden sich die einzelnen Bundesländer jeweils sehr stark in ihren jeweiligen Entwicklungsverläufen (Klemm 2013). Gepaart mit den bei einem Großteil der Länder noch fehlenden politischen Entscheidungen ergibt sich für alle beteiligten Akteur/-innen zurzeit eine schwierige Situation, da sie zur Umsetzung in den Schulen verpflichtet werden, sich häufig selbst aber als nicht ausreichend qualifiziert wahrnehmen (vgl. Amrhein 2011a). Dies hat zur Folge, dass durch den aktuellen „Bildungsauftrag Inklusion" der Druck auf die professionell Handelnden in der Schule, die inklusiven Reformen „bei laufendem Betrieb" umzusetzen, immer weiter wächst. Zugleich fehlen ausreichend empirisch-analytische Beiträge zu den Strukturveränderungen professionellen pädagogischen Handelns, die die Umsetzung des (menschrechts-)politischen Bildungsauftrags der Inklusion in den pädagogischen Handlungsfeldern bewirken können. Bislang scheint noch völlig offen, wie sich der inklusive Reformauftrag auf der Ebene der jeweiligen Einzelschule nachhaltig umsetzen lässt.

In den laufenden inklusiven Bildungsreformen stehen insbesondere Lehrkräfte der Sekundarstufe zurzeit unter hohem Innovations- und Erwartungsdruck. So konnte die Studie von Klaus Klemm (2013) hier einen erheblichen, auch quantitativen Nachholbedarf im Bereich des gemeinsamen Lernens von Kindern und Jugendlichen mit und ohne sonderpädagogischen Förderbedarf in Deutschland identifizieren. Damit wächst der Druck auf die handelnden Akteurinnen und Akteure immer weiter. Es mehren sich aktuell die Berichte, dass sich schulische Akteure gerade im System der Sekundarstufe durch den neuen Entwicklungsauftrag paradoxen Anforderungen gegenübersehen und dadurch Schulen auf dem Weg zur Inklusion Gefahr laufen, mit ihrem Reformauftrag zu scheitern. Dabei erfahren Lehrkräfte der Sekundarstufe unter dem Einfluss dieser inklusiven Bildungsreformen häufig eine doppelte Ungewissheit.

Ungewissheit 1: Diskrepanz zwischen Reformauftrag und Systembedingungen

Es gibt belastbare Hinweise darauf, dass sich die zentralen Probleme unseres Bildungssystems wie soziale Selektion, mangelnde Chancengerechtigkeit und unzulängliche individuelle Förderung in den letzten Jahren eher verschärft als abgeschwächt haben (Zlatkin-Troitschanskaia et al. 2009, 1; Bos / Müller / Stubbe 2010). Dementsprechend kann von einer erheblichen Diskrepanz zwischen dem Anspruch zur Schaffung eines „inclusive school system at all levels" und der aktuellen Situation im deutschen Bildungssystem ausgegangen werden. Akteurinnen und Akteure haben es somit mit einem paradoxen Schulentwicklungsauftrag zu tun, denn die Systembedingungen in diesem Bereich unseres Erziehungs-, Bildungs- und Unterrichtssystems lassen sich nur schwer mit der Idee einer inklusiven Bildung vereinen (Feuser 2013).

Eine eigene Studie untermauert die These vom paradoxen Schulentwicklungsauftrag für den Bereich der Sekundarstufe, da hier empirisch nachgewiesen werden konnte, welche widersprüchlichen Prozesse im Schulentwicklungsprozess ablaufen können, wenn eine integrative/inklusive Innovation auf ein bestehendes System trifft (Amrhein 2011a). An den zwölf an der Studie beteiligten Schulen der Sekundarstufe kommt es aufgrund einer fehlenden Passung von Anforderung und Ressource auf allen Akteursebenen zu ebenenspezifischen Rekontextualisierungen. Es zeigten sich im Rahmen dieser Studie deutliche Tendenzen, die Innovation an das bestehende System anzupassen und nicht etwa durch die Übernahme innovativer Ideen einen Wandel des Systems zu bewirken.

Grundlage dieser Interpretation gemessener schulischer Entwicklungsprozesse ist die „Neue Theorie der Schule" von Helmut Fend (2006). Fend begreift Lehrkräfte als institutionelle Akteurinnen und Akteure, die hinsichtlich ihrer Einstellungen und Haltungen immer auch unter dem Einfluss der institutionellen Vorgaben stehen. Damit wird angenommen, dass nur die Analyse des Zusammenspiels von Institution und Akteur/in Erkenntnisse über Wandel oder Nicht-Wandel in integrativen/inklusiven Schulentwicklungsprozessen erbringen kann. Nicht allein Haltungen und Einstellungen von Lehrkräften sind relevant, sondern es geht um ein „Wissen im System", das dann auch durch die (strukturellen) Bedingungen im System beeinflusst wird. Einstellungen/Haltungen sind demnach nicht Zeichen von „Persönlichkeitsmerkmalen", sondern Beispiele für Konsequenzen, die aus Rekontextualisierungsprozessen resultieren. Dabei stoßen die Akteurinnen und Akteure bei der Umsetzung und Realisierung auf der jeweiligen Gestaltungsebene auf unterschiedliche Interessen, Referenzrahmen und Aufmerksamkeiten für ebenenspezifische Gefährdungen. Ein Beispiel aus der empirischen Studie (Amrhein 2011b) für diese Umformungstendenzen im Schulentwicklungsprozess sei genannt: Auf der Ebene der Einzelschule werden die Handlungsvorgaben respezifiziert oder passend gemacht. Dies führt unter anderem dazu, dass in der Regel eher Schüler/innen mit geringem Unterstützungsbedarf Eingang ins System finden, da nur hier von hohen Anpassungsleistungen an das bestehende System ausgegangen werden kann. Damit konnte empirisch nachgewiesen werden, dass beobachtete Rekontextualisierungen Ausdruck einer großen Beharrungskraft von Strukturen im System sind. Hans Wocken (2013) betitelt bezeichnet dieses Phänomen stagnierender Schulentwicklungsprozesse am Beispiel Bayerns als „Reform oder Deform: Verändert Inklusion das Schulsystem oder verändert das Schulsystem die Inklusion".

Da nicht davon ausgegangen werden kann, dass sich diese Widersprüche im Kontext der inklusiven Bildungsreformen etwa durch einen Systemwandel schnell auflösen werden, kommt dem Umgang mit diesen Paradoxien im Rahmen qualifizierender Programme für Inklusion eine zentrale Bedeutung zu. Döbert und Weishaupt (2013) sind ebenfalls der Ansicht, dass die Entwicklung hin zu einer inklusiven Schule in einem bisher strukturell hochselektiven Schulsystem eine lange Übergangszeit in Anspruch nehmen wird. Ihnen zufolge werden die nach den neuen Ausbildungskonzepten ausgebildeten Lehrer/innen noch Jahre auf eine Mehrheit von Kolleginnen und Kollegen treffen, die dem Thema Inklusion entweder mit Unsicherheit, Verdrängung oder direkter Ablehnung begegnen. Es lässt sich allerdings die Frage anschließen, von welchen Ausbildungskonzepten Döbert und Weishaupt hier momentan ausgehen, denn die Lehrerausbildung ist in den meisten Bundesländern von einem Konzept für eine inklusionssensible Lehrer(innen)bildung noch weit entfernt (Amrhein 2011b).

Ungewissheit 2: Diskrepanz zwischen Reformanspruch und eigener Qualifikation

Die Diskrepanz zwischen Reformanspruch und Qualifikation im Bereich inklusiver Bildungsreformen erleben die handelnden Akteurinnen und Akteure dadurch, dass von ihnen die zentralen Veränderungen in Schule und Unterricht gegenwärtig und in den nächsten Jahren initiiert werden müssen, auf die sie im Rahmen ihrer Qualifizierung nicht hinreichend vorbereitet wurden. Parallel zu dem anhaltend großen Bedarf an Fortbildung und Weiterqualifizierung erhöhen sich gerade im Bereich der Sekundarstufe mit steigendem Anteil von Schülerinnen und Schülern mit sonderpädagogischem Förderbedarf auch stetig die Anforderungen an die verschiedenen Professionen (Amrhein / Badstieber 2013). Die Lehrkräfte, die jedoch heute an den Schulen die Inklusionsleistung erbringen sollen, fühlen sich zu einem Großteil in keiner Weise auf dieses neue Setting vorbereitet. Im Gegenteil, sie wurden in dem Glauben ausgebildet, später für eine bestimmte Schülerklientel zuständig zu sein, die sich eindeutig einer Schulform zuordnen ließe. Damit kommt im Kontext inklusiver Bildungsprozesse in den nächsten Jahren der Weiterbildung eine überaus wichtige Funktion zu. Dabei ist ganz entscheidend, dass die Lehrkräfte als erwachsene Lerner/innen in hohem Maß ihre persönlichen und beruflichen Erfahrungen, ihr Wissen und ihr eigenes Selbstverständnis in den Lernprozess mit einbringen (Huber 2009). Dies bewirkt, dass wir es überwiegend mit einer Art „Anschlusslernen" zu tun haben (Siebert 2012).

Diskrepanz-Erfahrung als Ausgangspunkt für Innovation und Veränderung

Diese doppelte Diskrepanz im integrativen/inklusiven Schulentwicklungsprozess lässt die handelnden Akteurinnen und Akteure häufig in einer großen Ungewissheit zurück und gefährdet damit die inklusiven Bildungsreformen im Land. Die Bedeutung von Ungewissheit innerhalb pädagogischer Professionalität ist nicht neu: Bereits vor dreißig Jahren haben Luhmann und Schorr (1982, 12) auf das „Technologiedefizit der Erziehung [...]" aufmerksam gemacht. Danach spielt Ungewissheit in pädagogischen Situationen insofern immer eine Rolle, als das Zusammenspiel zwischen individuellen und kollektiven Prozessen zu komplex ist, um die Situationen detailliert voraus-zuplanen. Verfolgt man die zum Teil emotional hochaufgeladenen Debatten im Kontext der Umsetzung der inklusiven Bildungsreformen im Land, dürfte sich die aktuelle Stimmung unter anderem mit der hier beschriebenen dop-pelten Ungewissheit deuten lassen.

In den letzten beiden Jahren häufen sich auch Medienberichte über schei-ternde Inklusionsbemühungen gerade im Bereich der Sekundarstufe. Eines der jüngsten Beispiele ist aus dem Raum Köln zu berichten: Symbolisch trugen im August 2013 Eltern, Lehrkräfte und Schüler/innen der Gesamt-schule Köln-Holweide die Inklusion zu Grabe. Diese Schule mit ihrer langen Tradition des Gemeinsamen Lernens von Kindern ohne und mit Sonderpä-dagogischem Förderbedarf bangt um die Doppelbesetzung in den Integrati-onsklassen. Aus Sicht der Verantwortlichen ist dies eine zwingende Voraus-setzung für erfolgreichen Unterricht in diesen Lerngruppen (N. N. 2013).

Nicht selten sind Diskrepanz-Erfahrungen jedoch auch Ausgangspunkt für Innovation und Veränderung. Rolff und Schley (1997) beschreiben für den Schulentwicklungskontext, dass hier in der Regel nur dann Veränderun-gen eingeleitet werden, wenn es eine Diskrepanz zwischen *Ist* und *Soll* zu be-schreiben gibt. Daher soll im Folgenden der Frage nachgegangen werden, wie Professionalisierung für inklusive Bildung unter diesen Umständen einer doppelten Ungewissheit im System gestaltet werden kann, damit auch Ak-teure der Sekundarstufe sich am Reformprozess beteiligen können, ohne per-manent an den Widersprüchen des eigenen Handelns zu scheitern und dar-über womöglich noch „auszubrennen". Wie kann also das professionelle Handeln schulischer Akteure mit Blick auf die Inklusion weiterentwickelt werden, damit es zukünftig trotz des Fortbestehens paradoxer Situationen im Schulentwicklungsprozess und dem subjektiv empfundenen Gefühls des Nicht-qualifiziert-Seins auch im Bereich der Sekundarstufe zu einer nachhal-tigen Entwicklung hin zur Inklusion kommt?

Dabei führen diese einleitenden Betrachtungen zur doppelten Ungewiss-heit im integrativen/inklusiven Schulentwicklungsprozess zu einem Konzept von Professionalität, welches professionelles Handeln als Zusammenspiel von Handlung und Struktur begreift.

Professionalität als Ausdruck professionalisierten Handels im Zusammenspiel von Handlung und Struktur

Professionalität soll hier in Anlehnung an Paseka, Schratz und Schrittesser (2011) als Ausdruck professionalisierten Handels im Zusammenspiel von Handlung und Struktur betrachtet werden. Die Autorinnen und der Autor beziehen sich dabei auf die Theorie der Strukturierung von Giddens (1997), in welcher Strukturen gestaltungsoffen bleiben können und demnach diesen keine ausschließlich determinierende Wirkung zuzuschreiben ist. Demnach lassen sich Strukturen nach dem hier beschriebenen Verständnis wie folgt kennzeichnen: Sie sind kontingent, lassen Offenheit zu und ermöglichen damit ein variables Handeln bzw. fordern dieses geradezu heraus (Paseka / Schratz / Schrittesser 2011, 17). Dies bedeutet, dass sich Strukturen über weite Strecken der Kontrolle der handelnden Akteure entziehen, aber diese dennoch gestalterisch auf die Strukturen einwirken können. Damit schränken Strukturen Handeln nicht nur ein, sondern ermöglichen das Handeln auch; sie inkludieren Zwänge, aber auch Freiheiten. Folgt man Giddens' Theorie, haben Strukturen damit einen doppelten Charakter: Sie ermöglichen und restringieren Handeln. Somit sind Strukturen nicht deterministisch zu denken, sondern kontingent und ermöglichen den Individuen auch, „anders zu handeln". Ein solches „Andershandeln" lässt sich aus dem Vermögen des Individuums herleiten, reflexiv in der Auseinandersetzung mit der jeweiligen Situation zu (re-)agieren. Demnach liegt für Giddens (1997) in jeder Handlung auch der Keim des Wandels. Ähnlich argumentiert Ulrich Oevermann (1991, 271). Für ihn existiert in Strukturen eine Gleichzeitigkeit von Determination und Emergenz.

Folgt man dieser Denkrichtung, sind Strukturen veränderbar. Allerdings gehen diese Veränderungen aufgrund der relativen Stabilität von Strukturen in den meisten Fällen nur langsam und graduell vor sich. Mit dieser Betrachtungsweise entfalten Paseka, Schratz und Schrittesser ein Konzept von Kompetenz, „das die sonst mit diesem Begriff verbundene Fokussierung auf individuelle Fähigkeiten, Fertigkeiten, Dispositionen und Zuständigkeiten insofern zu überschreiten sucht, als Kompetenz zum Kompetenzfeld erweitert wird" (2011, 20). Dieses Feld kennzeichnet ein dialektisches Zusammenwirken von individuellem Handeln und Struktur. Auch Helmut Fend (2006) ist der Ansicht, dass die Akteure gleichfalls als individuelle Akteure auftreten und den Strukturen nicht alleine ausgeliefert sind. Demnach lässt sich Handeln in Inklusion im Bereich der Sekundarstufe in Anlehnung an die hier zitierten Akteurinnen und Akteure auch als ein Agieren zwischen Determination und Emergenz beschreiben.

Implikationen für die Professionalisierung für Inklusion

Dieser Betrachtung von Professionalität zufolge beginnen Veränderungen immer im Tun, in der konkreten Handlungspraxis, und sie weisen auf die Möglichkeit hin, kreativ mit Bestehendem umzugehen. Hier eröffnet sich möglicherweise ein Hebel für Konzepte einer Professionalisierung für Inklusion im Bereich der Sekundarstufe. Dieser liegt in der Steigerung der

Innovationskompetenz der Lehrkräfte, indem ihnen im Rahmen von qualifizierenden Programmen für die anstehenden Bildungsreformen eben diese Gestaltungsspielräume bewusst werden. Damit stellt sich die Frage: Kann ein kreativer Umgang mit Bestehendem im System und im Kontext der inklusiven Bildungsreformen langfristig dazu führen, dass Bestehendes langsam transformiert wird?

Demnach ist Professionalisierung für Inklusion vor allem ein zentraler Auftrag an die Fortbildung bzw. berufsbegleitende Qualifizierung, denn ein kreatives Umgehen mit Antinomien des Lehrerhandelns in inklusiven Bildungsreformen geschieht nicht von selbst. Es muss in reflexiven Prozessen von schulischen Akteuren und im Team bearbeitet bzw. aufgearbeitet werden. Anders formuliert: Der Umgang mit der Gleichzeitigkeit von Freiheit und Zwängen muss in reflexiven Teamprozessen erst erlernt werden. Dabei ist es besonders wichtig, mit den Akteurinnen und Akteuren herauszuarbeiten, dass ihnen der inklusive Entwicklungsauftrag möglicherweise auch neue Freiheiten in der Ausgestaltung ihres Unterrichts eröffnet.

In einer Studie für die Bertelsmann Stiftung zum Stand der Lehrerfortbildung für Inklusion konnte aufgezeigt werden, dass traditionelle Fortbildungsformen nur beschränkt geeignet sind, Lehrkräfte und weiteres pädagogisches Personal für die sich stark wandelnde Schülerschaft zu professionalisieren (Amrhein / Badstieber 2013). Weiterbildung entspricht hier häufig noch einer Art Kursformat, in dessen Rahmen Themen und neue Ideen eingeführt oder auch vertieft werden. Für eine adaptive Umsetzung in das eigene Handeln dürften solch kursorisch-akademische Formen der Aneignung jedoch eher nicht genügen (Halbheer / Reusser 2009). Diese Feststellung gilt insbesondere auch für die Vorbereitung auf die paradoxen Unterrichtsentwicklungsprozesse im Bereich der Sekundarstufe. Es braucht daher zukünftig innovative Formate der Lehrer(fort)bildung, damit die Handelnden den anspruchsvollen Entwicklungsauftrag, der mit der Schaffung einer inklusiven Unterrichtskultur einhergeht, auch bewältigen können. Die hier beschriebenen Prozesse umfassen heute alle Aus-, Fort- und Weiterbildungsmaßnahmen im Sinne eines lifelong learning für ein inklusives Schulsystem.

Bei Huber (2009) findet sich eine ausführliche Liste von Empfehlungen für die Konzeption und Durchführung von Fort- und Weiterbildungsangeboten bei Lehrkräften. Es zeigt sich, dass in der Fachdiskussion heute nicht mehr ausschließlich Fortbildungskurse, sondern zudem weitere Formen und Ansätze in der Fort- und Weiterbildung von Lehrenden im Mittelpunkt stehen. Huber betont, dass es vor allem multiple Lernanlässe sind, die zur berufsbegleitenden Professionalisierung beitragen können. Diese beinhalten kognitiv-theoretische Lernformen, kooperative und kommunikativ-prozessorientierte Verfahrensweisen sowie reflexive Methoden. Dabei sind die zentralen Aspekte dieser Formate die Bedarfs-, Praxis- und Nachhaltigkeitsorientierung. Folgt man Huber

(2009), so ist es für die Entwicklung eines bedarfsgerechten Angebots besonders wichtig, das Vorwissen, subjektive Theorien, Einstellungen, Erwartungen, Ziele und Motivationen der Teilnehmer/innen zu ermitteln. Überträgt man diese Gelingensbedingung auf den von uns diskutierten Kontext, so scheint diese Herangehensweise an berufsbegleitende Professionalisierung für Inklusion besonders wichtig. Es hat sich gezeigt, dass gerade der Umgang mit den inneren Widerständen bzw. subjektiven Theorien zu gemeinsamem Lernen im bestehenden gegliederten System der Sekundarstufe ein entscheidendes Gelingensmerkmal sein kann (Amrhein 2011a). Hinzu kommt, dass eine weitere Schwierigkeit in der besonderen Vielfältigkeit inklusiver Praxis besteht und es ein „bestes" Modell inklusiver Beschulung für alle Schüler/-innen nicht geben wird (Döbert / Weishaupt 2013).

Nachfolgend werden daher zwei zentrale Aspekte einer Professionalisierung für Inklusion für Akteurinnen und Akteure der Sekundarstufe erarbeitet, die vor dem Hintergrund des zuvor definierten Zugangs zu pädagogischer Professionalität im Kontext inklusiver Bildungsreformen langfristig neben weiteren Bausteinen zu einem Professionalisierungskonzept zusammengebunden werden könnten. Beide Vorschläge haben das Ziel, den handelnden Akteurinnen und Akteuren die Möglichkeit zu eröffnen, die skizzierten Widersprüchlichkeiten im inklusiven Schul- und Unterrichtsentwicklungsprozess in Schulen der Sekundarstufe diskursiv und in einem kollegialen Setting zu bearbeiten:

1. biografische Selbstreflexion
2. reflexiver Umgang mit dem Ungewissen

Biografische Selbstreflexion

Aus professionstheoretischer Perspektive gelten antinomische Widersprüche als strukturelle Merkmale von Schule und Unterricht, die nicht einfach aufzulösen sind. Pädagogische Situationen zeichnen sich gerade nicht durch stabile, technologisch gestaltbare Verhältnisse aus. Insbesondere in den letzten Jahren haben daher reflexive Prozesse eine entscheidende Bedeutung für die Professionalisierung angehender, aber auch erfahrener Lehrkräfte erlangt (Rohr et al. 2013). Dabei spielt die biografische Selbstreflexion im Professionalisierungsprozess von Lehrkräften für Inklusion eine ganz entscheidende Rolle, denn sie dient der Bewusstwerdung von vergangenen Erfahrungen und daraus resultierenden subjektiven Deutungen und Konstruktionen von Zusammenhängen und Erklärungsmustern. In integrativen/inklusiven Schulentwicklungsvorhaben kann diese Reflexionsarbeit mit dem „biografischen Selbst" besonders hilfreich sein, haben in der Regel die Akteurinnen und Akteure doch selbst als Schüler/innen jahrelange Erfahrungen im gegliederten und auf äußere Differenzierung hin ausgerichteten Schulsystem sammeln können.

Nach Gudrun Schönknecht (2005) lassen sich wichtige Entwicklungen in der professionellen Kompetenz und im pädagogischen Konzept als Ergebnis intensiver Reflexion der beruflichen Erfahrungen und pädagogischer Ideen beschreiben. Demnach sind Erfahrung und Reflexion der Motor für Veränderung und Weiterentwicklung und die Innovationsprozesse eng mit der Entwicklung der eigenen professionellen Kompetenz verschränkt. Professionalisierung und Innovation werden in diesem Verständnis als lebenslange Aufgabe gesehen. Damit orientiert sich die diesem Aufsatz zugrunde gelegte Begriffsbestimmung an einer berufsbiografischen Sichtweise von pädagogischer Professionalisierung. Die Einbeziehung einer biografischen Dimension erweitert die kompetenz- und strukturtheoretische Dimension von Professionalisierungsmodellen.

Berufsbiografische Bestimmungsansätze von Professionalisierung stellen Themen wie Kompetenzaufbau und Kompetenzentwicklung, die Übernahme eines beruflichen Habitus und die Verknüpfung von privatem Lebenslauf und beruflicher Karriere in den Mittelpunkt. Von Terhart (2001) werden zudem Belastung und deren Bewältigung, Weiterbildungserfahrungen und kritische Lebensereignisse als zentrale Themen benannt. Terharts Bestimmungsansatz zeichnet sich durch eine stärker individualisierte und dynamische Entwicklungsperspektive von Professionalität aus. Insgesamt verdeutlicht die berufsbiografische Sichtweise den aktiven Entwicklungsprozess von Professionalität im Lehrerberuf und stellt die individuelle Lehrkraft in ihr Zentrum.

Die Entwicklung von Professionalität ist nach Terhart (2001) – der Lehrerprofessionalität als berufsbiografisches Entwicklungsproblem betrachtet – ein Prozess der Auseinandersetzung zwischen Außen- und Innenvariablen entlang des biografischen Leitmotivs der Entwicklung von beruflicher Identität. Die Entwicklung bezieht sich hierbei auf die gesamte Berufslaufbahn, wobei Schönknecht (2005) verschiedene Phasen mit unterschiedlichen Entwicklungsaufgaben benennt. Professionelle Kompetenz entwickelt sich nach Schönknecht im Laufe der Berufsjahre durch Ausbildung, Erfahrung und Reflexion. Dabei ist die Verbindung von Wissen, Handeln und Berufshaltung entscheidend. Die berufliche Entwicklung wird von ihr insgesamt als selbstgesteuerter, komplexer und lebenslanger Prozess betrachtet, der von Lehrkräften selbst und in Interaktion mit dem privaten und professionellen Umfeld aktiv gestaltet wird. Insbesondere die reflexiven Prozesse über das eigene Handeln und im Umgang mit Schülerinnen und Schülern sowie Kolleginnen und Kollegen stellen neue Strategien der Professionalisierung dar, Innovationsprozesse anzustoßen. Erfahrung und Reflexion, aber auch Innovationskompetenz haben sich nach Schönknecht (2005) als grundlegende Faktoren für die professionelle Entwicklung erwiesen. Da wir wissen, dass sich Unterrichtsarbeit von Lehrpersonen meist unter Ausschluss von kritischen Peers vollzieht und dadurch Lehrkräfte oft Muster und Gewohnheiten entwickeln, die ihnen nur beschränkt bewusst sind, wäre ein möglicher Hebel für die Professionalisierung von Inklusion die Anregung von außen, um die in ihrem Einfluss zum Teil ungünstigen „habits" bewusst zu machen und Handlungsalternativen zu entwickeln. Es ist davon auszugehen, dass Vorerfahrungen und Lebenslagen aller Beteiligten möglicherweise eine Reihe von Ungewissheiten produzieren, die die Wahrnehmung, Interpretation und Reaktion von Lehrkräften beeinflussen.

Folgt man dieser Betrachtung von Lehrerprofessionalität als berufsbiografischem Entwicklungsproblem, so stellt insbesondere die biografische Aufarbeitung der eigenen Erfahrungen mit den Systembedingungen des Sekundarschulsystems eine vielversprechende Möglichkeit dar, mit den Widersprüchlichkeiten des eigenen Handelns im Kontext der inklusiven Bildungsreformen produktiv umzugehen.

Reflexiver Umgang mit dem Ungewissen

Möchte man Professionalisierung für Inklusion im Bereich der Sekundarstufe – wie bereits ausgeführt – zwischen den beiden Polen von Determination und Emergenz beschreiben (Oevermann 1991), so kommt dem reflexiven Umgang mit diesen beiden Gegensätzen eine entscheidende Bedeutung zu. „Um ein solches Spannungsverhältnis zu bewältigen, benötigen Professionelle die subjektive Fähigkeit und Bereitschaft, die Ungewissheit des Handelns nicht nur zu ertragen, sondern sie aktiv als konstitutives Moment ihres Handelns anzuerkennen und damit zu arbeiten" (Paseka / Schratz / Schrittesser 2011, 23). Dies bedeutet, das eigene Handeln zu reflektieren und die Verantwortung dafür zu übernehmen.

Hingewiesen sei an dieser Stelle auf eine Studie von Jakob Tetens (2012), der, ausgehend von einer theoretischen Rekonstruktion verschiedener Ebenen potenzieller Ungewissheit im Kontext von Gewalt in der Schule, anhand von zwei Fallstudien diskutiert, inwiefern der individuelle Umgang mit Gewissheit bzw. Ungewissheit den Austausch im Kollegium über Gewalt beeinflusst. Die Ergebnisse der qualitativen Analyse verweisen auf die Notwendigkeit, in Lehrerkollegien Strukturen zu schaffen, die einen offenen, kollegialen Umgang mit Ungewissheit ermöglichen und fördern.

Tetens stellt im Anschluss an seine Studie die Frage: „Müsste es nicht – wenn anzunehmen ist, dass Pädagogen im Laufe ihrer Berufsbiographie immer wieder mit Ungewissheit konfrontiert sind, Ungewissheit also fester Bestandteil pädagogischer Arbeit zu sein scheint – Kriterien geben, anhand derer der individuelle Umgang mit Ungewissheit auf seine Professionalität hin bewertet werden kann? Oder anders gefragt: Nach welchen Kriterien kann ein Umgang mit Ungewissheit als professionell bezeichnet werden?" (Tetens 2012, 7). Er konstatiert schließlich, dass solche Kriterien bisher noch nicht formuliert wurden. Werner Helsper zufolge fehlt häufig eine gemeinsame, in der Schulkultur institutionalisierte Praxis eines reflexiven Umgangs mit Ungewissheit (2003). Voraussetzung für einen produktiven Umgang mit Ungewissheit im Kollegium ist jedoch die Einführung regelmäßiger kollegialer Beratung, in der ein Austausch über handlungspraktische Unsicherheiten und Misserfolge erlernt und Toleranz und Verständnis gegenüber verschiedenen Ansichten entwickelt werden kann (Tietze 2010).

Dieser Umgang mit dem Ungewissen stellt sich in inklusiven Reformvorhaben in besonderer Weise dar, denn diese verlangen den Lehrerinnen und Lehrern aktuell Lösungen ab, auf welche sie in keiner der bisherigen Ausbildungsphasen vorbereitet wurden. Sie sehen sich vor ganz neue Anforderungen gestellt, und es erscheint ihnen häufig so, dass sie diese mit dem ihnen bisher zur Verfügung stehenden Handlungsrepertoire nicht bewältigen können (Amrhein 2011a). Herbert Altrichter und Peter Posch (2006) postulieren schon seit Jahren ein Vorgehen, bei dem Lehrpersonen als Forschende Daten über ihren Unterricht aufnehmen, z.B. in Form von Tagebüchern, Befragungen oder Videoaufnahmen. Diese werden reflektiert und in der Folge werden Handlungsstrategien entwickelt und erprobt. Wir wissen, dass professionell begleitete Unterrichtsreflexion auf Videobasis ein beachtliches Potenzial besitzt (Halbheer / Reusser 2009).

Nach Georg Feuser erfordert die Realisierung einer inklusiven Schule „eine temporär flexible interdisziplinäre, eine disziplinäre und eine stabile multiprofessionelle Kooperation aller Fachkräfte" (2013, 15). Daher stellen sogenannte Kooperative Lerngemeinschaften, in denen die Reflexionsarbeit gemeinsam geleistet werden kann, einen weiteren vielversprechenden Ansatz für die Professionalisierung der handelnden Akteure in Inklusion dar. Als Möglichkeit, kooperatives Lernen anzuregen, haben sich professionelle Lerngemeinschaften (professional learning communities) erwiesen (Hord 1997). Die damit einhergehende De-Privatisierung der Praxis würde ganz neue Möglichkeiten einer Weiterentwicklung von Unterricht mit Blick auf Inklusion eröffnen.

Selbstverständlich benötigen diese innovativen Formate entsprechende Bedingungen im Feld. Es müssen Anreize geschaffen werden, „damit Lehrpersonen voneinander lernen, gemeinsam Unterricht planen, sich gegenseitig im Unterricht besuchen und kooperative Netzwerke bilden (Halbheer / Reusser 2009).

Allerdings ist auch bekannt, dass die Umsetzung eines solchen Vorgehens in der berufsbegleitenden Qualifizierung häufig an geringen zeitlichen Ressourcen scheitert. Wir wissen auch, dass professionelle Reflexionsverfahren wie kollegiale Beratung oder Supervision als institutionell verankerte kollegiale Beratungssettings an Schulen eher die Ausnahme sind (Tetens 2012, 1).

Verbindliche Teamarbeit in Schulen ist selten und innovative Potenziale einer Schule bleiben für die Professionsentwicklung häufig unberücksichtigt. Für die Entwicklung von qualifizierenden Programmen für Inklusion ist es daher besonders wichtig, hier den Raum für diese nachweislich nachhaltigen Formate der berufsbegleitenden Qualifizierung zu schaffen und auch vor Ort die notwendigen Strukturen bereitzustellen. Der Entwicklungsauftrag Inklusion bietet hier erneut die Möglichkeit, bereits lange geforderte innovative und nachhaltige Formate der Professionalisierung von Lehrpersonen zu implementieren und wissenschaftlich zu begleiten. Hierfür wären Formen des unterrichtsbezogenen Coaching und Mentoring als Instrumente der Weiterbildung für Inklusion zu etablieren. Dabei kommt es vor allem auf das geschickte Operieren der Schulleitungen an, diese Freiräume im schulischen Alltag zu suchen und nach außen hin einzufordern (Amrhein 2014).

Professionalisierung für Inklusion: How to think out of the box

Für den hier untersuchten Kontext inklusiver Bildungsreformen im Bereich der Sekundarstufe ist davon auszugehen, dass sich nur über das Handeln der Professionellen und begleitet von unterschiedlichen Formaten der (biografischen) Selbstreflexion im Team inklusive Strukturen in Schulen langfristig herausbilden werden können. Hier spielen die Schulleitungen eine ganz entscheidende Rolle. Eigene Interviews mit Schulleiterinnen und Schulleitern in Toronto/Kanada haben ergeben, dass es bei inklusiven Bildungsreformen ganz zentral auf einen kreativen Umgang mit den Systembedingungen ankommt (Amrhein 2010). Auf die Frage, welche Voraussetzungen Lehrkräfte und Schulleitungen mitbringen sollten, um gemeinsames Lernen in der Schule zu ermöglichen, fiel häufig der Satz: You have to think out of the box. Diese Empfehlung kanadischer Akteurinnen und Akteure beschreibt metaphorisch einen Vorgang, den auch Reinhard Stähling und Barbara Wenders (2011) in ihrer qualitativen Interviewstudie mit Schulleitungen zu Bedingungen des gemeinsamen Lernens in Deutschland herausgearbeitet haben.

Resümierend kann festgehalten werden, dass die beiden Vorschläge – biografische Selbstreflexion und reflexiver Umgang mit dem Ungewissen – vielversprechende Aspekte einer noch zu entwickelnden Professionalisierung für Inklusion beinhalten, die weit über den bloßen Kompetenzerwerb etwa im Bereich des Fachwissens sonderpädagogischer Förderung hinausgehen. Konzepte, die jedoch einen sehr engen Rahmen von Professionalität für Inklusion abstecken, greifen deutlich zu kurz und drohen an der Paradoxie des bestehenden Systems und den widersprüchlichen Erwartungshaltungen an die handelnden Akteurinnen und Akteure zu scheitern, da sie die System-bedingungen, die auf die Beteiligten wirken, häufig ausblenden (Amrhein 2011a).

Feuser zufolge gehe es zukünftig um Aufklärung und Mündigkeit als Pra-xis und Ziel einer Lehrerbildung für Inklusion. Er bezieht sich dabei auf Im-manuel Kant (1784), der den Mut einforderte, sich seines Verstandes ohne Leitung eines anderen zu bedienen, als Ausgangspunkt aus der selbstver-schuldeten Unmündigkeit (Feuser 2013, 41). Damit fordert Feuser, dass Lehrerbildung die Möglichkeit bieten muss, sich aufzuklären. Dies beinhaltet für ihn auch das Bewusstsein, dass ein Schulsystem, welches strukturell auf Selektion und Auslese hin ausgerichtet ist, für Inklusion eher ungeeignet er-scheint und die handelnden Akteure permanent zwingt, dieses Paradox auf der persönlichen Handlungsebene auszugleichen.

Auch Hans Döbert und Horst Weishaupt (2013) stellen in ihrer Expertise Ausbildung und Professionalisierung von Fachkräften für inklusive Bildung im Bereich der Allgemeinbildenden Schule die Kernthese auf, dass für eine inklusive Schule pädagogische Individualisierung und der Umgang mit He-terogenität den pädagogischen Normalfall darstellen. Daraus folgt für sie schulstrukturell die Forderung, separierende Settings zurückzubauen. Sie be-tonen, dass im internationalen Vergleich der Umbruch des deutschen Schul-systems und eine Reform der Lehrerbildung relativ spät stattfinden.

Für Feuser ist daher ein zentrales Moment pädagogischer Professionalität und Expertise im Kontext der inklusiven Bildungsreformen, dass die Profes-sionellen hohe fachliche und moralische Mündigkeit erwerben, kombiniert mit kritischem Verstand (2013, 41). Mit Recht vertritt er die These, Inklusion sei keine Spezialisierung in der Lehrerbildung, sondern deren notwendige Grundlage in Anerkennung der Einzigartigkeit eines jeden Menschen (2013, 42). Es muss daher auch zu starken Strukturveränderungen professionellen pädagogischen Handelns im Bereich der Sekundarstufe kommen, wenn die Umsetzung des (menschenrechts-)politischen Bildungsauftrags der Inklusion in den pädagogischen Handlungsfeldern nachhaltig wirksam sein soll.

Ob Konzepte einer Professionalisierung für Inklusion, die selbstreflexive und kooperative Elemente zum Umgang mit dem Ungewissen im inklusiven Schulentwicklungsprozess nutzen, langfristig zur Professionalisierung schu-lischer Akteurinnen und Akteure für Inklusion beitragen können, wird nur die gründliche Erforschung dieser Prozesse aufzeigen können. Einigermaßen besorgniserregend ist, dass die evaluative Begleitung der inklusiven Bil-dungsreformen in Deutschland zurzeit noch eher die Ausnahme darstellt (Amrhein / Badstieber 2013), und daher ist der Ausbau von Forschungsakti-vitäten dringend erforderlich. So sollten alle an der Erforschung inklusiver Bildungsprozesse interessierten Wissenschaftler/innen nicht müde werden, auch hierfür die notwendigen Ressourcen für den Erkenntnisgewinn einzufordern, denn der Forschungsbedarf ist dringlich.

Literatur

Altricher, H. / Posch, P. (⁴2007): Lehrerinnen und Lehrer erforschen ihren Unterricht. Unterrichtsentwicklung und Unterrichtsevaluation durch Aktionsforschung. Bad Heilbrunn: Klinkhardt.

Amrhein, B. (2010): Auf der Suche nach dem „missing link" zur Inklusion – Einblicke in eine Forschungsreise nach Toronto. In: Köker, A. / Romahn, S. / Textor, A. (Hrsg.): Herausforderung Heterogenität. Ansätze und Weichenstellungen. Bad Heilbrunn: Klinkhardt, 207–217.

Amrhein, B. (2011a): Inklusion in der Sekundarstufe. Eine empirische Analyse. Bad Heilbrunn: Klinkhardt.

Amrhein, B. (2011b): LehrerInnenbildung für eine inklusive Schule. Bestandsaufnahme der Ausbildungssituation an Hochschulen in Nordrhein-Westfalen. In: Gemeinsam Leben. Zeitschrift für Inklusion 20, 1, 20–32.

Amrhein, B. (2014): Inklusive Bildungslandschaften: Neue Anforderungen an die Professionalisierung von Schulleiterinnen und Schulleitern. In: Huber, S. G. (Hrsg.): Jahrbuch Schulleitung. Befunde und Impulse zu den Handlungsfeldern des Schulmanagements. Köln: Wolters Kluwer, 253–267.

Amrhein, B. / Badstieber, B. (2013): Lehrerfortbildungen zu Inklusion – eine Trendanalyse. Gütersloh: Bertelsmann. http://www.bertelsmann-stiftung.de/cps/rde/xbcr/SID-F3ED5097-078E1365/bst/xcms_bst_dms_37966_37970_2.pdf [12.06.2014].

Bos, W. / Müller, S. / Stubbe, T. C. (2010): Abgehängte Bildungsinstitutionen: Hauptschulen und Förderschulen. In: Quenzel, G. / Hurrelmann, K. (Hrsg.): Bildungsverlierer. Neue Ungleichheiten. Wiesbaden: VS Verlag für Sozialwissenschaften, 375–397.

Döbert, H. W. / Weishaupt, H. (Hrsg.) (2013): Ausbildung und Professionalisierung von Fachkräften für inklusive Bildung im Bereich der Allgemeinbildenden Schule. Kurzfassung der Expertise. http://www.bmas.de/SharedDocs/Downloads/DE/PDF-Pressemitteilungen/2013/Inklusions-Konferenz-Kurzexpertise-Allgemeinb-Schule.pdf?__blob=publicationFile [13.08.2014].

Fend, H. (2006): Neue Theorie der Schule. Einführung in das Verstehen von Bildungssystemen. Wiesbaden: VS Verlag für Sozialwissenschaften.

Feuser, G. (2013): Grundlegende Dimensionen einer LehrerInnen-Bildung für die Realisierung einer inklusionskompetenten Allgemeinen Pädagogik. In: Feuser, G. / Maschke, T. (Hrsg.): Lehrerbildung auf dem Prüfstand. Welche Qualifikationen braucht die inklusive Schule? Gießen: Psychosozial-Verlag, 11–66.

Fullan, M. (1999): Die Schule als lernendes Unternehmen. Konzepte für eine neue Kultur in der Pädagogik. Stuttgart: Klett-Cotta.

Giddens, A. (1997): Die Konstitution der Gesellschaft. Grundzüge einer Theorie der Strukturierung. Frankfurt a. M./New York: Campus.

Halbheer, U. / Reusser, K. (2009): Innovative Settings und Werkzeuge der Weiterbildung als Bedingung für die Professionalisierung von Lehrpersonen. In: Zlatkin-Troitschanskaia, O. / Beck, K. / Sembill, D. / Nickolaus, R. / Mulder, R. (Hrsg.): Lehrprofessionalität. Bedingungen, Genese, Wirkungen und ihre Messung. Weinheim/Basel: Beltz, 465–476.

Helsper, W. (2003): Ungewissheit im Lehrerhandeln als Aufgabe der Lehrerbildung. In: Helsper, W. / Hörster, R. / Kade, J. (Hrsg.). Ungewissheit. Pädagogische Felder im Modernisierungsprozess. Weilerswist: Velbrück, 142–161.

Hord, S. M. (1997): Professional learning communities. Communities of continuous inquiry and improvement. Austin: Southwest Educational Development Department.

Huber, S. G. (2009): Wirksamkeit von Fort- und Weiterbildung. In: Zlatkin-Troitschanskaia, O. / Beck, K. / Sembill, D. / Nickolaus, R. / Mulder, R. (Hrsg.): Lehrprofessionalität. Bedingungen, Genese, Wirkungen und ihre Messung. Weinheim/Basel: Beltz, 451–463.

Kant, I. (1784): Beantwortung der Frage: Was ist Aufklärung? In: Berlinische Monatszeitschrift, H. 12, 481–494.

Klemm, K. (2013): Inklusion in Deutschland – eine bildungsstatistische Analyse, Gütersloh: Bertelsmann Stiftung.

Luhmann, N. / Schorr K. E. (1982): Zwischen Technologie und Selbstreferenz - Fragen an die Pädagogik. Frankfurt a. M: Suhrkamp.

N. N. (2013): Die Inklusion zu Grabe tragen. IGS Holweide bangt um Errungenschaften. In: Kölner Wochenspiegel 2013. http://www.koelner-wochenspiegel.de/rag-kws/docs/743046/muelheim [12.07.2014].

Oevermann, U. (1991): Genetischer Strukturalismus und das sozialwissenschaftliche Problem der Erklärung der Entstehung des Neuen. In: Müller-Doohm, S. (Hrsg.): Jenseits der Utopie. Theoriekritik der Gegenwart. Frankfurt a. M.: Suhrkamp, 267–336.

Paseka, A. / Schratz, M. / Schrittesser, I. (2011): Professionstheoretische Grundlagen und thematische Annäherung. In: Paseka, A. / Schratz, M. / Schrittesser, I. (Hrsg.): Pädagogische Professionalität: quer denken – umdenken – neu denken. Impulse für next practice im Lehrerberuf. Wien: Facultas Verlags- und Buchhandels AG, 8–45.

Rohr, D. / Hummelsheim, A. / Kricke, M. / Amrhein, B. (Hrsg.) (2013): Reflexionsmethoden in der Praktikumsbegleitung. Am Beispiel der Lehramtsausbildung an der Universität zu Köln. Münster/New York/München/Basel: Waxmann.

Rolff, H. G. / Schley, W. (1997): Am Anfang muß man bereits aufs Ganze gehen. Zur Gestaltung der Anfangssituation in Schulentwicklungsprozessen. In: Journal für Schulentwicklung, H. 1, 12–21.

Schönknecht, G. (2005): Die Entwicklung der Innovationskompetenz von LehrerInnen aus (berufs-)biographischer Perspektive. http://www.bwpat.de/spezial2/schoenknecht_spezial2-bwpat.pdf [01.05.2013].

Siebert, H. ([7]2012): Didaktisches Handeln in der Erwachsenenbildung. Didaktik aus konstruktivistischer Sicht. Augsburg: ZIEL.

Stähling, R. / Wenders, B. ([2]2011): Ungehorsam im Schuldienst. Der praktische Weg zu einer Schule für alle. Baltmannsweiler: Schneider Verlag Hohengehren.

Terhart, E. (2001): Lehrerberuf und Lehrerbildung. Forschungsbefunde, Problemanalysen, Reformkonzepte. Weinheim/Basel: Beltz.

Tetens, J. (2012): (Un-)Gewissheit und kollegialer Austausch – Am Beispiel des Umgangs von Lehrkräften mit Gewalt in der Schule. http://nbn-resolving.de/urn:nbn:de:0111-opus-55350 [12.06.2014].

Tietze, K. O. (2010): Wirkprozesse und personenbezogene Wirkungen von kollegialer Beratung. Theoretische Entwürfe und empirische Forschung, Wiesbaden: VS Verlag für Sozialwissenschaften.

Wocken, H. (2013): Reform oder Dereform: Verändert Inklusion das Schulsystem oder verändert das Schulsystem die Inklusion? Über Eingliederung und Umformung der

Inklusion in Bayern. In: Schuck, K. D. / Rath, W. / Bleidick, U. (Hrsg.): Zum Haus der inklusiven Schule. Ansichten – Zugänge – Wege. Hamburg: Feldhaus, 10–22.

Zlatkin-Troitschanskaia, O. / Beck, K. / Sembill, D. / Nickolaus, R. / Mulder, R. (2009). Perspektiven auf „Lehrprofessionalität". Einleitung und Überblick. In: Zlatkin-Troitschanskaia, O. / Beck, K. / Sembill, D. / Nickolaus, R. / Mulder, R. (Hrsg.): Lehrprofessionalität. Bedingungen, Genese, Wirkungen und Ihre Messung. Weinheim/Basel: Beltz, 15–32.

Anschrift der Verfasserin:

Prof. Dr. Bettina Amrhein
International Perspectives on Inclusive Education
Professur für Erziehungswissenschaft mit dem Schwerpunkt Inklusion
im internationalen Kontext unter besonderer Berücksichtigung von
Diagnose und Förderung
Fakultät für Erziehungswissenschaft
AG 5 Schulpädagogik und Allgemeine Didaktik
Universität Bielefeld
Postfach 10 01 31
33615 Bielefeld

Karl-Ernst Ackermann

„Pädagogische Professionalität" im Handlungsfeld inklusive Erwachsenenbildung

Eine Problemskizze in vier Thesen

Im Folgenden geht es um einen bislang wenig beachteten Teil jenes umfassenden „inklusiven Bildungssystems", das nach der UN-Behindertenrechtskonvention von den Unterzeichnerstaaten, zu denen ja auch Deutschland gehört, gewährleistet werden soll (UN-BRK 2010, Art. 24). In den entsprechenden Debatten und Diskussionen in der Erziehungswissenschaft und vor allem auch in der Sonderpädagogik wird dieses inklusive Bildungssystem mehr oder weniger mit dem umfangreichen staatlich geregelten Schulsystem gleichgesetzt. Im Gegensatz hierzu soll im Folgenden die Erwachsenenbildung fokussiert werden, die im Artikel 24 der UN-BRK zwar explizit genannt wird, in der Diskussion um ein inklusives Bildungssystem in der BRD jedoch kaum Erwähnung findet. Im „Nationalen Aktionsplan der Bundesregierung zur Umsetzung der UN-BRK" (BMAS 2011) taucht Erwachsenenbildung gar nicht auf. Und im „Teilhabebericht der Bundesregierung…" (BMAS 2013) wird nur am Rande hierauf eingegangen. Diese Leerstelle in der Diskussion entspricht leider auch den realen Gegebenheiten. So fanden z.B. in den Volkshochschulen, die sich mit ihrer Standortbestimmung von 2011 nochmals ausdrücklich zur „Bildung in öffentlicher Verantwortung" bekennen (DVV 2011), Menschen mit geistiger Behinderung bislang nur in Ausnahmefällen Berücksichtigung.

Angesichts der Aufmerksamkeit, die dem Lebenslangen Lernen in Bildungs- und Gesellschaftspolitik gegenwärtig zuteilwird – Seitter spricht hier von der „Institutionalisierung des Lebenslangen Lernens als einer generalisierten gesellschaftlichen Erwartungshaltung an alle Gesellschaftsmitglieder" (2011, 122) –, aber auch im Blick auf ein „historisch neuartiges demographisches Muster […], bei dem wenige junge Menschen vielen erwachsenen und zunehmend älter werdenden Menschen gegenüberstehen" (Seitter 2011,

122), ist es unverzichtbar, bei den künftigen Überlegungen zu einem inklusiven Bildungssystem auch die Erwachsenenbildung in den Blick zu nehmen.

Wenn – wie eben angedeutet – in der ‚öffentlich verantworteten Erwachsenenbildung' Menschen mit geistiger Behinderung bislang kaum berücksichtigt wurden, so bedeutet dies nicht, dass es eine solche Erwachsenenbildung bisher gar nicht gab. Innerhalb der Behindertenhilfe wird seit den letzten zwei bis drei Jahrzehnten eine entsprechende Erwachsenenbildung zum Beispiel mit Menschen mit geistiger Behinderung praktiziert. Die dort gewonnenen Erfahrungen, Konzepte und Ideen müssen bei der nun anstehenden Entwicklung eines ‚inklusiven Bildungssystems' unbedingt mit einbezogen werden.

Im Folgenden versuche ich aus sonderpädagogischer Sicht zu der noch zu entwickelnden ‚inklusiven Erwachsenenbildung' beizutragen, und zwar mit folgender Fragestellung: Welchen Anforderungen muss pädagogische Professionalität in dem Handlungsfeld ‚inklusive Erwachsenenbildung' genügen, in das Menschen mit geistiger Behinderung mit einbezogen sind?

In dieser Formulierung wird ersichtlich, dass noch gar nicht absehbar ist, worin diese pädagogische Professionalität besteht, zugleich wird aber auch deutlich, dass sie als unverzichtbar angesehen wird, weshalb sie sozusagen von den Anforderungen her, die in der Praxis an sie gestellt werden, erschlossen werden muss.

Bevor ich nun auf diese Frage eingehe, möchte ich kurz einige Aspekte nennen, von denen ich mich im Folgenden leiten lasse.

- Zentraler Bezugspunkt der nachfolgenden Überlegungen sind jene Erwachsenen, denen in der Vergangenheit bis in die 1970er-Jahre hinein Bildsamkeit – und damit auch der Anspruch auf Erwachsenenbildung – abgesprochen wurde und auch bis heute oftmals latent immer noch abgesprochen wird, nämlich Menschen mit geistiger bzw. mit komplexer Behinderung. Von inklusiver Erwachsenenbildung kann erst dann die Rede sein, wenn auch diesen erwachsenen Menschen Zugang zu einer „Bildung in öffentlicher Verantwortung" (DVV 2011) gegeben ist. Insofern beziehe ich mich im Folgenden – exemplarisch für die Vielfalt von Diversität, aber auch um das ‚Allgemeine' im ‚Besonderen' deutlicher erfassen zu können – auf Menschen mit geistiger Behinderung.
- Das eingangs angesprochene, von der UN-Behindertenrechtskonvention geforderte „inklusive Bildungssystem", das keinen Menschen ausschließt, sondern allen gleichermaßen zugänglich ist und jedem eine „kulturell angemessene" und „qualitativ hochwertige" (Hirschberg / Lindmeier 2013, 45) Bildung gewährleistet, existiert bislang noch nicht.
  Insofern handelt es sich um ein Konstrukt oder – mit Kant (1963, 12) gesprochen – um ein „herrliches Ideal, und es schadet nichts, wenn wir auch

nicht gleich imstande sind, es zu realisieren. Man muß nur nicht gleich die Idee für chimärisch halten und sie als einen schönen Traum verrufen, wenn auch Hindernisse bei ihrer Ausführung eintreten. Eine Idee ist nichts anderes, als der Begriff von einer Vollkommenheit, die sich in der Erfahrung noch nicht vorfindet. Ist *sie* deswegen unmöglich? Erst muß unsere Idee nur richtig sein, und dann ist sie bei allen Hindernissen, die ihrer Ausführung noch im Wege stehen, gar nicht unmöglich."

Es geht mir also im Weiteren auch um die Frage, ob unsere Idee von Inklusion ‚richtig' ist. Was unter ‚richtig' unter heutigen Gesichtspunkten zu verstehen ist, führt mich zum nächsten Aspekt.

Die Gleichzeitigkeit unterschiedlicher, sich einander ausschließender Normen und Orientierungsmuster des Handelns und Denkens in unserer Gesellschaft führt zu Spannungsfeldern, Ambivalenzen und Antinomien, von denen auch das Projekt Inklusion betroffen ist. Besonders für die Schule als eine für unsere Gesellschaft obligatorische Veranstaltung ergibt sich immer wieder das Dilemma, dass sie auf der einen Seite die gesellschaftliche Funktion von Selektion und Allokation zu erfüllen hat und zur notwendigen Hierarchisierung hierbei das Leistungsprinzip herangezogen wird, dass ihr zugleich aber auf der anderen Seite die Funktion zukommt, durch Inklusion mehr oder weniger auch gesellschaftliche Kohäsion zu garantieren (eine Leistung, die – historisch betrachtet – bislang eher anderweitig erbracht wurde, beispielsweise über den Nationalstaatsgedanken). Durch die Schulpflicht in unserer Gesellschaft wird dieses Dilemma auf Dauer gestellt. Bezogen auf die inklusive Schule hat Oelkers dieses Problem folgendermaßen angesprochen: „Eine Schlüsselfrage, die bislang wenig Konsens hervorgebracht hat, bezieht sich darauf: Wie soll ‚Inklusion' möglich sein in einem System, das strukturell auf Selektion angelegt ist?" (2010, 3).

- Solange solche Widersprüche zwischen den verschiedenen sozialen Funktionen der Institution Schule ignoriert oder geleugnet werden, lässt sich das Projekt einer inklusiven Pflichtschule wohl kaum realisieren. Dieser Widerspruch gilt allerdings in dieser ausgeprägten Form nicht für die Erwachsenenbildung. Denn Erwachsenenbildung ist nicht verpflichtend, sondern freiwillig. Sie hält am Prinzip der Freiwilligkeit der Teilnehmer fest, ein Angebot wahrzunehmen oder nicht wahrzunehmen.

Für den Bereich der Erwachsenenbildung dürften deshalb andere Möglichkeiten hinsichtlich einer Realisierung von Inklusion bestehen als im Schulsystem. Gleichwohl ist damit zu rechnen, dass für eine inklusive Erwachsenenbildung an anderer Stelle Widersprüche auftauchen. Diese zu identifizieren, dürfte eine der zentralen Aufgaben einer reflektierten inklusiven Erwachsenenbildung darstellen.

Ein Kriterium für die ‚Richtigkeit' der Idee von Inklusion könnte dementsprechend darin gesehen werden, dass am Beispiel von Erwachsenenbildung inhärente Widersprüche im ‚inklusiven Bildungssystem' identifiziert werden – und der reflektierte Umgang mit diesen Widersprüchen zur Professionalität in diesem Handlungsfeld beiträgt.

Etablierung des Handlungsfeldes „Erwachsenenbildung" für Menschen mit geistiger Behinderung

Der Versuch, die pädagogische Professionalität für inklusive Erwachsenenbildung über die Anforderungen zu konstituieren, die an sie gestellt werden, ist einerseits auf hypothetische Vorstellungen dazu angewiesen, andererseits aber auch darauf, Hinweise zu dem konkreten Handlungsfeld zu erhalten. Da inklusive Erwachsenenbildung noch nicht wirklich existiert, müssen Anhaltspunkte gesammelt werden. Dazu beziehe ich mich auf Berichte über die Entwicklung dieses Handlungsfeldes (Ackermann 1989; 1993; Ackermann / Amelung 2009).

Wie sah das bisherige Handlungsfeld Erwachsenenbildung mit Menschen mit geistiger Behinderung aus? Wie kam es dazu? Wie wird die Entwicklung dieser Praxis von der Geistigbehindertenpädagogik erklärt?

Pädagogisch-anthropologische Begründung der Erwachsenenbildung mit Menschen mit geistiger Behinderung

In der entsprechenden Literatur der 1960er- und 1970er-Jahre taucht immer wieder ein anthropologisch ausgerichtetes Argumentationsmuster auf, mit dem die pädagogische Zuwendung zu Menschen mit geistiger Behinderung und die damit verbundene pädagogische Tätigkeit begründet wird: nämlich die besondere Betonung der *Möglichkeit* und *Notwendigkeit* von Erziehung und Bildung – zunächst im Blick auf Kinder und Jugendliche mit geistiger Behinderung (z.B. Mühl 1969).

Erst nachdem die Generation der um 1950 geborenen Kinder mit geistiger Behinderung in das Erwachsenenalter gekommen war und nachdem sich mit der „Normalisierung" ihrer Lebensverhältnisse auch ein „Altwerden von Menschen mit geistiger Behinderung" (BV Lebenshilfe / Hofmann 1983) abzeichnete, gerieten die Möglichkeit und die Notwendigkeit einer Bildung von Erwachsenen mit geistiger Behinderung in den Blick.

In einer der ersten einschlägigen deutschsprachigen Publikationen zu diesem Thema verweist Otto Speck (1982) darauf, dass Erwachsene mit geistiger

Behinderung bis dahin immer nur ein Nebenthema in der Geistigbehindertenpädagogik waren (1982, 11). Das Zentrum der Aufmerksamkeit war weitgehend auf Kinder gerichtet, nicht auf Erwachsene. Die Generation von
Menschen mit geistiger Behinderung, die zur damaligen Zeit hätte erwachsen
sein können, war zum größten Teil mit dem Verdikt der „Bildungsunfähig-
keit" dem NS-Vernichtungsterror zum Opfer gefallen.

Einen Wandel der Blickrichtung hin zu erwachsenen Menschen mit geistiger Behinderung und schließlich die Feststellung von der „Notwendigkeit
einer Erwachsenenbildung bei geistiger Behinderung" (Speck 1982, 12) führt
Speck auf die Entwicklung und den Ausbau von Teilzeit-Einrichtungen in
der Behindertenhilfe während der 1960er- und 1970er-Jahre zurück sowie
auf eine gleichzeitig sich vollziehende „soziale Öffnung der Gesellschaft".

Theunissen (2003) hebt für die späte Entdeckung der Erwachsenenbildung innerhalb der Heilpädagogik ähnliche Aspekte hervor.

Auch Erdmute Baumgart (1987) geht von der Notwendigkeit und Möglichkeit von Bildung als Begründung für die Erwachsenenbildung für Menschen mit geistiger Behinderung aus. Sie bezieht sich hierbei auf ihre Erfahrungen mit dem Pilotprojekt „bildungsclub", das sie von 1983–1985 in
Zürich durchgeführt hatte.

Diese pädagogisch-anthropologische Argumentation von der Möglich-
keit und Notwendigkeit von Bildung taucht dann auch immer wieder in der
Literatur auf, so auch in den Dokumentationen zu den drei Kolloquien, die
Herbert Höss zum Thema Erwachsenenbildung für Menschen mit geistiger
Behinderung in der zweiten Hälfte der 1980er-Jahre initiiert hatte (Höss /
Goll 1987; Dalkner / Ludwigs / Ungar 1987; Beiße / Feddern / Maibauer
1989).

Anspruch auf Erwachsenenbildung vor dem Hintergrund der Menschenrechte

Mitte der 1990er-Jahre wird dann diese pädagogisch-anthropologisch orientierte Begründung von Erwachsenenbildung und Bildung mit ihrer Bezugnahme auf Möglichkeit (Bildsamkeit) und Notwendigkeit von einer *Argumentationsfigur* abgelöst, in der die *Menschenrechte* einen zentralen
Referenzpunkt darstellen. Für die im System der Behindertenhilfe angesie-
delte Erwachsenenbildung mit Menschen mit geistiger Behinderung kann als
Beleg für diese Neuorientierung das „Berliner Manifest" herangezogen werden, das von der „Gesellschaft Erwachsenenbildung und Behinderung e. V."
auf einer Tagung in Berlin 1995 verabschiedet wurde. Es beginnt mit folgender Aussage:

„Bildung braucht keine Rechtfertigung: Sich bilden ist Menschsein, Menschsein ist sich bilden" (Heß 1996, 179).

Implizit bezieht sich das Berliner Manifest hiermit auf die Menschenrechte. Insofern braucht Bildung keine eigene Begründung mehr, denn sie ist qua Menschenrecht verankert und ableitbar bzw. heute dementsprechend einklagbar. Diese Argumentationsfigur zieht sich durch die Programme und Konzepte der Erwachsenenbildung in der Behindertenhilfe zunehmend hindurch (vgl. C. Lindmeier 2012) und findet ihren Höhepunkt mit der expliziten Ausformulierung in Abschnitt 1 und 5 von Artikel 24 der UN-Behindertenrechtskonvention:

> „Die Vertragsstaaten anerkennen das Recht von Menschen mit Behinderungen auf Bildung. Um dieses Recht ohne Diskriminierung und auf der Grundlage der Chancengleichheit zu verwirklichen, gewährleisten die Vertragsstaaten ein inklusives Bildungssystem auf allen Ebenen und lebenslanges Lernen [...]" (UN-BRK 2010, Art. 24 Abschnitt 1).
>
> „Die Vertragsstaaten stellen sicher, dass Menschen mit Behinderungen ohne Diskriminierung und gleichberechtigt mit anderen Zugang zu allgemeiner tertiärer Bildung, Berufsausbildung, Erwachsenenbildung und lebenslangem Lernen haben" (UN-BRK 2010, Art. 24 Abschnitt 5).

Durch die Bezugnahme auf die Deklaration der Menschenrechte wird jedoch die bisherige pädagogisch-anthropologische Begründung von Bildung bzw. Erwachsenenbildung nicht zugleich obsolet, sondern bleibt unverzichtbar für das erkenntnistheoretische Selbstverständnis von Pädagogik und Sonderpädagogik als Disziplin; ohne diesen Anspruch würde sie auf eine normative Disziplin bzw. Lehre reduziert, die sich ihre Orientierungen und Normen von anderen Disziplinen oder Weltanschauungen vorgeben lässt.

These 1:
Hieraus ergibt sich als Anforderung an die Professionalität im Handlungsfeld einer inklusiven Erwachsenenbildung, dass sie über eine Ableitung aus den allgemeinen Menschenrechten hinausgehend sich auch immer wieder erneut mit der kritischen Selbstvergewisserung der Pädagogik als Disziplin auseinandersetzen muss.

Hierzu ist allerdings eine selbstkritische Weiterentwicklung der Sonderpädagogik als Disziplin notwendig, um jene Selbstmissverständnisse zu vermeiden, auf die unter anderem Moser (2003; dazu C. Lindmeier 2013, 132 f.) verwiesen hat, nämlich die Sonderpädagogik ließe sich als Disziplin mit den Orientierungen und Argumenten der Profession begründen, wie z.B. mit der Orientierung an der Klientel bzw. an Behinderung. Im Gegenteil ist festzuhalten: „Die Disziplin muss in ihrem Erkenntnisinteresse die Profession über ihr professionelles Handeln und Selbstverständnis aufklären, ohne hierdurch der Profession die Basis für ihr Handeln bzw. Wirksamkeitsinteresse zu entziehen [...]" (Ackermann 2013, 182). Zugleich muss sich aber auch die Disziplin bei ihrer theoretischen Selbstvergewisserung immer wieder erneut ihres Gegenstandes ‚Bildung' versichern.

Erwachsenenbildung mit Menschen mit geistiger Behinderung im Spannungsfeld zwischen spezieller Behindertenhilfe und allgemeinen Erwachsenbildungsangeboten

Nun zurück zu dem Versuch, Hinweise zur Etablierung des Handlungsfeldes Erwachsenenbildung mit Menschen mit geistiger Behinderung zu sammeln! Ab den 1970er-Jahren hat sich eine solche Praxis innerhalb der Einrichtungen der Behindertenhilfe in der BRD auf einer pädagogisch-anthropologisch ausgerichteten Begründungsebene entwickelt und sich vor allem auf inhaltlicher Ebene auf das Kursangebot ausgewirkt. Insbesondere in den Wohneinrichtungen, aber mehr noch in den Werkstätten für behinderte Menschen (WfbM) wurde nach und nach ein umfangreiches Kursangebot aufgebaut. Die Palette der Kursthemen umfasste das ganze Spektrum, das auch in allgemeinen Bildungseinrichtungen wie z.B. den Volkshochschulen angeboten wurde: politische Bildung, Identitätsbildung, Kulturtechniken, Grund- und Elementarbildung, Gestalten, Gesundheit, Sprachkurse, berufliche Bildung.

Daneben wurde vereinzelt auch innerhalb der allgemeinen Erwachsenenbildung ein meist zielgruppenorientiertes Angebot für Menschen mit geistiger Behinderung organisiert, so z.B. im Bildungszentrum Nürnberg (Hambitzer 1991), in der VHS Hannover (Schuchardt 1987, 13–49) oder in Kooperation mit einer WfbM in Würzburg (B. Lindmeier et al. 2000).

In Entsprechung zu der jeweiligen Trägerschaft, die hinter dem Kursangebot stand, zeichnete sich für diese Praxis bald folgende Struktur ab: Die Erwachsenenbildung für Menschen mit geistiger Behinderung entwickelte sich in zwei unterschiedlich organisierten und voneinander völlig getrennten Kontexten: einerseits im Kontext der Behindertenhilfe, andererseits im Kontext der allgemeinen Erwachsenenbildung (vgl. Ackermann 1989; 1993).

Pointiert zusammengefasst spielt sich die Erwachsenenbildung für Menschen mit geistiger Behinderung also in zwei unterschiedlich organisierten Subsystemen bzw. Kontexten ab. Dort, wo diese Erwachsenenbildung bislang wahrgenommen und realisiert wurde, nämlich im Kontext Behindertenhilfe, gehört sie eigentlich gar nicht hin, weil dieser Kontext nicht auf Bildung ausgerichtet ist. Doch dort, wo sie hingehört – nämlich in den Bereich der öffentlich verantworteten Bildung – wurde sie bislang kaum wahrgenommen und findet meistens nur in Ausnahmefällen und am Rande statt (Ackermann 2012).

Dementsprechend lässt sich auch von zwei unterschiedlichen Handlungsfeldern der Erwachsenenbildung mit Menschen mit geistiger Behinderung sprechen, die im Blick auf das angestrebte inklusive Bildungssystem, das die UN-Behindertenrechtskonvention fordert, zusammenarbeiten müssen.

Die Forderung nach einer zunächst integrativen, später dann inklusiven Erwachsenenbildung wurde schon früh artikuliert. So wurde im Hamburger Kolloquium (Beiße / Fedder / Maibauer 1989) unter anderem eine Erwachsenenbildung für Menschen mit geistiger Behinderung gefordert, „[...] die in das allgemeine System Weiterbildung integrierbar ist" (Ackermann 1989, 102). Und in der im Anschluss an dieses Kolloquium entstandenen „Gesellschaft Erwachsenenbildung und Behinderung e. V." wurde Inklusion als programmatische Zielsetzung verfolgt (C. Lindmeier 2012, 44 f.). Doch die Bemühungen um Kooperation, die von Seiten der Behindertenhilfe aus an die allgemeine Erwachsenenbildung gerichtet waren, blieben meistens unbemerkt. Mit der UN-Behindertenrechtskonvention ergaben sich jedoch zahlreiche Anknüpfungspunkte. Erste Modelle, die in Richtung einer inklusiven Erwachsenenbildung weisen, haben sich auf der Tagung „Inklusive Erwachsenenbildung" 2011 in Berlin vorgestellt (Ackermann et al. 2012).

These 2:
Hieraus ergibt sich für eine künftige Professionalität im Handlungsfeld einer inklusiven Erwachsenenbildung die Anforderung, Kooperationen zwischen den beiden unterschiedlich organisierten Kontexten zu ermöglichen und somit ein inklusives Handlungsfeld der Erwachsenenbildung zu eröffnen.

Im Rahmen des ‚Handlungsfeldes Erwachsenenbildung', das sich im Kontext der Behindertenhilfe in den letzten drei Jahrzehnten entwickelte, entstand auch eine gewisse Fachlichkeit. Die Voraussetzungen, über die die meisten Kursleiter im Kontext Behindertenhilfe verfügen, lassen sich folgendermaßen zusammenfassen (vgl. Ackermann 2012):

- Kenntnis über Behinderungsformen und Techniken der Unterstützung und Förderung
- Kenntnisse über die Kursteilnehmer aus dem Arbeits- oder Wohnkontext
- Kompetenzen im Umgang mit Menschen mit (geistiger) Behinderung
- sonderpädagogisch orientierte Haltung gegenüber Menschen mit Behinderung.

Es mangelt aber oft an didaktischer und fachdidaktischer Kompetenz. Schon Ende der 1980er-Jahre wurde im Handlungsfeld Erwachsenenbildung in der Behindertenhilfe gefordert, „[...] die Bildungsarbeit selbst zu professionalisieren, aus dem Stadium der Handwerkelei und Improvisation herauszufinden, Erwachsenenbildungsprozesse umsichtig zu evaluieren sowie offene Curricula zu entwickeln, die Modellcharakter haben und auf situationsbedingte verschiedene Zusammenhänge übertragbar sind" (Schwarte 1991, 33).

Die Forderung nach Professionalisierung der Mitarbeiter im Kontext der Behindertenhilfe wurde von der „Gesellschaft Erwachsenenbildung und Behinderung e. V." aufgegriffen, die seit Jahren eine entsprechende Fortbildungsmaßnahme anbietet. In dieser Fortbildungsreihe „Bildung in Arbeit und Freizeit – Fortbildung zur Fachpädagogin/zum Fachpädagogen" wurden bis heute über 250 Personen – zum überwiegenden Teil Mitarbeiter und Mitarbeiterinnen aus der Behindertenhilfe – für das Handlungsfeld Erwachsenenbildung mit Menschen mit geistiger Behinderung weitergebildet (Bücheler 2012, 28).

Die Bundesvereinigung Lebenshilfe bietet ebenfalls seit langer Zeit in ihrem Fortbildungsinstitut „InForm" eine entsprechende „Weiterbildung zur Fachpädagogin/zum Fachpädagogen für Erwachsenenbildung von Menschen mit (geistiger) Behinderung" an.

Vor dem Hintergrund der geforderten Professionalisierung ergibt sich die Aufgabe, die Expertisen aus den verschiedenen Kontexten zunächst zusammenzuführen und im Blick auf eine zu entwickelnde inklusive Professionalität zu transformieren.

These 3:
Hieraus ergibt sich für die pädagogische Professionalität im Handlungsfeld inklusive Erwachsenenbildung die Anforderung, sich mit der pädagogischen Professionsforschung auseinanderzusetzen.

In der Sonderpädagogik wurde erst Ende der 1990er-Jahre die pädagogische Diskussion zur Professionsforschung aufgegriffen (Riegert 2012). Die nun offensichtlich drängende Frage, was denn das Besondere der Sonderpädagogik ausmacht, ob es ein spezifisch sonderpädagogisches Handeln gibt, das sich vom allgemeinen pädagogischen Handeln abgrenzen ließe – diese Frage konnte nun im Kontext der erziehungswissenschaftlichen Professionsforschung aufgegriffen und diskutiert werden. Mit dieser erziehungswissenschaftlichen Sichtweise, die die Sonderpädagogik auf sich selbst zurückbezog, gerät sie zusehends unter Legitimationsdruck (was ist das spezifisch sonderpädagogische Handeln?), der mit einem Abgrenzungsbedürfnis gegenüber der allgemeinen Erziehungswissenschaft einhergeht. Die Sonderpädagogik musste bis dahin ihr zweifellos vorhandenes Verhältnis zur allgemeinen

Pädagogik überhaupt nicht thematisieren, weil – so sei hier die These gewagt – einerseits die Sonderpädagogik als Disziplin bis dahin von der Erziehungswissenschaft so gut wie gar nicht wahrgenommen wurde, da sie sich eher als medizinisch bzw. therapeutisch dominierte Profession präsentierte und damit nicht anschlussfähig war. Andererseits musste sich die Sonderpädagogik in dieser isolierten Situation weder mit der Erziehungswissenschaft noch mit sich selbst auf der Ebene einer wissenschaftlichen Disziplin auseinandersetzen und konnte nun damit ihre Isolation vor dem Hintergrund der in den 1970er-Jahren gewonnenen Unabhängigkeit von Medizin und Psychiatrie als theoretische Eigenständigkeit interpretieren.

Das professionelle Selbstverständnis wird also nicht zufällig am Ende der 1970er-Jahre zu einem Thema, das sich in der Literatur deutlich manifestiert (für die allgemeine erziehungswissenschaftliche Diskussion siehe Helsper / Tippelt 2011; für die sonderpädagogische Diskussion Riegert 2012; Lindmeier et al. 2000; Lindmeier / Lindmeier 2007; Dlugosch / Reiser 2009; B. Lindmeier 2013).

In einer auf das professionelle Handeln im Förderschwerpunkt geistige Entwicklung fokussierten Zusammenfassung stellt B. Lindmeier (2013) die drei dominierenden theoretischen Ansätze der neueren erziehungswissenschaftlichen Professionsforschung vor, nämlich

- Systemtheoretischer Ansatz, der auf Luhmanns Systemtheorie zurückgeht;
- Strukturtheoretischer Ansatz, der von Oevermann entwickelt wurde;
- Interaktionistische Professionstheorie nach Fritz Schütze.

Die trotz aller Unterschiede sich abzeichnenden Gemeinsamkeiten dieser Ansätze hebt B. Lindmeier (2013, 303) hervor und identifiziert hierin zugleich den spezifischen Strukturkern professionellen pädagogischen Handelns, den sie folgendermaßen vorstellt:

- Professionelles pädagogisches Handeln wird von allen Ansätzen als eingelagert in makrosoziale Zusammenhänge aufgefasst, mit denen die Komplexität der pädagogischen Professionalität verdeutlicht wird.
- „Alle drei Ansätze thematisieren, dass das professionelle Handeln weder wissenschaftlich steuerbar, noch bürokratisch lenkbar bzw. expertokratisch aus allgemeinen Regelsätzen ableitbar ist" (2013, 303). Für die pädagogische Professionalität bedeutet dies, dass das Professionswissen grundsätzlich im Blick auf jeden konkreten Einzelfall neu generiert werden muss, dass also Routinen des pädagogischen Handelns nicht zugelassen sind;

- Zentraler Aspekt ist, dass zwischen widersprüchlichen Anforderungen auf unterschiedlichen Ebenen vermittelt werden muss – so auf der Eben der beteiligten Personen, der organisatorischen Rahmenbedingungen und der Gestaltung des Arbeitsbündnisses (2013, 303).

Die Frage, ob es eine spezifisch sonderpädagogische Professionalität gebe und, falls ja, was diese für die „Gestaltung inklusiver Bildung" (B. Lindmeier 2013, 291) bedeute, lässt B. Lindmeier offen – bzw. wird von ihr mit dem Hinweis versehen, dass die kritische Selbstvergewisserung im Rahmen einer „sonderpädagogischen Professionsforschung" einen Beitrag zur Klärung der Frage leisten könne, „ob sich in allen pädagogischen Handlungsfeldern ein gemeinsamer Strukturkern finden lässt, eine Frage, die […] als wichtiges Forschungsdesideratum benannt wird" (2013, 311).

Die zentrale Frage, ob es also einen spezifischen Strukturkern des sonderpädagogische Handelns gibt, muss offen bleiben bzw. der kritischen Selbstvergewisserung übertragen werden. Doch auch wenn das Spezifische sonderpädagogischen Handelns bislang nicht positiv bestimmt werden kann, so lässt sich doch das Typische der gesamten pädagogischen – und damit auch der sonderpädagogischen – Handlungsstruktur identifizieren: „Ungewissheit hinsichtlich der Zielerreichung, Fehleranfälligkeit und nicht grundsätzlich aufhebbare Paradoxien" (B. Lindmeier 2013, 303).

These 4:
Eine wesentliche Anforderung an sonderpädagogische Professionalität besteht dementsprechend im Umgang mit „Widerspruchskonstellationen und Spannungsfelder[n] […], die auch für heilpädagogisches Handeln als konstitutiv erachtet werden" (Riegert 2012, 18f.).

Riegert (2012, 19) verweist auf die „'Grundparadoxie' jedweder pädagogischen Praxis", die sich aus erziehungswissenschaftlicher und gleichermaßen aus sonderpädagogischer Sicht stellt, und fasst diese folgendermaßen zusammen:

> „Die Grundparadoxie pädagogischer Praxis entsteht aus einer Dialektik zweier Prinzipien heraus, die für pädagogisches Denken und Handeln gleichermaßen Gültigkeit besitzen, zum einen dem Prinzip der Bildsamkeit, zum anderen der Aufforderung zur Selbsttätigkeit. Beide können als jeweils in sich paradox gekennzeichnet werden" (Riegert, 2012, 19).

Diese doppelte Paradoxie besteht darin, dass aus pädagogischer Perspektive Bildsamkeit für alle Menschen – sozusagen kontrafaktisch – anerkannt wird, schon bevor ihre Ergebnisse sich erkennen lassen.

Die Paradoxie der ‚Selbsttätigkeit' liegt drin, dass sie von außen – durch pädagogischen Umgang bzw. Interaktion – gleichermaßen provoziert oder induziert werden muss. Nach Benner lässt sich diese Grundparadoxie folgendermaßen fassen:

> „[…] den Zu-Erziehenden zu etwas aufzufordern, was er noch nicht kann, und ihn als jemanden zu achten, der er noch nicht ist. Sondern allererst vermittels eigener Selbsttätigkeit wird" (2009, 71).

Das spezifische sonderpädagogische Handeln kann im Blick auf die ihm zugrundeliegende Bildungsparadoxie beschrieben werden als ein Handeln im Spannungsverhältnis zwischen den Polen „Akzeptieren" einerseits und „Fördern" andererseits, also als ein Austarieren zwischen „Halten und Zumuten, Anerkennen und Konfrontieren" (Dlugosch / Reiser 2009, 95).

Inklusive Professionalität muss sich immer wieder mit dem Problem der Dialektik von Gleichheit und Verschiedenheit auseinandersetzen, die als „zentrales Dilemma professionellen Handelns in inklusiven Arbeitszusammenhängen" (B. Lindmeier 2013, 309) gilt. Inklusion kann dementsprechend als ständige Aufgabe des Ausbalancierens von Gleichheit und Verschiedenheit (vgl. B. Lindmeier 2013, 306 ff.) begriffen werden. Über diese dialektische Struktur hinausgehend stellen sich dann weitere Antinomien und Dilemmata ein.

Ein weiteres sonderpädagogisches Spannungsverhältnis, ähnlich dem zwischen „Zielgruppenorientierung" und Integrations- bzw. Inklusionsanspruch, stellt sich mit den sonderpädagogischen Prinzipien Förderung oder „inklusive Bildung" bzw. Inklusion, das vor allem im Kontext der Institution Schule und dem dominierenden Leistungsprinzip sich zu einem zunächst unlösbaren Dilemma auswirkt, weil Bildung – wie „inklusive Bildung" – hier unwillkürlich zum Kollaborateur von Selektion und Allokation wird. Dieses Spannungsfeld stellt sich in der Erwachsenenbildung nicht in dieser Schärfe (wie schon eingangs angemerkt).

Aus Sicht der Erwachsenenbildung kann dieses Problem ganz anders gefasst werden, nämlich als Frage danach, worin der Erwachsenenbildner seine Aufgabe sieht – eher darin, den Kursteilnehmer (mit oder ohne Behinderung) zum „Akteur" seiner eigenen Bildung zu befähigen oder in erster Linie darin, dafür zu sorgen, dass behinderte Kursteilnehmer mit nichtbehinderten Kursteilnehmern zusammenkommen, weil nur dann Bildung des Subjektes gelinge bzw. weil nur so Exklusionsvermeidung (vgl. Moser 2003) vermittelt werden könne?

Das zentrale Problem für die inklusive Erwachsenenbildung besteht darin, dass bislang nur wenige nicht behinderte Teilnehmer aus freien Stücken Interesse an ihr zeigen. C. Lindmeier hat dieses Kerndilemma, das auf

mikrologischer bzw. mikrosoziologischer Ebene zu verorten ist, folgendermaßen auf den Punkt gebracht: Er geht davon aus, dass Behinderung in Menschen, die sich als nicht behindert erachten, „Differenzerfahrungen auslöst,
die nicht zu ‚Perspektivenverschränkungen' führen, die für die eigene Iden-
titätsentwicklung für relevant und interessant angesehen werden, sondern zu
Abgrenzung und Ausgrenzung" (C. Lindmeier 2003, 191).

Dieses Problem kann, nicht zuletzt auch aufgrund des Prinzips der Freiwilligkeit, nicht qua Verordnung – wie in dem obligatorischen Schulsystem
– gelöst werden, vielmehr müssen sich – auf die Spitze getrieben – die
professionellen Kursleiter entscheiden, ob sie für die Bildung ihrer Kursteilnehmer oder aber für die Herstellung inklusiver Settings zuständig sein wollen.

Dass Bildung der Subjekte in inklusivem Kontext ideales Ziel ist, liegt auf
der Hand. Ob jedoch inklusive Settings die ‚conditio sine qua non' für Bildung darstellen, darf bezweifelt werden. Denn die Grundparadoxie von Bildung legt ja gerade nahe, dass sie in ihrem Ergebnis offen bleibt bzw. nicht
von außen das erzwungen werden kann, wozu das Subjekt sich aus eigener
Selbsttätigkeit heraus entscheiden muss. Oder anders formuliert: Ein inklusives Setting garantiert nicht, dass sich die darin zu ihrer Bildung gelangen-
den Subjekte immer inklusiv verhalten und exklusionsverhindernd tätig werden, wie umgekehrt nichtinklusive Settings sich nicht von vornherein
zwangsläufig darin auswirken, Inklusion zu verhindern.

Insgesamt sollte hier in der (sonder-)pädagogischen Inklusionsdebatte
differenziert werden, was Gegenstand von Aufklärung sein sollte und wie
diese „aufklärend" auch so vermittelt werden kann, dass sie reflexive Bildung
ermöglicht.

Inklusion im pädagogischen Handlungsfeld

Da die Erwachsenenbildung nicht in gleicher Weise wie die Schulbildung mit
dem Leistungsdilemma verquickt ist, kann an ihrem Beispiel vielleicht deutlicher werden, welche Handlungsfelder mit welchem Ausmaß und welchen
Dimensionen mit Inklusion verbunden sind. Hierzu soll zunächst die soziologische Perspektive Kronauers (2013) herangezogen werden, der darauf verweist, dass es in Deutschland zwei verschiedene Debatten über Inklusion
gibt, nämlich zum einen die Debatte über Inklusion von Menschen mit Behinderungen, die gegenwärtig von der UN-Behindertenrechtskonvention
forciert wird, zum anderen die Debatte, die „das gesellschaftspolitische Problem neuer sozialer Spaltungen im Blickpunkt" (Kronauer 2013, 17) hat und
dementsprechend an ‚Exklusion' ansetzt. Diese neuen sozialen Spaltungen
gehen auf „weiterreichende Veränderungen am Arbeitsmarkt und in den

Beschäftigungsverhältnissen, in den Systemen sozialstaatlicher Sicherung und in den Haushalts- und Lebensformen" (2013, 17) zurück.

Die erstgenannte Debatte, die hier als „sonderpädagogische Debatte" bezeichnet werden kann, richtet ihre Kritik ebenso gegen die diskriminierenden, die Lebenschancen von Menschen beeinträchtigenden sozialen Schließungen" (Kronauer 2013, 24) wie die gesellschaftspolitische „Debatte um Inklusion als Überwindung der neuen gesellschaftlichen Spaltungen" (2013, 24), doch geht die „gesellschaftspolitische" Debatte über die Problemstellung der ersten Debatte hinaus, d.h., „sie setzt sich kritisch mit den Regeln der zentralen Institutionen auseinander, die in den kapitalistischen Gesellschaften der Gegenwart über Inklusion und Exklusion entscheiden" (Kronauer 2013, 24). Mit andern Worten: Wenn Menschen mit Behinderungen inkludiert werden, ist das Problem der sozialen Spaltungen noch nicht gelöst, im Gegenteil: „Zugespitzt formuliert: die Inklusion in sozial ausgrenzende Verhältnisse kann nicht das Ziel sein, sondern nur die Überwindung solcher Verhältnisse" (2013, 24).

Das ganze Ausmaß dessen, was zu der intendierten Verhinderung von Exklusion aufgebracht werden muss, übersteigt bei Lichte betrachtet schlicht die pädagogischen Kräfte, denn es handelt sich insgesamt um eine gesellschaftspolitische Aufgabe. Das heißt, das „sonderpädagogische Handlungsfeld" allein eignet sich nicht dazu, die zentralen Probleme faktisch zu verändern. Aus der Sicht Kronauers heißt dies: „Inklusion lässt sich nicht als Sonderproblem von Gruppen lösen, sondern nur als gesellschaftspolitische Aufgabe, inkludierende Verhältnisse zu schaffen" (2013, 24).

Aus dieser Perspektive eröffnet sich ein gesellschaftspolitisches Handlungsfeld mit ganz anderen Ausmaßen als jenes, das der pädagogischen Professionalität zur Verfügung steht bzw. von ihr beeinflussbar ist. Dies bedeutet keineswegs, im „pädagogischen Handlungsfeld" die Finger von Inklusion zu lassen, sondern vielmehr, dass „sich aufklärende Aufklärung" über die exkludierenden Prozesse notwendig ist.

Pädagogische Professionalität für eine inklusive Erwachsenenbildung

Zurück zum Handlungsfeld Erwachsenenbildung: Katzenbach (2013) hat die Handlungsmöglichkeiten, die sich der (sonder-)pädagogischen Professionalität in der Erwachsenenbildung anbieten, um ein inklusives Handlungsfeld zu etablieren, folgendermaßen in den Blick genommen. Ausgehend von den strukturellen Rahmenbedingungen einer „inklusiven Erwachsenenbildungslandschaft" unterscheidet er drei Ebenen, auf denen mögliche Barrieren den Zugang zur Erwachsenenbildung behindern können (Katzenbach 2013, 32 ff.):

1. formale Zugangsbeschränkungen
2. Inhalte des Erwachsenenbildungsangebotes
3. Organisation behindertenpädagogischer Expertise

Zu 1: formale Zugangsbeschränkungen

Zertifikate spielen in der Erwachsenenbildung eher im Bereich der beruflichen Weiterbildung eine Rolle, sie stellen kaum ein Problem im Bereich des „Identitätslernens" bzw. der „Persönlichkeitsbildung" dar, das in der Erwachsenenbildung mit Menschen mit geistiger Behinderung besonders nachgefragt ist. Gleichwohl spielen auch hier etablierte und systemstabilisierende Normen und Standards über Zugangsberechtigungen eine Rolle, die kritisch überprüft werden müssen.

Zu 2: Inhalte des Erwachsenenbildungsangebotes

Inwieweit wird in der Erwachsenenbildung sichergestellt, dass die Inhalte den Interessen der Teilnehmer entsprechen? Diese Frage impliziert die Annahme, dass Teilnehmer mit Behinderungen eventuell spezifische Interessen haben, die nicht in dem allgemeinen Angebot enthalten sind. Es geht also um die Frage, ob Zielgruppenangebote einer inklusiven Erwachsenenbildung entgegenstehen bzw. darin nicht zulässig sind – oder durchaus auch mit einbezogen werden können. Katzenbach (2013, 34) plädiert für das „Sowohl-als-auch": Inklusion impliziert die Zugänglichkeit aller Bildungsangebote, schließt aber Zielgruppen nicht aus und kann sie auch nicht ersetzen. Doch sollte deren institutionelle Verortung in aller Regel inklusiv vorgenommen werden.

Zu 3: Organisation behindertenpädagogischer Expertise

Eine besondere Möglichkeit, sonderpädagogische Expertise in inklusive Erwachsenenbildung einzubringen, besteht in der Organisation von sonderpädagogischer Assistenz. Es stellt sich hier die ebenso im schulischen Zusammenhang bekannte Frage, welche Position die Assistenten gegenüber den behinderten Teilnehmern einnehmen und welche Position sie gegenüber der Kursleitung haben. Die Kursleitung soll auf alle Fälle die Verantwortung für die gesamte Lerngruppe haben.

Eine weitere Möglichkeit, sonderpädagogische Expertise einzubringen, könnte in der Etablierung von „Bildungsassistenten" gesehen werden, denen die Aufgabe zukommt, ihre Expertise auf die methodische Kompetenz zu beziehen und „[...] eine Art Übersetzungsleistung im Hinblick auf die Lernbedürfnisse und Lernmöglichkeiten des Assistenznehmers zu erbringen" (Katzenbach 2013, 36). Diese setzt spezialisiertes Wissen und ausgewiesene sonderpädagogische Kompetenzen im Blick auf die verschiedenen Behinderungsformen voraus.

Außerdem sollte hiermit die Aufgabe verbunden sein, „[…] gleichsam advokatorisch für die Akzeptanz des Assistenznehmers in der Gruppe der Kursteilnehmenden tätig zu sein" (Katzenbach 2013, 36).

Der Umgang mit Spannungen und Ambivalenzen ist konstitutiv für die Professionalität im Handlungsfeld einer inklusiven Erwachsenenbildung, das erst noch entwickelt und ausgebaut werden muss. Es gehört zur pädagogischen Professionalität in diesem Feld, auch die der Inklusion inhärenten Widersprüche zu identifizieren und die Ambivalenzen des „inklusiven Bildungssystems" zu thematisieren, das ja Bestandteil einer Gesellschaft ist, die weiterhin von Exklusionsprozessen bestimmt ist. Inwieweit kann Erwachsenenbildung durch inklusive Professionalität dazu beitragen, illegitime Schließungen sozialer Beziehungen zu überwinden und legitime Grenzen durchlässig zu gestalten (vgl. Kronauer 2013, 19 ff.)? Und wie kann inklusive Erwachsenenbildung dazu beitragen, neue soziale Spaltungen zu überwinden?

Katzenbach sieht auch das Konzept des Lebenslangen Lernens selbst tief in die Ambivalenzen verstrickt:

> „Erwachsenenbildung kann ein emanzipatives und sozial-integratives Vorhaben sein. Erwachsenenbildung kann aber auch in den Dienst der Daueraufgabe Selbstoptimierung gestellt werden, um die Anschlussfähigkeit an die immer flexibleren Märkte nicht zu verlieren" (2013, 38).

Ohne pädagogische Professionalität wird Erwachsenenbildung kaum zu einem inklusiven Handlungsfeld werden. Ihre Aufgabe wird es auch sein, immer wieder auch auf die Unverfügbarkeit von Bildungsprozessen (Seitter 2011, 135) aufmerksam zu machen.

Literatur

Ackermann, K.-E. (1989): Weiterbildung für geistig behinderte Bürger als elementare Bildung. In: Beiße, M. / Feddern, C. / Maibauer, A. (Hrsg.): Hamburger Kolloqium. Erwachsenenbildung mit geistiger Behinderung. Dokumentation des 3. Kolloquiums. Hamburg, 83–117.

Ackermann, K.-E. (1993): Erwachsenenbildung geistig behinderter Menschen im vereinten Europa. In: Geistige Behinderung 32, 1, 34–43.

Ackermann, K.-E. (2012): Zwischen den Stühlen. Erwachsenenbildung für Menschen mit geistigen Behinderungen. In: DIE Zeitschrift für Erwachsenenbildung 19, 2, 26–29.

Ackermann, K.-E. (2013): Geistigbehindertenpädagogik zwischen Disziplin und Profession. In: Ackermann, K.-E. / Musenberg, O. / Riegert, J. (Hrsg.): Geistigbehindertenpädagogik!? Disziplin – Profession – Inklusion. Oberhausen, 171–184.

Ackermann, K.-E. / Amelung, M. (2009): Gutachten zur Situation der Erwachsenenbildung von Menschen mit geistiger Behinderung in Berlin. Lebenshilfe Landesverband Berlin.

Ackermann, K.-E. / Burtscher, R. / Ditschek, E. J. / Schlummer, W. (Hrsg.) (2012): Inklusive Erwachsenenbildung. Kooperation zwischen Einrichtungen der Erwachsenenbildung und der Behindertenhilfe. Berlin. [= Edition „Die schräge Reihe", Gesellschaft Erwachsenenbildung und Behinderung e. V.].

Baumgart, E. (1987): Volkshochschulen – auch für geistig behinderte Menschen. Erfahrungen mit Weiterbildung im Kurssystem. Luzern.

Beiße, M. / Feddern, C. / Maibauer, A. (Hrsg.) (1989): Hamburger Kolloquium. Erwachsenenbildung mit geistiger Behinderung. Dokumentation des 3. Kolloquiums. Hamburg.

Benner, D. ([6]2009): Allgemeine Pädagogik. Eine systematisch-problemgeschichtliche Einführung in die Grundstruktur pädagogischen Denkens und Handelns. Weinheim.

BMAS (2011): Bundesministerium für Arbeit und Soziales (Hrsg.): Unser Weg in eine inklusive Gesellschaft. Der Nationale Aktionsplan der Bundesregierung zur Umsetzung der UN-Behindertenrechtskonvention. Berlin.

BMAS (2013): Bundesministerium für Arbeit und Soziales (Hrsg.): Teilhabebericht der Bundesregierung über die Lebenslagen von Menschen mit Beeinträchtigungen. Teilhabe – Beeinträchtigung – Behinderung. Bonn.

Bücheler, H. (2012): Alles hat seine Zeit. In: Zeitschrift Erwachsenenbildung und Behinderung 23, 1, 28–31.

BV Lebenshilfe / Theodor Hofmann (Hrsg.) (1983): Altwerden von Menschen mit geistiger Behinderung. Berichte des Internationalen Workshops 1981. Marburg.

Dalkner, D. / Ludwigs, W. / Ungar, M. (Hrsg.) (1988): Friesland Kolloquium. Erwachsenenbildung für Menschen mit geistiger Behinderung. Dokumentation. Oldenburg.

Dlugosch, A. / Reiser, H. (2009): Sonderpädagogische Profession und Professionstheorie. In: Opp, G. / Theunissen, G. (Hrsg.): Handbuch schulische Sonderpädagogik. Bad Heilbrunn, 92–98.

DVV. Deutscher Volkshochschul-Verband e. V. (Hrsg.) (2011): Die Volkshochschule – Bildung in öffentlicher Verantwortung. Bonn.

Hambitzer, M. (1991): Erwachsenenbildung behinderter Menschen im Rahmen einer Volkshochschule (VHS). In: Bundesvereinigung Lebenshilfe (Hrsg.): Erwachsenenbildung für Menschen mit geistiger Behinderung. Referate und Praxisberichte. Marburg, 107–117.

Helsper, W. / Tippelt, R. (Hrsg.) (2011): Pädagogische Professionalität. Weinheim/Basel. [= Zeitschrift für Pädagogik, 57. Beiheft].

Heß, G. (Hrsg.) (1996): Umbruch, Aufbruch, Horizonte. Neue Wege in der Erwachsenenbildung. Berlin. [Schriftenreihe der Gesellschaft Erwachsenenbildung und Behinderung e. V., Bd. 5].

Hirschberg, M. / Lindmeier, C. (2013): Der Begriff ‚Inklusion' – Ein Grundsatz der Menschenrechte und seine Bedeutung für die Erwachsenenbildung. In: Burtscher, R. / Ditschek, E. J. / Ackermann, K.-E. / Kil, M. / Kronauer, M. (Hrsg.): Zugänge zur Inklusion. Erwachsenenbildung, Behindertenpädagogik und Soziologie im Dialog. Bielefeld, 39–52.

Höss, H. / Goll, H. (Hrsg.) (1987): Heidelberger Kolloquium. Erwachsenenbildung für Menschen mit geistiger Behinderung. Dokumentation. Heidelberg.

Kant, I. (1963): Ausgewählte Schriften zur Pädagogik und ihrer Begründung. Besorgt von Hans-Hermann Groothoff. Paderborn.

Katzenbach. D. (2013): Inklusion – Begründungsfiguren, Organisationsformen, Antinomien. In: Burtscher, R. / Ditschek, E. J. / Ackermann, K.-E. / Kil, M. / Kronauer, M. (Hrsg.): Zugänge zur Inklusion. Erwachsenenbildung, Behindertenpädagogik und Soziologie im Dialog. Bielefeld, 27–38.

Kronauer, M. (2013): Soziologische Anmerkungen zu zwei Debatten über Inklusion und Exklusion. In: Burtscher, R. / Ditschek, E. J. / Ackermann, K.-E. / Kil, M. / Kronauer, M. (Hrsg.): Zugänge zur Inklusion. Erwachsenenbildung, Behindertenpädagogik und Soziologie im Dialog. Bielefeld, 17–25.

Lindmeier, B. (2013): Professionelles Handeln im Förderschwerpunkt geistige Entwicklung. In: Ackermann, K.-E. / Musenberg, O. / Riegert, J. (Hrsg.): Geistigbehindertenpädagogik!? Disziplin – Profession – Inklusion. Oberhausen, 291–313.

Lindmeier, B. / Lindmeier, C. / Ryffel, G. / Skelton, R. (2000): Integrative Erwachsenenbildung für Menschen mit Behinderung. Praxis und Perspektiven im internationalen Vergleich. Neuwied/Berlin.

Lindmeier, B. / Lindmeier, C. (³2007): Professionstheorie und -forschung in der Heilpädagogik. In: Bundschuh, K. / Heimlich, U. / Krawitz, R. (Hrsg.): Wörterbuch Heilpädagogik. Bad Heilbrunn, 214–218.

Lindmeier, C. (2000): Heilpädagogische Professionalität. In: Sonderpädagogik 30, 3, 166–180.

Lindmeier, C. (2003): Integrative Erwachsenenbildung. In: Theunissen, G. (Hrsg.): Erwachsenenbildung und Behinderung. Impulse für die Arbeit mit Menschen, die als lern- oder geistig behindert gelten. Bad Heilbrunn, 189–204.

Lindmeier, C. (2012): Inklusive Erwachsenenbildung als Menschenrecht. In: Ackermann, K.-E. / Burtscher, R. / Ditschek, E. J. / Schlummer, W. (Hrsg.) (2012): Inklusive Erwachsenenbildung. Kooperation zwischen Einrichtungen der Erwachsenenbildung und der Behindertenhilfe. Berlin, 43–67. [= Edition „Die schräge Reihe", Gesellschaft Erwachsenenbildung und Behinderung e. V.].

Lindmeier, C. (2013): Geschichte und Gegenwart der Sonderpädagogik als wissenschaftliche Disziplin. In: Ackermann, K.-E. / Musenberg, O. / Riegert, J. (Hrsg.): Geistigbehindertenpädagogik!? Disziplin – Profession – Inklusion. Oberhausen, 111–142.

Lindmeier, B. / Lindmeier, C. / Ryffel, G. / Skelton, R. (2000): Integrative Erwachsenenbildung für Menschen mit Behinderung. Praxis und Perspektiven im internationalen Vergleich. Neuwied.

Moser, V. (2003): Konstruktion und Kritik. Sonderpädagogik als Disziplin. Opladen.

Mühl, H. (1969): Notwendigkeit und Möglichkeit der Erziehung geistig behinderter Kinder. Bonn/Bad Godesberg.

Oelkers, J. (2010): Die Behindertenrechtskonvention und die allgemeine Pädagogik. Vortrag auf der Fachtagung der Kultusministerkonferenz zur Umsetzung der Behindertenrechtskonvention der Vereinten Nationen am 21. Juni 2010 in Bremen. http://www.ife.uzh.ch/dam/jcr:00000000-4a53-efca-0000-000035c4b145/Bremen.pdf [23.01.2014].

Riegert, J. (2012): Sonderpädagogische Professionalität im Umgang mit Verhaltensauffälligkeiten an Schulen mit dem Förderschwerpunkt ‚Geistige Entwicklung'. Eine qualitative empirische Untersuchung zu Deutungsmustern von Sonderpädagoginnen und Sonderpädagogen. Dissertation. Berlin. http://edoc.hu-berlin.de/dissertationen/riegert-judith-2012-07-10/PDF/ [23.01.2014].

Schuchardt, E. (1987): Schritte aufeinander zu. Soziale Integration Behinderter durch Weiterbildung. Zur Situation in der Bundesrepublik Deutschland. Bad Heilbrunn/Obb.

Schwarte, N. (1991): Erwachsenenbildung für Menschen mit geistiger Behinderung. In: Bundesvereinigung Lebenshilfe (Hrsg.): Erwachsenenbildung für Menschen mit geistiger Behinderung. Referate und Praxisberichte. Marburg, 11–35.

Seitter, W. (2011): Wandel des Professionellen im Feld der Weiterbildung. In: Helsper, W. / Tippelt, R. (Hrsg.): Pädagogische Professionalität. Weinheim/Basel, 122–137 [= Zeitschrift für Pädagogik, 57. Beiheft].

Speck, O. (1982): Erwachsenenbildung bei geistiger Behinderung – eine Grundlegung. In: Speck, O (Hrsg.): Erwachsenenbildung bei geistiger Behinderung. Grundlagen, Entwürfe, Berichte. München/Basel, 11–42.

Theunissen, G. (Hrsg.) (2003): Erwachsenenbildung und Behinderung. Impulse für die Arbeit mit Menschen, die als lern- oder geistig behindert gelten. Bad Heilbrunn.

UN-BRK (2010): Die UN-Behindertenrechtskonvention. Übereinkommen über die Rechte von Menschen mit Behinderungen. Hrsg.: Beauftragter der Bundesregierung für die Belange behinderter Menschen. Bonn (hier zitiert nach der „Schattenübersetzung").

Anschrift des Verfassers:
Prof. Dr. Karl-Ernst Ackermann
Kirchstr. 19,
10557 Berlin

Ausgewählte Analysen und Forschungsergebnisse zur inklusionsorientierten Transformation pädagogischer Professionalität

Marian Laubner / Christian Lindmeier

Forschung zur inklusionsorientierten Lehrerinnen- und Lehrerbildung in Deutschland

Eine Übersicht über die neueren empirischen Studien zur ersten, universitären Phase

Lehrerinnen und Lehrer für die Erfordernisse der Tätigkeit in inklusiven Schulen auszubilden, ist seit 2012 – durch Initiativen der Kultusministerkonferenz (KMK)[1] und des Bundesministeriums für Bildung und Forschung (BMBF)[2] bildungspolitisch flankiert – zu einem Thema geworden, dem im

---

1 Am 18.03.2012 legte die KMK anlässlich eines gemeinsamen Fachgesprächs von Bund, Ländern und Experten der Wissenschaft ein Eckpunktepapier vor, das Forderungen und Erwartungen der Länder herausarbeitet. Dabei stand die ‚Fortentwicklung der Lehrerbildung in Bezug auf die Anforderungen der Heterogenität und Inklusion‘ als eines von fünf Themen im Mittelpunkt. In den Jahren 2012 und 2013 nahm die KMK im Hinblick auf dieses Thema drei Weichenstellungen vor (vgl. C. Lindmeier 2014):
   1. die Einfügung einer ‚Sockelformulierung‘ zu den Themenbereichen ‚Umgang mit Hetergenität‘, ‚Inklusion‘ und ‚Förderdiagnostik‘ in den Rahmenvereinbarungen zu allen sechs Lehramtstypen (KMK 2013a–f);
   2. die Weiterentwicklung des sonderpädagogischen Lehramts (Typ 6) im Hinblick auf „Entwicklungen unter Berücksichtigung der Inklusion" (KMK 2013g);
   3. die Überarbeitung der ‚Standards der Lehrerbildung: Bildungswissenschaften‘ und der ‚Inhaltlichen Anforderungen für die Fachwissenschaftlichen und Fachdidaktiken in der Lehrerbildung‘ im Hinblick auf die Erfordernisse der Inklusion.
2 Am 30.11.2012 führte das BMBF ein Fachgespräch unter Beteiligung von 25 Wissenschaftlerinnen und Wissenschaftlern aus Deutschland, Österreich und der Schweiz zum Thema ‚Ausbildung und Professionalisierung von Fachkräften für inklusive Bildung in Deutschland‘ durch. Dabei kristallisierte sich heraus, „dass es bildungsbereichsübergreifende und bildungsbereichs- und professionsspezifische Anforderungen und Erwartungen an die Professionalisierung von Fachkräften für inklusive Bildung gibt" (Döbert / Weishaupt 2013b, 7). Das BMBF gab daraufhin neun Fachexpertisen in Auftrag, die den Stand, die Forschungsergebnisse und -perspektiven sowie die Handlungserfordernisse bei der Ausbildung und Professionalisierung von

fachwissenschaftlichen Diskurs große Aufmerksamkeit zuteilwird (vgl. unter anderem Moser / Demmer-Dieckmann et al. 2012; Hillenbrand / Melzer / Hagen 2013; Heinrich / Urban / Werning 2013; Moser 2013; Feuser / Maschke 2013; Walm 2013; C. Lindmeier 2013; 2014). Im Folgenden wird der Versuch unternommen, die nationalen empirischen Forschungsbeiträge zur inklusionsorientierten Lehrerbildung (engl. ‚Teacher Education for Inclusion') im Überblick darzustellen. Wir orientieren uns dabei an aktuellen Systematisierungen der Forschung zum Lehrerberuf bzw. zur Lehrerbildung in Deutschland (vgl. Rothland / Terhart 2009; Terhart / Bennewitz / Rothland 2011; Cramer 2012), auch wenn durch ein solches Verfahren die Lückenhaftigkeit des Forschungsstandes zu diesem Forschungsschwerpunkt deutlich zu Tage tritt. Eine Orientierung an den aktuellen Systematisierungen des nationalen Forschungsstandes erscheint uns indes nicht nur in (wissenschafts-)theoretischer und forschungsmethodischer Hinsicht, sondern auch im Hinblick auf (aus-)bildungspolitische Gestaltungserfordernisse (inklusive Forschungsförderung) notwendig.

Unter Berücksichtigung des internationalen Forschungsstandes ist es in Deutschland spätestens seit der Veröffentlichung des ‚Handbuchs der Forschung zum Lehrerberuf' (vgl. Terhart / Bennewitz / Rothland 2011) üblich geworden, die Forschung zur Lehrerbildung (engl. ‚Research on Teacher Education') der Forschung zum Lehrerberuf (engl. ‚Research on Teachers') zu subsumieren (vgl. zuerst Rothland / Terhart 2009).[3] Unter ‚Forschung zum Lehrerberuf'[4] verstehen Rothland und Terhart „Forschungsprojekte,

---

Fachkräften für inklusive Bildung in Deutschland in allen Bildungsbereichen analysieren sollten (vgl. Döbert / Weishaupt 2013a). Soweit verfügbar, sollten bei der Erarbeitung der Expertisen auch die Entwicklungen im internationalen Kontext Berücksichtigung finden. Dass zwei Expertisen zum allgemeinbildenden Schulwesen eingeholt (vgl. Hillenbrand / Melzer / Hagen 2013; Heinrich / Urban / Werning 2013) wurden, „lässt sich nicht nur durch die Komplexität des Bereichs Schule begründen, sondern ist auch Ausdruck unterschiedlicher wissenschaftlicher Standpunkte zum Thema" (Döbert / Weishaupt 2013b, 9).

3 Rothland und Terhart weisen darauf hin, dass in manchen Fällen auch die Wendung *Research on Teachers, Teaching, and Teacher Education* zu finden sei, „um die enge Verbindung zwischen der empirischen Forschung zum Lehrerberuf und derjenigen zu Unterrichtsprozessen [...] auszudrücken" (2009, 791).

4 Die Wendung ‚Forschung zum Lehrerberuf' soll auch den Unterschied zum Begriff der *Lehrerforschung* (*teacher research*) im engeren Sinne zum Ausdruck bringen. Dieser werde verwendet, „um die praxisnahe, entwicklungsorientierte Forschungsarbeit von *Lehrern und Lehrerinnen* in engem Kontakt zu ihrem eigenen Arbeitsfeld zu kennzeichnen" (Rothland / Terhart 2009, 791).

Tab. 1: Vergleichende Übersicht über Ansätze zur Systematisierung der Forschung zum Lehrerberuf / zur Lehrerbildung in Deutschland

	Schäfers, C. (2002): Forschung zur Lehrerausbildung in Deutschland	Rothland, M./ Terhart, E. (2009): Forschung zum Lehrerberuf	Terhart, E./ Bennewitz, H./ Rothland, M. (2011): Handbuch der Forschung zum Lehrerberuf	Cramer, C. (2012): Empirische Lehrerbildungsforschung
Forschung zur Geschichte des Lehrerberufs			Forschung zur Geschichte des Lehrerberufs • Mittelalter bis Ende des 17. Jh. • 18. Jh. bis Gegenwart	
Charakteristika und Rahmenbedingungen des Lehrerberufs			Charakteristika und Rahmenbedingungen des Lehrerberufs • Leitbilder • Rechtsstellung, Laufbahn und Besoldung • Schulleitung und Schulleitungshandeln	Evaluation von Lehrerbildungssystemen, -einrichtungen und -reformen Expertisen zur Lehrerbildung
Konzepte der Forschung zum Lehrerberuf			Konzepte der Forschung zum Lehrerberuf • Persönlichkeitsansatz • Strukturtheoretischer Professionsansatz • Experten-Paradigma • Kulturtheoretische Perspektive • Aktionsforschung	
Berufsbiographie von Lehrerinnen und Lehrern	Voraussetzungen von Lehramtsstudierenden: • Berufswahlmotive • Leistungsvoraussetzungen • Eigene Lehrer(innen)erfahrungen Universitäre Lehrerausbildung aus Sicht der Betroffenen (Studierende, Berufsanfänger, erfahrene Lehrer/innen) Universitäre Lehrerausbildung aus Sicht von Lehrenden (Einschätzungen und Bewertungen von Lehrerausbildungsexperten)	Wer strebt den Lehrerberuf an – und warum? • Berufswahlmotive, • Leistungsvoraussetzungen und • soziale Herkunft angehender Lehrkräfte Berufsbiographische Entwicklung von Lehrkräften	Berufsbiographie von Lehrerinnen und Lehrern • Wer entscheidet sich für den Lehrerberuf? • Warum entscheiden sich Studierende für den Lehrerberuf? • Berufseinstieg: Übergang von der Ausbildung in den Beruf • Über den Berufseinstieg hinaus: Berufsbiographie	Individuelle Eingangsbedingungen und Merkmale der Lehramtsklientel Erfahrungen und Bewertungen aus Studierendensicht Begleitumstände und Studiensituation Berufsbiographische Entwicklung

Forschungsbereich				
Forschung zur Lehrerbildung	Innovationsansätze im Rahmen der bestehenden Phasenstruktur der Lehrerausbildung: • Institutionelles Entwicklungspotenzial (Zentren für Lehrerbildung) • Curriculares Entwicklungspotenzial (Entwicklung eines Kerncurriculums) • Hochschuldidaktisches Entwicklungspotenzial (Berufsfeldbezug)	Wirksamkeit der Lehrerbildung	Forschung zur Lehrerbildung • Lehrerbildung im internationalen Vergleich • Erste Phase der Lehrerbildung • Berufseinführung (= Zweite Phase) • Lehrerfort- und -weiterbildung • Wirksamkeit der Lehrerbildung aus Sicht der empirischen Bildungsforschung	International vergleichende Studien Wirkungsforschung und Längsschnittstudien
Forschung zu Lehrerkognitionen, -emotionen und -kompetenzen		Berufliche Kompetenz von Lehrkräften (Wissen, Können, Handeln)	Forschung zu Lehrerkognitionen, -emotionen und -kompetenzen • Wissen der Wissensvermittler • Berufsbezogene Überzeugungen • Selbstwirksamkeit • Lehrermotivation • Kompetenzmodelle und Standards • Erfassung und Bewertung professioneller Kompetenz	Kompetenzentwicklung und Standards
Forschung zum Lehrerhandeln			Forschung zum Lehrerhandeln • Lehrerhandeln im Unterricht • Lernwirksamkeit des Lehrerhandelns • Kooperation im Lehrerberuf • Lehrer als Diagnostiker • Beurteilung von Schülern als Aufgabe des Lehrers • Lehrer als Berater	Fachliche und fachdidaktische Ausbildung
Forschung zu Belastung und Beanspruchung im Lehrerberuf		Belastung und Beanspruchung im Lehrerberuf	Forschung zu Belastung und Beanspruchung im Lehrerberuf • Personenbezogene Forschung • Prävention und Intervention in der personenbezogenen Forschung • Arbeitsplatz- und bedingungsbezogene Forschung	Detaillierte Untersuchung von Einzelmerkmalen (insbesondere Belastung/ Beanspruchung)

-programme und -zusammenhänge, [...] die sich im Horizont unterschiedlicher Disziplinen mit unterschiedlichen wissenschaftlichen Methoden, Theorieansätzen und divergierenden Erkenntnisinteressen auf den Lehrerberuf beziehen, wobei dies den Ausbildungsprozess für den Lehrerberuf immer mit einschließt: Forschung zur Lehrerbildung ist Teil der Forschung zum Lehrerberuf" (2009, 791). Folgt man der Monographie Cramers (2012), dann kann es sich aber auch in umgekehrter Perspektive als sinnvoll erweisen, die verschiedenen Schwerpunkte der Forschung zum Lehrerberuf explizit aus der Perspektive der Lehrerbildungsforschung zu systematisieren.

In einem ersten Schritt wird in diesem Beitrag zunächst der aktuelle Stand der Systematisierung der empirischen Forschung zur Lehrerbildung in Deutschland diskutiert. Dabei soll auch Berücksichtigung finden, ob in diesen allgemeinen Systematisierungen des Forschungsstandes auf die Forschung zur sonder-, integrations- und inklusionspädagogischen Lehrerbildung eingegangen wird. In einem zweiten Schritt werden wir in Anlehnung an die vorgefundenen Systematisierungen einen Überblick über die bis Juli 2014 vorliegenden empirischen Wissensbestände zur inklusionsorientierten Lehrerbildung in Deutschland bieten. Um den Umfang des Beitrags zu begrenzen, beschränken wir uns auf die erste, universitäre Phase der Lehrerbildung. Abschließend widmen wir uns den Forschungsdesideraten der Ausbildung von Lehrkräften für die inklusive schulische Bildung in Deutschland.

Zur Systematisierung der empirischen Wissensbestände zur Lehrerbildung in Deutschland

Für die Darstellung des aktuellen Stands der Systematisierung der empirischen Forschung zur Lehrerbildung in Deutschland verwenden wir vier Publikationen (vgl. Tab. 1), die sich entweder aufgrund der starken Akzentuierung der Lehrerbildungsforschung in der ersten, universitären Phase besonders gut für unsere Zwecke eignen oder den Forschungsstand umfassend darstellen (vgl. Schaefers 2002; Rothland / Terhart 2009; Terhart / Bennewitz / Rothland 2011; Cramer 2012).[5]

---

5 Innerhalb der deutschsprachigen Literatur bieten außerdem Terhart (2005), Blömeke (2004), Bromme und Rheinberg (2006), Baumert und Kunter (2006) sowie Blömeke (2009b) einen ersten allgemeinen Überblick über dieses Forschungsgebiet.

Forschung zur Lehrerausbildung in Deutschland – eine bilanzierende Übersicht der neueren empirischen Studien (Schaefers 2002)

In einer Übersicht über die seit 1990 erschienenen empirischen Studien zur Lehrerausbildung in Deutschland konstatiert Schaefers im Jahr 2002, dass aufgrund der Quantität der vorliegenden Studien nur im Hinblick auf die erste, universitäre Phase Schwerpunktbildungen möglich sind. Ihre Systematisierung umfasst folgende Schwerpunkte (vgl. auch Tab. 1):

- Voraussetzungen von Lehramtsstudierenden (Berufswahlmotive, Leistungsvoraussetzungen und eigene Lehrerinnen- und Lehrererfahrungen)
- universitäre Lehrerausbildung aus Sicht der Betroffenen, d. h. der Studierenden und der Lehrenden
- Studien zur Reform der Lehrerbildung (Innovationsansätze im Rahmen der bestehenden Phasenstruktur der Lehrerausbildung; curriculares Entwicklungspozential in der Erziehungswissenschaft, hochschuldidaktisches Entwicklungspozential).

Laut Schaefers konnten im Jahr 2002 nur die Berufswahlmotive angehender Lehrerinnen und Lehrer als hinreichend empirisch belegt angesehen werden, wobei Schaefers die Ausbildung von Sonderpädagoginnen und Sonderpädagogen völlig ausblendet.[6] Zu den anderen genannten Punkten hält sie mit Oelkers und Oser (2000, 8) fest: „Wenn es eine Krise der Lehrerbildung gibt, dann ist es wesentlich eine Krise der fehlenden Daten" (Schaefers 2002, 82). Und Schaefers setzt hinzu: „Mit dem Mangel an Daten geht ein Mangel an Theorien zur Lehrerbildung einher" (2002, 82). Ein vordringliches Forschungsdesiderat sei daher die Forderung nach systematischer und theoriegeleiteter empirischer Forschung zur Lehrerbildung. Nötig sei außerdem „die Entwicklung von konsensfähigen Standards in der Lehrerbildung, anhand derer die Effektivität des vorhandenen Lehrerbildungssystems überprüft werden kann" (2002, 82). Um die Reform der Lehrerbildung voranzubringen, mahnt Schaefers deshalb die Durchführung von aufwändigen, zeit- und kostenintensiven Untersuchungen zur Wirksamkeit von Konzeptionen

---

6 Allerdings zieht sie als Beispiele für das ,Curriculare Entwicklungspotenzial in der Erziehungswissenschaft' die in Nordrhein-Westfalen (vgl. Gehrmann / Nagode / Wintermann 1999) und Berlin (vgl. Knauer 1999; Kraft-Lochter 1999) durchgeführten Untersuchungen zur universitären Ausbildung für den Gemeinsamen Unterricht/Integrationspädagogik heran. Diese Studien belegen laut Schaefers auch „das im Rahmen der gegebenen universitären Strukturen bestehende hochschuldidaktische Entwicklungspotenzial" (2002, 74).

und Strukturen der Lehrerbildung an. Dabei könne man sich die von Oelkers und Oser in der Schweiz durchgeführten Untersuchungen zur Wirksamkeit der Lehrerbildungssysteme in der Schule zum Vorbild nehmen (vgl. Oelkers / Oser 2000).

Forschung zum Lehrerberuf (Rothland / Terhart 2009)

Rothland und Terhart weisen sieben Jahre später darauf hin, dass im deutschsprachigen Raum – im Gegensatz zur internationalen Forschung (vgl. Biddle / Good / Goodson 1997; Cochran-Smith / Zeichner 2005; Cochran-Smith et al. 2008) – noch immer keine vollständige, alle Facetten der empirischen Forschung zum Lehrerberuf umfassende Darstellung vorliegt. Sie stellen daher fünf ausgewählte Forschungsbereiche vor, denen sie eine besondere Bedeutung beimessen:

- die Berufswahlmotive, die Leistungsvoraussetzungen und die soziale Herkunft angehender Lehrkräfte
- die berufsbiographische Entwicklung von Lehrkräften
- die Wirksamkeit der Lehrerbildung
- die berufliche Kompetenz von Lehrkräften (Wissen, Können, Handeln)
- Belastung und Beanspruchung im Lehrerberuf

Von 2002 bis 2009 hat sich die Forschung zum Lehrerberuf weiter ausdifferenziert. Dies gilt vor allem für die Wirksamkeitsforschung zur Lehrerbildung und die Forschung zur professionellen Kompetenz von Lehrkräften, die in das Zentrum der Aufmerksamkeit gerückt sind (vgl. hierzu auch Blömeke 2004; 2009a; Bromme / Rheinberg 2006; Baumert / Kunter 2006; Lüders / Wissinger 2007; Zlatkin-Troitschanskaia et al. 2009; Abel / Faust 2010). Sie stehen im Zusammenhang mit der Einführung von Standards der Lehrerbildung[7], die nicht nur bei der Akkreditierung von Lehramtsstudiengängen, sondern auch in der empirischen Bildungsforschung zunehmend als normativer Referenzrahmen herangezogen werden (vgl. KMK 2004; 2008).

Rothland und Terhart konstatieren, dass trotz der regen Forschungstätigkeit der vergangenen Jahre noch eine Vielzahl von offenen Fragen und Forschungsdesideraten ausgemacht werden können. Die Forschung zur sonder-,

---

7 Landmann (vgl. 2013, 35 f.) weist zu Recht darauf hin, dass bei der Festlegung der Standards der zweite Schritt (die Formulierung der Standards) dem ersten Schritt (empirische Fundierung bzw. Orientierung an den konkreten Anforderungen des Lehrerberufs) vorgezogen wurde.

integrations- oder inklusionsorientierten Lehrerbildung findet weder in ihrer Darstellung des Forschungsstandes noch bei der Formulierung von Forschungsdesideraten Berücksichtigung.

Handbuch der Forschung zum Lehrerberuf (Terhart / Bennewitz / Rothland 2011)

In dem von Terhart, Bennewitz und Rothland herausgegebenen ‚Handbuch der Forschung zum Lehrerberuf' (2011), mit dem erstmalig im deutschsprachigen Raum eine repräsentative Übersicht über den aktuellen Stand der Forschung zum Lehrerberuf vorgelegt wurde, stellen die „dominierenden tatsächlichen Forschungsschwerpunkte das leitende Gliederungsprinzip" (2011, 10) dar. Die Lehrerbildung bildet in dieser Systematik einen von acht Forschungsschwerpunkten (siehe Tab. 1).

Im Kapitel ‚Forschung zur Lehrerbildung' finden sich fünf Beiträge und ein Kommentar. Drei Beiträge, in denen theoretische Perspektiven und empirische Befunde zur Wirksamkeit im Vordergrund stehen, beziehen sich auf die drei Phasen der Lehrerbildung (erste, universitäre Phase; zweite Phase/Referendariat; dritte Phase der Lehrerfort- und -weiterbildung) (vgl. Czerwenka / Nölle 2011; Abs 2011; Lipowsky 2011). Der vierte Beitrag bietet einen allgemeinen Überblick über die Forschung zur Wirksamkeit der Lehrerbildung aus der Sicht der empirischen Bildungsforschung (vgl. Hascher 2011) und der fünfte stellt den immer bedeutsamer werdenden Forschungsschwerpunkt der international-vergleichenden Lehrerbildungsforschung vor (vgl. Blömeke 2011). Auch in dem zuletzt genannten Beitrag findet das Thema der Wirksamkeits- bzw. Wirkungsforschung besondere Berücksichtigung.

Das Verständnis von Wirksamkeit unterliegt zurzeit laut Terhart (2012) einer wesentlichen Veränderung. In der internationalen Forschung zur Wirksamkeit der Lehrerbildung hat es eine Art ‚Paradigmenwechsel' vom Wirkungsmodell zum Einflussmodell gegeben: „Betrachtet man die Entwicklung der verschiedenen Wirkungsmodelle der letzten Jahre und Jahrzehnte, so gehen sie immer weiter weg von starken Determinationsannahmen hin zu Angebot-Nutzungs-Annahmen, d.h. sie unterstreichen zunehmend den aktiven Eigenanteil der verschiedenen individuellen Akteure oder Akteursgruppen [angehende Lehrkräfte, Schülerinnen und Schüler, d. Verf.] – und damit auch eine gewisse, ja beträchtliche Unsteuerbarkeit des gesamten Prozesses" (2012, 4). Die Grundidee der Wirksamkeitsforschung bleibt zwar auch im Einflussmodell erhalten, die Zusammenhänge werden jedoch als weniger direkt beeinflussbar gesehen, und man verabschiedet sich in der internationalen empirischen Lehrerbildungsforschung zunehmend von der Vorstellung, globale Wirkungsannahmen und ‚langlaufende Wirkungsketten‘ überprüfen zu können (vgl. z.B. Diez 2010). In Anlehnung an den internationalen Forschungsstand erscheint es Terhart (2012) daher auch für die empirische Forschung zur Lehrerausbildung in Deutschland empfehlenswert, sich auf Segmente und Teilstrecken zu konzentrieren, d.h. immer nur bestimmte Ausschnitte aus dem gesamten Kosmos an Voraussetzungen, Einflüssen und Auswirkungen zu erfassen.[8]

Entwicklung von Professionalität in der Lehrerbildung (Cramer 2012)

Auch Colin Cramer bietet in seiner Dissertation zur ‚Entwicklung von Professionalität in der Lehrerbildung‘ (2012) einen detaillierten Überblick über den Forschungsstand und die Forschungsdesiderate der empirischen Lehrerbildungsforschung.

Für die derzeitige Diskussion ist laut Cramer „eine Konzentration auf die Studierenden bzw. Lehrer in Ausbildung kennzeichnend, während die Angebotsseite der Ausbildung keine differenzierte Beachtung erhält. Als entscheidend für eine nachhaltige Qualitätsverbesserung im Lehrerbildungssystem gilt die Klärung der Wirkungskette zwischen den Eingangsbedingungen für das Lernen der Lehramtsstudierenden, ihren Ausbildungserfahrungen, dem späteren Lehrerhandeln und den korrespondierenden Schülerleistungen [...]. Die neuere empirische Lehrerbildungsforschung beschäftigt sich im Kern mit der datengestützten Untersuchung der Erstausbildung sowie der Fort- und Weiterbildung von (angehenden) Lehrkräften" (Cramer 2012, 95).

Trotz grundsätzlicher Übereinstimmung mit der eingangs wiedergegebenen Auffassung von Rothland und Terhart (2009) ordnet Cramer einige Forschungsschwerpunkte der Lehrerbildungsforschung zu, die in dem Handbuch von Terhart, Bennewitz und Rothland anderen Forschungsschwerpunkten subsumiert werden. Zur Darstellung des Forschungsstandes

---

8   Ein solches Einzelsegment ist beispielsweise das Fachstudium, das im COACTIV-Projekt in Hinblick auf die Fachausbildung von Mathematiklehrkräften untersucht wurde (vgl. Kunter et al. 2011). Aktuell widmet sich das BMBF-Projekt ‚Bildungswissenschaftliches Wissen und der Erwerb professioneller Kompetenz in der Lehramtsausbildung‘ (BilWiss) (vgl. Lohmann / Seidel / Terhart 2011; Kunina-Habenicht et al. 2012) den Wirkungen und Einflüssen bildungswissenschaftlicher Ausbildungselemente. ‚BilWiss‘ klammert leider die bildungswissenschaftlichen Studien, die im Rahmen des sonderpädagogischen Lehramts absolviert werden, aus der Untersuchung aus.

162

bietet sich laut Cramer „eine Gliederung nach zentralen inhaltlichen und erkenntnisleitenden Gesichtspunkten an, die den Mainstream der gegenwärtigen Forschung abbildet. Sie impliziert die Unterscheidung zwischen der Mikroebene der Personen, Mesoebene der Institutionen und Makroebene der Steuerungssysteme" (2012, 96).[9]

Nach Cramers mehrebenenanalytischem Gliederungsprinzip lassen sich elf Forschungsschwerpunkte der empirischen Lehrerbildungsforschung unterscheiden:

- individuelle Eingangsbedingungen und Merkmale der Lehramtsklientel
- Begleitumstände und Studiensituation
- berufsbiographische Entwicklung
- Wirkungsforschung und Längsschnittstudien
- Kompetenzentwicklung und Standards
- Evaluation von Lehrerbildungssystemen, -einrichtungen und -reformen
- international vergleichende Studien
- detaillierte Untersuchung von Einzelmerkmalen
- Erfahrungen und Bewertungen aus Studierendensicht
- fachliche und fachdidaktische Ausbildung
- Expertisen zur Lehrerbildung

Auch Cramer bezieht sich nur auf einen einzigen Sammelband, der einen expliziten Bezug zur Sonder-, Integrations- und Inklusionspädagogik aufweist (vgl. Ellger-Rüttgardt / Wachtel 2010).

Der Vergleich der vorgestellten Systematisierungen der empirischen Wissensbestände zur Lehrerbildung lässt sich folgendermaßen zusammenfassen (vgl. Tab. 1):

- Nur die Forschungsschwerpunkte ‚Voraussetzungen von Lehramtsstudierenden‘ und ‚Sicht der Betroffenen‘ sind in allen Systematisierungen enthalten und relativ gut erforscht. Cramer fügt diesen Schwerpunkten, die sich auf die Studierenden beziehen, den Schwerpunkt ‚Begleitumstände und Studiensituation‘ hinzu.
- Das über die erste Phase hinausreichende Thema ‚berufsbiographische Entwicklung von Lehrkräften‘ wird in allen neueren Systematisierungen

---

9 Eine solche Systematik scheint laut Cramer nicht nur am besten geeignet, „um die unterschiedlichen Ansätze, Interessen und Methoden verschiedener Untersuchungen zusammenfassend darzustellen" (2010, 96); sie schließt auch an die Systematiken anderer aktueller Überblicksdarstellungen (vgl. z. B. Rothland / Terhart 2009) an.

explizit aufgegriffen, während bei Schaefers lediglich die ‚Sicht der Lehrenden' thematisiert wird. In Schaefers Überblick bleibt also unberücksichtigt, dass bereits in den 1990er-Jahren bedeutende Forschungsbeiträge zur berufsbiographischen Entwicklung zu verzeichnen sind (vgl. z.B. Terhart et al. 1994).

- Seit 2002 hat sich der Forschungsschwerpunkt ‚Lehrerbildung im internationalen Vergleich' neu entwickelt. Diese Entwicklung ist einer gezielten internationalen Forschungspolitik zu verdanken. Die große Herausforderung solcher Ansätze besteht laut Cramer darin, geeignete Variablen für einen Vergleich zu finden, denn die einzelnen Lehrerbildungssysteme unterscheiden sich teils signifikant voneinander. Ein solcher Vergleich gelingt derzeit am ehesten auf der Makroebene der Lehrerbildungsstrukturen.

- Seit einigen Jahren spielen die international bedeutsamen Forschungsschwerpunkte ‚Wirksamkeit der Lehrerbildung' und ‚Professionelle Kompetenz von Lehrkräften (Wissen, Können, Handeln)' eine zentrale Rolle. Der von Cramer herausgearbeitete Schwerpunkt ‚fachliche und fachdidaktische Ausbildung' kann entweder der Forschung zur professionellen Kompetenz von Lehrkräften zugeordnet oder als eigenständiger Forschungsschwerpunkt aufgefasst werden. Auf jeden Fall wird ihm zukünftig mehr Aufmerksamkeit zuteilwerden müssen.

- Alle Systematisierungen zeigen, dass das Thema ‚Belastung und Beanspruchung von Lehrkräften' zunehmend an Bedeutung gewinnt. Dieser Forschungsschwerpunkt kann als Beispiel für die detaillierten Untersuchungen auf der Mikroebene angesehen werden.

- Die Forschungsschwerpunkte ‚Evaluation von Lehrerbildungssystemen, -einrichtungen und -reformen' und ‚Expertisen zur Lehrerbildung', die nur in Cramers Systematisierung genannt werden, stellen eines der zentralen Forschungsdesiderate der Lehrerbildungsforschung auf der Makroebene dar.[10]

---

10 Laut Cramer werden die Rahmenbedingungen der jeweiligen Ausbildungsgänge in der Regel nicht ausdrücklich oder jedenfalls nicht ausreichend in die Analysen einbezogen, sondern eher als allgemeiner (bekannter) Hintergrund vorausgesetzt: „Die strukturellen und inhaltlichen Vorgaben durch institutionelle Gliederungen und durch Prüfungsordnungen usw. werden zwar vielfach in allgemeinen Überblicken, jedoch nur selten in den empirischen Studien selbst thematisiert. Dies gilt sowohl für die Ebene der strukturellen und institutionellen Vorgaben (jeweilige Landesregelungen und institutionelle Formen) als auch für die Konkretisierung dieser Rahmenregelungen an den einzelnen Lehrerbildungseinrichtungen vor Ort (Prüfungsordnungen,

Die vergleichende Betrachtung der Systematisierungen des nationalen Forschungsstandes verdeutlicht, dass es in den vergangenen zehn bis zwölf Jahren in Deutschland zu einer Ausdifferenzierung der empirischen Lehrerbildungsforschung gekommen ist, in der die Themen ‚Sonderpädagogik‘, ‚Integration‘ oder ‚Inklusion‘ allerdings noch so gut wie keine Rolle spielten. Das lässt sich vor allem daran ablesen, dass in dem aktuellen Standardwerk zur Forschung im Lehrerberuf (vgl. Terhart / Bennewitz / Rothland 2011) kein Beitrag zur sonder-, integrations- oder inklusionspädagogischen Lehrerbildungsforschung auszumachen ist.

Überblick über die neueren empirischen Studien zur inklusionsorientierten Lehrerbildung in Deutschland

Für einen Überblick über die neueren empirischen Studien zur inklusionsorientierten Lehrerbildung in der ersten, universitären Phase der Lehrerbildung bietet sich eine Gliederung an, die – wie Cramers Systematik – von einer Unterscheidung zwischen der Mikroebene der Personen, der Mesoebene der Institutionen und der Makroebene der Steuerungssysteme ausgeht.[11] Dabei werden zum einen empirische Forschungsstudien vorgestellt, die die sonderpädagogische Lehrerbildung im Hinblick auf die inklusive Beschulung untersuchen; zum anderen geht es um erste, kleinere Untersuchungen zu unterschiedlichen Aspekten der inklusionsorientierten Lehrerbildung.[12]

Modulhandbücher, Umsetzung in Lehrangebote, Sicherstellung der nötigen Lehrinhalte und Koordination der verschiedenen Ausbildungsbestandteile) sowie für die Rezeption dieser Angebote durch die Studierenden (welche Veranstaltungen werden wann absolviert, wie organisieren und koordinieren Studierende ihr Studium in zwei Fächern und in den anderen Bestandteilen des Lehramtsstudiums). Zu solchen Fragen der curricularen Abstimmung, der wahrgenommenen Ausbildungsrealität oder zum Umgang mit Studienzeit finden sich nur wenige Vorarbeiten" (Cramer 2012, 112).

11 Allerdings wurde Cramers Systematik um die Gliederungspunkte ‚Hochschuldidaktische Fragen der Gestaltung einer inklusionsorientierten Lehrerbildung‘ und ‚Perspektive der Lehrerenden‘ ergänzt. Auf die Darstellung des Forschungsschwerpunkts ‚Detaillierte Untersuchung von Einzelmerkmalen‘ wurde verzichtet, weil hierzu keine einschlägigen Studien vorliegen und er unseres Erachtens der Forschung zum Lehrerberuf zuzuordnen ist.

12 Die Darstellung bezieht sich auf Publikationen, die zwischen 2000 und Juli 2014 veröffentlicht wurden.

Individuelle Eingangsbedingungen und
Merkmale der Lehramtsklientel

Die einschlägige Forschung untersucht die bereits zu Beginn der Ausbildung vorhandenen individuellen Eingangsbedingungen ins Studium, weil diese einen nicht zu unterschätzenden Einfluss auf die professionelle Entwicklung der Lehramtsstudierenden haben.

Hierzu liegen erste Veröffentlichungen zu einem noch nicht abgeschlossenen Forschungsprojekt über ‚Beliefs‘ von Grundschullehrkräften, Förderschullehrkräften, Studierenden des Lehramts an Grundschulen und Studierenden des Lehramts an Förderschulen vor, das an der Universität Gießen und an der Humboldt-Universität zu Berlin angesiedelt ist (vgl. Moser / Schäfer / Jakob 2010; Moser / Schäfer / Redlich 2011; Moser et al. 2012).

In einer 2013 veröffentlichten Publikation (vgl. Kuhl et al. 2013) wird die Entwicklung des Fragebogeninstruments auf Grundlage eines heuristischen Modells für Lehrer-Beliefs dargestellt. Zudem werden Ergebnisse vorgestellt, die jedoch nach Angaben der Autoren aufgrund von Schwächen im Erhebungsinstrument nicht überinterpretiert werden dürfen. Hinsichtlich der Frage, inwiefern Beliefs lehramtsspezifisch sind, wurde festgestellt, dass der Wert der Studentinnen und Studenten des Förderschullehramts in der Skala IFLD („individuell förderbezogen, lebenslagen- und dialogisch orientiert“ (Kuhl et al. 2013, 17)) höher war als bei Studierenden des Grundschullehramts. Ebenso verhielt es sich mit dem Wert in der Skala PT („psychiatrisch-therapeutisch orientiert“ (2013, 17)). In der Skala SO („selektionsorientiert“ (2013, 17)) konnte kein Unterschied zwischen den beiden Studierendengruppen festgestellt werden. Der Vergleich zwischen Studierenden und der jeweiligen Berufsgruppe wurde als nicht signifikant beschrieben. Für die berufsspezifische Entwicklung zeigte sich: „Bereits die Studentinnen und Studenten der beiden Lehrämter unterscheiden sich in diesen Beliefs-Clustern [IFDL und PT, Anm. d. Verf.] signifikant, während es keine signifikanten Unterschiede zwischen den Studentinnen und Studenten und den Lehrerinnen und Lehrern eines Lehramtes gibt [...]. In Bezug auf die Selektionsorientierung unterscheiden sich die Studentinnen und Studenten der beiden Lehrämter allerdings nicht [...]“ (2013, 22). Insgesamt stellen die Autoren fest, dass es durchaus professionsspezifische Beliefs gibt, diese aber nicht so unterschiedlich sind, wie es zu erwarten gewesen wäre.

Kiel, Weiß und Braune (2012) haben eine Untersuchung über das Sonderpädagogik-Studium aus Perspektive der Studierenden vorgelegt.[13]

---

13 Dabei handelt es sich um eine Teilauswertung der vom Bayerischen Staatsministerium für Unterricht und Kultus und vom Bayerischen Ministerium für Wissenschaft,

Hinsichtlich der Studien- und Berufswahlmotivation zeigte sich, dass „angehende Förderschullehrkräfte [...] eine signifikant höhere adressatenbezogene Motivation [haben] als die aller anderen Schularten" (2012, 193 f.). Das fachspezifische Interesse – gemeint ist das unterrichtsfachliche Interesse – von Sonderpädagogik-Studierenden hingegen ist gering ausgeprägt. Hier und in der Skala „Schüler fördern" offenbaren sich Gemeinsamkeiten mit angehenden Grund- und Hauptschullehrkräften. Weiterhin wurde der Frage nach dem Umgang mit Unsicherheit und der Selbstwirksamkeit nachgegangen: „Angehende Lehrkräfte in den sonderpädagogischen Studiengängen begreifen unsichere Situationen eher als eine Chance für Entwicklungsmöglichkeiten als angehende Lehrkräfte des Grundschullehramts" (Kiel / Weiß / Braune 2012, 195). Studierende der Sonderpädagogik haben jedoch „eine signifikant geringere Selbstwirksamkeitserwartung als Studierende aller anderen Lehrämter" (2012, 195). Bei der Frage, ob der Lehrerberuf als Traumberuf gesehen wird, wurde deutlich, dass sich Studierende der Sonderpädagogik im Vergleich zu anderen Lehramts-Studierenden am ehesten Alternativen hinsichtlich der Berufswahl vorstellen können (2012, 196). In einer auf Grundlage statistischer Berechnungen erfolgten Clusteranalyse wurde die Hälfte der Sonderpädagogik-Studierenden dem Cluster der Idealisten zugeordnet („mit einer hohen Orientierung an den Adressaten und einer niedrigen Orientierung an den Rahmenbedingungen, z.B. Personen, die Freude am Kontakt mit Kindern und Jugendlichen haben und denen gleichzeitig die finanzielle und berufliche Sicherheit des Lehrerberufs eher *nicht* wichtig ist" (2012, 197; Herv. i. Original). In der Clusteranalyse (Pragmatiker, Idealisten, Idealistische Pragmatiker, Ambivalente) zeigen sich für die Sonderpädagogik-Studierenden eine relative Nähe zu den Studierenden des Grundschullehramts sowie eine große Distanz zu den anderen Lehramts-Studierenden. Die (Teil-)Studie ist insofern unter den Studien zur inklusionsorientierten Lehrerbildung einzureihen, als sie zeigt, dass die Studien- und Berufswahlmotivation von Sonderpädagoginnen und Sonderpädagogen die Beteiligung an unterrichtlichen Settings begünstigen dürfte, in denen die individuelle Förderung und der Umgang mit Diversität/Heterogenität eine zentrale Rolle spielen.

Hömberg und Müller haben in einer kleinen Erhebung das ‚Berufswahlmotiv für Studierende und Lehramtsanwärter/innen' des sonderpädagogischen Lehramts an der Universität Halle und in Berlin untersucht und bezeichnen dieses als „Schonraum Sonderschule" (2009, 141), das durch die „Organisationsformen und die Ressourcen der Institution Sonderschule"

Forschung und Kunst geförderten Längsschnittstudie ‚Wirksamkeit der Lehrerbildung – Biographiemanagement und Kompetenzentwicklung in der dreiphasigen Lehrerbildung' der Universitäten München (LMU) und Passau (vgl. Kiel / Pollak 2011).

(2009, 144) begründet werden könnte. Die beiden Autoren vermuten durch die „Arbeitsbedingungen und Atmosphäre der Sonderschule" (2009,144) eine besondere Attraktivität für Studierende der Sonderpädagogik. Die Studierenden sehen demnach einen Zusammenhang zwischen den kleinen Lerngruppen und der vermuteten angenehmen Atmosphäre. Ebenso wird das Primat der Pädagogik im Vergleich zum Fachwissen beurteilt, wobei sich hier Unterschiede zwischen den beiden Erhebungsstandorten offenbarten, die auf den Einfluss des Studienangebots zurückzuführen sein dürften. Im Hinblick darauf, dass Teamarbeit als eine wesentliche Gelingensbedingung für Inklusion angesehen wird, ist von Bedeutung, dass nur 13 Prozent der Studierenden den Wunsch äußern, autonom zu arbeiten. Hömberg und Müller kommen durch den Vergleich mit einer Studie von Terhart zu dem Ergebnis, „dass der Wunsch nach Autonomie deutlich geringer ausgeprägt ist als bei den damals befragten Regelschullehrkräften" (2009, 146). Mehr als zwei Drittel der Lehramtsanwärterinnen und Lehramtsanwärter im Förderschullehramt schätzen es demnach als wichtig ein, sowohl mit Erzieherinnen und Erziehern oder Lehrkräften zusammenzuarbeiten.

Unter der Prämisse der Inklusion sind auch Lehramtsstudierende anderer Schulformen in den Blick zu nehmen. Die Studie von Kopp (2009) ist somit ebenso von Interesse. Sie untersuchte in einer Studie „Inklusive Überzeugungen und Selbstwirksamkeit im Umgang mit Heterogenität"[14] (2009, 5) von Studierenden des Lehramts an Grundschulen vor und nach dem Besuch einer Lehrveranstaltung und kommt auf Grundlage einer fallbezogenen Fragebogen-Erhebung zu dem Ergebnis, dass sowohl die inklusiven Überzeugungen als auch die Selbstwirksamkeit ansteigen. Die Studierenden lehnen Auslesemechanismen ab und zeigen „eine positive Haltung gegenüber gemeinsamem Unterricht von Kindern mit und ohne Behinderung" (Kopp 2009, 13). Ähnlich wie bei Hömberg und Müller (2009) wurde deutlich, dass der Kategorie Behinderung nicht die erwartete Bedeutung zugeschrieben wird, sondern auch hier eher der Heterogenität hinsichtlich des Lernens und

---

14 Kopp beschreibt Überzeugungen und Selbstwirksamkeit als „wesentliche Faktoren professioneller Handlungskompetenz von Lehrpersonen" (2009, 6), weshalb sie in der Ausbildung aufzugreifen sind. Überzeugungen basieren „auf eigenen Erfahrungen und beeinflussen die Wahrnehmungen der Lehrpersonen" und sind als „handlungsregulierende Variablen" (2009, 6) zu sehen.
„Mit dem Begriff der inklusiven Überzeugung wird eine Haltung bezeichnet, die die Anpassung von Schule und Unterricht an die Bedürfnisse aller Kinder meint (vgl. Pijl 2007) und von der Segregation besonderer Kinder absieht. [...] Im Idealfall enthält eine solche Haltung die uneingeschränkte Bereitschaft alle Kinder ungeachtet ihrer Schwächen und Probleme im Klassenverband der Grundschule zu akzeptieren" (2009, 7).

Leistens. Dieses Ergebnis ist zuerst aus inklusionspädagogischer Perspektive erfreulich, letztlich aber nicht überraschend, da Lernen und Leistung in unserem bestehenden Schulsystem die zentralen Differenzmarker sind. Vor dem Hintergrund der aktuellen (bildungspolitischen) Entwicklung ist dieses Ergebnis dennoch von hoher Relevanz.

Hinsichtlich der Selbsteinschätzung der Studierenden konnte festgestellt werden, dass sie die Fähigkeiten zur Gestaltung eines adaptiven Unterrichts gering einschätzen. Sie bezweifeln daher, „den Lernbedürfnissen der Kinder gerecht zu werden" (Kopp 2009, 8), „ebenso zweifeln sie an ihrer Fähigkeit, bei allen Kindern Erfolge zu erzielen und ihnen zu würdigenswerten Leistungen zu verhelfen" (2009, 8.). Positiver hingegen wird die Fähigkeit eingeschätzt, ein inklusives Klassenklima zu schaffen oder sich selbst als inklusive Lehrerpersönlichkeit zu sehen. Hier wird allerdings darauf verwiesen, dass diese Werte bereits vor dem Seminar hoch waren. „Besonders groß scheinen die Veränderungen im Denken der Studierenden bezüglich der Notwendigkeit von Lernzielgleichheit zu sein" (2009, 8).

Wie von Heinrich, Urban und Werning (2013) beschrieben, sind die Einstellungen von Lehrkräften zur inklusiven Beschulung bereits vergleichsweise ausführlich erforscht. Ein Desiderat besteht jedoch im Bereich der Einstellungen (attitudes) und Wertüberzeugungen (beliefs) von Studierenden. Einen Beitrag hierzu kann eine Studie zur „Einstellung von Studenten unterschiedlicher Studiengänge zu Menschen mit geistiger Behinderung" (Kuhl / Walther 2008) leisten, an der 304 Studierende teilnahmen und deren Einstellungen mithilfe einer deutschen Adaption des Mental Retardation Attitude Inventory erhoben wurden. „Die Werte des MRAI-d gesamt der Lehramtsstudenten Förderschule, der Lehramtsstudenten Grundschule, der Pädagogik- sowie der Psychologiestudenten liegen sehr nah beieinander" (Kuhl / Walther 2008, 213). Auffällig ist, dass die Studierenden des Grundschullehramts in der Skala Private Rechte[15] einen „deutlich niedrigeren Wert erzielen" (Kuhl / Walther 2008, 213). Das bedeutet, dass sich die Studierenden des Lehramts für Förderschulen innerhalb der gewählten Fachrichtungen nicht signifikant voneinander unterscheiden. Nicht überraschend ist das Ergebnis, dass Studierende mit Kontakt zu Menschen mit geistiger Behinderung höhere Einstellungswerte haben; allerdings erreichen die Befragten, die monatlich oder wöchentlich Kontakt haben, die höchsten Werte. Zusammenfassend wird deutlich: „In den meisten Fällen ist die Richtung der Unterschiede erwartungskonform, allerdings fallen die Unterschiede deutlich geringer aus

---

15 Z. B.: „Gesetze, die von den Arbeitgebern verlangen, geistig Behinderte nicht zu diskriminieren, verletzen die Rechte des Einzelnen, der mit geistig behinderten Menschen keinen Umgang haben will" (Kuhl / Walther 2008, 212).

als erwartet" (2008, 216). Die hohen Werte der Studierende des Förderschullehramts für die Fachrichtung Geistige Entwicklung in allen Skalen können damit erklärt werden, dass diese sich vermutlich bewusst für die Arbeit mit Menschen mit einer geistigen Behinderung entschieden haben und somit auch positive Einstellungen ihnen gegenüber besitzen. Aber, wie bereits dargestellt, sind die Unterschiede zu Studierenden anderer Fachrichtungen nicht signifikant positiver, d.h. „dass die Entscheidung, mit Behinderten zu arbeiten, mit positiven Einstellungen allen Behindertengruppen gegenüber einhergeht" (2008, 216). Für Fragestellungen zu einer inklusionsorientierten Lehrerbildung ist relevant, dass Studierende des Lehramts an Grundschulen zwar eher die geringsten positiven Einstellungen zeigen, in der Skala ‚Integration – Segregation' allerdings ebenso hohe Werte aufweisen wie Studierende des Förderschullehramts.

Als problematisch könnte die Tatsache bewertet werden, dass Lehrkräfte für ein inklusives Setting ausgebildet werden, sie jedoch ihre eigenen Schulerfahrungen in einem hoch selektiven Schulsystem erworben haben. Die Bedeutung des persönlichen Kontakts zu Menschen mit einer geistigen Behinderung ist daher besonders interessant: „[…] Studenten mit Kontakt zu Menschen mit geistiger Behinderung [erreichen] in allen Bereichen signifikant höhere Mittelwerte als Studenten ohne Kontakt" (Kuhl / Walter 2008, 216) – eine Erkenntnis, die für die hochschuldidaktische Gestaltung einer inklusionsorientierten Lehrerbildung relevant ist. Der Kontakt muss aber differenziert betrachtet werden, da er „offensichtlich eine bestimmte Häufigkeit und Regelmäßigkeit haben [muss], um die Einstellungen nachhaltig zu beeinflussen. […] Am günstigsten auf die Einstellungen scheint sich ein regelmäßiger, aber nicht zu häufiger Kontakt auszuwirken" (2008, 216). Der Faktor der Freiwilligkeit wird an dieser Stelle herausgestellt (2008, 217). Allerdings wird auch der Zusammenhang zwischen der Häufigkeit des Kontakts und der sozialen Distanz beschrieben: „Personen, die häufig Kontakt haben, zeigen auch eher eine geringe soziale Distanz" (2008, 217). Und eine weitere Tendenz ist: „Je geringer die soziale Distanz, desto günstiger die Einstellungen" (2008, 217), die aber wirklich nur dann nachhaltig verändert werden können, wenn die soziale Distanz erheblich abnimmt. Da Kooperation als ein wesentliches Gelingensmerkmal für Inklusion beschrieben wird (vgl. z. B. Lütje-Klose / Urban 2014), scheint es von Vorteil zu sein, dass es generell zwischen den verschiedenen Studierendengruppen (Lehrer, Pädagogen, Psychologen) nur geringe Unterschiede gibt (Kuhl / Walther 2008, 217).

In einer Pilotstudie ging Geiling (2004) der Frage nach, welche Vorstellungen Studierende des Grundschullehramts über Lernbehinderung(en) nach dem ersten Semester bereits entwickelt haben. Hinsichtlich der Frage, was die Studierenden unter einer Lernbehinderung verstehen, wurde deutlich, dass sie hiermit „generelle Lernprobleme und/oder besondere Defizite im kognitiven Bereich thematisieren" (Geiling 2004, 108). Weitere Antworten beziehen sich auf das Lerntempo und „den Normbezug bei der Leistungsbewertung" (2004, 108). Außerdem wird Bezug genommen zum Konzept der Teilleistungsstörung, zu einzelnen psychischen Störungen oder „anforderungsspezifischen Schwierigkeiten" (2004, 108). Die erwarteten Verhaltensweisen werden vor allem durch generalisierende Zuschreibungen beschrieben, die das Besondere fokussieren. Das Lernverhalten hingegen wird auf individuelle Lernbedürfnisse bezogen, z. B. dass die Schülerinnen und Schüler mehr Zeit benötigen. Außerdem wird der Zusammenhang mit der familiären Herkunft gesehen. Weiterhin wurden Variablen ermittelt, die als Grundlage für eine tiefergehende Analyse dienten. Die Variable „Fremdheit – Normalität" zeigte sich in Antworten, in denen unter anderem die „Annahme von körperlicher/geistiger Behinderung, die Betonung der Vererbung sowie Defizitlisten" (2004, 109) zu finden waren. 37 Prozent der Studierenden brachten die Normabweichung dabei mit dem schulischen Kontext in Verbindung. In der Variable „Defizitorientierung – Kompetenzorientierung" zeigte sich, dass sich über die Hälfte der Studierenden an den Defiziten orientieren. Nur ein Fünftel bezieht sich eher auf Kompetenzen im Sinne eines Verständnisses, dass diese Schülerinnen und Schüler etwas noch nicht können (2004, 110). Pädagogische Konsequenzen – die dritte Variable – wurde in einem Drittel der Texte aufgenommen, d. h., zwei Drittel der Studierenden scheinen dazu bisher keinen Bezug herstellen zu können. Unter der Variable „Separierung – Integration" wurde analysiert, welcher Förderort präferiert wird. Nur 35 Prozent der Studierenden gehen auf diesen Punkt ein. Es sprechen sich dabei mehr Studierende gegen den Gemeinsamen Unterricht aus (2004, 111).

Insgesamt kommt Geiling auf Grundlage der Ergebnisse der Pilotstudie zu folgendem Resümee: „Es kann vermutet werden, dass sich bei einer Teilgruppe der Studierenden bereits Haltungen anbahnen, die mit Konzepten einer demokratischen Pädagogik kompatibel sind. Kinder mit Lernbeeinträchtigungen werden nicht als ‚fremd' antizipiert. Diese Studierenden sind sensibel für schulische Ausgrenzungsprozesse und beginnen daher nachzudenken, wie sie als zukünftige Lehrerinnen oder Lehrer, [sic!] beeinträchtigte Lernsituationen positiv gestalten konnten. [...] Im Gegensatz dazu gibt es aber auch Studierende, deren Vorstellungen sich in anderer Richtung zu entwickeln scheinen. Diese argumentieren zum Erhebungszeitpunkt offensichtlich auf der Basis von Alltagstheorien, die in der Nähe des klassischen Schwachsinnskonstrukts angesiedelt sind. Die Beschreibung der Kinder mit Lernbeeinträchtigungen deutet auf ein höheres Maß an antizipierter Fremdheit hin. Diese Studierenden glauben, dass sie für Kinder in schwierigen Lernsituationen nicht zuständig sein werden" (Geiling 2004, 111 f.).

Möller und Tremel (2006) haben in einer qualitativ angelegten Studie das Ziel verfolgt, die „Beweggründe junger Männer, ein sonderpädagogisches

Studium zu ergreifen" (2006, 81), herauszuarbeiten. Nicht überraschend ist die Erkenntnis, dass für viele Studenten die Erfahrungen in der Zeit des Zivildienstes und vor allem der in dieser Zeit erlebte subjektive Sinn der Tätigkeit ausschlaggebend sind. Neben dem Zivildienst wurden weitere Einflussfaktoren herausgestellt: Demnach gibt es „relevante Zusammenhänge zwischen männlicher Sozialisation, beruflichen Orientierungsvorlagen im weiteren Familien- und Bekanntenkreis und ganz persönlichen Schlüsselerlebnissen und der Wahl des Studiums" (2006, 86). Näher zu untersuchen seien noch „pädagogische Vorerfahrungen (schulisch und außerschulisch), der erste Kontakt zu Menschen mit Behinderungen und formale Studienzugangsfaktoren" (2006, 86). Aufgrund bundespolitischer Entwicklung (Einführung des Bundesfreiwilligendienstes) ist es von Interesse, wie dieses Absolventinnen und Absolventen eines solchen Dienstes in ihrer Berufswahl und -motivation beeinflusst. Gleichzeitig ist darauf hinzuweisen, dass sich die bisher bereits vorhandene ungleiche Geschlechterverteilung in den sonderpädagogischen Lehramtsstudiengängen (vgl. auch Kiel et al. 2011) womöglich noch verschärfen wird.

Die Ergebnisse der Studie sind unseres Erachtens für die Forschung zur inklusionsorientierten Lehrerbildung dahingehend relevant, dass die Erfahrungen vor Beginn eines Studiums von Bedeutung sind. Durch die Abschaffung der Wehrpflicht und damit des Ersatzdienstes ist davon auszugehen, dass mehr Studierende ohne berufliche Vorerfahrungen ein Studium der Sonder- oder Inklusionspädagogik aufnehmen werden (zur Diskussion über die Bedeutung von Praxiserfahrung vor und während des Studiums vgl. die Zusammenfassung internationaler Studienergebnisse bei B. Lindmeier / Laubner 2015).

Begleitumstände und Studiensituation

Laut Cramer ist in der Lehrerbildungsforschung bislang weitgehend unberücksichtigt geblieben, welche Begleitumstände die Entwicklung von Professionalität im Lehramt beeinflussen. Dies gilt erst recht für die inklusionsorientierte Lehrerbildung. Cramer zufolge ist weitgehend unklar, „welche Bedeutung der finanziellen Situation der Studierenden, ihrer Wohnsituation, ihrer Mobilität oder kritischen Lebensereignissen für die professionelle Entwicklung zukommt" (2012, 99). Einige Befunde zur Studiensituation von Lehramtsstudierenden weisen darauf hin, dass sie mehr Zeit für ihr Studium aufwenden als Studierende der Erziehungswissenschaft, „andererseits aber auch weniger als Studierende der Medizin, Ingenieurs- oder Naturwissenschaften" (2012, 99). Relevant für eine inklusionsorientierte oder lehramtsspezifische Ausbildung sind beispielsweise Fragen, die einem ehrenamtlichen Engagement oder beruflichen Nebentätigkeiten und deren Einfluss auf die professionelle Entwicklung nachgehen.

Berufsbiographische Entwicklung

Im Gegensatz zur qualitativen Biographieforschung hat die Forschung zur berufsbiographischen Entwicklung von Lehrkräften „weniger die Absicht, lebensgeschichtlich-reflexive Selbstdeutungen zu interpretieren, sondern will äußere Tatbestände und Übergänge in der Berufsbiografie in den Blick nehmen" (Cramer 2012, 99). Traditionell waren die Forschungsbemühungen zunächst auf den Übergang von der Ausbildung in den Beruf fokussiert, sehr bekannt sind Studien zu Schul- und Erziehungseinstellungen und dem ‚Praxisschock' junger Lehrkräfte in der Anfangsphase. Die biographische Entwicklung über den gesamten Berufsverlauf hinweg kommt erst mit der bahnbrechenden Studie ‚Berufsbiographien von Lehrern und Lehrerinnen' von Terhart et al. (1994) in den Blick.

Für den Bereich der inklusionsorientierten Lehrerbildung sind bislang keine nationalen Studien zur berufsbiographischen Entwicklung auszumachen. Nimmt man eine Perspektivenerweiterung auf die Forschung zum Lehrerberuf vor, dann können diesem Forschungsschwerpunkt die Qualifikationsarbeiten von Dlugosch (2003) und Stein (2004) zugeordnet werden.

Wirkungsforschung und Längsschnittstudien

Wie zu erwarten, gibt es bislang keine Längsschnittstudien zur inklusionsorientierten Lehrerbildung, sondern lediglich zwei kleinere Studien zur Wirkungsforschung, die sich zudem nur auf einzelne Studien- bzw. Ausbildungsorte beziehen (vgl. Hintz / Grünke 2009; Werner / Drinhaus 2012).

Zur Wirkung der Ausbildung von Lehrkräften liegen erste Ergebnisse einer Studie an der Pädagogischen Hochschule Heidelberg von Werner und Drinhaus (2012) zur Differenzierungskompetenz[16] vor. Diese kann der inklusionsorientierten Lehrerbildung zugeordnet werden – auch wenn dies so nicht expliziert wird –, da Differenzierungskompetenz als wesentlich für die Gestaltung inklusiver Bildungsprozesse anzusehen ist. Die Differenzierungskompetenz von Studierenden der Sonderpädagogik wurde in diesem Projekt mithilfe dreier verschiedener Verfahren erhoben: Die Denk- und Wissensbestände konnten durch einen offenen Fragebogen erfasst werden. Fähigkeiten

---

16 „Differenzierungskompetenz ist ein integriertes System von Fähigkeiten und Fertigkeiten, Denk- und Wissensbeständen sowie Werthaltungen und Einstellungen eines Pädagogen/einer Pädagogin, die ihn/sie handlungsfähig machen, einen an individuelle Lernvoraussetzungen und -wege angepassten Unterricht anzubieten" (Werner / Drinhaus 2012, 377).

und Fertigkeiten wurden erhoben, indem sie im Unterricht videographiert wurden. Mithilfe eines Skalierungsverfahrens konnten die Einstellungen und Werthaltungen erfragt werden. Auf der Ebene der Wissensbestände erreichten die Studierenden lediglich 39 Prozent der möglichen Gesamtpunktzahl. Probleme ergaben sich vor allem darin, Methoden der inneren Differenzierung zu benennen. Werner und Drinhaus schließen daraus, dass Studierende zwar über Wissen zur Differenzierung verfügen, dieses aber keinesfalls – wie für Sonderpädagoginnen und Sonderpädagogen intendiert – als Expertenwissen eingeschätzt werden kann. Im Bereich der Einstellungen wird deutlich, dass heterogene Klassen „mehrheitlich positiv" (Werner / Drinhaus 2012, 379) gesehen werden, 94 Prozent der Befragten erachten eine innere Differenzierung als bedeutsam und sehen darin auch die Wichtigkeit für die Lernmotivation und den Lernerfolg. „[…] 71% der Studierenden [glauben], dass es auch effizient planbare Methoden der inneren Differenzierung gibt und dass ein differenzierter Unterricht auch Entlastung für den Lehrer schafft (74%)" (2012, 379). Fast 80 Prozent wollen sich bei der Planung „nicht am Durchschnitt der Klasse orientieren" (2012, 379). Während des Unterrichts der Studierenden im Rahmen von Tagespraktika konnte beobachtet werden, dass vor allem eine Differenzierung durch Lehrerhilfe erfolgt. Weiterhin findet eine quantitative Differenzierung statt. Sobald der Fokus der Unterrichtsreflexion auf das Thema Differenzierung gesetzt wird, ergibt sich eine Veränderung dahingehend, dass auf der Ebene des Lernstandes und des Leistungsniveaus differenziert wird. Werner und Drinhaus sehen in ihrer Studie die Chance, „Entwicklungsverläufe im Rahmen der Lehrerausbildung nachvollziehen" (2012, 379) zu können. Hinsichtlich der Ergebnisse wird betont, dass es sich noch um eine Vorstudie handelt.

Durch die Ergebnisse wird – wie auch schon bei C. Lindmeier (2014) beschrieben – das Dilemma deutlich, dass Sonderpädagoginnen und Sonderpädagogen derzeit als Experten für (die Umsetzung von) Inklusion gesehen werden, dies aber aufgrund ihrer Ausbildungssituation und den Ausbildungsstandards (vgl. KMK 2004; 2008) (noch) nicht sind bzw. auch nicht sein können. Auf Grundlage der beschriebenen Ergebnisse kann aber auch gefragt werden, inwiefern Differenzierungskompetenz im Sinne einer (praktischen) Handlungskompetenz im Studium erworben werden soll und kann. Handlungskompetenzen stellen gegebenenfalls vielmehr einen Ausbildungsschwerpunkt der zweiten Phase dar.[17]

---

17 „Zum vollständigen Kompetenzaufbau muss zusätzlich Berufserfahrung gemacht werden – und diese Erfahrung kann nicht einmal ernsthaft simuliert werden. Deshalb ist die Lehrerbildung ja selbst nicht auf die Erstausbildung beschränkt, sondern als ein von der Ausbildung ausgehender langandauernder berufsbiografischer Entwicklungsprozess zu verstehen" (Terhart 2004 zit. nach Stiller 2005, 101; Hervorh. i. Orig.).

Hintz und Grünke (2009) untersuchten an der Carl von Ossietzky Universität Oldenburg die „Einschätzungen von angehenden Lehrkräften für Sonder- und allgemeine Schulen zur Wirksamkeit von Interventionen für den Schriftspracherwerb bei lernschwachen Schülern" (Hintz / Grünke 2009, 45). Sie vertreten die Auffassung, dass die „Ansprüche an die Qualifikation von Sonderpädagoginnen und Sonderpädagogen […], die mit lernschwachen Mädchen und Jungen arbeiten, […] noch einmal höher [sind] als im Zusammenhang mit Lehrkräften der allgemeinen Schule" (2009, 47). Auf der Grundlage von Ergebnissen einer Metaanalyse wurden zuerst sieben Methoden benannt und deren Wirksamkeitsgrad angegeben (2009, 48 f.). Zu den effektiven Methoden zählen Hintz und Grünke die direkte Instruktion, die Strategieinstruktion sowie PC-gestütztes Lernen, zu den wenig effektiven Methoden Wahrnehmungs- und Motoriktrainings. In der Studie wurden 100 Studierende des sonderpädagogischen Lehramts und 101 Studierende des Lehramts für Grund-, Haupt- und Realschulen befragt, die sich zu dieser Zeit der Befragung im Hauptstudium befanden. Erhoben wurden mithilfe einer vierstufigen Skala die Einschätzung der Kenntnisse bezüglich der Methoden, die Frage danach, ob sie die Methode einsetzen würden (ja oder nein), und die Einschätzung der Effektivität (vierstufige Skala). Folgende Ergebnisse können zusammengefasst werden: „Die Studierenden attestierten sich selbst […] ein mäßiges Wissen im Hinblick auf alle abgefragten Methoden" (2009, 53). Interessant ist, dass die Sonderpädagogik-Studierenden „ihre Kenntnisse demnach im Bereich der hocheffektiven direkten Instruktion schlechter als angehende Pädagoginnen und Pädagogen an allgemeinen Schulen" (2009, 53 f.) einschätzen. „Bei der wirksamen PC-gestützten Förderung sowie bei den relativ wenig hilfreichen Konzepten des Wahrnehmungs- und des Motoriktrainings verhielt es sich hingegen umgekehrt" (2009, 54). Insgesamt stellte sich heraus, „dass die Effektivität von hilfreichen Methoden eher unterschätzt und die von weniger wirksamen Konzepten eher überschätzt wurde" (2009, 56).

Kompetenzentwicklung und Standards

Zum Forschungsschwerpunkt Kompetenzentwicklung und Standards liegen im Hinblick auf die inklusionsorientierte Lehrerbildung bislang keine einschlägigen Studien vor. Dies ist besonders bedauerlich, denn dieser Forschungszweig gehörte in den vergangenen Jahren in der deutschen Lehrerbildungsforschung neben der Wirkungsforschung zu den zentralen Fragestellungen.

Moser (2013) zeigt in ihrem flankierenden Beitrag zu den BMBF-Expertisen zur Ausbildung und Professionalisierung von Fachkräften für inklusive Schulen (vgl. Hillenbrand / Melzer / Hagen 2013; Heinrich / Urban / Werning 2013) auf, wie eine inklusionsorientierte Lehrerbildungsforschung zur Kompetenzentwicklung auszurichten wäre. Dabei legt sie den Schwerpunkt auf die Unterrichtsforschung in inklusiven Settings. Aus der Perspektive der Unterrichtsforschung empfiehlt Moser aufgaben- und kompetenzbezogene Analysen inklusiven Unterrichts, „auf deren Grundlage es möglich ist, genauer zu untersuchen, welche Wirkungsmechanismen den erhofften Auswirkungen integrativer Settings auf Schülermerkmale gegebenenfalls zugrunde liegen" (2013, 140). Mit Blick auf Forschungen zu den ‚beliefs‘ der Lehrkräfte im inklusiven Unterricht widerspricht sie – unter Verweis auf eigene Forschungen – der Auffassung von Hillenbrand, Melzer und Hagen (2013), „dass beliefs keinen Einfluss auf die ‚Wissens- und Handlungsebene‘ hätten" (Moser 2013, 142). Zur Begründung führt sie auch Ergebnisse der (allgemeinen) internationalen und nationalen Lehrerbildungsforschung (z.B. zum pädagogischen Wissen von Mathematiklehrkräften) ins Feld.

Walm geht in einem Artikel der Frage nach, „welche diesbezüglichen Anforderungen [für die erste Phase der Lehrerbildung, Anm.d.V.] die UN-Konvention für die Rechte von Menschen mit Behinderungen stellt, wie diese insbesondere von der Ständigen Konferenz der Kultusminister (KMK) aufgegriffen wurden und werden und welche Entwicklungen sich aktuell in den Bundesländern zeigen" (Walm 2013, 174). Die Entwicklungen auf Ebene der KMK werden nachgezeichnet, indem sich auf zentrale KMK-Dokumente zu den Standards der Lehrerbildung berufen und somit auf die Implementierung inklusionsorientierter Anteile im Lehramtsstudium hingewiesen wird. In der Analyse der Situation in den einzelnen Bundesländern wird die unterschiedliche Konzeptionierung des Lehramtsstudiums deutlich. In Berlin, Baden-Württemberg, Brandenburg, Bremen, Hamburg, Hessen, Mecklenburg-Vorpommern, Nordrhein-Westfalen, Saarland, Sachsen und Thüringen wird festgeschrieben, dass alle Lehramtsstudierenden Kenntnisse im Bereich des Gemeinsamen Unterrichts erwerben sollen, wohingegen in Bayern, Niedersachsen, Sachsen-Anhalt und Schleswig-Holstein keine Regelungen zu finden sind. An einigen Hochschulstandorten der zuletzt genannten Bundesländer liegen allerdings dennoch Konzepte zu inklusionspädagogischen Anteilen in der Lehramtsausbildung vor (z.B. an der Martin-Luther-Universität Halle-Wittenberg oder an der Universität Flensburg) (2013, 177 ff.). Übergreifend wird zudem dargestellt, dass Inklusion bisher vor allem in den bildungswissenschaftlichen Anteilen angesiedelt wird, weniger jedoch in den fachdidaktischen Modulen (Walm 2013, 183).

Aktuelle bildungspolitische Bemühungen um eine inklusionsorientierte Erneuerung der deutschen Lehrerausbildung werden von C. Lindmeier (2014) mit Blick auf die Überarbeitung der KMK-Standards für die Bildungswissenschaften, Fachwissenschaften und Fachdidaktiken diskutiert.

Evaluation von Lehrerbildungssystemen, -einrichtungen und -reformen

Zum Forschungsschwerpunkt ‚Evaluation von Lehrerbildungssystemen, -einrichtungen und -reformen (Programmanalysen)' liegen bislang ebenfalls nur einige kleinere, meist regional begrenzte Studien vor.

Bereits im Jahr 2009 untersuchte Franzkowiak die Vorlesungsverzeichnisse der 43 angeschriebenen deutschen Hochschulstandorte, an denen das Lehramt für Grundschule studiert werden kann. An 19 von 43 Hochschulen wurden für angehende Grundschullehrkräfte keine Lehrveranstaltungen angeboten, die das Thema Gemeinsamer Unterricht und/oder Integration/ Inklusion fokussierten. „Hochschulen, an denen neben dem Grundschullehramtsstudiengang auch ein Sonderpädagogikstudium angeboten wird, haben häufiger Seminare zum Thema GU im Lehrangebot; diese sind jedoch nur z. T. auch für Interessierte aus dem Grundschulbereich geöffnet" (Franzkowiak 2009, o. S.). Hinsichtlich der Frage, inwiefern die Teilnahme an einem solchen Seminar als sinnvoll erachtet wird, zeigte sich eine große Zustimmung, wobei die Gruppe der Studierenden im Vergleich zu den Lehrkräften am ehesten den Nutzen darin sieht. Die Unterschiede fallen jedoch nicht sehr groß aus. Die Zustimmung wird von vielen Befragten mit der Praxisrelevanz begründet. Daraus ergab sich die Frage, ob ein Seminar zu Themen des Gemeinsamen Unterrichts verpflichtend für alle Studierenden angeboten werden sollte? „91,5 % der Befragten sprechen sich für ein Pflichtseminar aus, 8,5 % dagegen" (2009, o. S.)

Diese Ergebnisse können durch eine Studie von Demmer-Dieckmann (2007; 2008) an der TU Berlin ergänzt werden, in der der Frage nachgegangen wurde, „ob und welche Wirkung diese verpflichtenden Seminare (Seminar zum Gemeinsamen Unterricht für Studierende des Gymnasial- und Berufsschullehramtes, Anm. d. Verf.) auf die Einstellung von Studierenden haben" (Demmer-Dieckmann 2007, 153). Hinsichtlich der Vorerfahrungen mit Menschen mit Behinderung ist von Interesse, dass zwar ca. zwei Drittel der Befragten bereits Kontakt hatten, aber nur sechs Prozent Integrationsklassen besucht haben (2007, 156). Behinderung wird erwartungsgemäß mit körperlichen und geistigen Behinderungen assoziiert, weniger mit Lernbeeinträchtigungen; Verhaltensstörungen werden gar nicht genannt.

Durch die Teilnahme an diesem Seminar veränderte sich die Einstellung zur Frage, inwiefern die Förderschule der geeignete Förderort für Schülerinnen und Schüler mit sonderpädagogischem Förderbedarf ist, um 35 Prozent. Nach Abschluss des Seminars können sich 84 Prozent der teilnehmenden Studierenden vorstellen, in einer Integrationsklasse zu unterrichten. Die Einstellungsänderungen werden vor allem durch „Erkenntnisse aus wissenschaftlichen Untersuchungen und durch die Diskussionen im Seminar [...], aber auch durch Filmbeiträge bzw. Hospitationen in Integrationsklassen" (Demmer-Dieckmann 2007, 160) begründet. Demmer-Dieckmann folgert aus dem Ergebnis, dass ca. 60 Prozent der Befragten sich aufgrund der Seminarteilnahme erstmals mit Gemeinsamem Unterricht auseinandergesetzt haben und die Teilnahme verpflichtend eingeführt werden sollte (2007, 157); sie spricht sich für eine Ausweitung der Angebote aus (2007, 161).

Eine weitere Studie wurde von einer schulpädagogischen Forschungsgruppe der Universität Münster im Wintersemester 2012/2013 an 25 lehrerbildenden Universitäten der Bundesländer Hamburg, Bayern, Thüringen und Nordrhein-Westfalen durchgeführt (vgl. Sawalies et al. 2013). Die quantitative Inhaltsanalyse ausgewählter Vorlesungsverzeichnisse, die durch eine standardisierte Online-Befragung der Lehrenden ergänzt wurde, erbrachte das Ergebnis, dass an den ausgewählten Hochschulen 244 inklusive Studienangebote (Lehrveranstaltungen) vorgehalten wurden. Nur an einer Universität gab es kein inklusionspädagogisches Angebot; alle anderen boten „mindestens eine Veranstaltung im relevanten Themenbereich für mindestens ein Regelschullehramt an" (2013, 7). 103 Lehrveranstaltungen (d.h. überproportionale 42,2 Prozent) wurden allerdings an den sieben Hochschulen angeboten, die neben den Regelschullehrämtern auch ein Lehramt Sonderpädagogik anbieten. Davon abgesehen verteilten sich die Studienangebote relativ einheitlich auf die Regelschulformen, was sich daran ablesen lässt, dass etwa die Hälfte aller inklusionspädagogischen Studienangebote den Studierenden aller Lehramtsstudiengänge offen standen. Die Studierenden des Grundschullehramts erzielten dabei den höchsten Wert von 82 Prozent (200 Veranstaltungen), die Studierenden des Lehramts für Berufsschule und Berufskollegs den niedrigsten Wert von 32,4 Prozent (79 Veranstaltungen). Allerdings gab es sogar an den vier Hochschulen, an denen kein Lehramt an Grundschulen angeboten wird, insgesamt zehn Veranstaltungen zu inklusionspädagogischen Themen (vgl. Sawalies et. al. 2013, 7 f.).

Die Studie von Amrhein verfolgte mit der Frage, „inwiefern [...] es an nordrhein-westfälischen Hochschulen bereits Lehrangebote zum Gemeinsamen Unterricht von SchülerInnen mit und ohne sonderpädagogischen Förderbedarf für zukünftige Lehrkräfte aller Schulformen [gibt]" (2012, 20), ein ähnliches Ziel wie die Studie der Münsteraner Forschungsgruppe. Amrhein suchte – nach Erstellung einer Landkarte mit den Studienangeboten – in den Vorlesungsverzeichnissen nach Veranstaltungen zu diesem Thema und führte danach Telefoninterviews mit Mitarbeiterinnen und Mitarbeitern der Hochschulen (Zentren für Lehrer(innen)bildung) durch. Abschließend befragte sie Studierende an der Universität zu Köln, die ihr Orientierungspraktikum absolvierten und zwei Seminare hierzu besuchten.

Die Studie erbrachte das Ergebnis, dass im WS 2011/2012 in Nordrhein-Westfalen lediglich an vier von elf Hochschulstandorten Lehrveranstaltungen besucht werden konnten, die lehramtsübergreifend konzipiert waren. „Demzufolge bleibt die Trennung der Lehramtsstudiengänge insbesondere zwischen der Sonderpädagogik und den Regelstudiengängen weiterhin bestehen" (Amrhein 2012, 25). Amrhein weist ferner darauf hin, dass die Veranstaltungen fast ausschließlich den Bildungs- und Erziehungswissenschaften zuzuordnen sind. In den Fachdidaktiken hingegen waren kaum Veranstaltungen zu diesem Thema zu finden. Der sonderpädagogische Fokus auf Inklusion wurde dadurch deutlich, dass inklusionsbezogene Veranstaltungen vor allem für Studierende des Lehramts für Sonderpädagogik ausgeschrieben werden. Für das Lehramt an Grundschulen waren zumindest Angebote vorhanden, die das Thema Heterogenität aufgreifen. „Lediglich an zwei Universitäten konnten unter den recherchierten Angeboten Veranstaltungen zum Thema Praxisbegleitung eines Praktikums im inklusiven und gemeinsamen Unterricht nachgewiesen werden. Die Praxisphasen sind nicht an Inklusion ausgerichtet. Das Angebot bleibt, wenn überhaupt, freiwillig wählbar" (2012, 26). In den Telefoninterviews stellte sich der Zusammenhang zwischen dem Angebot von Veranstaltungen zum Thema Inklusion und der Verankerung von Inklusion im Leitbild für die Lehramtsausbildung heraus. Als problematisch erwies sich der Umstand, dass das Thema Inklusion an Hochschulstandorten mit dem Studienangebot eines Lehramts für Sonderpädagogik vor allem diesen Instituten zugeordnet wurde. Sofern an Hochschulen weder das Lehramt für Sonderpädagogik noch das Lehramt für Grundschulen angeboten wird, werden kaum Veranstaltungen zu den Thema Inklusion, Heterogenität etc. vorgehalten (vgl. 2012, 27).

International vergleichende Studien

Im vergangenen Jahrzehnt wurden auf internationaler und nationaler Ebene Bemühungen unternommen, die Lehrerbildung international-vergleichend zu untersuchen (vgl. Blömeke 2011). Die große Herausforderung solcher Ansätze besteht darin, „geeignete Variablen für einen Vergleich zu finden – die einzelnen Lehrerbildungssysteme unterscheiden sich teils signifikant voneinander. Auf der Makroebene der Lehrerbildungsstrukturen lassen sich die einfachsten Vergleiche anstellen. Vergleichsgrößen können etwa die Ziele, Komponenten und die Institutionalisierung der Ausbildung, das Verhältnis von Theorie und Praxis, die Zulassungsbedingungen oder die Steuerungs- und Kontrollmechanismen der Lehrerbildungssysteme sein. Aufgrund ihrer Komplexität und fehlenden Vergleichbarkeit im Detail erscheint internationale Forschung auf der Mesoebene der Institutionen oder gar Mikroebene der Personen weitaus schwieriger, zumal die Strukturdaten weitgehend über Statistiken und Dokumente zugänglich sind, während inhaltliche Fragen auf einer niedereren Ebene Feldforschung erfordern. Letztere ist gerade im internationalen Vergleich auf größere Forschungsnetzwerke und Drittmittelsummen angewiesen. Die vorliegenden international-vergleichenden Studien unterscheiden sich außerdem in ihrem räumlichen Zuschnitt. Studien und Datenquellen mit weltweiter Reichweite stehen neben Ansätzen, die sich auf Mitgliedsstaaten der Europäischen Union beschränken" (Cramer 2012, 105). Die größte international-vergleichende Studie zur Lehrerbildung (17 Länder) unter deutscher Beteiligung ist die ‚Teacher Education and Development Study in Mathematics (TEDS-M)'. Sie wurde von der ‚International Association for the Evaluation of Educational Achievement (IEA)' initiiert und zielt auf die Bestimmung der Wirksamkeit der Mathematiklehrerbildung im Primar- und Sekundärbereich ab (vgl. Blömeke 2009a; Blömeke / Kaiser / Lehmann 2010a; 2010b).

International-vergleichende Studien zur inklusionsorientierten Lehrerbildung unter Beteiligungen deutscher Forscherinnen und Forscher gibt es bislang nicht. Allerdings ist zu erwähnen, dass die European Agency for Development in Special Needs Education (EADSNE) von 2009 bis 2012 das Projekt „Teacher Education for Inclusion" durchführte. Dabei handelt es sich um ein länderübergreifendes Projekt einer supranationalen Organisation und nicht um eine international-vergleichende Forschungsstudie. Das Projekt zielte darauf ab, erste Antworten auf folgende Fragen zu finden: „Welche Lehrer/innen benötigen wir für eine inklusive Gesellschaft in einer Schule des 21. Jahrhunderts? Was sind die essentiellen Lehrerkompetenzen für inklusive Bildung?" (Merz-Atalik / Franzkowiak 2011, 1). Dabei stand vor allem die erste Ausbildungsphase von Lehrerinnen und Lehrern allgemeiner Schulen im Fokus. „Im Verlaufe des Projekts wurden umfassende Literaturrecherchen zur Thematik unternommen, Länderberichte und ein darauf basierender Synthese-Bericht erstellt, mit dessen Hilfe die derzeitige Situation der Lehrerausbildung für Inklusion im europäischen Vergleich betrachtet werden kann" (2011, 1).[18] Im Frühjahr 2012 wurde das Projekt mit Empfehlungen für eine auf Inklusion ausgerichtete Lehrerausbildung und einem Profil von erforderlichen Kompetenzen für Lehrkräfte, die sie bezogen auf inklusive Bildung und Erziehung benötigen, abgeschlossen (vgl. European Agency 2011; 2012).

---

18 Die EADSNE ließ für das Projekt allerdings auch ein internationales ‚Literature Review' anfertigen, in das zahlreiche Forschungsbefunde eingeflossen sind (vgl. European Agency 2010).

Erfahrungen und Bewertungen aus Studierendensicht

Subjektive Erfahrungen von Studierenden bzw. Auszubildenden können als Spiegel ihrer professionellen Entwicklung als Lehrkraft interpretiert werden. „Ihre Zufriedenheit mit den Inhalten und der Struktur ihrer Ausbildung kann z.B. über das wahrgenommene Ausbildungsklima erhoben werden. Allerdings beziehen sich vorhandene Studien überwiegend auf Schule und Unterricht und nur selten auf die Lehrerbildung selbst [...]" (Cramer 2012, 108). Ein weiterer Indikator ist die sog. ‚Studienzufriedenheit', die „als Erfolg sowie Zufriedenheit bezüglich studiennaher Inhalte operationalisiert wird" (2012, 108). Laut Cramer weist der Forschungsstand darauf hin, dass fachübergreifenden Faktoren bei der Prognose von Studienzufriedenheit eine höhere Bedeutung zukommt als fachspezifischen. Auch die Wahrnehmung der curricularen Abstimmung von Lehrveranstaltungen in zeitlicher wie inhaltlicher Hinsicht kann als Aspekt der Zufriedenheit mit der Ausbildung aufgefasst werden.

Zu diesem Forschungsschwerpunkt liegen im Hinblick auf die inklusionsorientierte Lehrerbildung bislang einige kleinere Studien einzelner Universitäten vor.

In einer Evaluationsstudie an der Universität Bremen werden Studierende zu Beginn und kurz vor Abschluss ihres Studiums befragt. Erste Ergebnisse zeigen hier, „dass diese [die Studierenden, Anm. d. Verf.] die Doppelqualifizierung sehr schätzen" (Seitz 2011). Dass die Entscheidung für das Lehramt an Grundschulen oder für Sonderpädagogik erst mit Beginn des Referendariats getroffen werden muss, wird von 72,5 Prozent der Studierenden begrüßt. Fast alle Studierenden sprechen sich aufgrund der aktuellen bildungspolitischen Schulentwicklung für diese Doppelqualifizierung aus und bewerten diese als passend für die bevorstehenden beruflichen Aufgaben (vgl. Seitz 2011). Im Bundesland Bremen wird der enge Zusammenhang zwischen der bildungspolitischen Situation (und der aktuellen Schulsituation) und der konzeptionellen Ausrichtung der Lehrerbildung ersichtlich. Dadurch, dass in Bremen nur noch zwei Förderschulen bestehen, wird die traditionell getrennte Lehrerbildung obsolet.[19] Eine Umstrukturierung der Lehrerbildung war somit notwendig.

Für eine inklusionsorientierte Lehrerbildung ist es von großer Bedeutung, dass (auch um dem problematischen Trend, Inklusion auf die Kategorie „Be-

---

19 „Angesichts des Umstands, dass Grundschulen und weiterführende Schulen fortan nicht länger einzelne Schülerinnen und Schüler mit der Begründung ‚sonderpädagogischen Förderbedarfs' auf Sonderschulen verweisen können, ist der Veränderungsdruck auch in Verantwortlichkeit gegenüber den Absolventinnen und Absolventen lehramtsbezogener Studiengänge hoch" (Seitz 2011).

hindrung" zu beschränken, entgegenzuwirken) neben dem sonderpädagogischen Lehramt auch die Studiengänge anderer Schulformen in den Blick genommen werden.

Für den Bielefelder Studiengang „Integrierte Sonderpädagogik" wurden ebenfalls bereits Studierendenbefragungen durchgeführt (vgl. Hänsel 2007). Des Weiteren liegen einige Publikationen vor, in denen die Konzeption des seit 2009 weiterentwickelten Studiengangs dargestellt wird (vgl. Gehrmann 2005; Lütje-Klose 2010; Kottmann 2011; Lütje-Klose / Miller 2012; Lütje-Klose / Miller in diesem Beiheft).

Amrhein kommt auf Grundlage ihrer Forschungsergebnisse zu dem Schluss, dass sich Inklusion nicht mit der Hoffnung auf eine Einstellungsänderung umsetzen lässt, sondern ebenso ein „Wandel im System" (2011b, 132) notwendig ist. Hieraus leitet sie „Konsequenzen für die Aus- und Fortbildung von LehrerInnen" (2011b, 133) ab. Dabei stellt sie den Aspekt der Freiwilligkeit hinsichtlich der Seminarwahl in Frage und spricht sich für die Implementierung forschenden und reflexiven Lernens im Studium aus. Ebenso wird die Einführung eines Praxissemesters zum Wissen-Können-Transfer begrüßt, allerdings die Bedeutsamkeit einer professionellen Begleitung und Beratung herausgestellt (vgl. Amrhein 2011b, 133 ff.).

Hillenbrand (2006) erhob mithilfe eines halbstandardisierten Fragebogen, wie das Studium des Förderschwerpunktes Emotionale und soziale Entwicklung von Lehramtsanwärterinnen und Lehramtsanwärtern (n = 65) und Fachleiterinnen und Fachleitern (n = 9) des Studienseminars bewertet wird. In den Ergebnissen zeigt sich zuerst, dass „ca. 85 % sehr zufrieden bis zufrieden" (Hillenbrand 2006, 113) mit ihrer Berufswahl sind. In einer Gesamteinschätzung des Studiums bewertete die Hälfte der Lehramtsanwärterinnen und Lehramtsanwärter dieses als „eher unzureichend" hinsichtlich der Vorbereitung auf das Referendariat und die Schulpraxis; fast 30 Prozent sogar als „eindeutig für unzureichend" (2006, 114). Weiterhin sollte eine Selbsteinschätzung erworbener Kompetenzen erfolgen: Die beste Beurteilung erhält der Bereich der Theorien der Erziehungshilfe, wohingegen praxisnahe Kompetenzen insgesamt eher negativ beurteilt werden (2006, 116 f.). Der Praxisbezug und die Praxisanteile werden insgesamt als nicht ausreichend bewertet, sodass sich für eine Erhöhung dieser Anteile ausgesprochen wird. Die Fachleiterinnen und Fachleiter sprechen sich in der Befragung für eine intensivere Ausbildung in den Bereichen Diagnostik und Unterrichtsplanung aus (2006, 118 f.). Interessante Erkenntnisse für eine inklusionsorientierte Lehrerbildung bietet die Studie dahingehend, dass diese Form der summativen Evaluation die Problematik einer geringen Selbsteinschätzung von im Studium erworbenen Kompetenzen aufzeigt. Es lässt sich nur vermuten, dass sich diese Problematik mit der Umsetzung eines LES-Modells (d.h. eines kombinierten Faches aus den Förderschwerpunkten Lernen, Emotionale und soziale Entwicklung und Sprache) noch zuspitzen könnte.

In der bereits erwähnten Studie von Franzkowiak (2009) wird auf Grundlage der Ergebnisse eines Online-Fragebogens deutlich, dass es bereits an fast allen Hochschulen Lehrveranstaltungen gibt, „die sich direkt oder indirekt auf das gemeinsame schulische Lernen von Kindern mit und ohne Behinderungen beziehen" (Franzkowiak 2009, o. S.), wobei ergänzt wurde, dass es sich nicht unbedingt um einzelne Seminare handelt, sondern zum Teil auch um einzelne Sitzungen einer Vorlesung. An keiner Hochschule stellte der Besuch einer Veranstaltung zum Gemeinsamen Unterricht einen verpflichtenden Anteil dar. Weiterhin stand die Frage im Mittelpunkt, welche konkreten Inhalte in den Veranstaltungen thematisiert werden. Am häufigsten wurden folgende Inhalte benannt: „In welchem Zusammenhang mit Fragen der Heterogenität und Inklusion steht der GU, welche didaktischen und diagnostischen Aspekte sind zu beachten, wie effektiv ist er und mit welchen Praxisbeispielen lässt er sich veranschaulichen?" (Franzkowiak 2009, o. S.). Weniger Bedeutung wird hingegen rechtlichen Fragestellungen und Hospitationen oder Selbsterfahrungen beigemessen.

Insgesamt bewerteten fast alle Dozierenden das Thema Gemeinsamer Unterricht als (sehr) wichtig für angehende Grundschullehrkräfte.

Weiterhin wurde ein Fragebogen entwickelt, um eine Einschätzung von ehemaligen Seminarteilnehmerinnen und Seminarteilnehmern zu erhalten. Insgesamt gab es eine Rücklaufquote von etwa 33 Prozent: Für Studierende waren theoretische Grundlagen und Praxisbeispiele von besonderer Bedeutung – mit zunehmender Berufserfahrung nahm die Einschätzung der Wichtigkeit von Praxisbeispielen ab. Lehramtsanwärter hingegen stellen didaktische und methodische Aspekte der Gestaltung des Gemeinsamen Unterrichts als für sie besonders relevant heraus. Lehrer bewerten Inhalte zur sonderpädagogischen Förderung und die Auseinandersetzung mit Fördermaterialien als für sie gewinnbringend (vgl. Franzkowiak 2009).

Schramm et al. (2012) gehen anhand einer Fragebogenuntersuchung folgenden Fragestellungen nach:

- „Schätzen Sonderpädagogen die Bedeutung der Integration von körper- und/oder lernbehinderten Kindern in der Klasse zu Beginn ihres Studiums im Vergleich zu den Studierenden anderer Lehrämter höher ein?
- Haben sich Studierende dieser Gruppe intensiver mit Integration auseinandergesetzt als die Studierenden anderer Lehrämter?
- Trauen sie sich eher zu, Integration im Unterricht umzusetzen?
- Unterscheiden sich Studierende eines Lehramts an Sonderschulen in gleicher Weise in Bezug auf Differenzierung im Unterricht von ihren Kommilitonen?" (2012, 211)

Weiterhin ist für die Autoren von Interesse, wie sich z. B. die von den Studierenden beigemessene Bedeutung von Integration im Verlauf des Studiums entwickelt und inwiefern sich die Einschätzung, sich die Integration zuzutrauen, weiter ausbildet und wie sich die Bewertung von Differenzierung im Unterricht im Vergleich der beiden Studierendengruppen entwickelt.

Die Studie wurde an der LMU München mit einer Stichprobe von n = 961 durchgeführt, wovon 136 das Lehramt an Förderschulen studierten. In der zweiten Befragungswelle (n = 169) studierten 60 Prozent (n = 100) der Befragten das Lehramt an Grund- und Sonderschulen.

Der Fragebogen orientiert sich an Oelkers und Oser (2000) und erfasst die Einschätzung der Wichtigkeit beruflicher Anforderungen, die bisherige Auseinandersetzung mit diesen und das aktuelle Zutrauen in diesem Bereich.

Als wesentliche Ergebnisse können festgestellt werden: Unterschiede zwischen den beiden Studierendengruppen gibt es bei der „Einschätzung der Bedeutung der Faktoren Integration und Differenzierung zu Beginn ihres Studiums" (Schramm et al. 2012, 213). Studierende des Lehramts an Förderschulen schätzen Integration als sehr wichtig ein, setzen sich mit dieser ‚teils intensiv' auseinander, trauen sich die Umsetzung aber erst ‚teilweise' zu. Zu beachten ist allerdings, dass Differenzierung insgesamt geringere Werte erhält. Sonderpädagogik-Studierende unterscheiden sich hier lediglich von Studierenden des gymnasialen Lehramts.

Zwischen den beiden Messzeitpunkten zeigen sich bei den Sonderpädagogik-Studierenden interessante Unterschiede: „Die Bedeutung der Integration lern- und körperbehinderter Kinder sinkt aus Sicht der Sonderpädagogen zwischen den Messzeitpunkten von ‚sehr wichtig' auf ‚wichtig'. Parallel dazu sinkt die Einschätzung ihrer Auseinandersetzung mit Integration von ‚teils intensiv' auf ‚oberflächlich' […] und die der Auseinandersetzung von ‚teilweise' auf ‚eher nicht'" (Schramm et al. 2012, 214). Damit wird deutlich, dass hier eine Anpassung der beiden Studierendengruppen erfolgt. Bei Studierenden fast aller Lehramtsstudiengänge (außer Lehramt für Hauptschule) steigt hingegen die Einschätzung der Bedeutung von Differenzierung im Unterricht signifikant an. Dies hängt vermutlich mit der gestiegenen Auseinandersetzung (von ‚sehr oberflächlich' zu ‚teils intensiv') zusammen, womit wiederum auch eine veränderte Einschätzung der Umsetzung (von ‚eher nicht' auf ‚teilweise') einhergeht.

Fachliche und fachdidaktische Ausbildung

Ein Einbezug fachspezifischer und fachdidaktischer Variablen in die Lehrerbildungsforschung ist unerlässlich, weil sich der Großteil der Lehrerbildung in den Fächern vollzieht und von einem starken Einfluss der Fächer und Fachdidaktiken auf die Ausbildung insgesamt auszugehen ist. Umso problematischer ist es einzuschätzen, dass zur inklusionsorientierten fachwissen-schaftlichen und fachdidaktischen Lehrerausbildung bislang keine einschlä-gigen nationalen Studien vorliegen.

Expertisen zur Lehrerbildung

Cramer zählt zur Lehrerbildungsforschung nicht zuletzt auch die fachwissen-schaftliche Auseinandersetzung über die – meist von der Bildungspolitik in Auftrag gegebenen und oft unter Federführung namhafter Wissenschaftler entstandenen – Expertisen zur Reform der Lehrerbildung, die sich in zahlrei-chen Veröffentlichungen niedergeschlagen haben. „Die neueren Berichte skizzieren den Prozess hin zum gegenwärtigen teils wissenschaftlichen, teils bildungspolitischen Konsens und argumentieren sowohl strukturell und or-ganisatorisch, als auch erziehungswissenschaftlich" (2012, 111). Am promi-nentesten ist der Abschlussbericht der von der KMK eingesetzten Kommis-sion zu Perspektiven der Lehrerbildung in Deutschland (vgl. Terhart 2000), der als Papier des Konsenses aller Bundesländer gelesen werden kann.

Im Zentrum der wissenschaftlichen Kritik an den Expertisen steht die „zu einseitige Ausrichtung der Gutachten an politisch-administrativen Zielen, die eine ‚Rezeptionssperre' (Koch-Priewe 2002, 2) gegenüber der Wirksam-keitsforschung zur Lehrerbildung und damit der erziehungswissenschaftli-chen Diskussion kennzeichnet (Baumgart / Terhart 2001)" (Cramer 2012, 111). Diese Kritik kann auch gegenüber den aktuellen Expertisen zur Wei-terentwicklung der Lehrerbildung in Berlin und Baden-Württemberg (vgl. Senatsverwaltung für Bildung, Jugend und Wissenschaft 2012; Ministerium für Wissenschaft, Forschung und Kunst Baden-Württemberg 2013) geäußert werden, zu deren Auftrag es gehörte, die Lehrerbildung „inklusionstauglich" zu machen. Die Empfehlungen beider von Baumert geleiteten Expertenkom-missionen fordern mit Blick auf die Erfordernisse der inklusiven Beschulung weitreichende Strukturveränderungen der deutschen Lehrerausbildung, ohne auf die empirischen Wissensbestände nationaler und internationaler Forschungen zur inklusionsorientierten Lehrerbildung näher einzugehen oder Forschungsdesiderate zu formulieren (vgl. C. Lindmeier 2013).[20] Dies gilt vor allem für die Empfehlungen für die Ausbildung von Lehrkräften in Berlin, denn die Empfehlungen zur Weiterentwicklung der Lehrerbildung in Baden-

---

20 Weitere Arbeiten des Verfassers beziehen sich auf die kritische Begleitung des bil-dungspolitischen Prozesses der Implementierung von Ausbildungselementen einer inklusionsorientierten Lehrerbildung (vgl. z. B. C. Lindmeier 2009a; 2009b; 2014; C. Lindmeier / B. Lindmeier 2012).

Württemberg enthalten immerhin den Hinweis auf vier internationale Studien zu den Einstellungen von Lehrkräften zur gemeinsamen Unterrichtung von Schülerinnen und Schülern mit und ohne sonderpädagogischen Förderbedarf (Ministerium für Wissenschaft, Forschung und Kunst Baden-Württemberg 2013, 36). Allerdings geschieht dies in Orientierung an dem ‚International Literature Review‘ (vgl. European Agency 2010) der Europäischen Agentur für Entwicklungen in der sonderpädagogischen Förderung, weshalb die Forschungsbezüge auch nur bis zum Jahr 2009 reichen. Die Argumentation für die Einführung eines LES-Schwerpunktes im Rahmen der sonderpädagogischen Ausbildung ist dahingehend problematisch, dass sie sich lediglich an der quantitativen Verteilung dieser drei Förderschwerpunkte orientiert (vgl. C. Lindmeier 2014).

Amrhein und Badstieber (2013) legen eine Analyse vor, in der die aktuelle Situation der Fort- und Weiterbildung für Inklusion dargelegt wird: „Viele Flächenbundesländer bevorzugen Schulungen von Multiplikatoren, Moderatoren, Koordinatoren oder Beratern, die ihrerseits regionale Angebote schaffen sollen, um das Thema Inklusion in die Lehrerfortbildungen nach einer Art ‚Schneeballprinzip‘ zu implementieren. Andere Länder haben zentrale Stellen zur Unterstützung von Schulen zur Umsetzung von Inklusion eingerichtet, Modellregionen gebildet, regionale Netzwerke auf- und ausgebaut und/oder überregionale Kick-off-Veranstaltungen durchgeführt" (Amrhein / Badstieber 2013, 18). Für die pädagogische Praxis besteht nämlich bereits aktuell das Problem, dass für Inklusion ausgebildete Lehrkräfte nicht in ausreichendem Maße vorhanden sind. Lancaster und Bain (2007, 245) bezeichnen dies pointiert als „mismatch between preservice preparation and the actual working conditions of special education teachers".

Hochschuldidaktische Fragen der Gestaltung einer inklusionsorientierten Lehrerbildung

Der Aspekt der Hochschuldidaktik wurde von Cramer (2012) ausgelassen, international spielt dieser Aspekt jedoch durchaus eine Rolle (vgl. für die Darstellung eines Konzepts: Bain et al. 2009; als exemplarische Studie zu einem berufsbiographischen Ansatz: Agbenyega / Klibthon 2012). Ein Konzept zur Gestaltung von Seminaren für unterschiedliche Lehramtsstudierende wurde von Koch-Priewe und Münch (2005) vorgelegt. Es wurde jedoch bislang nicht auf der Grundlage wissenschaftlicher Standards evaluiert.

In der Auseinandersetzung mit der Frage, wie inklusionsorientierte Lehrerbildung zu gestalten ist, wäre aber auch zu diskutieren, inwiefern der Einbezug Betroffener von Bedeutung sein kann – vor allem mit dem Wissen, dass Lehramtsstudierende in ihrer eigenen Schulzeit vermutlich nur wenig

Kontakt zu Schülerinnen und Schülern mit sonderpädagogischem Förderbedarf hatten und bei Leistungsschwierigkeiten lediglich eine Selektion beobachten konnten. Vor diesem Hintergrund sind „Gemeinsame Seminare" als eine interessante Möglichkeit zu bewerten (vgl. B. Lindmeier / Meyer / Kielhorn 2014). Meyer (2013) stellt das Konzept der Gemeinsamen Seminare an der Leibniz Universität Hannover vor, in denen Studierende des Bachelorstudiengangs Sonderpädagogik und behinderte Menschen gemeinsam lernen, gleichwohl für beide Gruppen zum Teil unterschiedliche Lernziele verfolgt werden. Die behinderten Teilnehmerinnen und Teilnehmer besuchten im Vorfeld einen Vorbereitungskurs, um beispielsweise den „Standortvorteil" der Studierenden an der Universität zu verringern. In den Seminarsitzungen wurde ein gemeinsames Projekt zum Thema Selbstbestimmung geplant, durchgeführt und abschließend präsentiert. „Innerhalb der Seminargruppe zeigte sich, dass die Erfahrung von Gleichheit und der Aufhebung von Verschiedenheit immer wieder auftrat, und zwar sowohl bei den Spielen und in der Freizeit als auch beim gemeinsamen Arbeiten. Auch die Erfahrung von Fremdheit trat immer wieder auf, manchmal entlang anderer Merkmale als Behinderung, zum Beispiel in Bezug auf Wertvorstellungen in der eigenen Partnerschaft. Erwähnenswert ist darüber hinaus, dass einzelne Studierende über ähnliche Schwierigkeiten berichten wie behinderte Teilnehmer/innen, beispielsweise hinsichtlich des Sprechens in Gruppen und des Erlebens der Universität als einen Raum, in dem es außerhalb der gemeinsamen Seminare Mut erfordert, Fragen zu stellen und sich zu äußern" (Meyer 2013, 201). Hinsichtlich der (berufs-)biographischen Entwicklung angehender Sonderpädagoginnen und Sonderpädagogen ist die Erkenntnis interessant, dass „die Zusammenarbeit immer wieder von den lange erlernten Rollen als Assistent und Assistenzempfänger beeinflusst [wurde]" (Meyer 2013, 201). Die behinderten Teilnehmer konnten in stärker strukturierten Arbeitsphasen und in Plenumsphasen eher als gleichberechtigt beschrieben werden als in sehr offenen Projektarbeitsphasen, ebenso konnten Differenzen beispielsweise in Situationen aufgehoben werden, in denen es um eigene Erfahrungen ging (vgl. B. Lindmeier / Meyer / Kielhorn 2013, 239). Offen und in der weiteren Auswertung zu berücksichtigende Aspekte sind Fragen dazu, „unter welchen Bedingungen sich Ausgrenzung oder Einbeziehung vollziehen, und ob und wann sie sich verfestigen" (2013, 240).

Neben diesem hochschuldidaktischen Konzept gibt es mit dem Projekt „Inklusive Schulbegleitforschung" (vgl. Böing / Köpfer 2012) und der Begleitung universitärer Praxisphasen (vgl. unter anderem Amrhein 2011a) weitere Ansätze einer inklusionsorientierten Ausbildung, die bisher allerdings nicht evaluiert wurden.

Auch die veröffentlichten Arbeiten des Münsteraner Praxisprojekts „PinI – Praxisphasen in Inklusion" können diesem Schwerpunkt zugeordnet werden (vgl. Veber / Stellbrink 2011; Veber / Brimmers / Schönhofen 2012; Veber

2013; Fischer / Roth / Veber 2013). Das Projekt zeichnet sich dadurch aus, dass Studierende des Regelschullehramtes nach dem Besuch eines einsemestrigen Vorbereitungsseminars eine mindestens vierwöchige oder semesterbegleitende Praxisphase in einer inklusiven Schule absolvieren und somit zum einen Praxiserfahrung sammeln und zum anderen einer Fragestellung nachgehen, die sie unter universitärer Begleitung und unter Berücksichtigung der Bedürfnisse der Praktikumsschule entwickelten. Abschließend werden die Erfahrungen der Studierenden und die Ergebnisse des forschenden Lernens in einem Seminar vorgestellt und diskutiert. Begleitend reflektieren die Studierenden unter verschiedenen Fragestellungen ihre Erfahrungen in einem Portfolio.

Bisher liegen zu diesem Projekt allerdings keine Evaluationsergebnisse vor. In den Beiträgen wurden lediglich subjektive Erfahrungsberichte von Studierenden eingearbeitet.

Perspektive der Lehrerenden

In der Studie von Sawalies et al. wurde deutlich, dass „77,7% der Dozenten […] das Thema [Inklusion, Anm. d. Verf.] zum bedeutungstragenden Aspekt für die Lehrerbildung an ihrer Hochschule [erklärten]" (2013, 8). Fast die Hälfte der Befragten stimmte der Aussage zu, dass die Bedeutung des Themas in den letzten Jahren zugenommen hat. Fast alle Befragten sind sich darüber einig, dass die Umsetzung der UN-Behindertenrechtskonvention durch die Lehrerbildung in der Verantwortung der Universitäten liegt. Daraus scheint zu folgen, dass Angebote in diesem Bereich auszubauen sind und auch darüber nachgedacht werden sollte, wie Studierende Praktika in inklusiven Klassen[21] absolvieren können. Ein Ausbau des Angebots wurde von ca. einem Fünftel der Befragten bestätigt. „Spezielle theoretisch inklusionspädagogisch ausgerichtete Module wurden zum Erhebungszeitraum von nur 37,2% der Befragten bestätigt. Weitere 9,6% erklärten, dass derartige Module in Planung seien" (Sawalies et al. 2013, 9). Für eine Verpflichtung auf inklusionspädagogische Anteile sprachen sich 94,7 Prozent der Dozierenden aus (vgl. 2013, 9).

Franzkowiak (2009) vergleicht in der bereits mehrfach erwähnten Studie auch die Einschätzungen der Hochschullehrenden und der Studierenden zu den Inhalten für solche Lehrveranstaltungen: Überschneidungen ergeben

---

21 Auch Heinrich, Urban und Werning (2013) sehen die Notwendigkeit, Praktika in inklusiven Settings zu absolvieren, und sprechen sich als Praktikumspartner für ‚Best-Practice'-Schulen aus. Allerdings wird hier außer Acht gelassen, dass die derzeitige pädagogische Praxis dies in dem erforderlichen Umfang nicht bieten kann. Zudem ist unklar, welche Kriterien hierfür herangezogen werden sollen (vgl. Laubner 2015).

sich für die Themen *Gemeinsamer Unterricht (Theorie und Praxis, Didaktik des GU, Integration/Inklusion)* und *Diagnostik*" (2009, o. S., Hervorh. i. Original). Unterschiede ergeben sich in der Einschätzung der Bedeutsamkeit der Vermittlung von Forschungsergebnissen zum Gemeinsamen Unterricht – demnach wird diesem Bereich von 15 Hochschullehrenden weit mehr Bedeutung beigemessen als von Seiten der Studierenden. Gegenteilig ist es bei den Themenschwerpunkten Hospitationen, Selbsterfahrungen und Simulation, Fördermaßnahmen und Möglichkeiten der Unterstützung für Schülerinnen und Schüler mit sonderpädagogischem Förderbedarf (2009, o. S.). *"Der Aspekt der Grundinformation* überwiegt eindeutig im Vergleich zur direkten Begegnung mit Schülern mit besonderem Förderbedarf und zur Sensibilisierung durch Versuche, sich in Form von Selbsterfahrungen in Menschen mit Behinderungen hineinzuversetzen" (Franzkowiak 2009, o. S.; Hervorh. i. Original fett gedruckt). Dieses Ergebnis ist vor dem Hintergrund der bereits vorgestellten Studienergebnisse von Kuhl und Walter (2008) besonders interessant, da hier deutlich wird, dass der persönliche Kontakt zu Schülerinnen und Schülern mit sonderpädagogischem Förderbedarf anscheinend als unterschiedlich wichtig erachtet wird.

Forschungsdesiderate

Zusammenfassend lässt sich hinsichtlich des nationalen Forschungsstands zur inklusionsorientierten Lehrerinnen- und Lehrerbildung konstatieren, dass dieser umfänglicher und facettenreicher ist als bislang angenommen. Dies wird allerdings erst sichtbar, wenn man bei der Darstellung des Forschungsstandes an aktuelle Systematisierungen der Forschung zur Lehrerbildung in Deutschland anknüpft. Bei den vorliegenden empirischen Studien zur inklusionsorientierten Lehrerbildung handelt es sich außerdem vor allem um viele kleinere, auf einzelne Regionen oder auf Ausbildungsinstitutionen begrenzte Untersuchungen. Dieser Forschungsüberblick (Stand: Juli 2014) zeigt anderseits auch, dass in Deutschland bislang kein einziges Forschungsprojekt von der Tragweite des vom österreichischen Bundesministeriums für Unterricht, Kunst und Kultur (BMUKK) finanzierten Forschungsprojekts ‚Einstellungen und Kompetenzen von LehramtstudentInnen und LehrerInnen für die Umsetzung inklusiver Bildung' durchgeführt wurde (vgl. Feyerer et al. 2014).[22] Die Größe

---

22 In dem Forschungsprojekt, das von Oktober 2011 bis April 2014 an den Pädagogischen Hochschulen Oberösterreich (PH OÖ) und Vorarlberg (PH V) in allen Lehramtsstudiengängen durchgeführt wurde, wurde in einem mehrperspektivischen Designs folgenden Forschungsfragen nachgegangen:

dieses Projektes erklärt sich unter anderem daraus, dass bei der österreichischen Reform der Lehrerbildung (‚PädagogInnenbildung NEU') das Thema der inklusionsorientierten Lehrerbildung eine zentrale Rolle spielt (vgl. Feyerer 2013). Die Förderung von Vorhaben dieser Größenordnung wurde zwar im Juni 2013 auf der Nationalen Konferenz zur inklusiven Bildung auch für Deutschland angekündigt; eine entsprechende Förderrichtlinie des Bundesministeriums für Bildung und Forschung (BMBF) wurde aber erst im März 2016 veröffentlicht.

Angesichts dieser Befunde können wir uns der schulpädagogischen Einschätzung von Sawalies et al. nur bedingt anschließen, „dass zur inklusionsorientierten Lehrerbildung sehr vielfältige Publikationen zu finden sind" (2013, 2). Von einer solchen Vielfalt kann selbst dann nicht die Rede sein, wenn man Publikationen mit einbezieht, die sich aus einer theoretischen oder normativen Perspektive der Lehreraus-, -fort- und -weiterbildung nähern. Aus einer solchen Perspektive, die ohne empirische Wissensbestände auszukommen sucht, haben kurz vor und nach der Jahrtausendwende bereits Haeberlin (1999), Mahnke (1999), Feuser (2000) und Heimlich (1999; 2003) aufgezeigt, welche Inhalte und Kompetenzen in einer integrativen Lehrerbildung verankert werden sollten. Seit der Jahrtausendwende finden sich außerdem in den Sammelbänden der Integrations- bzw. Inklusionsforscher(innen)tagungen regelmäßig Beiträge zu einer inklusionsorientierten Lehrerbildung. Erst in den vergangenen vier Jahren erscheint unter dieser Rubrik gelegentlich auch ein empirischer Forschungsbeitrag (vgl. exemplarisch Franzkowiak 2010; Demmer-Dieckmann 2010).

Ausgehend von den Ergebnissen unseres Forschungsüberblicks zeigt sich, dass künftig vorzugsweise folgende Forschungen intensiviert werden sollten:

- Modelle inklusionsorientierter Lehrerbildung: Die Rahmenbedingungen der jeweiligen Ausbildungsgänge stellen auch im Hinblick auf die inklu-

---

1. „Welche grundlegenden Einstellungen und Haltungen zur Umsetzung inklusiver Bildung erwerben Studierende an Pädagogischen Hochschulen? Welche Faktoren spielen dabei eine Rolle?
2. Was verstehen Lehramtsstudierende und AbsolventInnen unter dem Begriff Inklusion?
3. In welchem Ausmaß fühlen sich Studierende auf die Herausforderungen in inklusiven Schulen vorbereitet? Welche Kompetenzen denken sie, erworben zu haben?
4. Welche Lehr- und Studienarrangements begünstigen aus Sicht der Befragten Einstellungen und Kompetenzen, die für die Entwicklung inklusiver Bildung förderlich sind?
5. Welche Empfehlungen können daraus für die Weiterentwicklung der LehrerInnenbildung abgeleitet werden" (Feyerer et al. 2014, 4).

sionsorientierte Lehrerbildung ein zentrales Forschungsdesiderat der nationalen Lehrerbildungsforschung dar. Im Vergleich mit dem internationalen Forschungstand, der innerhalb der nationalen Forschung dringend aufzuarbeiten wäre, fehlen umfassende Programmanalysen, die sowohl die Ebene der strukturellen und institutionellen Vorgaben (jeweilige Landesregelungen und institutionelle Formen) als auch die Konkretisierung dieser Rahmenregelungen an den einzelnen Lehrerbildungseinrichtungen vor Ort (Prüfungsordnungen, Modulhandbücher, Umsetzung in Lehrangebote, Sicherstellung der nötigen Lehrinhalte und Koordination der verschiedenen Ausbildungsbestandteile) berücksichtigen und dabei alle Bundesländer in kontrastierende Vergleichsuntersuchungen einbeziehen. Um die empirische Forschung auf dieser Makroebene zu intensivieren, empfiehlt sich eine Orientierung an den internationalen Forschungen zu den Modellen inklusionsorientierter Lehrerbildung (vgl. Heinrich / Urban / Werning 2013; C. Lindmeier 2013; B. Lindmeier / Laubner 2015). Ergänzend muss die Einschätzung dieser Angebote durch die Studierenden und die Lehrenden untersucht werden. Außerdem sind Verbindungen zu den weiteren genannten Themen der Kompetenzentwicklung und der berufsbiographischen Entwicklung in unterschiedlichen Lehrerbildungsmodellen zu ziehen.

- Professionelle Kompetenzen und Standards der Lehrerbildung: Ein weiteres Desiderat bilden Forschungen zur Kompetenzentwicklung von Lehrkräften und zu den Standards der Lehrerbildung.

Bei der Erforschung der professionellen Kompetenzen von Lehrkräften, die in inklusiven Settings benötigt werden, sollten künftig insbesondere Lehrerbildungsforschung und Unterrichtsforschung eng zusammenarbeiten. Daraus ergeben sich für Moser folgende Forschungsdesiderate:

- „Identifikation lehrerseitiger Kompetenzbereiche in inklusiven Settings
- Modellierung der Lehrerkompetenzen für den Unterricht in inklusiven Settings
- Unterrichtsforschung mit Bezug auf das Fachwissen, lehrerseitige Überzeugungen (beliefs) und Kompetenzen (vorzugsweise in den Bereichen Deutsch und Mathematik) in Korrelation zu den Effekten auf Schüler(innen)leistungen und das Klassenklima.
- Untersuchung von Unterrichtskulturen in inklusiven Settings (Unterrichtsskripts, Kommunikations- und Interaktionsmuster), ebenfalls unter Bezug auf deren Effekte auf Schüler(innen)leistungen und das Klassenklima" (2013, 143).

Im BMBF-Projekt ‚Bildungswissenschaftliches Wissen und Erwerb professioneller Kompetenz in der Lehramtsausbildung (BilWiss)' wird seit 2010 untersucht, ob die bildungswissenschaftlichen Lehrerbildungsstandards (vgl. KMK 2004) in den professionellen Kompetenzen der Lehrkräfte (Absolventen der ersten Phase und des Referendariats) Niederschlag finden (vgl. z.B. Terhart 2012; Kunina-Habenicht et al. 2012; Lohmann / Seidel / Terhart 2011). Diese Forschungen müssen in Zukunft – unter Beteiligung von Forschern aus der Sonderpädagogik und der Integrations- und Inklusionspädagogik – einerseits auf die fachwissenschaftlichen und fachdidaktischen Lehrerbildungsstandards und andererseits auf die Themenbereiche ‚Inklusion‘, ‚Umgang mit Diversität/Heterogenität‘ und ‚Förderdiagnostik‘ ausgeweitet werden. Diese zuletzt genannten Bereiche wurden nämlich inzwischen sowohl in den Rahmenvereinbarungen der Ausbildung allen sechs Lehramtstypen (vgl. KMK 2013a–f) und in den überarbeiteten bildungswissenschaftlichen, fachwissenschaftlichen und fachdidaktischen Lehrerbildungsstandards verankert (vgl. KMK 2014a; 2014b).

- Berufsbiographische Entwicklung: Ein weiteres, nicht minder wichtiges Forschungsdesiderat stellen Studien zur Erforschung der berufsbiographischen Entwicklung von Lehrkräften dar, die in der universitären Phase, im Referendariat, in der Berufseinstiegsphase und in der vierten Phase der Fort- und Weiterbildung in inklusiven Settings sozialisiert und professionalisiert wurden. Diese berufsbiographische Entwicklung sollte in Längsschnittstudien untersucht werden, die unter anderem den allmählichen Kompetenzaufbau und die Kompetenzentwicklung, die Übernahme der Kontinuität und Brüchigkeit der beruflichen Entwicklung über die gesamte Spanne der beruflichen Lebenszeit sowie die Verknüpfung von privatem Lebenslauf und beruflicher Karriere bearbeiten (vgl. Hericks / Stelmaszyk 2010; Terhart 2011). Dabei ist ein besonderes Augenmerk auf das Vorhandensein und die Wirksamkeit phasenübergreifender Konzeptionen der Ausbildung und der Professionalisierung von Lehrkräften zu richten, womit die Programmebene einbezogen wird. Mit Helsper ist in diesem Zusammenhang aber ebenso darauf hinzuweisen, dass insbesondere die ausbildungs- und berufsbegleitende Fallarbeit „professionalisierende Möglichkeiten eröffnen kann, indem die Lehrkräfte reflektierter mit den besonderen Herausforderungen und Spannungen in ihrer Arbeit umzugehen vermögen" (2011, 163). Außerdem verdient die berufsbiographische Entwicklung Beachtung, weil die „Herausbildung des professionellen Lehrerhabitus [...] eng mit der gesamten Biographie verbunden [ist]" (2011, 165). Hier besteht die Möglichkeit, die durch die strukturtheoretische Professionsforschung gewonnenen Erkenntnisse einzubeziehen (vgl. Helsper 2002; 2006; 2007).

Es sollte alles daran gesetzt werden, diese Forschungsdesiderate in Deutschland zeitnah umzusetzen, denn „[d]er Weg zur inklusiven Schule führt zwangsläufig über die LehrerInnenbildung' (Feyerer et al. 2014, 189).

Literatur

Abel, J. / Faust, G. (Hrsg.) (2010): Wirkt Lehrerbildung? Antworten aus der empirischen Forschung. Münster.

Abs, H. J. (2011): Programme zur Berufseinführung von Lehrpersonen. In: Terhart, E. / Bennewitz, H. / Rothland, M. (Hrsg.): Handbuch der Forschung zum Lehrerberuf. Münster/New York/München/Berlin, 381–397.

Agbenyega, J. S. / Klibthong, S. (2012): Transforming Selves for Inclusive Practice: Experiences of Early Childhood Preservice Teachers. In: Australien Journal of Teacher Education 37, 5, 65–77.

Amrhein, B. (2011a): Inklusive LehrerInnenbildung – Chancen universitärer Praxisphasen nutzen. In: Zeitschrift für Inklusion Nr. 3. http://www.inklusion- online.net/index.php/inklusion/article/viewArticle/123/121 [09.12.2013].

Amrhein, B. (2011b): Lehrkräfte im Paradox zwischen Integration und Segregation – Konsequenzen für die zukünftige Aus- und Fortbildung von LehrerInnen für Inklusion. In: Ziemen, K. / Langner, A. / Köpfer, A. / Erbring, S. (Hrsg.): Inklusion – Herausforderungen, Chancen und Perspektiven. Integrationspädagogik in Forschung und Praxis; Band 8. Hamburg, 125–138.

Amrhein, B. (2012): LehrerInnenbildung für eine Inklusive Schule. Bestandsaufnahme der Ausbildungssituation an Hochschulen in Nordrhein-Westfalen. In: Gemeinsam leben. Zeitschrift für Inklusion 20, 1, 20–32.

Amrhein, B. / Badstieber, B. (2013): Lehrerfortbildung zu Inklusion – eine Trendanalyse. Gütersloh.

Bain, A. / Lancaster, J. / Zundans, L. / Parkes, R. J. (2009): Embedding Evidence-Bases Practice in Pre-Service Teacher Preparation. In: Teacher Education and Special Education 32, 3, 215–225.

Baumert, J. / Kunter, M. (2006): Stichwort: Professionelle Kompetenz von Lehrkräften. In: Zeitschrift für Erziehungswissenschaft 9, 4, 469–520.

Biddle, B. J. / Good, T. L. / Goodson, I. F. (1997): International Handbook of teachers and teaching. Band 1. Dordrecht/Boston/London.

Blömeke, S. (2004): Empirische Befunde zur Wirksamkeit der Lehrerbildung. In: Blömeke, S. / Reinhold, P. / Tulodziecki, G. / Wildt, J. (Hrsg.): Handbuch Lehrerbildung. Bad Heilbrunn, 59–91.

Blömeke, S. (2009a): Internationale Vergleichsstudien zur Wirksamkeit der Lehrerausbildung. In: Seminar 15, 2, 29–47.

Blömeke, S. (2009b): Lehrerausbildung. In: Andresen, S. / Casale, R. / Gabriel, T. / Horlacher, R. / Larcher Klee, S. / Oelkers, J. (Hrsg.): Handwörterbuch Erziehungswissenschaft. Weinheim/Basel, 547–562.

Blömeke, S. (2011): Forschung zur Lehrerbildung im internationalen Vergleich. In: Terhart, E. / Bennewitz, H. / Rothland, M. (Hrsg.): Handbuch der Forschung zum Lehrerberuf. Münster/New York/München/Berlin, 345–361.

Blömeke, S. / Kaiser, G. / Lehmann, R. (Hrsg.) (2010a): TEDS-M 2008 – Professionelle Kompetenz und Lerngelegenheiten angehender Primarstufenlehrkräfte im internationalen Vergleich. Münster.

Blömeke, S. / Kaiser, G. / Lehmann, R. (Hrsg.) (2010b): TEDS-M 2008 – Professionelle Kompetenz und Lerngelegenheiten angehender Mathematiklehrkräfte für die Sekundarstufe I im internationalen Vergleich. Münster.

Böing, U. / Köpfer, A. (2012): Inklusive Schulbegleitforschung in der LehrerInnenbildung. In: Ziemen, K. (Hrsg.): Inklusion-Lexikon. Universität zu Köln. http://www.inklusion-lexikon.de/InklusiveSchulbegleitforschung_BoeingKoepfer.pdf [27.02.2014].

Bromme, R. / Rheinberg, F. (2006): Lehrende in Schulen. In: Krapp, A. / Weidenmann, B. (Hrsg.): Pädagogische Psychologie. Ein Lehrbuch. München, 296–334.

Cochran-Smith, M.; Zeichner, K. M. (Hrsg.) (2005): Studying Teacher Education. The Report of the AREA Panel on Research and Teacher Education. Mahwah.

Cochran-Smith, M. / Feimann-Nemser, S. / McIntyre, D. J. / Densmore, K. E. (Hrsg.) (^{3}2008): Handbook of Research on Teacher Education. New York.

Cramer, C. (2012): Entwicklung von Professionalität in der Lehrerbildung. Empirische Befunde zu Eingangsbedingungen, Prozessmerkmalen und Ausbildungserfahrungen Lehramtsstudierender. Bad Heilbrunn.

Czerwenka, K. / Nölle, K. (2011): Forschung zur ersten Phase der Lehrerbildung. In: Terhart, E. / Bennewitz, H. / Rothland, M. (Hrsg.): Handbuch der Forschung zum Lehrerberuf. Münster/New York/München/Berlin, 362–380.

Demmer-Dieckmann, I. (2007): „Aus Zwang wurde Interesse". Eine Studie zur Wirksamkeit von Seminaren zum Gemeinsamen Unterricht in Berlin. In: Demmer-Dieckmann, I. / Textor, A. (Hrsg.): Integrationsforschung und Bildungspolitik im Dialog. Bad Heilbrunn, 153–162.

Demmer-Dieckmann, I. (2008): Einstellungen von Lehramtsstudierenden zum Gemeinsamen Unterricht von behinderten und nichtbehinderten Schülern: Eine Studie zur Wirksamkeit von Integrationsseminaren. In: Ramseger, J. / Wagener, M. (Hrsg.): Chancengleichheit in der Grundschule. Ursachen und Wege aus der Krise. Wiesbaden, 259–262.

Demmer-Dieckmann, I. (2010): Wie gestalten wir Lehre in Integrationspädagogik im Lehramt wirksam? Die hochschuldidaktische Perspektive. In: Stein, A.-D. / Krach, S. / I. Niediek, I. (Hrsg.): Integration und Inklusion auf dem Weg ins Gemeinwesen. Bad Heilbrunn, 257–269.

Diez, M. (2010): It is complicated: Unpacking the flow of teacher education's impact on student learning. In: Journal of Teacher Education 61, 5, 441–450.

Dlugosch. A. (2003): Professionelle Entwicklung und Biographie. Impulse für universitäre Bildungsprozesse im Kontext schulischer Erziehungshilfe. Bad Heilbrunn.

Döbert, H. / Weishaupt, H. (2013a): Einleitung. In: Döbert, H. / Weishaupt, H. (Hrsg.): Inklusive Bildung professionell gestalten. Situationsanalyse und Handlungsempfehlungen. Münster/New York/München/Berlin, 7–10.

Döbert, H. / Weishaupt, H. (Bearbeiter) (2013b): Forschungsperspektiven und Handlungserfordernisse zur Professionalisierung von Fachkräften für inklusive Bildung. In: Döbert, H. / Weishaupt, H. (Hrsg.): Inklusive Bildung professionell gestalten. Situationsanalyse und Handlungsempfehlungen. Münster/New York/München/Berlin, 263–281.

Ellger-Rüttgardt, S. L. / Wachtel, G. (Hrsg.) (2010): Pädagogische Professionalität und Behinderung. Herausforderungen aus historischer, nationaler und internationaler Perspektive. Stuttgart.

[European Agency 2010] European Agency for Development in Special Needs Education (2010): Teacher Education for Inklusion. International Literature Review. Odense/Brüssel.

[European Agency 2011] European Agency for Development in Special Needs Education (2011): Inklusionsorientierte Lehrerbildung in Europa. Chancen und Herausforderungen. Odense/Brüssel.

[European Agency 2012] European Agency for Development in Special Needs Education (2012): Inklusionsorientierte Lehrerbildung. Ein Profil für inclusive Lehrerinnen und Lehrer. Odense/Brüssel.

Feuser, G. (2000): Grundlagen einer integrativen Lehrerbildung. In: Feyerer, E. / Prammer, W. (Hrsg.): 10 Jahre Integration in Oberösterreich. Ein Grund zum Feiern! Linz, 205–226 [= Bd. 10 der Schriftenreihe der Pädagogischen Akademie des Bundes, Oberösterreich].

Feuser, G. / Maschke, T. (Hrsg.) (2013): Lehrerbildung auf dem Prüfstand. Welche Qualifikationen braucht die inklusive Schule? Gießen.

Feyerer, E. (2013): LehrerInnenbildung im Umbruch. Aktuelle Entwicklungen in Österreich. In: Feuser, G. / Maschke, T. (Hrsg.): Lehrerbildung auf dem Prüfstand. Welche Qualifikationen braucht die inklusive Schule? Gießen, 181–212.

Feyerer, E. / Dlugosch, A. / Prammer-Semmler, E. / Reibnegger, H. / Niedermair, C. / Hecht, P. (2014): Einstellungen und Kompetenzen von LehramtstudentInnen und LehrerInnen für die Umsetzung inklusiver Bildung. Forschungsprojekt BMUKK-20.040/0011-I/7/2011. Endbericht, April 2014. O. O. http://www.ph-ooe.at/fileadmin/Daten_PHOOE/Inklusive_Paedagogik_neu/Sammelmappe1.pdf [22.01.2014].

Fischer, C. / Rott, D. / Veber, M. (2013): Lehrerbildung durch Schülerförderung – ein Baustein zur inklusiv-individuellen Förderung. In: Dorrance, C. / Dannenbeck, C. (Hrsg.): Doing Inclusion. Inklusion in einer nicht inklusiven Gesellschaft. Bad Heilbrunn, 188–198.

Franzkowiak, T. (2009): Integration, Inklusion, Gemeinsamer Unterricht – Themen für die Grundschullehramtsausbildung an Hochschulen in Deutschland? Eine Bestandsaufnahme. Universität Siegen. http://bidok.uibk.ac.at/library/franzkowiak-integration.html [09.12.2013].

Franzkowiak, T. (2010): „Dafür bin ich doch gar nicht ausgebildet!" Was lernen künftige Grundschullehrkräfte an der Hochschule über „inklusive Pädagogik"? In: Stein, A.-D. / Krach, S. / Niediek, I. (Hrsg.): Integration und Inklusion auf dem Weg ins Gemeinwesen. Möglichkeitsräume und Perspektiven. Bad Heilbrunn, 245–256.

Franzkowiak, T. / Merz-Atalik, K. (2011): Das Projekt „Teacher Education for Inclusion (TE4I)" – Lehrerbildung für Inklusion, der European Agency for Development in Special Needs Education. In: Zeitschrift für Inklusion Nr. 3. http://www.inklusion-online.net/index.php/inklusion/article/view/125/123 [09.12.2013].

Gehrmann, P. (2005): Neue Wege der Lehrerbildung – integrierte Sonderpädagogik mit Schwerpunkt Heterogenität im BA/MA-Studium Erziehungswissenschaft an der Universität Bielefeld. In: Geiling, U. / Hinz, A. (Hrsg.): Integration im Diskurs. Auf dem Weg zu einer inklusiven Pädagogik? Bad Heilbrunn, 195–200.

Gehrmann, P. / Nagode, C. / Wintermann, B. (1999): Gemeinsamer Unterricht von Kindern mit und ohne Behinderungen in der Lehramtsausbildung der Universität Dortmund. In: Hölterhinken, D. (Hrsg.): Lehrerbildung im Umbruch. Analysen und Vorschläge zur Neugestaltung. Bochum, 44–52.

Geiling, U. (2004): Lernbehindert? Konstrukte von Studierenden der Grundschulpädagogik im Spannungsfeld von Fremdheit und Normalität. In: Heinzel, F. / Geiling, U. (Hrsg.): Demokratische Perspektiven in der Pädagogik. Wiesbaden, 103–113.

Haeberlin, U. (1999): Heil- und sonderpädagogische Lehrerbildung – Wozu eigentlich? In: Heimlich, U. (Hrsg.): Sonderpädagogische Fördersysteme. Auf dem Weg zur Integration. Stuttgart/Berlin/Köln, 129–146.

Hänsel, D. (2007): Strukturverschlechterung statt Qualitätsverbesserung? Integriertes sonderpädagogisches Bachelor- und Masterstudium an der Universität Bielefeld. In:

Óhidy, A. / Terhart, E. / Zsolnai, J. (Hrsg.): Lehrerbild und Lehrerbildung. Praxis und Perspektiven der Lehrerausbildung in Deutschland und Ungarn. Wiesbaden, 267–276.

Hascher, T. (2011): Forschung zur Wirksamkeit der Lehrerbildung. In: Terhart, E. / Bennewitz, H. / Rothland, M. (Hrsg.): Handbuch der Forschung zum Lehrerberuf. Münster, New York, München, Berlin, 418–440.

Heimlich, U. (1999): Der heilpädagogische Blick – Sonderpädagogische Professionalisierung auf dem Weg zur Integration. In: Heimlich, U. (Hrsg.): Sonderpädagogische Fördersysteme. Auf dem Weg zur Integration. Stuttgart/Berlin/Köln; 163–182.

Heimlich, U. (2003): Integrative Lehrerbildung – Veränderte Perspektiven für die erste Phase der sonderpädagogischen Lehrerbildung durch den gemeinsamen Unterricht. In: Gehrmann, P. / Hüwe, P. (Hrsg.): Kinder und Jugendliche in erschwerten Lernsituationen. Stuttgart, 151–161.

Heinrich, M. / Urban, M. / Werning, R. (2013): Grundlagen, Handlungsstrategien und Forschungsperspektiven für die Ausbildung und Professionalisierung von Fachkräften für inklusive Schulen. In: Döbert, H. / Weishaupt, H. (Hrsg.): Inklusive Bildung professionell gestalten. Situationsanalyse und Handlungsempfehlungen. Münster/New York/München/Berlin, 69–133.

Helsper, W. (2002): Lehrerprofessionalität als antinomische Handlungsstruktur. In: Kraul, M. / Marotzki, W. / Schweppe, C. (Hrsg.) (2002): Biographie und Professionalität. Bad Heilbrunn, 64–102.

Helsper, W. (⁷2006): Pädagogisches Handeln in den Antinomien der Moderne. In: Krüger, H.-H. / Helsper, W. (Hrsg.): Einführung in die Grundbegriffe und Grundfragen der Erziehungswissenschaft. Opladen/Farmington Hills, 15–34.

Helsper, W. (2007): Eine Antwort auf Jürgen Baumerts und Mareike Kunters Kritik am strukturtheoretischen Professionsansatz. In: Zeitschrift für Erziehungswissenschaft 10, 4, 567–579.

Helsper, W. (2011): Lehrerprofessionalität – der strukturtheoretische Ansatz zum Lehrerberuf. In: Terhart, E. / Bennewitz, H. / Rothland, M. (Hrsg.): Handbuch der Forschung zum Lehrerberuf. Münster/New York/München/Berlin, 149–170.

Hericks, U. / Stelmaszyk, B. (2010): Professionalisierungsprozesse während der Berufsbiographie. In: Bohl, T. / Helsper, W. / Holtappels, H.-G. / Schelle, C. (Hrsg.): Handbuch Schulentwicklung. Bad Heilbrunn, 231–237.

Hillenbrand, C. (2006): Die universitäre Ausbildung im Fach Erziehungshilfe im Urteil von Lehramtsanwärtern und Fachleiter/innen. Erste Ergebnisse einer retrospektiven Befragung in NRW. In: Albrecht, F. / Jödecke, M. / Störmer, N. (Hrsg.): Bildung, Lernen und Entwicklung. Dimensionen professioneller (Selbst-)Vergewisserung. Bad Heilbrunn, 111–119.

Hillenbrand, C. / Melzer, C. / Hagen, T. (2013): Bildung schulischer Fachkräfte für inklusive Bildungssysteme. In: Döbert, H. / Weishaupt, H. (Hrsg.): Inklusive Bildung professionell gestalten. Situationsanalyse und Handlungsempfehlungen. Münster/New York/München/Berlin, 33–68.

Hintz, A.-M. / Grünke, M. (2009): Einschätzungen von angehenden Lehrkräften für Sonder- und allgemeine Schulen zur Wirksamkeit von Interventionen für den Schriftspracherwerb bei lernschwachen Kindern. In: Empirische Sonderpädagogik 1, 1, 45–61.

Hömberg, N. / Müller, F. J. (2009): Schonraum Sonderschule – Berufswahlmotiv für Studierende und Lehramtsanwärter/innen. In: Jerg, J. / Merz-Atalik, K. / Thümmler, R. Tiemann, H. Hrsg.): Perspektiven auf Entgrenzung. Erfahrungen und Entwicklungsprozesse im Kontext von Inklusion und Integration. Bad Heilbrunn, 141–148.

Kiel, E. / Pollak, G. unter Mitarbeit von: Weiß, S. / Braune, A. / Steinherr, E. / Schließleder, M. / Eberle, T. / Habereder, H. (2011): Wirksamkeit von Lehrerbildung. Biografiemanagement und Kompetenzentwicklung in der dreiphasigen Lehrerbildung. Abschlussbericht. http://epub.ub.uni-muenchen.de/12292/ [22.01.2014].

Kiel, E. / Weiß, S. / Braune, A. (2012): Sonderpädagogische Professionalität und Inklusion: Welchen Beitrag leistet das Studium der Sonderpädagogik? In: Heimlich, U. / Kahlert, J. (Hrsg.): Inklusion in Schule und Unterricht. Wege zur Bildung für alle. Stuttgart, 191–199.

KMK (2004): Standards für die Lehrerbildung: Bildungswissenschaften. Beschluss der Kultusministerkonferenz vom 16.02.2004. Berlin.

KMK (2008): Ländergemeinsame inhaltliche Anforderungen für die Fachwissenschaften und Fachdidaktiken in der Lehrerbildung. Beschluss der Kultusministerkonferenz vom 16.10.2008. Berlin.

KMK (2013a): Rahmenvereinbarung über die Ausbildung und Prüfung für ein Lehramt der Grundschule bzw. Primarstufe (Lehramtstyp 1). Beschluss der Kultusministerkonferenz vom 28.02.1997 i. d. F. vom 07.03.2013. Berlin.

KMK (2013b). Rahmenvereinbarung über die Ausbildung und Prüfung für übergreifende Lehrämter der Primarstufe und aller oder einzelner Schularten der Sekundarstufe I (Lehramtstyp 2). Beschluss der Kultusministerkonferenz vom 28.02.1997 i. d. F. vom 07.03.2013. Berlin.

KMK (2013c). Rahmenvereinbarung über die Ausbildung und Prüfung für ein Lehramt der Sekundarstufe I (Lehramtstyp 3). Beschluss der Kultusministerkonferenz vom 28.02.1997 i. d. F. vom 07.03.2013. Berlin.

KMK (2013d). Rahmenvereinbarung über die Ausbildung und Prüfung für ein Lehramt der Sekundarstufe II (allgemein bildende Fächer) oder für das Gymnasium (Lehramtstyp 4). Beschluss der Kultusministerkonferenz vom 28.02.1997 i. d. F. vom 07.03.2013. Berlin.

KMK (2013e). Rahmenvereinbarung über die Ausbildung und Prüfung für ein Lehramt der Sekundarstufe II (berufliche Fächer) oder für die beruflichen Schulen (Lehramtstyp 5). Beschluss der Kultusministerkonferenz vom 13.05.1995 i. d. F. vom 07.03.2013. Berlin.

KMK (2013f). Rahmenvereinbarung über die Ausbildung und Prüfung für ein sonderpädagogisches Lehramt (Lehramtstyp 6). Beschluss der Kultusministerkonferenz vom 06.05.1994 i. d. F. vom 07.03.2013. Berlin.

KMK (2013g): Rahmenvereinbarung über die Ausbildung und Prüfung für ein sonderpädagogisches Lehramt (Lehramtstyp 6). Beschluss der Kultusministerkonferenz vom 06.05.1994 i. d. F. vom 10.10.2013. Berlin

KMK (2014a): Standards für die Lehrerbildung: Bildungswissenschaften. Beschluss der Kultusministerkonferenz vom 16.02.2004 i. d. F. vom 12.06.2014. Berlin.

KMK (2014b): Ländergemeinsame inhaltliche Anforderungen für die Fachwissenschaften und Fachdidaktiken in der Lehrerbildung. Beschluss der Kultusministerkonferenz vom 16.10.2008 i. d. F. vom 12.06.2014. Berlin.

Knauer, S. (1999): Integrationspädagogik als innovativer Anstoß in der Lehrerbildung. Ansatz und Implikationen. In: Dirks, U. / Hansmann, W. (Hrsg.): Reflexive Lehrerbildung. Fallstudien und Konzepte im Kontext berufsspezifischer Kernprobleme. Weinheim, 197–211.

Koch-Priewe, B. (2002): Grundlagenforschung in der LehrerInnenbildung. Einführung in den Thementeil. In: Zeitschrift für Pädagogik 48, 1, 1–9.

Koch-Priewe, B. / Münch, J. (2005): Lehrerbildung für den Gemeinsamen Unterricht. Konzepte und Erfahrungen aus der Kooperation von Schulpädagogik und Sonderpädagogik. In: Die Deutsche Schule 97, 4, 480–492.

Kopp, B. (2009): Inklusive Überzeugung und Selbstwirksamkeit im Umgang mit Heterogenität – Wie denken Studierende des Lehramts für Grundschulen? In: Empirische Sonderpädagogik 1, 1, 5–25.

Kottmann, B. (2011): Der Studiengang „Integrierte Sonderpädagogik" an der Universität Bielefeld. In: Lütje-Klose, B. / Langer; M.-T. / Serke, B. / Urban, M. (Hrsg.): Inklusion in Bildungsinstitutionen. Bad Heilbrunn, 164–170.

Kraft-Lochter, C. (1999): Integrationspädagogische Qualifikation. Eine empirische Untersuchung integrationspädagogischer Neuorientierung der Lehrerbildung.Dissertation. Universität zu Köln.

Kuhl, J. / Walter, J. (2008): Die Einstellung von Studenten unterschiedlicher Studiengänge zu Menschen mit geistiger Behinderung. In: Heilpädagogische Forschung 34, 4, 206–219.

Kuhl, J. / Moser, V. / Schäfer, L. / Redlich, H. (2013): Zur empirischen Erfassung von Beliefs von Förderschullehrerinnen und -lehrern. In: Empirische Sonderpädagogik 3, 1, 3–24.

Kunina-Habenicht, O. / Lohse-Bossenz, H. / Kunter, M. / Dicke, T. / Förster, D. / Gößling, J. / Schulze-Stocke, F. / Schmuck, A. / Baumert, J. / Leutner, D. / Terhart, E. (2012): Welche bildungswissenschaftlichen Inhalte sind wichtig in der Lehrerbildung. Ergebnisse einer Delphi-Studie? In: Zeitschrift für Erziehungswissenschaft 15, 4, 649–682.

Kunter, M. / Baumet, J. / Blum, W. / Klusmann, U. / Krauss, S. / Neubrand, M. (Hrsg.) (2011): Professionelle Kompetenz von Lehrkräften. Ergebnisse des Forschungsprogramms COACTIV. Münster.

Lancaster, J. / Bain, A. (2007): The Design of Inclusive Education Courses and the Self-efficacy of Preservice Teacher Education Students. In: International Journal of Disability, Development and Education, 54, 2, 245–256.

Landmann, M. (2013): Standards für die Lehrerbildung. Eine empirische Untersuchung zur Sicht angehender LehrerInnen. Opladen.

Laubner, M. (2015): Praktika in einer inklusionsorientierten Lehrer*innenbildung – welcher Mehrwert entsteht durch schulische Praktika? In: Redlich, H. / Schäfer, L. / Wachtel, G. / Zehbe, K. / Moser, V. (Hrsg.): Veränderung und Beständigkeit in Zeiten der Inklusion. Perspektiven Sonderpädagogischer Professionalisierung. Bad Heilbrunn, 155–166.^

Lindmeier, B. / Meyer, D. / Kielhorn, S. (2013): Gemeinsam lernen – Seminare unter Beteiligung von Menschen mit einer geistigen Behinderung. In: Ackermann, K.-E. / Burtscher, R. / Ditschek, E. J. / Kil, M. / Kronauer, M. (Hrsg.): Herausforderung Inklusion. Dialog zwischen Erwachsenenbildung und Behindertenpädagogik. Bielefeld, 231–240.

Lindmeier, B. / Meyer, D. / Kielhorn, S. (2014): Inklusive Hochschuldidaktik durch gemeinsame Universitätsseminare für behinderte Menschen und Studierende. In: Schuppener, S. / Bernhardt, N. / Hauser, M. / Poppe, F. (Hrsg.): Inklusion und Chancengleichheit. Diversity im Spiegel von Bildung und Didaktik. Bad Heilbrunn, 286–293.

Lindmeier, B. / Laubner, M. (2015): Hochschul-Seminare einer inklusionsorientierten Lehrerbildung – Forschungsergebnisse sowie methodische und methodologische Diskussionen. In: Schnell, I. (Hrsg.): Herausforderung Inklusion. Theoriebildung und Praxis. Bad Heilbrunn, 303–312.

Lindmeier, C. (2009a): Kultusministerkonferenz ordnet sonderpädagogische Lehrerbildung neu – ein Kommentar. In: Sonderpädagogische Förderung *heute* 54, 3, 322–328.

Lindmeier, C. (2009b): Sonderpädagogische Lehrerbildung für ein inklusives Schulsystem? In: Zeitschrift für Heilpädagogik 60, 10, 416–427.

Lindmeier, C. (2013): Aktuelle Empfehlungen für eine inklusionsorientierte Lehrerbildung – ein Kommentar. In: Zeitschrift für Heilpädagogik 64, 5, 180–193.

Lindmeier, C. (2014): Aktuelle bildungspolitische Bemühungen um eine inklusionsorientierte Erneuerung der deutschen Lehrerausbildung. In: Zeitschrift für Heilpädagogik 65, 3, 84–97.

Lindmeier, C. / Lindmeier, B. (2012): Die neuen KMK-Empfehlungen zur inklusiven Bildung von Kindern und Jugendlichen mit Behinderungen in Schulen – eine Kommentierung aus bildungswissenschaftlicher Sicht. In: Sonderpädagogische Förderung *heute* 57, 4, 392–401.

Lipowsky, F. (2011): Theoretische Perspektiven und empirische Befunde zur Wirksamkeit von Lehrerfort- und -weiterbildung. In: Terhart, E. / Bennewitz, H. / Rothland, M. (Hrsg.): Handbuch der Forschung zum Lehrerberuf. Münster/New York/München/Berlin, 381–397.

Lohmann, V. / Seidel, V. / Terhart, E. (2011): Bildungswissenschaften in der universitären Lehrerbildung: Curriculare Strukturen und Verbindlichkeiten. Eine Analyse aktueller Studienordnungen an nordrhein-westfälischen Universitäten. In: Lehrerbildung auf dem Prüfstand 4, 2, 271–302.

Lüders, M. / Wissinger, J. (Hrsg.) (2007): Forschung zur Lehrerbildung. Kompetenzentwicklung und Programmevaluation. Münster.

Lütje-Klose, B. (2010): Lehrerbildung für eine inklusive Schule – das Beispiel des Studiengangs „Integrierte Sonderpädagogik" an der Universität Bielefeld. In: Sonderpädagogische Förderung in NRW 48, 1, 4–10.

Lütje-Klose, B. / Miller, S. (2012): Der Studiengang Integrierte Sonderpädagogik an der Universität Bielefeld – aktuelle Entwicklungen. In: Seitz, S. / Finnern, N.-K. / Korff, N. / Scheidt, K. (Hrsg.): Inklusiv gleich gerecht? Inklusion und Bildungsgerechtigkeit. Bad Heilbrunn, 235–240.

Lütje-Klose, B. / Urban, W. (2014): Kooperation als wesentliche Bedingung inklusiver Schul- und Unterrichtsentwicklung. Teil 1: Grundlagen und Modelle inklusiver Schul- und Unterrichtsentwicklung. In: Vierteljahrsschrift für Heilpädagogik und ihre Nachbargebiete VHN 83, 2, 111–123.

Lütje-Klose, B. / Miller, S. (2016): Eine integrierte Lehrerinnenbildung für die Primarstufe als Antwort auf Inklusion – Das Beispiel der gemeinsamen Ausbildung von Grundschullehrkräften und Lehrkräften für sonderpädagogische Förderung in Bielefeld . In: Sonderpädagogische Förderung *heute* 61. 3, 95–117.

Mahnke, U. (1999): Erwerb integrativer Kompetenzen in institutionellen Prozessen – Konsequenzen für die Fortbildung. In: Heimlich, U. (Hrsg.): Sonderpädagogische Fördersysteme. Auf dem Weg zur Integration. Stuttgart/Berlin/Köln, 147–162.

Meyer, D. (2013): Gemeinsam lernen – Universitätsseminare für behinderte Menschen und Studierende. In: Sonderpädagogische Förderung *heute* 58, 2, 187–202.

Ministerium für Wissenschaft, Forschung und Kunst Baden-Württemberg (Hrsg.) (2013): Expertenkommission zur Weiterentwicklung der Lehrerbildung in Baden-Württemberg. Empfehlungen. Stuttgart.

Möller, S. / Tremel, I. (2006): Männer in (sonder-)pädagogischen Berufen – Beweggründe junger Männer für ein sonderpädagogisches/rehabilitationswissenschaftliches Studium. In: Albrecht, F. / Jödecke, M. / Störmer, N. (Hrsg.): Bildung, Lernen und Entwicklung. Dimensionen professioneller (Selbst-)Vergewisserung. Bad Heilbrunn, 80–86.

Moser, V. (2013): Professionsforschung als Unterrichtsforschung. In: Döbert, H. / Weishaupt, H. (Hrsg.): Inklusive Bildung professionell gestalten. Situationsanalyse und Handlungsempfehlungen. Münster/New York/München/Berlin, 135–146.

Moser, V. / Demmer-Dieckmann, I. unter Mitarbeit von Lütje-Klose, B. / Seitz, S. / Sasse, A. / Schulzeck, U. (2012): Professionalisierung und Ausbildung von Lehrkräften für inklusive Schulen. In: Moser, V. (Hrsg.): Die inklusive Schule. Standards für die Umsetzung Stuttgart, 153–172.

Moser, V. / Kuhl, J. / Schäfer, l. / Redlich, H. (2012): Lehrerbeliefs im Kontext sonder-/inklusionspädagogischer Förderung – Vorläufige Ergebnisse einer empirischen Studie. In: Seitz, S. / Finnern, N. / Korff, X. / Scheidt, K. (Hrsg.): Inklusiv gleich gerecht? Inklusion und Bildungsgerechtigkeit. Bad Heilbrunn, 228–234.

Moser, V. / Schäfer, L. / Jakob, S. (2010): Sonderpädagogische Kompetenzen, ‚beliefs‘ und Anforderungssituationen in integrativen Settings. In: Stein, A.-D. / Krach, S. / Niedieck, I. Hrsg.): Integration und Inklusion auf dem Weg ins Gemeinwesen. Möglichkeitsräume und Perspektiven. Bad Heilbrunn, 235–244.

Moser, V. / Schäfer, L. / Redlich, H. (2011): Kompetenzen und Beliefs von Förderschullehrkräften in inklusiven Settings. In: Lütje-Klose, B. / Langner, M. T. / Serke, B. / Urban, M. (Hrsg.): Inklusion in Bildungsinstitutionen. Eine Herausforderung an die Heil- und Sonderpädagogik. Bad Heilbrunn, 143–149.

Oelkers, J. / Oser, F. (2000): Die Wirksamkeit der Lehrerbildungssysteme in der Schweiz: Umsetzungsbericht. Bern/Aarau.

Rothland, M. / Terhart, E. (^{3}2009): Forschung zum Lehrerberuf. In Tippelt, R. / Schmidt, B. (Hrsg.), Handbuch Bildungsforschung. Wiesbaden, 791–810.

Sawalies, J. / Veber, M. / Rott, D. / Fischer, C. (2013): Inklusionspädagogik in der ersten Phase der Lehrerbildung. Eine explorative Studie zu Stand und Unterschieden universitärer Lehrangebote für die Regelschullehrämter. In: Schulpädagogik heute 4, 8, 1–16.

Schaefers, C. (2002): Forschung zur Lehrerbildung in Deutschland – eine bilanzierende Übersicht zu neueren empirischen Studien. In: Schweizerische Zeitschrift für Bildungswissenschaften 24, 1, 65–90.

Schramm, S. / Weiß, S. / Lerche, T. / Kiel, E. (2012): Die Wahrnehmung von Integration von Seiten angehender Sonderpädagogen. In: Vierteljahresschrift für Heilpädagogik und ihre Nachbargebiete VHN 81, 3, 210–220.

Seitz, S. (2011): Eigentlich nichts Besonderes – Lehrkräfte für die inklusive Schule ausbilden. In: Zeitschrift für Inklusion, Nr. 3. http://www.inklusion-online.net/index.php/inklusion-online/article/view/83/83 [22.01.2014].

Senatsverwaltung für Bildung, Jugend und Wissenschaft (Hrsg.) (2012): Ausbildung von Lehrkräften in Berlin. Empfehlungen der Expertenkommission Lehrerbildung. Berlin.

Stein, R. (2004): Zum Selbstkonzept im Lebensbereich Beruf bei Lehrern für Sonderpädagogik. Am Beispiel von Lehrern für Sonderpädagogik in Rheinland-Pfalz. Bad Heilbrunn.

Stiller, E. (2005): Lehrer werden – Lerner bleiben. Kompetenzen, Standards und Berufsbiografie. https://www.zlb.uni-freiburg.de/derlehrerberuf/dateien/stiller-lehrer-werden-lerner-bleiben.pdf [10.01.2016].

Terhart, E. (Hrsg.) (2000): Perspektiven der Lehrerbildung in Deutschland. Abschlussbericht der von der Kultusministerkonferenz eingesetzten Kommission. Weinheim/Basel.

Terhart, E. (2005): Die Lehrerbildung. In: Cortina, K. S. / Baumert, J. / Leschinsky, A. / Mayer, K. U. / Trommer, L. (Hrsg.): Das Bildungswesen in der Bundesrepublik Deutschland. Strukturen und Entwicklungen im Überblick. Vollst. überarb. Neuausgabe. Reinbek bei Hamburg, 745–772.

Terhart, E. (2011): Lehrerberuf und Professionalität: Gewandeltes Begriffsverständnis – neue Herausforderungen. In: Helsper, W. / Tippelt, R. (Hrsg.): Pädagogische Professionalität. Weinheim/Basel, 202–224 [= Zeitschrift für Pädagogik – 57. Beiheft].

Terhart, E. (2012): Wie wirkt Lehrerbildung? Forschungsprobleme und Gestaltungsfragen. In: Zeitschrift für Bildungsforschung 2, 1, 3–21.

Terhart, E. / Bennewitz, H. / Rothland, M. (2011). Vorwort. In: Terhart, E. / Bennewitz, H. / Rothland, M. (Hrsg.): Handbuch der Forschung zum Lehrerberuf. Münster, 9–11.

Terhart, E. / Czerwenka, K. / Ehrich, K. / Jordan, F. / Schmidt, H. J. (1994): Berufsbiographien von Lehrern und Lehrerinnen. Frankfurt a. M.

Veber, M. (2013): Studentische Professionalisierung in Inklusion für Inklusion – Anregungen aus der ersten Phase der Lehrerbildung. In: Seminar 19, 1, 66–78.

Veber, M. / Stellbrink, M. (2011): Praxisphasen in Inklusion – Professionalisierung an der Schnittstelle von allgemeiner Schulpädagogik und Sonderpädagogik. In: Sonderpädagogische Förderung in NRW 49, 3, 29–37.

Veber, M. / Brimmers, S. / Schönhofen, K. (2012): Professionalisierung in Inklusion für Inklusion. In: Bosse, D. / Moegling, K. / Reitinger, J. (Hrsg.): Reform der Lehrerbildung in Deutschland, Österreich und der Schweiz. Teil 2: Praxismodelle und Diskussionen. Immenhausen, 63–79.

Walm, M. (2013): Inklusion als Reformimpuls für die Lehrer_innenbildung – Entwicklungen und Perspektiven. In: Berndt, C. / Walm, M. (Hrsg.): In Orientierung begriffen. Interdisziplinäre Perspektiven auf Bildung, Kultur und Kompetenz. Wiesbaden: Springer VS, 173–189.

Werner, B. / Drinhaus, M. (2012): Differenzieren ja – aber wie? Konzept und erste Befunde zur Beschreibung und Erfassung von Differenzierungskompetenzen bei Lehrkräften an Förderschulen. In: Zeitschrift für Heilpädagogik 63, 9, 375–380.

Zlatkin-Troitschanskaia, O. / Beck, K. / Sembill, D. / Nickolaus, R. / Mulder, R. (Hrsg.) (2009): Lehrprofessionalität. Bedingungen, Genese, Wirkungen und ihre Messung. Weinheim/Basel.

Anschrift der Verfasser:
Marian Laubner
Universität Göttingen
Institut für Diversitätsforschung
Platz der Göttinger Sieben 3, 37073 Göttingen

Prof. Dr. Christian Lindmeier
Universität Koblenz-Landau
Campus Landau
Institut für Sonderpädagogik
Grundlagen sonderpädagogischer Förderung
Xylanderstraße 1
72829 Landau

Vera Moser

Beliefs sonderpädagogischer Lehrkräfte

Beliefs oder auch berufliche Überzeugungen von sonderpädagogischen Professionellen stellen eine ganz neue Untersuchungsdimension dar, da sie bislang eher beschworen ('Sonderpädagoginnen und -pädagogen benötigen eine spezifische Haltung') denn empirisch geprüft wurden. Dabei ist es zudem auch häufig unklar, auf welche Dimensionen sich diese Haltungen oder Beliefs überhaupt beziehen.

Insofern soll im Folgenden der Frage nachgegangen werden, *welche spezifischen beruflichen Überzeugungen/Beliefs sich bei sonderpädagogischen Lehrkräften empirisch finden lassen* und in welcher Weise sich diese dadurch von Grundschullehrkräften unterscheiden. Dieser Vergleich spielt auch in der Diskussion um möglicherweise unterschiedliche Aufgabenwahrnehmungen dieser Lehrkräfte in multiprofessionellen Teams in inklusiven Settings eine bedeutsame Rolle.

Da die Beliefsforschung einerseits hohe theoretische Herausforderungen an die Konstruktion der Messinstrumente stellt und andererseits in der empirischen Bildungsforschung hierzu bereits eine größere Anzahl von Studien vorliegen, soll in einer ersten längeren Darstellung diesen theoretischen Überlegungen und empirischen Befunden nachgegangen werden.

Zur Erforschung lehrerseitiger Einstellungen

Die Untersuchung von Einstellungen hat in der erziehungswissenschaftlichen und psychologischen Forschung schon eine längere Tradition. Bereits in den 1920er-Jahren entwickelte sich die Einstellungsforschung als Teil der Persönlichkeitsforschung, wobei schon früh auf die Unterscheidung von expliziten und impliziten Einstellungen und damit auf bewusste und unbewusste Anteile von Einstellungen verwiesen wurde (vgl. Asendorpf 2009). Dies hat insbesondere auch Konsequenzen für die Wahl der Forschungsmethoden. Aber erst seit den 1980er-Jahren begann eine systematische Erforschung von Lehrerüberzeugungen zum Lehren und Lernen (vgl. Schlichter

2012, 1). Dabei sind laut der prominenten Meta-Analyse von Hattie (2009) zusammenfassend etwa 30 Prozent der Varianzen von Schüler(innen)leistungen auf Merkmale der Lehrkräfte und des Unterrichts rückführbar, wohingegen etwa 50 Prozent den individuellen Eingangsvoraussetzungen und sozialen Herkunftsmerkmalen der Schüler/innen zugerechnet werden (vgl. Reusser 2011, 14).

Generell besteht allerdings in diesem Untersuchungsfeld das Problem, dass *Beliefs, epistemologische Überzeugungen, Lehrerkognitionen, subjektive Theorien, Einstellungen* etc. mehr oder weniger synonym verwendet werden und der konkrete Bezug der zugrunde gelegten psychologischen Modelle nicht immer offenliegt. Auch die Bezugsebenen, auf die die Einstellungsuntersuchungen abzielen, sind nicht immer expliziert und es ist auch nicht immer klar, wie viele Dimensionen das jeweilige Konzept umfasst. Letzteres hängt auch mit der je unterschiedlichen thematischen Bezugnahme des Konstrukts zusammen: „So können Lehrereinstellungen zu (Aus-)Bildung, zum Lehren, Lernen und zu Lernenden (vgl. Rokeach 1968) ausgemacht werden, zu Erwartungen, die Leistungen der Schülerinnen und Schüler beeinflussen zu können (Lehrerwirksamkeit), zum Wesen des Wissens (epistemologische Überzeugungen) oder zu den Ursachen von Lehrer- und Schülerleistung (Attributionen)" (Schlichter 2012, 10). Vor diesem Hintergrund hat Pajares schon 1992 darauf verwiesen, ‚Beliefs‘ seien ein ‚*messy construct*‘.

Das theoretische Konzept ‚*Beliefs*‘ wird in diesem Beitrag präferiert, weil Beliefs im Gegensatz zu Überzeugungen, die einen rationalen Zugang signalisieren, eher als ‚educational philosophy‘ (vgl. Yilmaz / Altinkurt / Cokluk 2011) zu verstehen sind: Beliefssysteme bestehen aus „an electic mix of rules of thumb, generalisations, opinions, values, and expectations grouped in a more or less structured way" (Hermans et al. 2008, 1500). Beliefs sind damit auch von epistemischen Überzeugungen abzugrenzen, die sich vorwiegend auf den Erwerb von Wissen beziehen: „Epistemological beliefs are those beliefs about the nature of knowledge, knowing and how people acquire knowledge" (Jordan / Schwarz / McGie-Richmond 2009, 535; vgl. auch Yilmaz / Sahin 2011). Aufgrund ihrer Komplexität werden Beliefs mit unterschiedlichen theoretischen Referensystemen aufgeklärt – dazu zählen Persönlichkeitstheorien, Verhaltenstheorien, subjektive Theorien, Untersuchungen zu Werthaltungen, Einstellungen, Motivationen, persönlichen Orientierungen, etc. (vgl. Blömeke et al. 2008; Hofmann / Gottein 2011; Sang et al. 2009). Markic, Eilks und Valanides (2008) halten daher zusammenfassend fest, dass Beliefs sowohl Vorstellungen wie Einstellungen, Überzeugungen, Haltungen, Auffassungen als auch subjektive und implizite Theorien umfassen; sie können somit als „mental representations that teachers or student teachers hold (consciously and unconsciously) in their minds that influence, to a certain extent, their (potential) behaviour as teachers [...]" definiert werden

(Markic / Eilks / Valanides 2008, 111). Als problematisch gilt dabei die biographische Dimension von Beliefs, denn Beliefs werden sowohl in formal organisierten Bildungsgängen als auch informell im Lebenslauf erworben, sodass Herkunft und Ursachen in der Regel nicht aufgeklärt und ausbildungsspezifische von anderen schwer abgegrenzt werden können (vgl. Hermans et al. 2008; Hofmann / Gottein 2011, 64 f.).

Darüber hinaus weisen Beliefs eine quasi-logische Struktur auf und seien in Clusterform – thematisch wie strukturell – komponiert (Furinghetti / Pehkonen 2002, 44 f.; Hermans et al. 2008, 1500). Dass eine starre Abgrenzung von kognitiven, motivationalen und volitionalen Faktoren möglich ist, wird in allen einschlägigen Darstellungen durchgehend bezweifelt.

Zusammenfassend wird an die folgende Definition angeknüpft:

> „Beliefs sind ein gegenstandsbezogenes, wertebasiertes individuelles, in Clustern verankertes Überzeugungssystem, das teils bewusst, teils unbewusst das eigene Handeln steuert. Beliefs können sowohl affektive wie kognitive Komponenten beinhalten, die über Erfahrungen, Erkenntnisse, Instruktionen und/oder Informationen erworben wurden und die über einen längeren Zeitraum konsistent und stabil, aber nicht über die Lebensspanne unveränderlich sind" (Kuhl et al. 2013, 6).

Zum Zusammenhang von professionsbezogenen Beliefs und Kompetenzen

Gegenwärtig hat die empirische Bildungsforschung der Untersuchung von professionsbezogenen Beliefs einen neuen Schub verliehen, weil es nun möglich ist, auch anhand großer Stichproben diese Fragestellung nicht nur qualitativ, sondern auch quantitativ zu bearbeiten, um Effekte von lehrerseitigen Beliefs auf Schülerleistungen zu prüfen. Insofern stehen diese Arbeiten im Kontext der kompetenzorientierten Professionalisierungsforschung, welche spezifische Anforderungen, Kompetenzen, Fachwissen und Einstellungen/Beliefs als zentrale Bestandteile der Lehrertätigkeit annehmen.

Beliefs gelten dabei als bedeutsamer Faktor professionellen Handelns und sind konzeptionell in das Verständnis von Kompetenzen eingeflossen. Im engeren Sinne geht es in der Unterrichtsforschung allerdings um *epistemologische Überzeugungen* oder auch *subjektive Theorien* zu Wissen und Wissenserwerb. Dabei werden die lehrerseitigen Überzeugungen zum Lehr-Lernprozess in der Regel in *transmissive* (Vermittlungs-) und *konstruktivistische* Modelle unterschieden (zusammenfassend Schlichter 2012, 5 f.) und bilden den Schwerpunkt in der derzeitigen großen lehrerseitigen Beliefsforschung (z. B. in den Studien COACTIV, TEDS-M oder TALIS (vgl. auch Schlichter 2012, 30 ff.). (Die Untersuchung von Schlichter (2012) ergänzt diese

Dimensionen um *Partizipation* und *Schülerorientierung* und zeigt hier, dass diese unabhängig von epistemologischen Überzeugungen sind.) Einstellungen/Beliefs in dieser Dimension gelten also als einflussreich auf Schülerleistungen (vgl. z. B. Baumert / Kunter 2006, 496 ff.) und können die im Weinertschen Modell genannten motivationalen, volitionalen und sozialen Kompetenzdimensionen (vgl. Weinert 2001) für das Lehrerhandeln konkretisieren (vgl. auch Blömeke 2007, 19; Blömeke / Kaiser / Lehmann 2008, 219 f.). Dabei definiert das Weinertsche lernpsychologische Modell Kompetenzen als „die bei Individuen verfügbaren oder durch sie erlernbaren kognitiven Fähigkeiten und Fertigkeiten, um bestimmte Probleme zu lösen, sowie die damit verbundenen motivationalen, volitionalen und sozialen Bereitschaften und Fähigkeiten, um die Problemlösungen in variablen Situationen erfolgreich und verantwortungsvoll nutzen zu können" (Weinert 2001, 27 f.; Klieme et al. 2003/2007, 72). Ausdrücklich wird betont, dass sich dieses Modell nicht dem berufspädagogischen Kompetenzmodell von Sach-, Methoden-, Sozial- und Personalkompetenz nähern möchte (vgl. Klieme et al. 2003/2007), sondern der Expertiseforschung entstammt. Als Teilgebiete von Kompetenz werden die folgenden genannt: ‚Fähigkeit‘, ‚Wissen‘, ‚Verstehen‘, ‚Können‘, ‚Handeln‘, ‚Erfahrung‘, ‚Motivation‘ (vgl. 2001, 59). Insbesondere die Facetten ‚*Motivation*‘ und ‚*Volition*‘ lassen die Beliefsbezogenen Dimensionen des Weinertschen Kompetenzmodells aufscheinen.

Erkenntnisse zu professionellen Beliefs in den Forschungsprojekten TEDS-M und COACTIV

Die zwei renommierten Forschungsprojekte TEDS-M und COACTIV haben bislang federführend Aufgaben, Einstellungen und Kompetenzen von Lehrkräften in Orientierung an die Standards für die Lehrerbildung der Kultusministerkonferenz (Ständiges Sekretariat der Kultusministerkonferenz 2004) untersucht; so die Studie TEDS-M, die folgende erziehungswissenschaftliche Kompetenzdimensionen analysierte: Strukturierung von Unterricht, Umgang mit Heterogenität, Klassenführung, Motivation/Unterstützung und Leistungsbeurteilung (vgl. Blömeke / Kaiser / Lehmann 2008, 190). In der COACTIV-Studie des Max-Planck-Institutes wurden vergleichbar dazu die folgenden Kompetenzbereiche fokussiert: Klassenführung, Unterrichtsmethoden, Diagnostik, Lernprozesse, Heterogenität, Beratungs- und Organisationswissen (vgl. Kunter et al. 2011, 39 f.). Hier wird Kompetenz verstanden als „interindividuell variierendes Konstrukt […], das die berufsspezifischen und veränderbaren kognitiven und motivational-selbstregulativen Merkmale, die für erfolgreiche Berufsausübung von Lehrkräften notwendig sind", umfasst (Kunter et al. 2011, 63).

In beiden Studien finden sich Hinweise auf den Zusammenhang von Schülerleistungen und Beliefs der Lehrkräfte: *Einstellungen von Lehrkräften, so der Befund der TEDS-M-Studie, korrelieren in hohem Maße mit den Schülerleistungen,* wenn sie fach- und anforderungsspezifisch operationalisiert werden (vgl. Blömeke 2007; Kunter et al. 2007; Blömeke / Kaiser / Lehmann 2008). Enge *Zusammenhänge von Beliefs und Wissen sind auch im Bereich des classroom managements nachweisbar* (vgl. Blömeke / Kaiser / Lehmann 2008, 260 ff.).

Auch bei COACTIV korrelieren konstruktivistische Überzeugungen bezüglich des Lernens im Bereich Mathematik mit positiven Schülerleistungen (vgl. Kunter et al. 2011, 248). Allerdings fand das Forscherteam interessanterweise nur schwache Korrelationen zwischen allgemeinen Persönlichkeitsmerkmalen (wie z. B. Umgang mit Stress) und Schülerleistungen sowie der Qualität von Unterricht (2011, 291). Als bedeutsame Dimension hingegen erwies sich die soziale Herkunft der Lehrkräfte für die Ausprägung von Beliefs (2011, 253). Insbesondere das Lehrerverhalten, wie motivierende Unterstützung und ein gelungenes classroom-management, erwiesen sich neben dem fachdidaktischen Wissen als relevant für die Entwicklung der Schülerleistungen:

> „Die bisherigen Analysen zeigen, dass Unterschiede in der Unterrichtsqualität systematisch auf spezifische Aspekte der Kompetenz zurückzuführen sind. Das fachdidaktische Wissen allein sagt das Ausmaß der kognitiven Aktivierung der Schüler im Unterrichtsgeschehen voraus. Je mehr eine Lehrkraft darüber weiß, wie Fachinhalte verfügbar gemacht werden können, desto herausfordernder erleben die Schülerinnen und Schüler den Unterricht. Keine der anderen Facetten hatte einen zusätzlichen Erklärungswert für das Niveau der kognitiven Aktivierung. [...] Das Ausmaß der von den Schülerinnen und Schülern erlebten individuellen Lernunterstützung durch die jeweilige Lehrkraft ist hauptsächlich auf einen Selbstregulationsstil zurückzuführen, der durch ein hohes Maß an beruflichem Engagement bei gleichzeitiger Fähigkeit, sich auch von Arbeitsbelangen zu distanzieren und Probleme aktiv zu bewältigen, gekennzeichnet ist. Lehrkräfte, die ein solches Verhaltensmuster zeigen, werden von ihren Schülern als besonders unterstützend im Unterrichtsgeschehen wahrgenommen. Demgegenüber kann die Effektivität der Klassenführung im Sinne eines störungsarmen Ablaufes und einer auf das eigentliche Unterrichtsgeschehen konzentrierten Zeitnutzung durch keine der betrachteten Kompetenzfacetten vorhergesagt werden. [...] Es findet sich (zumindest teilweise) empirische Unterstützung für die Annahme, dass kognitive Aktivierung, Klassenführung und individuelle Unterstützung einen positiven Effekt auf die Entwicklung der mathematischen Kompetenz auf Schülerseite haben. Längsschnittliche Analysen können zeigen, dass insbesondere das Ausmaß der kognitiven Aktivierung und die Effektivität der Klassenführung prädiktiv für den Lernerfolg der Schülerinnen und Schüler sind" (Max-Planck-Institut für Bildungsforschung 2009).

Sonderpädagogische Beliefs – Eine Bestandsaufnahme

Innerhalb der Sonderpädagogik spielen Einstellungen, Haltungen, Tugenden oder auch Überzeugungen interessanterweise traditionell eine besondere Rolle. Sicherlich nicht zufällig liegen vielzitierte Werke mit den Titeln ,*Heilpädagogik als Wertgeleitete Wissenschaft*' (Haeberlin 1996) oder ,*Behindertenpädagogik als angewandte Ethik*' (Bleidick / Antor 2000) vor und in jüngster Vergangenheit regte Urs Haeberlin sogar eine Diskussion zur Entwicklung eines heilpädagogischen Berufseids an (vgl. zusammenfassend Fischer 2010, 28 ff.).

Eine Untersuchung sonderpädagogischer professioneller Identität auf der Grundlage der einschlägigen sonderpädagogischen Kompendien zeigte, dass eine ,*Dialogizität*' als besonderes Merkmal sonderpädagogischer Berufstätigkeit angenommen wird (Moser 2003). Postuliert wird hier eine ,verstörte Subjektivität' bzw. im Anschluss an Goffman auch eine ,beschädigte Identität', die einen besonderen pädagogischen Zugang erforderlich mache. Paul Moor (1965) beschrieb bereits vor einem halben Jahrhundert die besondere ,Haltgebung' (innerer und äußerer Halt) als zentrale Aufgabe der Professionellen. Dialogizität soll auf das Verstehen behinderter Personen und – damit verbunden – auf die Entfaltung ihrer Persönlichkeiten jenseits ,verobjektivierender' Behinderungsbilder zielen. Interessanterweise vereint diese dialogische Positionierung des Faches ganz unterschiedliche Theorieströme, von geisteswissenschaftlichen Traditionen (Moor, Kobi, Haeberlin) wie z.B. der Auffassung Kobis, nach der die „dialogische Frage" eine der „wichtigsten und für das erzieherische Gelingen bedeutsamste" sei (1993, 424), über humanistisch-psychologische (Reiser) bis hin zu materialistischen Ansätzen (Feuser, Jantzen), nach denen die „kooperative Tätigkeit […] zum Zentrum pädagogischer Praxis" werde, welche die „Dialog- und Kommunikationsfähigkeit" zentral mit einschließe (Feuser 1995, 183).

Beliefs im Kontext beruflicher Weiterentwicklungen mit Bezug auf Inklusion

Loeken (2000, 191; auch Stein 2004) diskutiert, dass sich die sonderpädagogische Berufsidentität primär *institutionenbezogen* entwickelt habe; von daher stelle eine eher *aufgabenbezogene* berufliche Orientierung in inklusiven Settings eine neue Herausforderung dar. Insofern spielt für die aktuelle Beliefsforschung auch die Frage eine Rolle, an wem sich das berufliche Handeln zukünftig orientiert und welche Ziele hiermit verbunden sind. Der Verlust einer eindeutigen Orientierung an Behinderungskonzepten bzw. Förderbedarfen beruht weiterhin auch darauf, dass inklusive Schulen zunehmend auf die Feststellung der drei am meisten verbreiteten Förderbedarfe (Lernen, emotional-soziale Entwicklung und Sprache) verzichten sollen – und dies vor dem Hintergrund, dass professionelle Kompetenzen bislang offensichtlich stärker in den Selbstbildern der Fachrichtungen Sprach-, Geistige und Hörbehinderung (Stein 2004) verankert sind.

Als Kompetenzgebiete, die eine einschlägige empirische Kompetenzforschung bis dato ersetzen (vgl. auch Stein 2006, 336), werden in der Regel diagnostische Kompetenzen, Förder-, Beratungs-, Kooperationskompetenzen sowie Kompetenzen zum Arrangement von Lern- und Entwicklungsprozessen genannt (Benkmann 2001; Reiser 1998; Heimlich 1998; 2004; Baulig 1997; Opp 1998; Jonach / Röhner-Münch 2000; Lindmeier 2000). Sonderpädagogische Kompetenzen in inklusiven Settings werden darüber hinaus in der Regel mit einem *„anderen Blickwinkel auf die Kinder"* beschrieben, mit einer stärkeren Aufmerksamkeit „auf das einzelne Kind, seine spezielle Situation und Entwicklung" sowie an einer individuellen Bezugsnorm orientiert (Hinz et al. 1998, 52 ff.), kontrastierend zu Grundschulkolleginnen und -kollegen, die durch eine „Zentrierung auf die Gruppe, den Überblick, den Lehrplan und die Vermittlung der Kulturtechniken", primär an einer sozialen Bezugsnorm orientiert, gekennzeichnet werden (Hinz et al. 1998, 52 ff., vgl. auch Gehrmann 2001). Insofern zeigt sich, dass Beliefsforschungen für den Bereich der Inklusion in Schulen einen solchen möglicherweise individualisierenden Blick wie auch die Zielstellung sozialer Integration berücksichtigen müssen.

Zum Forschungsstand der empirischen Beliefsforschung ist festzuhalten, dass zunächst in erster Linie positive *Einstellungen zur Integration/Inklusion* postuliert und untersucht worden sind (z.B. Reiser 1998, 47; Lindmeier 2000, 172; Häußler 2000). Diese sonderpädagogischen Beliefs orientieren sich „an der Achtung gegenüber dem basalen Lebens- und Bildungsrecht aller Menschen" (Heimlich 2004, 258) und dienen dem Sonderpädagogen als Orientierungsrahmen, um stellvertretend für den Klienten Ansprüche an soziale Eingliederung geltend zu machen (vor allem Haeberlin 1996; 1998) bzw. Exklusionserfahrungen abzumildern. Im internationalen Raum spielt vor allem die Frage nach ‚teachers' attitudes towards integration' eine größere Rolle (vgl. z.B. Avramidis / Bayliss / Burden 2000; Tait / Purdie 2000; Santiuste et al. 2009; Kiel / Weiß / Braune 2012; vgl. auch die Überblicksbeiträge von Hillenbrand / Melzer / Hagen 2012 und Heinrich / Urban / Werning 2013). Die hohe Relevanz von Beliefs für das Gelingen von Inklusion konnten unter anderen auch Geiling und Simon (2010) in ihrer Analyse der Brandenburger FLEX-Klassen nachweisen. Beliefs korrelieren allerdings – wie Meyer (2011) am Beispiel Berlins zeigen konnte – signifikant mit den Rahmenbedingungen. Die Akzeptanz von Integration/Inklusion auf Seiten der Eltern ist, wie Sander (1998) nachwies, darüber hinaus auch von den Kommunikationsbeziehungen zwischen Schule und Eltern abhängig. In jüngerer Zeit wurde auch der Frage nach spezifischen Konstrukten von Behinderung in der Beliefs-Forschung nachgegangen; so unterschieden beispielsweise Jordan, Schwartz und McGhie-Richmond (2009) zwischen *konstanten und relativistischen Konzepten von Behinderung* bei Lehrkräften.

Im Bereich der *Studienwahlforschung* wurden ebenfalls spezifische Beliefs von Studierenden des Lehramtes Sonderpädagogik erhoben, die sich von anderen Lehramtsstudiengängen unterscheiden: So weisen Sonderpädagogikstudierende die höchste *„adressatenbezogene Motivation"* gegenüber allen anderen Lehramtsstudierenden auf sowie ein vergleichsweise *geringes fachspezifisches Interesse* (Kiel / Weiß / Braune 2012, 194) und – in gleichem Umfang wie Grund- und Hauptschullehrkräfte – ein Interesse, begabte wie auch lernschwache Schüler/innen zu fördern (2012, 194). Weiterhin haben Sonderpädagogikstudierende (Lehramt) „eine signifikant geringere Selbstwirksamkeitserwartung als Studierende aller anderen Lehrämter" (Kiel / Weiß / Braune 2012, 195) – befinden sich aber mit „mehr als 40 Prozent in der Gruppe der Idealisten" (2012, 198). Geradezu widersprüchlich sind die Bewertungen von pädagogischen Vorerfahrungen – laut Lerche, Weiß und Kiel (2013, 778) haben diese in keinem Lehramt einen direkten signifikanten Einfluss auf die Berufswahlmotivation, wohingegen die Studie von König et al. (2013) im Gegenteil hier Zusammenhänge sowohl für die Berufswahlmotivation als auch für die Zufriedenheit mit der Berufswahl feststellen konnte.

Zusammenfassend lässt sich festhalten, dass die Erforschung von Beliefs im Bereich der Sonderpädagogischen Lehrkräfte (und Lehramtsanwärter/innen) sich auf die Studiengangswahl, die Einstellung zu Integration/Inklusion, zur Selbstwirksamkeit und zu Behinderungskonzepten orientiert. Da die Studien allerdings mit zum Teil nicht vergleichbaren Stichproben arbeiten, wurde für das eigene Forschungsprojekt BILF ein Beliefsmodell entwickelt, das auf einer Dokumentenanalyse basiert und sich an dem Konstrukt von Beliefs aus der TEDS-M-Studie orientiert.

Beliefsinventar Lehrkräfte im Bereich schulischer Förderung (BILF)

Die Entwicklung eines Beliefsinventars *für Lehrkräfte im Bereich schulischer Förderung (BILF)* ist ein Kooperationsprojekt des Instituts für Pädagogische Psychologie der Justus-Liebig-Universität Gießen (Dr. Jan Kuhl) und des Instituts für Rehabilitationswissenschaften der Humboldt-Universität zu Berlin (Prof. Dr. Vera Moser, Lea Schäfer, Hubertus Redlich) (ausführliche Dokumentation des Projekts und der Ergebnisse in Kuhl et al. 2013).

Das Beliefs-Modell, das der Untersuchung zugrundeliegt, beruht auf einer Dokumentenanalyse einschlägiger sonderpädagogischer Literatur zu professionellen Einstellungen der Jahre 1990 bis 2007 mit etwa 2.000 Items. Dabei wurden nur fachrichtungsübergreifende Einstellungen erfasst. Das folgende hypothetische Beliefs-Modell konnte daraus entwickelt werden (vgl. Tab. 1):

Tab. 1: Heuristisches Modell Sonderpädagogischer Beliefs

Schul-klima-, inklusions-orientiert	Individuell förder-bezogen orientiert	Biografisch, Lebenslagen bezogen orientiert	Dialogisch, psychothe-rapeutisch orientiert	Behinderungs-bezogen, medizinisch-therapeutisch orientiert	Selek-tions-orientiert	Gesell-schafts-, schul-kritisch orientiert

a) *Schulklima-, inklusionsorientiert:* Hier wird die Beachtung der personalen und sozialen Integration in der Lerngruppe und in der Schule beschrieben. Zum Beispiel drückt sich dieser Belief in der besonderen Berücksichtigung des sozialen Lernens aus.

b) *Individuell förderbezogen orientiert:* Dies umfasst das Erkennen und die Berücksichtigung individueller Entwicklungs- und Lernstände sowie unterschiedlicher Lernstrategien. Lehrkräfte dieses Typs favorisieren z.B. binnendifferenzierte Unterrichtskonzepte sowie individuell orientierte Lernmaterialien.

c) *Biografisch, Lebenslagen bezogen orientiert:* Dies meint die Orientierung an der Lebenswelt einer jeden einzelnen Schülerin und eines jeden einzelnen Schülers und die Präferenz für eine lebensweltliche Förderdiagnostik ebenso wie lebensweltbezogene Aufgabenstellungen. Beispielsweise bevorzugen hier Lehrkräfte Unterrichtsthemen, die der Lebenswelt der Schülerinnen und Schülern entstammen.

d) *Dialogisch, psychotherapeutisch orientiert:* Dies bezieht sich auf eine starke Orientierung an einer professionellen Beziehungs- und Empathiefähigkeit, die für die individuelle Kommunikation zwischen Schüler/in und Lehrerkraft bedeutsam ist. Das Bemühen um das Verstehen der Motive und Handlungen der Schülerinnen und Schüler steht hier im Vordergrund.

e) *Behinderungsbezogen, medizinisch-therapeutisch orientiert:* Dies umfasst eine Orientierung an medizinisch basierten Behinderungskonzepten. So führen Lehrkräfte dieses Typs z.B. Verhaltensweisen von Schülerinnen und Schülern auf medizinische Ursachen zurück.

f) *Selektionsorientiert:* Dieser Belief drückt die Überzeugung aus, dass Schülerinnen und Schüler am besten in homogenen Gruppen lernen. Hier favorisieren Lehrkräfte das Lernen von behinderten Schülerinnen und

Schülern in Sonderklassen/Förderschulen und begründen dies auch mit der Schonraum-Theorie.

g) *Gesellschafts-, schulkritisch orientiert* bezieht sich auf das Vertreten der Menschenrechte sowie auf die Reflexion des Menschenbildes und betont insgesamt die Notwendigkeit eines Bewusstseins für die gesellschaftliche Funktion von Schule. Zum Beispiel handelt es sich hier um Lehrkräfte, die die Realisierung von Chancengerechtigkeit im Bildungssystem für besonders wichtig erachten (vgl. Kuhl et al. 2013, 8).

Aufruhend auf diesem Modell wurde ein Fragebogen konstruiert, der die sieben hypothetischen Beliefs auf der Grundlage des theoretischen Beliefskonstrukts von TEDS-M (vgl. Blömeke / Kaiser / Lehmann 2008) prüfen sollte. (Um kontrastierende Aussagen treffen zu können, wurde in die Untersuchung eine Vergleichsgruppe, nämlich Studierende und Lehrkräfte der Grundschulpädagogik, einbezogen.) Für die Itementwicklung des Fragebogens wurden pro Belief jeweils zwei unterrichtsnahe Situationen konstruiert, die wiederum auf die folgenden Ebenen bezogen waren:

a) Überzeugungen, den Gegenstand des Faches (Allgemeine Sonderpädagogik/Grundschulpädagogik) betreffend
b) Überzeugungen über den Prozess des Lehrens und Lernens
c) fächerübergreifende Überzeugungen zur Lehrerrolle und zur Rolle von Schulen in der Gesellschaft.

Als *Itembeispiel*: „Die Schule muss sich auf die individuellen Voraussetzungen ihrer Schülerinnen und Schüler einstellen." [Frage 21, Individuell-förderbezogener Belief, Ebene a) Überzeugungen, das Fach betreffend]

Eine quantitativ orientierte Fragebogenbefragung, die eine größere Stichprobe zulässt, wurde deshalb gewählt, weil über ein umfassendes sonderpädagogisches Beliefs-Cluster bislang keine empirischen Erkenntnisse vorliegen. Um der Gefahr, implizite Beliefs nicht erfassen zu können, zu begegnen, wurden die unterrichtsnahen Situationen des Fragebogens so konzipiert, dass sie auf den ersten Blick keine eindeutigen Zuordnungen zu möglichen Einstellungen oder moralischen Intentionen zuließen und somit auch das Problem sozialer Erwünschtheit zu umgehen suchten, zugleich aber auch Rückschlüsse auf implizite Überzeugungen zuließen. Die Items sollten mit einer vierstufigen Likert-Skala bewertet werden (von ‚trifft gar nicht zu' bis ‚trifft voll zu').

Ein erster Entwurf des Fragebogens wurde in den Jahren 2008 bis 2010 mehrmals in unterschiedlichen Versionen an Studierenden und Lehrkräften der Grund- und Förderschulpädagogik erprobt und nach jedem Pretest entsprechend der aufgetretenen technischen Probleme, der „Verständlichkeit", der „Akzeptanz" und der „Antworttendenzen" modifiziert (Bühner 2006). Durch die statistische Itemanalyse hinsichtlich Itemschwierigkeit, -streuung und -trennschärfe konnte eine Itemselektion sowie eine Umformulierung einzelner Items und Ergänzung durch neue Items durchgeführt werden, um sowohl die Reliabilität als auch die Inhaltsvalidität weiterhin zu gewährleisten (Bühner 2006). Ergebnis dieser Pretests war ein Fragebogen mit letztlich 23 Items, welche in die folgende Erhebung sowie die weitere Evaluation des Messinstruments einbezogen wurden.

Zur Stichprobe

Da es eine unproblematische Rekrutierung einer relativ großen Stichprobe ermöglichte, wurde der größte Teil der Befragung auf einem Kongress des Verbands Sonderpädagogik e. V. (vds) 2012 durchgeführt. Dies bedeutet zwar, dass es sich um eine selegierte Stichprobe handelt, was jedoch für eine erste Erprobung des Fragebogens durchaus vertretbar ist. Insgesamt wurden auf dem Kongress 290 Fragebögen ausgefüllt. Zusätzlich wurden 50 Lehrkräfte von Grundschulen in Baden-Württemberg sowie 25 Studierende des Lehramts an Grundschulen der Justus-Liebig-Universität Gießen befragt.

Insgesamt wurde der Fragebogen von 365 Personen bearbeitet. Davon waren 330 Fragebögen vollständig und konnten in die Analyse einbezogen werden.

Zu den Ergebnissen

Mittels einer Faktorenanalyse konnte schließlich ein dreigliedriges Beliefs-Cluster ermittelt werden, indem die zuvor angenommenen sieben Beliefs auf drei ‚zusammenschmolzen'. Dies ist vermutlich darin begründet, dass einige Beliefs-Cluster mehr Überzeugungen in sich aufnehmen, als von vornherein vermutet und/oder sich in Clustern zusammenfassen lassen. Zudem stellte sich ein neuer, zuvor nicht angenommener, nämlich ein therapeutisch-psychiatrischer Belief heraus.

Der starke erste Faktor ist inhaltlich am breitesten. Das so entstandene Beliefs-Cluster *IFDL* vereint Aussagen, die theoretisch dem *schulklima-inklusionsorientierten, dem individuell-förderbezogen orientierten, dem biographisch, Lebenslagen bezogen orientieren oder dem dialogisch, psychotherapeutisch orientierten Cluster* zugeordnet waren. Der von der Fachliteratur beschriebene *dialogisch-therapeutisch orientierte Belief* konnte damit nicht isoliert abgebildet werden. Dialogische Anteile sind aber ein wichtiger Bestandteil des ersten Faktors. Eine *therapeutisch* orientierte Aussage („Die Einbeziehung psychotherapeutischer Kenntnisse gehören in den Schulalltag") hingegen lädt gemeinsam mit einer als behinderungsbezogen medizinisch eingeschätzten Aussage auf einen weiteren Faktor. Dieser kann als *psychiatrisch-therapeutisch orientiertes Beliefs-Cluster PT* bezeichnet werden. Als drittes Beliefs-Cluster ließ sich das *selektionsorientierte* abbilden. Dieses erweiterte sich jedoch dahingehend, dass nicht nur für einen „Schonraum" plädiert wird, sondern auch ein Schutz der Regelschülerinnen und -schüler erwartet und zugleich eine deterministische Auffassung von dem Zustandekommen von Lernerfolgen vertreten wird.

Ein *inklusionsorientiertes* Beliefs-Cluster konnte nicht abgebildet werden. Dies könnte damit zusammenhängen, dass dieses nicht unbedingt, wie ursprünglich vermutet, mit einer schulklimaorientierten Einstellung einhergeht. Die Schulklimaorientierung und die gesellschafts-/schulkritische Einstellung scheint wiederum in andere Cluster einzugehen.

Interessant sind auch die Zusammenhänge zwischen den Clustern. So zeigte sich eine mittelhohe korrelative Beziehung zwischen den Skalen IFDL und PT (vgl. Abb. 1).

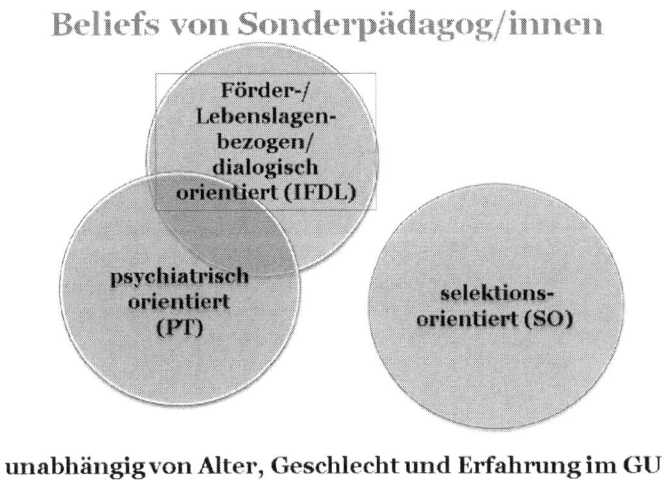

Beliefs von Sonderpädagog/innen

Förder-/ Lebenslagen- bezogen/ dialogisch orientiert (IFDL)

psychiatrisch orientiert (PT)

selektions- orientiert (SO)

unabhängig von Alter, Geschlecht und Erfahrung im GU

Abb. 1: Zusammenhänge zwischen Beliefs-Clustern (GU = Gemeinsamer Unterricht)

Insgesamt legen die bisherigen Ergebnisse nahe, dass es wirklich so etwas wie professionsspezifische Überzeugungen bei Lehrerinnen und Lehrern gibt. Alle gefundenen Gruppenunterschiede sind auf den Faktor Lehramt zurückzuführen. Hingegen spielen, zumindest innerhalb der Gruppe der Förderschullehrkräfte, Faktoren wie Geschlecht oder Erfahrungen mit der Arbeit an Regelschulen oder mit integrativem Unterricht (GU) keine Rolle.

Zusammenfassend ist festzustellen, dass die untersuchten Förderschullehrerinnen und -lehrer, unabhängig von ihrem Geschlecht, ihrem Einsatz in

Förder- oder Regelschule und ihrer Integrationserfahrung, einheitliche Beliefs aufwiesen. Dieser Befund bedarf allerdings noch einer Validierung auf der Basis einer größeren, nicht vor-selegierten Stichprobe.

Dennoch sind diese Ergebnisse insgesamt für die weitere Untersuchung von Kompetenzen und der Wahrnehmung von Anforderungssituationen in inklusiven Settings hoch interessant, weil offenbar stabile professionsspezifische Überzeugungen identifizierbar sind, über deren Genese allerdings noch nicht viel bekannt ist. Ob die festgestellten Beliefs für inklusive Settings hinderlich oder förderlich sind und inwiefern sie bereits zu Studieneintritt vorhanden oder während des Studiums erworben werden, ist Gegenstand weiterer Untersuchungen.

Literatur

Asendorpf, J. (2009): Persönlichkeitspsychologie für Bacherlor. Heidelberg: Springer.

Avramidis, E. / Bayliss, P. / Burden, R. (2000): Student teachers' attitudes towards the inclusion of children with special educational needs in the ordinary school. In: Teaching and Teacher Education 16, 3, 277–293.

Baulig, V. (1997): Qualifikationsbestimmung sonderpädagogischer Handlungsfelder. In: Zeitschrift für Heilpädagogik 48, 1, 9–13.

Baumert, J. / Kunter, M. (2006): Stichwort: Professionelle Kompetenz von Lehrkräften. In: Zeitschrift für Erziehungswissenschaften 9, 4, 469–520.

Benkmann, R. (2001): Sonderpädagogische Professionalität im Wandel. In: Zeitschrift für Heilpädagogik 52, 3, 90–98.

Bleidick, U. / Antor, G. (2000): Behindertenpädagogik als angewandte Ethik. Stuttgart.

Blömeke, S. (2007): Qualitativ – quantitativ, induktiv – deduktiv, Prozess – Produkt, national – international. Zur Notwendigkeit multikriterialer und multiperspektivischer Zugänge in der Lehrerforschung. In: Lüders, M. / Wissinger, J. (Hrsg.): Forschung zur Lehrerbildung. Münster, 13–36.

Blömeke, S. / Kaiser, G. / Lehmann, R. (2008) (Hrsg.): Professionelle Kompetenz angehender Lehrerinnen und Lehrer. Wissen, Überzeugungen und Lerngelegenheiten deutscher Mathematikstudierender und -referendare. Münster.

Blömeke, S. / Müller, C. / Felbrich, A. / Kaiser, G. (2008): Epistemologische Überzeugungen zur Mathematik. In: Blömeke, S. / Kaiser, G. / Lehmann, R. (Hrsg.): Professionelle Kompetenz angehender Lehrerinnen und Lehrer. Münster, 219–246.

Bühner, M. (2006): Einführung in die Test- und Fragebogenkonstruktion. München.

Cook, B. G. / Semmel, M. I. / Gerber, M. M. (1999): Attitudes of Principals and Special Education Teachers Toward the Inclusion of Students with Mild Disabilities. In: Remedial and Special Education 20, 4, 199–207.

Feuser, G. (1995): Behinderte Kinder und Jugendliche. Zwischen Integration und Aussonderung. Darmstadt.

Fischer, A. (2010): Zur Qualität der Beziehungsdienstleistung in Institutionen für Menschen mit Behinderungen. Dissertation Universität Siegen. http://dokumentix.ub.uni-siegen.de/opus/volltexte/2011/515/pdf/fischer.pdf [25.08.2013].

Furinghetti, F. / Pehkonen, E. (2002): Rethinking Characterizations of Beliefs. In: Leder, G. C / Pehkonen, E. / Törner, G. (Hrsg.): Beliefs: A Hidden Variable in Mathematics Education. Dordrecht, 39–58.

Gehrmann, P. (2001): Gemeinsamer Unterricht – Fortschritt an Humanität und Demokratie. Literaturanalyse und Gruppendiskussionen mit Lehrerinnen und Lehrern zur Theorie und Praxis der Integration von Menschen mit Behinderungen. Opladen.

Geiling, U. / Simon, T. (2010): Evaluation der pädagogischen Qualität und Lehrkräfteprofessionalität der FLEX-Brandenburg 2010. Halle (unveröff. Abschlussbericht).

Haeberlin, U. (1996): Heilpädagogik als wertgeleitete Wissenschaft. Bern/Stuttgart/Wien.

Haeberlin, U. (1998): Allgemeine Heilpädagogik. Bern.

Hattie, J. C. (2009): Visible Learning. A Synthesis of Over 800 Meta-Analyses Relating to Achievement. London.

Häußler, M. (2000): Skepsis als heilpädagogische Haltung. Reflexionen zur Berufsethik der Heilpädagogik. Bad Heilbrunn.

Heimlich, U. (1998): Von der sonderpädagogischen zur integrativen Förderung – Umrisse einer heilpädagogischen Handlungstheorie. In: Zeitschrift für Heilpädagogik 49, 6, 250–258.

Heimlich, U. (2004): Heilpädagogische Kompetenz – Eine Antwort auf die Entgrenzung der Heilpädagogik? In: Vierteljahreszeitschrift für Heilpädagogik und ihre Nachbargebiete 73, 3, 256–259.

Heinrich, M. / Urban, M. / Werning, R. (2013): Grundlagen, Handlungsstrategien und Forschungsperspektiven für die Ausbildung und Professionalisierung von Fachkräften für inklusive Schulen. In: Döbert, H. / Weishaupt, H. (Hrsg.): Inklusive Bildung professionell gestalten. Situationsanalyse und Handlungsempfehlungen. Münster, 69–134.

Hermans, R. / Tondeur, J. / van Braak, J. / Valcke, M. (2008): The impact of primary school teachers' educational beliefs on the classroom use of computers. In: Computers & Education 51, 4, 1499–1509.

Hillenbrand, C. / Melzer, C. / Hagen, T. (2013): Bildung schulischer Fachkräfte für inklusive Bildungssysteme. In: Döbert, H. / Weishaupt, H. (Hrsg.): Inklusive Bildung professionell gestalten. Situationsanalyse und Handlungsempfehlungen. Münster, 33–68.

Hinz, A. / Katzenbach, D. / Rauer, W. /Schuck, K. D. / Wocken, H. / Wudtke, H. (1998): Die Integrative Grundschule im sozialen Brennpunkt. Ergebnisse eines Hamburger Schulversuchs. Hamburg.

Hofmann, F. / Gottein, H.-P. (2011): Zusammenhänge von Persönlichkeitsmerkmalen und der Bereitschaft zur Individualisierung im Unterricht. In: Zeitschrift für Bildungsforschung 1, 1, 55–67.

Jonach, I. / Röhner-Münch, K. (2000): Interkulturelle Handlungskompetenz – auch für Sonderpädagogen? In: Vierteljahreszeitschrift für Heilpädagogik und ihre Nachbargebiete 69, 3, 249–356.

Jordan, A. / Schwartz, E. / McGhie-Richmond, D. (2009): Preparing teachers for inclusive classrooms. In: Teaching and Teacher Education 25, 4, 535–542.

Kiel, E. / Weiß, S. / Braune, A. (2012): Sonderpädagogische Professionalität und Inklusion: Welchen Beitrag leistet das Studium der Sonderpädagogik. In: Heimlich. U. / Kahlert, J. (Hrsg.): Inklusion in Schule und Unterricht. Wege zur Bildung für alle. Stuttgart, 191–199.

Klieme, E. / Avenarius, H. / Blum, W. et al. (2003/2007): Zur Entwicklung nationaler Bildungsstandards. Eine Expertise. Bonn/Berlin.

Kobi, E. E. ([5]1993): Grundfragen der Heilpädagogik. Eine Einführung in heilpädagogisches Denken. Basel.

König, J. / Rothland, M. / Darge, K. / Lünnemann, M. / Tachtsoglou, S. (2013): Erfassung und Struktur berufswahlrelevanter Faktoren für die Lehrerausbildung und den Lehrerberuf in Deutschland, Österreich und der Schweiz. In: Zeitschrift für Erziehungswissenschaft 16, 3, 553–577.

Kuhl, J. / Moser, V. / Schäfer, L. / Redlich, H. (2013): Zur empirischen Erfassung von Beliefs von Förderschullehrerinnen und -lehrern, in: Empirische Sonderpädagogik 5, 1, 3–24.

Kunter, M. / Baumert, J. / Blum, W. / Klusmann, U. / Krauss, S. / Neubrand, M. (Hrsg.) (2011): Professionelle Kompetenz von Lehrkräften. Ergebnisse des Forschungsprogramms COACTIV. Münster.

Kunter, M. / Klusmann, U. / Dubberke, T. et al. (2007): Linking aspects of teacher competence to their instruction. Results from the COACTIV project. In: Prenzel, M. (Hrsg.): Studies on the educational quality of schools. Münster, 39–59.

Lerche, T. / Weiß, S. / Kiel, E. (2013): Mythos pädagogische Vorerfahrung. In: Zeitschrift für Pädagogik 59, 5, 762–782.

Lindmeier, C. (2000): Heilpädagogische Professionalität. In: Sonderpädagogik 30, 3, 166–180.

Loeken, H. (2000): Erziehungshilfe in Kooperation. Professionelle und organisatorische Entwicklungen in einer kooperativen Einrichtung von Schule und Jugendhilfe. Heidelberg.

Markic, S. / Eilks, I. / Valanides, N. (2008): Developing a Tool to Evaluate Differences in Beliefs About Science Teaching and Learning Among Frehsman Student Teachers from Different Science Teaching Domains: A Case Study. In: Euraisa Journal of Mathematics, Science & Technology Education 4, 2, 109–120.

Max-Planck-Institut für Bildungsforschung (2009): Hauptergebnisse der COACTIV-Studie. http://www.mpib-berlin.mpg.de/coactiv/studie/ergebnisse/index.html [08.07.2013].

Meyer, N. (2011): Einstellungen von Lehrerinnen und Lehrern an Berliner Grundschulen zur Inklusion (Masterarbeit FU Berlin). http://bidok.uibk.ac.at/library/meyer-einstellung-dipl.html [08.07.2013].

Moor, P. (1965): Heilpädagogik. Ein pädagogisches Lehrbuch. Bern.

Moser, V. (2003): Konstruktion und Kritik. Sonderpädagogik als Disziplin. Opladen.

Opp, G. (1998): Reflexive Professionalität. In: Zeitschrift für Heilpädagogik 49, 4, 148–158.

Pajares, M. F. (1992): Teachers' Beliefs and Educational Research: Cleaning Up a Messy Construct. In: Review of Educational Research 62, 3, 307–332.

Reiser, H. (1998): Sonderpädagogik als Service-Leistung? In: Zeitschrift für Heilpädagogik 49, 2, 46–54.

Reusser, K. (2011): Von der Unterrichtsforschung zur Unterrichtsentwicklung – Probleme, Strategien, Werkzeuge. In: Einsiedler, W. (Hrsg.): Unterrichtsentwicklung und Didaktische Entwicklungsforschung. Bad Heilbrunn, 11–40.

Rokeach, M. (1968): Beliefs, attitudes, and values: a theory of organization and change. San Francisco.

Sander, A. (1998): Über das Misslingen einiger Integrationsversuche. In: Sander, A. / Hildeschmidt, A. / Schnell, I. (Hrsg.): Integrationsentwicklungen. Gemeinsamer Unterricht für behinderte und nichtbehinderte Kinder im Saarland 1994–1998. St. Ingbert, 117–156.

Sang, G. / Valcke, M. / van Braak J. / Tondeur J. (2009): Investigating Teachers' Educational Beliefs in Chinese Primary Schools: Socioeconomic and Geographical Perspectives. In: Asia-pacific Journal of Teacher Education 37, 4, 363–377.

Santiuste Bermejo, V. / Vicente Castro, F. / Miras Martínez, F. / Padilla Góngora, D. (2009): Inclusive Education in Spain: developing characteristics in Madrid, Extremadura and Andalusia. In: Research in Comparative and International Education 4, 3, 321–331.

Schlichter, N. (2012): Lehrerüberzeugungen zum Lehren und Lernen. Diss. Universität Göttingen.

Ständiges Sekretariat der Kultusministerkonferenz (2004): Standards für die Lehrerbildung: Bildungswissenschaften. Berlin.

Stein, R. (2004): Zum Selbstkonzept im Lebensbereich Beruf bei Lehrern für Sonderpädagogik. Am Beispiel von Lehrern für Sonderpädagogik in Rheinland-Pfalz, Hamburg.

Stein, R. (2006): Didaktik bei Verhaltensstörungen. In: Ellinger, S. / Stein, R. (Hrsg.): Grundstudium Sonderpädagogik. Oberhausen, 433–447.

Tait, K. / Purdie, N. (2000): Attitudes Toward Disability: teacher education for inclusive environments in an Australian university. In: International Journal of Disability, Development and Education 47, 1, 25–38.

Weinert, F. E. (2001): Vergleichende Leistungsmessung in Schulen – eine umstrittene Selbstverständlichkeit. In: Weinert, F. E. (Hrsg.): Leistungsmessungen in Schulen. Weinheim/Basel, 17–31.

Yilmaz, K. / Altinkurt, Y. / Çokluk, Ö. (2011): Developing the Educational Belief Scale: The Validity and Reliability Study. In: Educational Sciences: Theory & Practice 11, 1, 343–350.

Yilmaz, H. / Sahin, S. (2011): Pre-Service Teachers' Epistemological Beliefs and Conceptions of Teaching. In: Australian Journal of Teacher Education 36, 1, 73–88.

Anschrift der Verfasserin:
Prof. Dr. Vera Moser
Humboldt-Universität zu Berlin
Institut für Rehabilitationswissenschaften
Pädagogik bei Beeinträchtigungen des Lernens/
Allgemeine Rehabilitationspädagogik
Georgenstr. 36
10117 Berlin

Andrea Dlugosch

Förderung und Inklusion

Metaphernanalytische Beiträge zur
sonderpädagogischen Professionalität

Zur Bestimmung sonderpädagogischer Professionalität im Kontext Inklusion – zwischen Haltung und Beliefs

Die Bestimmung des professionellen Profils von Sonderpädagoginnen und Sonderpädagogen gewinnt im Kontext inklusiver Entwicklungsprozesse, insbesondere an Schulen, zunehmend an Brisanz. Da die herkömmliche (berufs-) identitätsstiftende Funktion von spezifischen Institutionen, wie Förderschulen, erodiert, scheint sich die sonderpädagogische Professionalität über eine Konturierung ihrer Handlungsformen und Kompetenzen mehr und mehr beweisen zu müssen (vgl. Dlugosch 2011). Was eine sonderpädagogische Professionalität ausmacht, ist hierbei längst nicht entschlüsselt. Aktuell sind eine Reihe von Suchbewegungen zu erkennen, in denen z.B. gefragt wird, ob Förderschullehrkräfte anders sind (vgl. Weiß / Kollmannsberger / Kiel 2013). Die Frage nach dem spezifisch Sonderpädagogischen bleibt demnach virulent.

Wie im Verlauf der erziehungswissenschaftlichen Debatte der letzten Jahre deutlich wurde, lässt sich die Frage nach der pädagogischen, und auch der sonderpädagogischen Professionalität (vgl. Dlugosch / Reiser 2009), auf unterschiedliche Weise aufgreifen. Der Blick auf die Handlungsstruktur, deren mögliche Dilemmata und damit verbundene Anforderungen an die professionelle Entwicklung kennzeichnen den einen Flügel der Debatte. Die Betonung der Merkmale guten Unterrichts und der dafür notwendigen Kompetenzen charakterisieren den anderen Flügel der Debatte, die verstärkt für das Handeln von Lehrpersonen geführt wird. Zur Erhellung des professionellen (sonder-)pädagogischen Handelns sind beide Perspektiven, sowohl die auf den Krisen- als auch die auf den Routinefall, notwendig. Beide Zugänge sind mit jeweils bevorzugten Forschungslogiken verknüpft und wären gut in einem komplementären Verhältnis aufgehoben, da mit ihnen unterschiedliche Seiten der beruflichen Anforderungsstruktur beleuchtet werden können (vgl. Dlugosch 2013a).

Eine prominente sonderpädagogische Argumentationsfigur rekurriert bei der Bestimmung der professionellen Kontur auf das Sinnbild einer spezifischen *Haltung*, die im Übrigen auch im Kontext der Inklusion, im Sinne einer *inklusiven Einstellung und Haltung*, Geltung beansprucht (vgl. Dlugosch 2010; Kuhl et al. 2013). Der Begriff der „Haltung" ist mit vielen Bedeutungen belegt und durch erziehungsphilosophische und geisteswissenschaftliche Strömungen geprägt worden. Die Erziehungswissenschaft tut sich seit der empirischen Wende mit diesem Begriff jedoch eher schwer, sollte doch in deren Folge das Erziehungsgeschäft und das pädagogische Handeln in bestimmbare Abläufe und nachvollziehbare sowie überprüfbare Einheiten gegliedert und mit der Realität konfrontiert werden, um wissenschaftlich tragfähige und belastbare Aussagen zu erhalten. Der Begriff der *Haltung* ist hingegen nicht durch eine exakt unterscheidende Sprachverwendung gekennzeichnet, sondern durch einen erweiterten Bedeutungshof:

> „[…] Sehr häufig und namentlich in der modernen sprache hat sich haltung […] in der bedeutung des verweilens in einem zustande, einer bestimmten geistigen richtung ergeben […]. bei personen bezeichnet es die art und weise des sich verhaltens, das gebahren jemandes; und zwar sowol körperlich […] als auch sofern es recht eigentlich das widerspiegeln einer seelischen und geistigen thätigkeit ist […]. in prägnantem sinne und ohne begleitendes adjectiv heiszt haltung das gemessene würdige verhalten beim umgange mit andern […]" (Deutsches Wörterbuch von Jacob und Wilhelm Grimm o. J., *„Haltung"*, Abs. 3).

Die „Haltung" umspannt die Dimensionen des körperlichen und geistigen Ausdrucks und beinhaltet die normative Färbung eines sittlich guten Tuns. Über den Begriff der *Haltung* wird versucht, die komplexe Situationsgestaltung und die übergreifende Einstellung einer konkreten Person, d. h. ihre erlebbare Gesamtgestalt, sprachlich auf einen Nenner zu bringen. Das Medium hierfür ist eine Metapher. Metaphern übernehmen die Funktion, komplexe Sachverhalte über einen Bild- bzw. Quellbereich mit einem bestimmten Bedeutungsgehalt zu vermitteln. Sie beleuchten daher Aspekte, die für die Beschreibung des Phänomens wichtig erscheinen (vgl. Niedermair 2001). Insbesondere dann, wenn es darum geht, Komplexitäten, z.B. eine situative pädagogische Praxisgestaltung, zu beschreiben, um einen Gesamteindruck, weniger bestimmte Details, auszuweisen, ist die Sprachverwendung auf die Nutzung von Metaphern angewiesen. Prominente Beispiele hierfür sind die Urteils*kraft* bei Kant oder auch die Herbartsche Kategorie des (pädagogischen) *Taktes* (vgl. Dlugosch 2003, 26 ff.) – beides Metaphern. Interessant ist, dass bei den Bestrebungen, die professionelle pädagogische Handlungskompetenz detaillierter zu ergründen, zu bestimmen und sie auch neu zu justieren, auf Kategorien wie die des Taktes anscheinend nicht verzichtet werden kann:

„Die Balancierung von Fürsorge, Gerechtigkeit und Wahrhaftigkeit erfordert pädagogischen Takt, der auf Fallverstehen in actu angewiesen ist. [...] Dies gilt sowohl
für das Verständnis der Dynamik sozialer Prozesse als auch des individuellen Erlebens. Takt ist eine professionelle Kompetenz, die mit hermeneutischer Fallarbeit
vorbereitet, aber nur im Rahmen praktischer Erfahrung kultiviert werden kann"
(Baumert / Kunter 2006, 474).

Eine bestimmte sonderpädagogische oder auch eine inklusive *Haltung* ver-
sinnbildlicht ein Amalgam aus Wissen, Können und Wertebindungen sowie
Unterscheidungen in der Wahrnehmung und Akzentuierungen im Tun. In
der Kompetenzdebatte pädagogischen Handelns liegt der Begriff der Haltung
daher eher quer zu den genannten Kernkomponenten professionellen Wissens und Könnens. Die Haltung stellt in gewisser Weise das Gesamtensemble
von Wissens- und Könnensbereichen, von professionellen Werten, Überzeugungen, subjektiven Theorien, normativen Präferenzen und Zielen, motivationalen Orientierungen sowie metakognitiven Fähigkeiten und Fähigkeiten
der Selbstregulation wieder her, das im Zuge der Erkenntnisbildung über zumeist quantitativ empirische Forschungspraxis mühsam ausdifferenziert
worden ist (vgl. das Modell von Baumert und Kunter 2006, 482). Metaphorische Begriffe, wie der der Haltung der Pädagogin oder des Erziehers, helfen,
Komplexität einzufangen. Sie erleichtern die Verständigung, d.h., jede und
jeder meint sofort zu wissen, was damit gemeint ist. In ihren Entstehungs-
und Veränderungsbedingungen bleibt die Haltung aber schwierig zu bestimmen. Einen aktuelleren Bestimmungsversuch bietet Gerald Hüther (2013)
an. In seinem Beitrag zur Trias von Bewusstsein, Lernen und Handeln lenkt
der Autor die Aufmerksamkeit auf die Erfahrungsbildung:

„Wiederholt gemachte Erfahrungen verdichten sich [...] auf eine Metaebene zu einer Art Integral über alle bisher gemachten, ähnlichen Erfahrungen. Dieses so ab-
gespeicherte ‚Erfahrungsintegral‘ bildet dann die Grundlage für das, was wir ‚Haltung‘, ‚innere Überzeugung‘ oder eben sehr verstaubt auch ‚Gesinnung‘ nennen.
Haltungen sind also immer durch eigene, am eigenen Leib und unter emotionaler
Aktivierung gemachte Erfahrungen entstanden. [...]
Genau deshalb, weil unsere Haltungen auf erfahrungsbedingten emotional-kognitiven Kopplungsphänomenen beruhen, sind sie so schwer veränderbar. Weder gelingt es, die Haltung eines Menschen durch kognitive Strategien zu verändern
(überreden, belehren, unterrichten etc.). Noch sind emotionale Strategien (Bestra-
fung, Belohnung, Umarmung, Zuwendung) geeignet, einmal erworbene Haltungen
eines Menschen zu verändern" (Hüther 2013, 61).

Die Variante, die die empirische Unterrichtsforschung und die Pädagogische
Psychologie bevorzugen, um dem Amalgam von Wissen, Können und Werthaltungen im Kontext pädagogischen Handelns besser auf die Spur zu

kommen, bedient sich des Konstruktes der *Beliefs* (vgl. Moser / Jakob / Schäfer 2010; Kuhl et al. 2013). Dieses wird mit der Begründung einer besseren Operationalisierbarkeit und Überprüfbarkeit als starke Einflussgröße für das Lehrerhandeln benannt, auch wenn sehr unterschiedliche Nuancierungen im Begriffsverständnis vorzufinden sind. Der Beitrag „Zur empirischen Erfassung von Beliefs von Förderschullehrerinnen und -lehrern" (Kuhl et al. 2013) legt die folgende Arbeitsdefinition zu Grunde:

> „Beliefs sind ein gegenstandsbezogenes, wertebasiertes individuelles, in Clustern verankertes Überzeugungssystem, das teils bewusst, teils unbewusst das eigene Handeln steuert. Beliefs können sowohl affektive wie kognitive Komponenten beinhalten, die über Erfahrungen, Erkenntnisse, Instruktionen und/oder Informationen erworben wurden und die über einen längeren Zeitraum konsistent und stabil, aber nicht über die Lebensspanne unveränderlich sind" (Kuhl et al. 2013, 6).

Mentale Repräsentationen rücken somit als dominante Einflussgröße für (potenzielles) pädagogisches Handeln ins Zentrum der Betrachtung. Beliefs sollen so die oftmals thematisierte Relationierung von unterschiedlichen Wissens- und Könnensbereichen besser modellieren können, indem sie eine Brückenfunktion zwischen Wissen und Handeln übernehmen (vgl. Blömeke et al. 2008, 220). Beliefs führen zu spezifischen Effekten im pädagogischen Feld, die aus handlungsleitenden Distinktionen resultieren. Mareike Kunter und Britta Pohlmann weisen beispielsweise darauf hin, dass „Erwartungseffekte [...] besonders gravierende Konsequenzen haben [können], die mitunter Lebenswege von Schülern entscheidend beeinflussen. [...] Besondere Bedeutung dürften Erwartungseffekte auch bei Entscheidungen über Fördermaßnahmen oder Übergangsempfehlungen von Lehrkräften haben" (Kunter / Pohlmann 2009, 271 f.; vgl. Dlugosch 2010, 200). Dass diese Effekte in einem hohen Maße auf das pädagogische Handeln und damit verbunden auf die jeweilige Professionalität Einfluss nehmen, erscheint plausibel. Ausstehen weiterhin allerdings Antworten auf die Frage, inwieweit und wie dieser Sachverhalt in Konzepten der Lehrerbildung aufgegriffen werden könnte. Sowohl für die Haltung als auch für den umschriebenen Bereich der Beliefs wäre es daher als lohnenswert anzusehen, die Korrespondenz mit dem konkreten Handeln detaillierter beschreiben zu können.

Sonderpädagogische Förderung – eine Metapher?

„Förderung" als sonderpädagogische Bezugseinheit erhielt im Verlauf der letzten dreißig Jahre einen konjunkturellen Aufschwung: „Wenn wir uns die Entwicklung seit den 60er Jahren anschauen, stellen wir fest, dass sie von einem eher beiläufigen Gebrauch in Bezug auf Unterstützungsmaßnahmen im Regelschulwesen über eine Bezeichnung für kompensatorische Maßnahmen für sozial benachteiligte Schüler bis hin zu einem der am häufigsten verwendeten Begriffe der Sonderpädagogik führte" (Biewer 2006, 150). Der durch die KMK-Empfehlungen an der Wende zum neuen Jahrtausend im Zentrum stehende Begriff (vgl. Drave / Rumpler / Wachtel 2000) konnte das Versprechen einer konturierteren sonderpädagogischen Professionalität jedoch nicht umfassend einlösen. Der Versuch, über diesen markierten Handlungsschwerpunkt nun anders zu firmieren, hatte für die (schulische) Sonderpädagogik zwar den Effekt, sich über einen festzustellenden sonderpädagogischen Förderbedarf von der Institution Sonderschule gegebenenfalls mehr lösen und auf die neuen Förderschwerpunkte konzentrieren zu können. Dennoch blieben, trotz des anvisierten Perspektivenwechsels, weiterhin viele Fragen zum Spezifischen des sonderpädagogischen Handelns offen. So beschreibt Wolf Bloemers bereits in den 1990er-Jahren den Begriff und seine Anverwandten in ihrer „Placeboformelhaftigkeit"; es handele sich bei Förderung eher um ein „sonderpädagogisches Zauberwort", das letztlich im Vagen und Uneindeutigen verbliebe (Bloemers 1993, 443). Rekapituliert man den an die 1994er-KMK-Empfehlungen anschließenden sonderpädagogischen Diskurs, so blieb der Begriff der Förderung, trotz dessen, dass er als „Leitbegriff" (Speck 1995, 175) oder als eine Zentral- bzw. „Schlüsselkategorie der Behindertenpädagogik" (Schuck 2001; vgl. Ricken 2008, 74) thematisiert wurde, tatsächlich bestimmt unbestimmt. So mahnt Iris Beck in diesem Zusammenhang auch an, dass mangelnde begriffliche Klärungen zu instabilen Entscheidungskriterien führen (1996, 446). Es bleibt der Eindruck einer Unschärferelation bestehen, was das explizit Sonderpädagogische ausmacht, insbesondere wenn im Zuge der internationalen Schulleistungsvergleichsstudien „Förderung" und „individuelle Förderung" zu einem bildungspolitischen Thema avancierten (vgl. Arnold / Graumann / Rakhkochine 2008b, 9). Im Spiegel der interdisziplinären Diskussion lässt sich ein kommunikativer Knotenpunkt an der Differenz von Unterricht und Förderung ausmachen (vgl. Graumann 2008, 21). Karl-Heinz Arnold verweist auf die Wertgebundenheit des pädagogischen Begriffs, der bereits eine positive Entwicklungsrichtung beinhalte (2008, 14). Der Begriff scheint pädagogisch erfolgreiches Handeln zu beschreiben. Er stehe damit aber zugleich auch in Verdacht, die Ambivalenzen pädagogischen Handelns nicht angemessen zu berücksichtigen, und könne unter bestimmten Umständen daher auch in die Nähe ideologischer Perspektiven gerückt werden (2008, 14). Der Streifzug durch die Analyse der Bezugskategorie Förderung hinterlässt ein Vakuum. Nicht zufällig kommen Vertreter unterschiedlicher sonderpädagogischer Fachrichtungen zu der Einschätzung, dass Förderung für die Sonderpädagogik als Metapher rangiere (vgl. Hillenbrand 2003; vgl. Werning / Reiser 2008). Der

Begriff der „Förderung" bedient sich bereits einer Bildquelle. Er löst Assoziationen zum Bergbau aus, beschreibt die Bewegung von Lasten oder Gütern, allerdings weniger von Personen, wie Barbara Fornefeld (1998, 73) anmerkt, mithilfe von Fördermitteln. Auf jeden Fall geht es wohl darum, etwas weiter nach vorne zu bringen, wie durch mittelhochdeutsche Herleitungen deutlich wird. Was, wie, womit, von wem, wohin gebracht wird, müsste jedoch näher beschrieben werden können. Pointiert kommt Gottfried Biewer so auch zu der folgenden Einschätzung:

> „Förderung ist kein Begriff zur Erhellung, sondern zur Verschleierung. Die Heilpädagogik kann auf ihn verzichten, ohne um mangelnde sprachliche Präzision fürchten zu müssen. Als Zentralbegriff des Fachgebiets Heilpädagogik ist der Begriff fehl am Platz" (2006, 154).

Wie also kann die Frage nach der sonderpädagogischen Professionalität adäquater beantwortet werden, wenn eine Haltung und deren Bedingungszusammenhang möglicherweise nur hinreichend beschrieben werden können und wenn die eher administrative Setzung einer sonderpädagogischen Förderung noch zu wenig Orientierungspotenzial bietet?

Metaphernanalytische Beiträge zur sonderpädagogischen Professionalität

Da die Bezugskategorie Förderung als solche noch relativ wenig Licht ins Dunkel zu bringen scheint, ist ein Blick auf die konkreten Handlungsweisen und -probleme in den unterschiedlichen sonderpädagogischen Feldern als gewinnbringender einzuschätzen. In der Linie unter anderem der strukturtheoretischen Annäherung an professionelles Handeln geht es darum, die Handlungsgrammatiken der beruflichen Felder zu rekonstruieren (vgl. Dlugosch 2009). Hierbei erweist sich die „semantische Klammer" Förderung (Helmke / Hornstein / Terhart 2000, 10) insofern wieder als hilfreich, als sie, ob ihrer Unbestimmtheit, eine Vielzahl von konkreten Beschreibungen und Ausformungen zulässt, die z. B. über problem- oder themenzentrierte Leitfadeninterviews mit Sonderpädagoginnen und Sonderpädagogen gewonnen werden können. Die Beschreibungen können dann auf das konkrete Handeln und damit verbundene Dilemmata hinweisen. So gewonnene Spezifika des pädagogischen Handelns innerhalb bestimmter Berufsfelder ergeben in der Folge ein bestimmtes Anforderungsspektrum. Ein metaphernanalytisches Vorgehen bietet hierbei ein besonderes Potenzial: Da Metaphern, bzw. metaphorische Konzepte, sowohl die Komplexität des Handlungsfeldes in einem hohen Maß berücksichtigen als auch gleichzeitig eine Orientierungsfunktion übernehmen

– sie also als handlungsleitend einzuschätzen sind –, werden über ihre Rekonstruktion Daten gewonnen, die die Handlungsstruktur detaillierter zu beschreiben in der Lage sind. Eine Analyse der für die Beschreibung des Handelns genutzten metaphorischen Konzepte ist somit in einem hohen Maße dafür geeignet, auf Spezifika des beruflichen Handelns, auch auf dessen Probleme, hinzuweisen.

Metaphernanalyse und Handlungsorientierung

Die Metaphernanalyse wird im Kontext aktueller wissenssoziologischer Themen und Forschungsfelder als „rezente wissenssoziologische Methode" gehandelt (Maasen 2012, 64). Die Veröffentlichung von Matthias Junge (2011) verweist auf die alltagspraktische Orientierungsfunktion der Metapher. Gestützt durch die Argumentationslinie des Pragmatismus sensu Charles S. Peirce führt Junge an anderer Stelle aus:

> „Die Bedeutung einer Metapher ist die Handlungsausrichtung, die nahe gelegt wird. Die Metapher hat dabei die Funktion eines Knotenpunktes in einem Verweisungsnetz. Sie stellt so etwas wie die Schaltzentrale für die Handlungsorientierung dar. [...] Mit der Wahl einer bestimmten Metapher wird ein konkreter Ausschnitt aus dem Handlungsraum ausgewählt" (2010b, 271).

Die Metaphernanalyse ermöglicht inzwischen einen Zugang zu unterschiedlichen Wissenskulturen (vgl. Junge 2010a). Insbesondere in den Feldern der Klinischen Psychologie, der Psychotherapie und Beratung, der Entwicklungs- und Sozialpsychologie, der Arbeits-, Betriebs- und Organisationspsychologie (vgl. Schmitt 2010) und in den Gesundheits- und Pflegewissenschaften (vgl. Schmitt / Böhnke 2009) erfreut sie sich daher bereits seit längerem einer wachsenden Beliebtheit. Peter Gansen hält dementsprechend auch ein Plädoyer für die Metaphernanalyse und stellt Beiträge unter anderem für die Erziehungswissenschaft, die Wissenschaftstheorie, die Diskursanalyse und die Professionsforschung in Aussicht (vgl. 2009, 337 ff.). Dieter Nittel kommt in der Diskussion der Frage, ob Metaphern als Teil eines höhersymbolischen Professionswissens verstanden werden können, zu der Einschätzung, dass vieles dafür spräche, „die Metapher als Medium der beruflichen Selbstbeschreibung sehr viel ernster zu nehmen, als dies im Moment der Fall ist und auch in der Vergangenheit (der Fall, A. D.) war" (2007, 328).

Zuvörderst verhalf der Ansatz von George Lakoff und Mark Johnson, insbesondere mit ihrer Veröffentlichung *Metaphors We Live By* (1980/2003), im Rahmen der Kognitiven Linguistik vielen Studien dazu, einen Zugang zu den Strukturen des Handelns herzustellen. Zentral war hierbei die Annahme, dass Metaphern für das alltägliche handlungsleitende Konzeptsystem eine zentrale, wenn nicht die zentrale Position einnehmen. Für das Bezugsfeld der Erziehungswissenschaft stellt Schmitt resümierend fest, dass die handlungsleitende Funktion von Metaphern für pädagogisches Denken in geisteswissenschaftlicher Tradition zwar oftmals Erwähnung finde, dass es jedoch bisher versäumt wurde, dies auch angemessen in der erziehungswissenschaftlichen Forschungspraxis abzubilden. Als Grund hierfür führt Schmitt die mangelnde Rezeption des Ansatzes von Lakoff und Johnson an (vgl. Schmitt 2011a, Abs. 1). Dabei ist die Metaphernananlyse nach Karin S. Moser eine „multifaceted research perspective" (2000, 11), which „can be used to assess the structure and content of the implicit theories responsible for these automated and subconscious processes" (2000, 14). Kritische Einwände gegen das Vorgehen von Lakoff und Johnson bereits aufgreifend, hat Rudolf Schmitt mit der Systematischen Metaphernanalyse einen Vorschlag unterbreitet, der den Anforderungen an qualitative Forschung weitgehender Rechnung trägt (vgl. Schmitt 2011b, 175 ff.), die hermeneutische Linie aufgreift und sie als qualitative sozialwissenschaftliche Forschungsmethode etabliert (Schmitt 2011c).

Bisher sind Veröffentlichungen zur Bedeutung der Metapher als Konstitutionselement einer (sonder-)pädagogischen Professionalität als eher rar einzuschätzen, wie auch insgesamt die Rezeption im sonderpädagogischen Diskurs marginal ausfällt. Eine aktuellere Ausnahme stellt die Veröffentlichung von Jan Hoyer (2013) dar. Anders nuanciert greift auch Markus Dederich (2012) das Spannungsfeld von pädagogischem Handeln und Metaphern auf.

Metaphern der Förderung in der schulischen Erziehungshilfe

In Bezug auf das Forschungsprojekt „(Re-)Konstruktionen sonderpädagogischer Förderung in der schulischen Erziehungshilfe" (Dlugosch 2005) soll der metaphernanalytische Zugriff im Folgenden mithilfe des Ablaufmusters der sinnrekonstruierend vorgehenden Metaphernanalyse von Schmitt (vgl. im Folgenden 2011b, 178 ff.; 2011c; 63 ff.) skizziert werden.

Schritt 1: Zielbereiche identifizieren, Indikation klären
Im ersten Schritt geht es um die Gegenstandsbestimmung und die Forschungsfrage. Das, was unter Förderung verstanden wird und was diese in den Beschreibungen der Pädagoginnen und Pädagogen handelnd ausmacht, stand im genannten Projekt im Zentrum der Betrachtung. In Anlehnung an vorherige Studien zu professionellem Handeln, zum Beispiel zu ärztlicher Praxis (vgl. Schachtner 1999), ging es hierbei um das Feld der schulischen

Erziehungshilfe. Als Zielbereich für die Analyse wurde „Förderung/fördern" identifiziert.

Schritt 2: Eigenanalyse und Sammlung kultureller Hintergrundmetaphern der Zielbereiche

Es erfolgen im Anschluss eine Eigenanalyse der Interviewerin bezüglich präferierter metaphorischer Konzepte und die Analyse von vorhandenen Veröffentlichungen zu „Förderung", um die „kulturell übliche Metaphorisierung eines Themas zu erfassen" (Schmitt 2011b, 179).

Schritt 3: Erhebung des Materials

In dem genannten Projekt wurden Personen, die im Feld der schulischen Erziehungshilfe zum Zeitpunkt der Erhebung tätig waren, (in Einzel- und Gruppensettings) mithilfe eines Leitfadens allgemein zu ihrem beruflichen Handeln und speziell zu „Förderung/fördern" interviewt. Das Material wurde nach dem Prinzip einer maximalen Kontrastierung (Berufserfahrung, Geschlecht, Studienschwerpunkte etc.) zu generieren versucht, da ein sparsames Sampling auf Grund des Auswertungsaufwandes anzuraten ist.

Schritt 4: Systematische Analyse einer Gruppe/eines Einzelfalls

Über die Erfassung der metaphorischen Bestandteile in einer Wort-für-Wort-Analyse und die daran anschließende Rekonstruktion von metaphorischen Mustern gelangt man dann zu metaphorischen Konzepten, die als handlungsleitend angenommen werden können. Hierbei liegt eine „Metapher [...] dann vor, wenn

a) ein Wort/eine Redewendung in einem strengen Sinn in dem für die Sprechäußerung relevanten Kontext mehr als nur die wörtliche Bedeutung hat; und
b) die wörtliche Bedeutung einem prägnanten Bedeutungsbereich (Quellbereich) entstammt,
c) jedoch auf einen zweiten, oft abstrakteren Bereich (Zielbereich) übertragen wird" (Schmitt 2003, Abs. 14; vgl. Schmitt 2010).

Der Interviewpartner BA, Lehrer an einer Schule für Erziehungshilfe, äußert sich z.B. wie folgt:

> „[...], zu gucken, was ist auch wirklich realistisch [hmh] vielleicht ist es auch nur realistisch für jemanden, der vier Tage in der Woche nicht in die Schule kommt, zu sagen, in Zukunft [...] nur drei Tage nicht [hmh, hmh] und kommst ein Tag mehr in die Schule, also, 'ne kleinschrittige realistische, auch an den Möglichkeiten der Kinder und Jugendlichen angepasste [hmh] Umgehensweise" [Set II, Ip4, BA, Z. 146–151].

Im Sinne einer Wort-für-Wort-Analyse lassen sich (unter anderem!) die Wendungen „zu gucken, was ist auch wirklich realistisch" und „kleinschrittige […] angepasste Umgehensweise" näher betrachten. Sowohl das ‚Gucken' wie die ‚kleinschrittige Umgehensweise' haben in diesem Zusammenhang mehr als die wörtliche Bedeutung. Die (konkret-sinnlichen) Quellbereiche ‚Sehen/Gucken, Blicken' und ‚Gehen, Gang, Schritt' werden hier dafür genutzt, das berufliche Handeln im Sinne von Förderung zu plausibilisieren. Insofern sich im Text weitere Wendungen mit dem gleichen Quell- und Zielbereich finden, lassen sie sich clustern und können zu metaphorischen Konzepten verdichtet werden. Rudolf Schmitt hat z.b. so auf „Kollektive Metaphern des psychosozialen Helfens" (1995) aufmerksam gemacht und beschreibt die helfende Interaktion unter anderem mit den Konzepten ‚Hilfe = auf den Weg bringen', ‚Hilfe = Entlasten und Unterstützen', ‚Helfen = Geben (und Nehmen)'. Der Vorgang der Metaphorisierung bedient sich unterschiedlicher Schemata, die die Metapher generieren (zu den räumlichen, vergegenständlichenden und präverbalen Schemata im Sinne von Lakoff und Johnson vgl. Schmitt 2009, Abs. 16 ff.). Die folgenden Konzepte ließen sich (unter anderem) in dem Projekt über die Fälle hinweg rekonstruieren:

Förderung = gemeinsamer Weg/einen gemeinsamen Weg entwickeln
Förderung = Kampf und Konfrontation
Förderung = Arbeit, körperlich beanspruchend
Förderung = kleine und große Beziehung
Förderung = Geben/Angebot/etwas (Entscheidungen) anbieten.
Förderung = Gespräch/Dialog.

Als einzelfallspezifisches Muster ist meines Erachtens weiterhin ‚Förderung = (Verhaltens-)Muster aufweichen' erwähnenswert.

Schritt 5: Interpretation mithilfe einer Heuristik

Interpretiert werden können die Konzepte z.B. an Hand von Fragen, welche Teile der komplexen Situationsdeutung beleuchtet werden (highlighting), welche eher versteckt werden (hiding) oder welche gar nicht gesehen werden. Bei dem Konzept „*Förderung = Versuch und Irrtum*", das sich ebenfalls als ein einzelfallspezifisches Muster rekonstruieren ließ, wäre z.B. zu fragen, was dazu führt, dass trotz einer (in diesem Fall) jahrelangen Berufserfahrung dem situativen kurzweiligen Ausprobieren (*trial and error*) eine Priorität vor einer auf Routinehandeln basierenden Intervention eingeräumt wird. Möglicherweise sind die Situationen als so speziell, gegebenenfalls aufgeladen, und sensibel einzuschätzen, dass dies erforderlich bleibt und kein Fall dem anderen gleicht?

„[…] also ich sag ganz oft […] es geht in dieser Arbeit um Lösungen erfinden [Ja] ne? weil es gibt kein Buch [hmh] kein einziges, wo [hmh] äh auch nur ansatzweise äh das – ähm (3 Sekunden Pause) an (1 Sekunde Pause) Hilfestellung aufgelistet ist, was wir brauchen [hmh], sondern das ist unsere Arbeit, da auch ganz äh intuitiv [Ja ... ja] tätig zu sein und virtuos tätig zu sein" [Set II, Ip4, BA, Z. 347–353].

Schmitt führt weitere Impulse zur Reflexion an (2011c, 70 f.), z. B. welche Konzepte (auch im Vergleich zu anderen professionellen Handlungsfeldern) fehlen. Interessant kann es zur Ergründung der Logik des professionellen Handelns insbesondere sein, wann und wie es zu Konflikten metaphorischer Modelle kommt, da diese auf spezifische Handlungsprobleme hinweisen können (vgl. Schmitt 2003, Abs. 45). In einem Interview mit einer Pädagogin, die im Kontext von Störungen im Autismusspektrum arbeitete, geriet das dominant genutzte Konzept „Förderung ist ein gemeinsamer Weg" mit einer Kampf-Metaphorik in Konflikt:

> „und äh [...] kamen eigentlich keinen Schritt voraus – und ähm [...] äh voran. Und dann äh [...] das sind so Situationen, die ich im Grunde als typisch für alle möglichen Arbeitsbeziehungen ähm beschreiben würde, weil [...] es nicht immer der Körper, der gegen den Körper steht, aber manches Mal der Wille gegen den Willen, wie bei dem kleinen [mhm] M. auch – Da is' es eben so, dass du [...] miteinander in derselben Situation bist vielleicht einen – Bauklotzturm bauen willst [...] Und er von seinem Willen her, die Vorgabe – nicht zu akzeptieren – kann, will [mhm] zulässt. Und dann steht man sich äh [...] Kopf gegen Kopf" [Set I, IP 1, Z. 97–104].

Im Hinblick auf das metaphorische Konzept „Förderung = Geben / Angebot / etwas (Entscheidungen) anbieten" ist es meines Erachtens erwähnenswert und für die Strukturlogik des Handelns in der schulischen Erziehungshilfe nicht unerheblich, dass das auch in anderen Zusammenhängen genutzte Konzept „Geben und Nehmen" hier verkürzt bzw. reduziert erscheint. Dies mag dafür sensibilisieren, dass der vorhandene – legitime oder illegitime – Wunsch nach etwas, das man als Pädagogin oder Pädagoge auch von den Schülerinnen oder Schülern zurückbekommt, in diesem Fall als eher unwahrscheinlich gelten könnte.

Schritt 6: Triangulation und Gütekriterien

In dieser Studie wurden die Interviews ebenfalls nach dem Vorgehen des Zirkulären Dekonstruierens nach Jaeggi, Faas und Mruck (1998), allerdings in ausführlicher Form (vgl. 1998, 9), ausgewertet, um eine weitere Perspektive auf das Material ausschöpfen zu können. Weiterhin wurden die Ergebnisse (zum Teil) in einer Auswertungsgruppe[1] vorgestellt und diskutiert.

---

1 An dieser Stelle ein herzliches Dankeschön an die damalige Arbeitsgruppe der Forschungswerkstatt „Metaphern der Förderung" an der Leibniz Universität Hannover,

Schritt 7: Ergebnissicherung

Abschließend erfolgt die Darstellung typischer metaphorischer Konzepte zur Sicherung der Ergebnisse.

Metaphern der Inklusion – ein Beitrag zur sonderpädagogischen Konzeptforschung?

Die Metaphernanalyse stellt auch im Hinblick auf inklusive Entwicklungsprozesse einen erhellenden Beitrag in Aussicht, insbesondere dann, wenn davon auszugehen ist, dass trotz der vorliegenden Definitionen und offiziellen Verlautbarungen (vgl. z.b. Deutsche UNESCO-Kommission 2009, 4) verschiedene Lesarten von „Inklusion" und/oder „inklusiver Bildung" bei den Beteiligten in den unterschiedlichen Handlungsfeldern existieren. Nicht zufällig mehren sich in letzter Zeit die kritischen Aussagen zum inflationären Gebrauch des Begriffs (vgl. Dlugosch 2013b, 22 f.). Eine rekonstruktiv angelegte Perspektive könnte auch hier auf die handlungsleitenden Distinktionen aufmerksam machen und z.b. darauf, welche Aspekte von Inklusion durch die metaphorischen Konzepte eher betont werden und/oder welche Aspekte eher in den Hintergrund rücken. Nicht zuletzt ließen sich damit auch unterschiedliche Entwicklungs- und Verwirklichungsgrade der Zielperspektive „Inklusion" rekonstruieren. Als Anregung gedacht folgen vier Textpassagen aus Interviews mit Absolventinnen und Absolventen bzw. Junglehrerinnen und Junglehrern im ersten und zweiten Berufsjahr, die in integrativen Settings tätig sind, bzw. Personen, die hierbei mitwirken[2]. Eine metaphernanalytische Auswertung würde detaillierter sichtbar machen können, welche handlungsleitenden Konzepte mit Inklusion verbunden werden:

Doris Hettling, Katja Wenger, Daniela Knur, Wiebke Grabars, Viola Stelter und andere.

2 Die Interview-Passagen entstammen Fallstudien aus dem Projekt „Einstellungen und Kompetenzen von LehramtsstudentInnen und LehrerInnen für die Umsetzung inklusiver Bildung" (Leitung: Prof. Dr. Ewald Feyerer, PH Oberösterreich, Linz; gefördert vom Bundesministerium für Unterricht, Kunst und Kultur, Wien), das zwischen November 2011 und Oktober 2013 in Kooperation mit der PH Vorarlberg durchgeführt wurde und eine weitere Kooperation mit dem Mercy College, New York angebahnt hat (vgl. Feyerer et al. 2014). Im qualitativ angelegten Teil der Studie wurden unter anderem zehn Fallstudien erstellt. Grundlage hierfür waren Interviews mit Absolventinnen und Absolventen der beiden Pädagogischen Hochschulen, die im ersten und zweiten Dienstjahr im integrativen Bereich eingesetzt wurden. Ebenfalls wurden Personen des schulischen Umfeldes befragt (unter anderem Kolleginnen und Kollegen, Schulleitung, Leitungen der Sonderpädagogischen Zentren). In den Fallstudien ging

- „Inklusion. Das war eigentlich ein sehr theoretischer Input. Das war relativ zum Anfang. Da habe ich mir persönlich nicht ganz so viel mitgenommen, muss ich ehrlich sagen. Da ist auch nicht viel ‚hängengeblieben' [...] (LP-02)" (Fallstudie IV, Z. 299–302, vgl. Feyerer et al. 2014).

- „[...] Also meine Erklärung ist vielleicht das so, in den Medien hört man ja Integration eher in dem Bereich Nicht-Muttersprachlern und das Inklusion, weiß ich von der Ausbildung her, das ist immer mit dem behaftet quasi mit Behinderung. So ist das bei mir (LP3)" (Fallstudie III, Z. 154–157, vgl. Feyerer et al. 2014).

- „[Anm. Inklusion] heißt im Prinzip, dass jedes Kind in dieser Schule Platz hat. Sei es jetzt, wenn es irgendwelche Defizite hat im Lernbereich, also so Lehrplan, bis hin zu schwereren Defiziten. (KOLL, 56–58)" (Fallstudie VI, Z. 209–211; vgl. Feyerer et al. 2014).

- „Für mich wäre Inklusion, nicht nur, dass alle da sein dürfen, das wäre mir zu wenig ein Aspekt, sondern, dass auch jeder das kriegt, was er braucht und da gibt es natürlich ganz unterschiedliche Bedürfnisse. Also mir ist es zu wenig, wenn man sagt, alle haben Platz und alle dürfen da sein. Sondern es braucht schon auch spezielle Angebote für spezielle Kinder (SPZL 09:09)" (Fallstudie V, Z. 286–289; Feyerer et al. 2014).

Wenn es darum geht, das professionelle (sonder-)pädagogische Handeln näher zu ergründen, ist es lohnenswert, handlungsleitende Konzepte zu untersuchen. Nach Jan Weisser (2004, 293) haben Konzepte die Eigenschaft, offen zu sein und gleichzeitig das Handeln steuern zu können. Die Rekonstruktion metaphorischer Konzepte ist deshalb ein prädestinierter Zugang dafür, die in der Professionalisierungsforschung entscheidende Relation von (professionellem) Wissen und Handeln zu beschreiben. In dieser Ausrichtung „[heißt] Konzeptforschung in der Sonderpädagogik [...] Feldforschung zum sonderpädagogischen Wissen. [...] Konzeptforschung hat zum Ziel, die zentralen Themen sonderpädagogischen Wissens herauszuarbeiten und ihre Dynamik zu verstehen" (Weisser 2004, 291). Weisser benennt nachfolgend die Felder des wissenschaftlichen Wissens, des Wissens Professioneller und des öffentlichen Wissens (vgl. 2004, 291). Für die Analyse aller drei Wissensbereiche ist die Metaphernanalyse ein besonders geeignetes Medium.

---

es darum, etwas über Haltungen und Kompetenzen der Absolventinnen und Absolventen bzw. Junglehrer/innen im Spiegel des schulischen Umfeldes zu erfahren (vgl. Feyerer et al. 2014).

Literatur

Arnold, K.-H. (2008): Vorbemerkung. In: Arnold, K.-H. / Graumann, O. / Rakhkochkine, A. (Hrsg.): Handbuch Förderung. Weinheim/Basel, 14 f.

Arnold, K.-H. / Graumann, O. / Rakhkochkine, A. (Hrsg.) (2008a): Handbuch Förderung. Weinheim/Basel.

Arnold, K.-H. / Graumann, O. / Rakhkochkine, A. (2008b): Vorwort. In: Arnold, K.-H. / Graumann, O. / Rakhkochkine, A. (Hrsg.): Handbuch Förderung. Weinheim/Basel, 9–11.

Baumert, J. / Kunter, M. (2006): Stichwort: Professionelle Kompetenz von Lehrkräften. In: Zeitschrift für Erziehungswissenschaft 9, 4, 469–520.

Beck, I. (1996): Behinderung – spezielle Erziehungsbedürfnisse – sonderpädagogischer Förderbedarf: Theoretische Begründungs- und Vermittlungsprobleme einer „lebensweltlich" und final orientierten Bestimmung des individuellen Bedarfs an Hilfen. In: Die neue Sonderschule 41, 6, 443–456.

Biewer, G. (2006): „Förderung" – zur Geschichte und Funktion eines problematischen (Grund-)Begriffs der Sonderpädagogik. In: Albrecht, F. / Jödecke, M. / Störmer, N. (Hrsg.): Bildung, Lernen und Entwicklung. Dimensionen professioneller (Selbst-)Vergewisserung. Bad Heilbrunn, 147–154.

Bloemers, W. (1993): Placeboformel „Förderschule"? In: Pädagogische Rundschau 47, Sonderdruck, 439–466.

Blömeke, S. / Müller, C. / Felbrich, A. / Kaiser, G. (2008): Epistemologische Überzeugungen zur Mathematik. In: Blömeke, S. / Kaiser, G. / Lehmann, R. (Hrsg.): Professionelle Kompetenz angehender Lehrerinnen und Lehrer. Wissen, Überzeugungen und Lerngelegenheiten deutscher Mathematikstudierender und -referendare – Erste Ergebnisse zur Wirksamkeit der Lehrerausbildung. Münster, 219–246.

Dederich, M. (2012): Pädagogik als Kunst? In: Zeitschrift für Heilpädagogik 63, 3, 98–104.

Deutsche UNESCO-Kommission (Hrsg.) (2009): Inklusion: Leitlinien für die Bildungspolitik. Bonn. Deutsche Ausgabe der Policy Guidelines on Inclusion in Education. http://www.unesco.de/3968.html?&L=0 [28.06.2010].

Deutsches Wörterbuch von Jacob und Wilhelm Grimm. 16 Bde. in 32 Teilbänden. Leipzig 1854–1961. Quellenverzeichnis Leipzig 1971. Online-Version: http://woerterbuchnetz.de/DWB/?sigle=DWB&mode=Vernetzung&lemid=GH01626#XGH01626 [16.06.2015].

Dlugosch, A. (2003): Professionelle Entwicklung und Biografie. Impulse für universitäre Bildungsprozesse im Kontext schulischer Erziehungshilfe. Bad Heilbrunn/Obb.

Dlugosch, A. (2005): (Re-)Konstruktionen sonderpädagogischer Förderung in der schulischen Erziehungshilfe. In: Vierteljahresschrift für Heilpädagogik und ihre Nachbargebiete 74, 3, 254–255.

Dlugosch, A. (2009): Professionalität. In: Dederich, M. / Jantzen, W. (Hrsg.): Behinderung und Anerkennung. Stuttgart, 252–256. [= Enzyklopädisches Handbuch der Behindertenpädagogik, Bd. 2].

Dlugosch, A. (2010): Haltung ist nicht alles, aber ohne Haltung ist alles nichts? Annäherungen an das Konzept einer ‚Inklusiven Haltung' im Kontext Schule. In: Gemeinsam Leben 18, 4, 195–202.

Dlugosch, A. (2011): Der „Fall" der Inklusion: Divergenzen und Konvergenzen in Professionalitätsvorstellungen. In: Lütje-Klose, B. / Langer, M.-T. / Serke, B. / Urban, M. (Hrsg.): Inklusion in Bildungsinstitutionen. Eine Herausforderung an die Sonder- und Heilpädagogik. Bad Heilbrunn/Obb., 135–142.

Dlugosch, A. (2013a): Biographische Forschung – ein Beitrag zur Professionalität in der (schulischen) Erziehungshilfe? In: Herz, B. (Hrsg.): Schulische und außerschulische Erziehungshilfe. Ein Werkbuch zu Arbeitsfeldern und Lösungsansätzen. Bad Heilbrunn, 296–305.

Dlugosch, A. (2013b): Inklusion als Mehrebenenkonstellation. In: Behinderte Menschen. Zeitschrift für gemeinsames Leben, Lernen und Arbeiten 36, 2, 20–33.

Dlugosch, A. / Reiser, H. (2009): Sonderpädagogische Profession und Professionstheorie. In: Opp, G. / Theunissen, G. (Hrsg.): Handbuch der schulischen Sonderpädagogik. Bad Heilbrunn/Obb., 92–98.

Drave, W. / Rumpler F. / Wachtel, P: (Hrsg.) (2000): Empfehlungen zur sonderpädagogischen Förderung. Allgemeine Grundlagen und Förderschwerpunkte (KMK) mit Kommentaren. Würzburg.

Feyerer, E. / Dlugosch, A. / Prammer-Semmler, E. / Reibnegger, H. / Niedermair, C. / Hecht, P. (2014): Einstellungen und Kompetenzen von LehramtstudentInnen und LehrerInnen für die Umsetzung inklusiver Bildung. Forschungsprojekt BMUKK-20.040/0011-I/7/2011. Endbericht, April 2014. http://www.ph-ooe.at/fileadmin/Daten_PHOOE/Inklusive_Paedagogik_neu/Sammelmappe1.pdf [01.05.2015].

Fornefeld, B. (²1998): Das schwerstbehinderte Kind und seine Erziehung: Beiträge zu einer Theorie der Erziehung. Heidelberg.

Gansen, P. (2009): Ein neues „Plädoyer für Metaphern" – Forschungsstand und Perspektiven erziehungswissenschaftlicher Metaphernforschung. In: Vierteljahresschrift für wissenschaftliche Pädagogik 85, 3, 324–345.

Graumann, O. (2008): Förderung und Heterogenität: die Perspektive der Schulpädagogik. In: Arnold, K.-H. / Graumann, O. / Rakhkochkine, A. (Hrsg.): Handbuch Förderung. Weinheim/Basel, 16–25.

Helmke, A. / Hornstein, W. / Terhart, E. (2000): Qualität und Qualitätssicherung im Bildungsbereich. Zur Einleitung in das Beiheft. In: Helmke, A. / Hornstein, W. / Terhart, E. (Hrsg.): Qualität und Qualitätssicherung im Bildungsbereich: Schule, Sozialpädagogik, Hochschule. Weinheim/Basel, 7–14. [= Zeitschrift für Pädagogik, 41. Beiheft].

Hillenbrand, C. (2003): Schülerinnen und Schüler mit besonderem Förderbedarf im schulischen Kontext. In: Landesverband Westfalen-Lippe (Hrsg.): Tagungsdokumentation: Förderung als gemeinsame Aufgabe von Schule und Jugendhilfe. Kooperationsveranstaltung der Bezirksregierungen Arnsberg, Detmold, Münster und des Landesjugendamtes Westfalen-Lippe vom 3. bis 4. Juli 2003 im Jugendhof Vlotho. http://www.lwl.org/LWL/Jugend/Landesjugendamt/LJA/jufoe/koop_jugendhilfe_schule/koop_jugendhilfe_schule_mat/1070374641_0/ende.pdf [30.06.2006].

Hoyer, J. (2013): Idealisierte Denkmodelle in der Organisationsentwicklung von Beratungs- und Unterstützungssystemen. In: Herz, B. (Hrsg.): Schulische und außerschulische Erziehungshilfe. Ein Werkbuch zu Arbeitsfeldern und Lösungsansätzen. Bad Heilbrunn, 306–315.

Hüther, G. (2013): Bewusstsein, Lernen und Handeln. In: Feuser, G. / Kutscher, J. (Hrsg.): Entwicklung und Lernen. Stuttgart, 43–68.

Jaeggi, E. / Faas, A. / Mruck, K. (1998): Denkverbote gibt es nicht! Vorschlag zur interpretativen Auswertung kommunikativ gewonnener Daten (2. überarb. Fassung). Forschungsbericht aus der Abteilung Psychologie im Institut für Sozialwissenschaften der Technischen Universität Berlin, Nr. 98-2.

Junge, M. (Hrsg.) (2010a): Metaphern in Wissenskulturen. Wiesbaden.

Junge, M. (2010b): Der soziale Gebrauch der Metapher. In: Junge, M. (Hrsg.): Metaphern in Wissenskulturen. Wiesbaden, 265–279.

Junge, M. (2011): Metaphern und Gesellschaft. Die Bedeutung der Orientierung durch Metaphern. Wiesbaden.

Kuhl, J. / Moser, V. / Schäfer, L. / Redlich, H. (2013): Zur empirischen Erfassung von Beliefs von Förderschullehrerinnen und -lehrern. In: Empirische Sonderpädagogik 5, 1, 3–24.

Kunter, M. / Pohlmann, B: (2009): Lehrer. In: Wild, E. / Möller, J. (Hrsg.): Pädagogische Psychologie. Heidelberg, 262–282.

Lakoff, G. / Johnson, M: (^{3}2003): Leben in Metaphern. Konstruktion und Gebrauch von Sprachbildern. Heidelberg. Im Original: Metaphors We Live By 1980. Chicago/London.

Maasen, S. (^{3}2012): Wissenssoziologie. Bielefeld.

Moser, K. S. (2000): Metaphor Analysis in Psychology – Method, Theory, and Fields of Application. In: Forum: Qualitative Sozialforschung/Forum: Qualitative Social Research Sozialforschung Bd. 1, Nr. 2. http://www.qualitative-research.net/index.php/fqs/article/view/1090 [19.10.2002].

Moser, V. / Jakob, S. / Schäfer, L. (2010): Sonderpädagogische Kompetenzen, ,beliefs' und Anforderungssituationen in integrativen Settings. In: Stein, A.-D. / Krach, S. / Niediek, I. (Hrsg.): Integration und Inklusion auf dem Weg ins Gemeinwesen. Bad Heilbrunn/Obb., 235–244.

Niedermair, K. (2001): Metaphernanalyse. In: Hug, T. (Hrsg.): Wie kommt Wissenschaft zu Wissen? Bd. 2: Einführung in die Forschungsmethodik und Forschungspraxis. Baltmannsweiler, 144–165.

Nittel, D. (2007): Bildhafte Sprache und Sprache der Bilder. Metaphorische Redeweisen in professionellen Selbstbeschreibungen von Zeitzeugen und Zeitzeuginnen der Erwachsenenbildung. In: Friebertshäuser, B. / Felden, H. von / Schäffer, B. (Hrsg.): Bild und Text. Methoden und Methodologien visueller Sozialforschung in der Erziehungswissenschaft. Opladen, 317–330.

Ricken, G. (2008): Förderung aus sonderpädagogischer Sicht. In: Arnold, K.-H. / Graumann, O: /Rakhkochkine, A. (Hrsg.): Handbuch Förderung. Weinheim/Basel, 74–83.

Schachtner, C. (1999): Ärztliche Praxis. Die gestaltende Kraft der Metapher. Frankfurt a. M.

Schmitt, R. (1995): Kollektive Metaphern des psychosozialen Helfens. In: report psychologie, Bonn, BDP, H. 5–6, 389–408. http://web.hszg.de/~schmitt/aufsatz/report.htm [29.11.2013].

Schmitt, R. (2003): Methode und Subjektivität in der Systematischen Metaphernanalyse. In: Forum Qualitative Sozialforschung / Forum: Qualitative Social Research Bd. 4, Nr. 2, Art. 41. http://www.qualitative-research.net/fqs-texte/2-03/2-03schmitt-d.htm [29.11.2013].

Schmitt, R. (2009): Metaphernanalyse und Konstruktion von Geschlecht. In: Forum: Qualitative Sozialforschung / Forum: Qualitative Social Research 10, Nr. 1, Art. 16. http://nbn-resolving.de/urn:nbn:de:0114-fqs0902167 [29.11.2013].

Schmitt, R. (2010): Metaphernanalyse. In: Bock, K. / Miethe, I. (Hrsg.): Handbuch Qualitative Methoden in der Sozialen Arbeit. Opladen, 325–335.

Schmitt, R. (2011a): Metaphern für Lernen und Lehren: Drei Annäherungen (Sammelbesprechung). In: Forum Qualitative Sozialforschung / Forum: Qualitative Social Research Bd. 12, Nr. 3, Art. 19. http://www.qualitative-research.net/index.php/fqs/rt/printerFriendly/1726/3223 [25.11.2013].

Schmitt, R. (2011b): Methoden der sozialwissenschaftlichen Metaphernforschung. In: Junge, M. (Hrsg.): Metaphern und Gesellschaft. Wiesbaden, 167–184.

Schmitt, R. (2011c): Systematische Metaphernanalyse als qualitative sozialwissenschaftliche Forschungsmethode. In: metaphorik.de, Nr. 21, 47–82. http://www.metaphorik.de/de/journal/21/systematische-metaphernanalyse-als-qualitative-sozialwissenschaftliche-forschungsmethode.html [28.11.2013].

Schmitt, R. / Böhnke, U. (2009): Detailfunde, Überdeutungen und einige Lichtblicke: Metaphern in gesundheits- und pflegewissenschaftlichen Analysen. In: Darmann-Finck, I. / Böhnke, U. / Straß; K. (Hrsg.): Fallrekonstruktives Lernen. Ein Beitrag zur Professionalisierung in den Berufsfeldern Pflege und Gesundheit. Frankfurt a. M., 123–150.

Schuck, K. D. (2001): Fördern, Förderung, Förderbedarf. In: Antor, G. / Bleidick, U. (Hrsg.): Handlexikon der Behindertenpädagogik. Schüsselbegriffe aus Theorie und Praxis. Stuttgart, 63–67.

Speck, O. (1995): Aktuelle Fragen sonderpädagogischer Förderung. In: Die Sonderschule 40, 3, 166–181.

Weiß, S. / Kollmannsberger, M. / Kiel, E. (2013): Sind Förderschullehrkräfte anders? Eine vergleichende Einschätzung von Expertinnen und Experten aus Regel- und Förderschulen. In: Empirische Sonderpädagogik, Nr. 2, 167–186. urn:nbn:de:0111-opus-89162 [28.11.2013].

Weisser, J. (2004): Konzeptforschung in der Sonderpädagogik. Programm und erste Ergebnisse. In: Verband Sonderpädagogik e. V. (Hrsg.): Grenzen überwinden – Erfahrungen austauschen. Der große Berichtsband zum Sonderpädagogischen Kongress. Würzburg, 291–295.

Werning, R. / Reiser, H. (2008): Sonderpädagogische Förderung. In: Cortina, K. S. / Baumert, J. / Leschinsky, A. / Mayer, K. U. / Trommer, L. (Hrsg.): Das Bildungswesen in der Bundesrepublik Deutschland. Strukturen und Entwicklungen im Überblick. Reinbek b. Hamburg, 505–539.

Anschrift der Verfasserin:
Prof. Dr. Andrea Dlugosch
Universität Koblenz-Landau
Institut für Sonderpädagogik
Pädagogik bei erschwertem Lernen und auffälligem Verhalten
Xylanderstraße 1
76829 Landau

Rainer Trost

„Man sieht nur, was man weiß."

Diagnostik in inklusiven und sonderpädagogischen Arbeitsfeldern

Sonderpädagogische Diagnostik galt lange Jahre als eines der zentralen Qualitätsmerkmale sonderpädagogischer Professionalität. Nun ist sie in die Kritik geraten. Folgt man den Vertreterinnen und Vertretern eines radikalen Verständnisses von Inklusion, so ist sogar die Abschaffung sonderpädagogischer Diagnostik in Betracht zu ziehen, gemäßigtere Autorinnen und Autoren fordern zumindest ihre völlige Neuorientierung. Rittmeyer (2013, 4) formuliert beispielsweise: „Die selektive Funktion der Diagnostik bei der Zuweisung zu Institutionen, die Heranziehung von Diagnosen zum Zwecke der Ressourcenbeschaffung und selbst die Kategorie des sonderpädagogischen Förderbedarfs: Sie alle sind zunächst eher Indikatoren zumindest für ein Spannungsverhältnis von Diagnostik und Inklusion, wenn nicht sogar für deren Unverträglichkeit." Mit anderen Worten: Ein differenzierter, verstehender Zugang zu den Lernvoraussetzungen und Lebensumständen eines Kindes sowie darauf aufbauende Überlegungen zu dessen adäquater schulischer Erziehung und Bildung sind scheinbar ebenso obsolet geworden wie die diagnostische Auseinandersetzung mit der Art, der Ausprägung und den Folgen von Behinderung. Konsequenterweise ist deshalb die Rede davon, dass inklusive Bildung eine „inklusive Diagnostik" (Prengel 2013, 6) braucht.

Mit der Frage, ob eine solche Neukonzeptualisierung nötig und überhaupt möglich ist, beschäftigt sich dieser Beitrag.

Behinderung und Dekategorisierung

Inklusive Pädagogik kann in einer ersten Annäherung als eine „Pädagogik der Vielfalt" (Prengel 2006) verstanden werden, die sich, unterschiedslos und ohne Etikettierungen zu benützen, an alle Kinder und Jugendlichen wenden will. Zentrales Anliegen ist es dabei, ebenso jeglicher Verschiedenheit wie auch den individuellen Bedürfnissen aller gerecht zu werden. Auf diese

Weise soll überdies die mit der sog. „Zwei-Gruppen-Theorie" einhergehende polarisierende Gegenüberstellung von Menschen mit und ohne Behinderung überwunden werden. Es wird davon ausgegangen, dass sich eine derartige Kategorisierung durch die „Idee eines untrennbaren Spektrums individueller Unterschiedlichkeit" (Hinz 2008, 111) ersetzen lässt, die ohne gruppenbezogene Zuschreibungen auskommt. Diese unter dem Stichwort „Dekategorisierung" breit und auch kontrovers diskutierte Ablehnung von Klassifizierungen (z. B. Ahrbeck 2011; Wocken 2012; Stinkes 2012) geht mit der Forderung an Diagnostik einher, mit ihrer Zugangsweise und ihrem Blickwinkel nicht zu Diskriminierungen und Stigmatisierungen beizutragen. Denn den üblichen Formen sonderpädagogischer Diagnostik wird unterstellt, dass sie in ihrer kategorialen Fokussierung auf den Tatbestand der Behinderung mehr oder minder diskreditierende Etikettierungen produzieren und damit negative Konsequenzen für die Identität und Selbstwahrnehmung der betroffenen Heranwachsenden erzeugen, zumindest aber billigend in Kauf nehmen.

Welche Implikationen das Prinzip der Dekategorisierung im Einzelnen mit sich bringt, lässt sich exemplarisch an den Ausführungen von Wocken nachvollziehen. Er stellt fest: „Lern-, Sprach- und Verhaltensprobleme sind die normalste Sache der Welt, wir alle sind mehr oder minder davon betroffen. Wir müssen anfangen, das Anderssein dieser Kinder ohne diagnostische Stigmatisierung zu akzeptieren" (Wocken 1996, 36). Seine Vision eines inklusiven Klassenlebens sieht demzufolge so aus, dass im Alltag keinerlei erkennbare Unterschiede zwischen behinderten und nichtbehinderten Heranwachsenden bestehen: „Die ‚behinderten' Kinder sind da, aber niemand kennt ihren Namen. Der Stempel Behinderung für diese Kinder muss nicht sein; er ist überflüssig und vielfach sogar schädlich. Wir wissen ja eh, dass es an jeder Schule, wo auch immer, diese Kinder gibt und wir müssen ihre Existenz nicht erst noch durch eine diskriminierende Etikettierung als Behinderte belegen" (Wocken 2011, 47). Deshalb gilt für ihn, dass wir „in naher Zukunft auf die Behinderungskategorien ‚Lernbehinderte', ‚Verhaltensgestörte', ‚Sprachbehinderte' verzichten können" (2011, 47).

Allerdings tritt Wocken nicht für eine generelle Dekategorisierung aller Behinderungsarten ein: „Es kann gegenwärtig nicht um eine generelle Dekategorisierung aller Behinderungsformen gehen, aber das Mögliche, nämlich die Dekategorisierung bei Lern-, Sprach- und Verhaltensproblemen sollte schon getan werden. Bei den ‚speziellen' Behinderungen (Förderschwerpunkte geistige Entwicklung, körperliche und motorische Entwicklung, Sehen, Hören und Kommunikation) ist sie derzeit – vor allem wegen der Unterstützungsleistungen nach dem Sozialgesetzbuch – nicht möglich, bei den ‚allgemeinen' Behinderungen (Förderschwerpunkte Lernen, Sprache, emotionale und soziale Entwicklung) ist sie dagegen möglich und geboten" (Wocken 2012, 1). Und an anderer Stelle: „Bei Kindern mit speziellen

Behinderungen wird [...] sowohl am Behinderungsbegriff wie auch an einer kindbezogenen Feststellungsdiagnostik und Ressourcenadministration festgehalten" (Wocken 2011, 49).

Nun ist die Vorstellung, dass in einer inklusiven Klasse zuvor als „behindert" bzw. „nichtbehindert" klassifizierte Schülerinnen und Schüler nicht mehr als solche erkennbar sind und allesamt gleichberechtigt behandelt und unterrichtet werden, sicherlich ausgesprochen attraktiv. Dennoch liegen einige kritische Nachfragen auf der Hand: Ist es in der Praxis nicht so, dass sowohl Schülerinnen und Schüler als auch Lehrerinnen und Lehrer ein sehr feines Gespür selbst für geringe Auffälligkeiten und normabweichendes Verhalten haben und so auch ohne diagnostische Etikettierung sehr genau realisieren, welche Mitschülerinnen und Mitschüler in bestimmter Weise besonders oder anders sind? Denn der propagierte Verzicht auf jegliche Form von Kategorisierung, darauf weist auch Ahrbeck hin, kann nicht verhindern, dass informelle, intuitive Formen der Benennung von Besonderheit und des Umgangs damit ins Klassenzimmer Einzug halten: „Bei realistischer Betrachtung gibt es keine Dekategorisierung, die einen begriffslosen Raum hinterlässt. Dekategorisierung bedeutet, dass eine bestimmte Begrifflichkeit im offiziellen Sprachgebrauch aufgelöst wird. An ihrer Stelle treten dann aber mehr oder weniger schnell andere formelle oder informelle Kategorien der Besonderheit. Sie können elaborierter und fachlich angemessener sein und somit einen Fortschritt darstellen, oder auch das Niveau der Auseinandersetzung senken und für unnötige Irritation sorgen, also überwiegend Nachteile mit sich bringen" (Ahrbeck 2011, 78).

Die in Regelschulen weit verbreitete Rede von den „Inklusionskindern" darf als ein nicht zu übersehender Hinweis auf einen solchen Umgang mit Heterogenität verstanden werden, der am Ende durchaus mit Distanzierung und Ausgrenzung einhergehen kann. Ist es deshalb nicht stimmiger, mit Verschiedenheiten, die letztlich doch zutage treten, sensibel, aber auch offensiv und transparent umzugehen, anstatt Gefahr zu laufen, für das Klassenleben hochwirksame Dimensionen von Unterschiedlichkeit zu nivellieren? Die Erfahrungen, die in Inklusionsklassen mit zum Teil ausgesprochen problematischen Verhaltensweisen von Heranwachsenden aus dem Spektrum der Förderschwerpunkte Lernen bzw. emotionale und soziale Entwicklung gemacht werden, zeigen, dass dadurch ohne Weiteres ein Klassenverband gesprengt werden kann. Nicht selten werden emotionale Bedürftigkeiten, aber auch Unruhe- und Störpotenziale sichtbar, die das Arbeitsklima in einer Klasse nachhaltig beeinträchtigen können. Die Vorstellung, alle Kinder mit Sprachschwierigkeiten, Lernproblemen oder mit sozial-emotionalen Auffälligkeiten könnten quasi „unentdeckt" in einer Klasse mitschwimmen, kann sich deshalb in der Realität recht schnell als überzogene Hoffnung erweisen. Gerade in solchen Fällen besteht daher die unabdingbare Notwendigkeit, sich mit den Betreffenden intensiv auseinanderzusetzen und diagnostisch abzuklären, welche individuellen und lebensweltlichen Bedingungshintergründe das auffällige Verhalten verstehbar machen. Aus Furcht vor Etikettierungsprozessen hier auf profunde diagnostische Überlegungen zu verzichten, dürfte die deutlich zweitbeste Lösung sein.

Schließlich wird für Sonderpädagogen die entscheidende Frage sein, ob und wie denn gewährleistet ist, dass für diese Schülerinnen und Schüler individualisierte, auf ihre Lern- und Verhaltensmöglichkeiten abgestimmte Unterstützungs- und Fördermöglichkeiten bestehen. Genau die dafür erforderliche diagnostische Kompetenz zählt – jedenfalls bislang – zu den wesentlichen Qualitätsmerkmalen sonderpädagogischen Handelns. Wenn Inklusion aber einen sonderpädagogischen Fokus ausschließen will, weil dies die gedankliche Aufspaltung der Schülerinnen und Schüler in die Gruppen der Behinderten und Nichtbehinderten bedeutet, und deshalb auch auf differenzierte diagnostische Erkenntnisse über die ihr anvertrauten Kinder verzichtet, wird sie die anstehenden pädagogischen Aufgaben nur schwer erfolgreich bewältigen können.

Die Kategorie des sonderpädagogischen Förderbedarfs

Über den Behinderungsbegriff hinaus ist die Kategorie des sonderpädagogischen Förderbedarfs ebenso in die Kritik geraten, weil auch dessen Feststellung als diskriminierend und etikettierend empfunden wird. Da es Inklusion mit einer einzigen, untrennbar heterogenen Gruppe zu tun haben soll, kommt nach diesem Verständnis die Unterscheidung von Kindern nach dem Kriterium des sonderpädagogischen Förderbedarfs einem gruppenspezifischen Aussonderungsdenken gleich. Hinz (2008, 101) gebraucht dafür unter Bezug auf einen britischen Autor die pointierte Formulierung, „dass die einfache ‚Sprache des sonderpädagogischen Förderbedarfs' ebenso diskriminierend ist wie sexistische und rassistische Sprache".

Es ist sicherlich berechtigt, den seit den 1990er-Jahren in der Sonderpädagogik fest etablierten Begriff des „Förderbedarfs" infrage zu stellen, weil er einen tendenziell defizitorientierten Bedeutungsgehalt aufweist und der Begriff „Förderung" ein einseitiges Subjekt-Objekt-Verhältnis impliziert. Dennoch dürfte kein Zweifel daran bestehen, dass es gerade in inklusiven Zusammenhängen besonders wichtig ist, auf die Verschiedenartigkeit von Kindern einzugehen und ihnen einen auf ihre Individualität abgestimmten Unterricht bieten zu können. Eine gut eingeführte methodische Möglichkeit, um sich systematisch mit Benachteiligungen, Lernschwierigkeiten und spezifischen Beeinträchtigungen von Menschen mit Behinderung auseinanderzusetzen und Zielperspektiven für fachlich kompetentes Handeln wie auch Überlegungen zur Gestaltung pädagogischer Prozesse im Einzelfall zu entwickeln, ist personzentrierte Förderplanung (vgl. Trost 2003; 2005). Auch dagegen erhebt Hinz (2002, 358) Einwände, denn für ihn ist „die neue Errungenschaft der Förderpläne" sehr kritisch zu betrachten, „gehen sie letztlich doch eher von Defiziten aus, basieren auf einer linearen Vorstellung von kleinschrittigem Lernen, legen die Verteilung von Aktivität und Passivität zwischen Förderern und Geförderten einseitig fest und behindern Prozesse des gemeinsamen Lernens, indem sie personenzentriert sind. Unter diesen Gesichtspunkten sind sie eher kontraproduktiv."

Zusammenfassend kann also festgehalten werden, dass sich – zumindest nach Auffassung einiger Autorinnen und Autoren – Sonderpädagoginnen und Sonderpädagogen unter den Bedingungen von Inklusion von wesentlichen Konzepten und Methoden zur Individualisierung von Unterstützungsangeboten und zur Differenzierung von Unterricht trennen sollen: Die Diagnostik der Behinderung von Schülerinnen und Schülern und die diagnostische Klärung des sonderpädagogischen Förderbedarfs sind anscheinend ebenso unzeitgemäß wie individuelle Förderplanung. Die Gründe dafür werden vor allem in der drohenden Etikettierung und Diskriminierung von Menschen mit Behinderung und in einem überkommenen Festhalten an der sog. „Zwei-Gruppen-Theorie" gesehen.

Ein aus diesen Gründen erfolgender Verzicht auf die genannten sonderpädagogischen Handlungsformen hat aber auch zur Folge, dass aus dem Blick gerät, was bislang ein zentrales Anliegen sonderpädagogischen Denkens war. Es geht offenbar nicht länger darum, in Ergänzung zur allgemeinen Pädagogik spezifische sonderpädagogische Wissensbestände und Konzepte zu nutzen, um Kindern und Jugendlichen, die in ihren Bildungs-, Entwicklungs- und Lernmöglichkeiten beeinträchtigt sind, eine ihnen entsprechende schulische Bildung und Erziehung als Voraussetzung für die Sicherung ihrer gesellschaftlicher Teilhabe bieten zu können.

Doch auch bei inklusiver Beschulung muss gewährleistet sein, dass Mädchen und Jungen mit Behinderung die ihnen gebührenden und auf sie zugeschnittenen Erziehungs- und Bildungsangebote erhalten. Gerade dafür kann die diagnostische Beschäftigung mit dem sonderpädagogischen Förderbedarf von hohem Nutzen sein. In diesem Sinne plädiert Ahrbeck für eine förderkonzeptbasierte Erstellung des sonderpädagogischen Förderbedarfs und versteht diesen als „Mittel zu einer Hilfestellung, die einem vorgegebenen Ziel folgt, das auch einen normativen Charakter trägt. Er ist der einzelnen Person gewidmet, die auf eine solche Unterstützung nachweisbar angewiesen ist und ein Anrecht darauf hat" (Ahrbeck 2011, 82).

Was aber geschieht im Unterricht, wenn die Perspektive eines individuell bestimmten sonderpädagogischen Förderbedarfs entfällt? Letztlich, so ist zu befürchten, wird dies den Kindern mit Behinderung nicht nützen, sondern ihnen im Gegenteil sogar schaden. Denn ohne diagnostische Aufmerksamkeit für die spezifischen Bedürfnisse eines Heranwachsenden mit Behinderung und für die Bedingungen seines inner- und außerschulischen Umfelds wird dessen Unterstützung eine gewisse Beliebigkeit anhaften. Substanziierte, einzelfallbezogene Überlegungen zur Frage, wie ein Schüler mit Behinderung gefördert und in seiner Entwicklung begleitet werden kann, erfordern profunde sonderpädagogische Expertise. Wird diese nicht aktualisiert, um einen professionell abgesicherten, ressourcenorientierten Zugang zu den besonderen Entwicklungspotenzialen eines Kindes zu gewinnen, so wird dadurch einer der elementarsten Ansprüche sonderpädagogischer Förderdiagnostik vernachlässigt.

Klassifizierende, taxonomische Diagnostik versus Förderdiagnostik

Die Kritikerinnen und Kritiker sonderpädagogischer Diagnostik betonen immer wieder, dass auch in inklusiven Zusammenhängen diagnostische Kompetenzen unverzichtbar seien (vgl. Prengel 2013, 49 ff.; Rittmeyer 2013, 1; Wocken 2011, 47). Allerdings wird dabei stets unterschieden zwischen einer als unbrauchbar erachteten „Feststellungsdiagnostik" bzw. „Statusdiagnostik" und einer dringend erforderlichen lernprozessbegleitenden Diagnostik. So z.B. Wocken (2010, 122): „Die Kritik bezieht sich ausschließlich und allein auf die Etikettierungs- und Statusdiagnostik, nicht jedoch auf den Nutzen und die Notwendigkeit einer lernprozessbegleitenden Diagnostik." Diese Argumentationsfigur ist keineswegs neu. Es handelt sich dabei letztlich um die Wiederaufnahme einer vor fast 40 Jahren begonnenen Auseinandersetzung um ein praxistaugliches, subjektorientiertes Konzept sonderpädagogischer Diagnostik.

Der Streit reicht zurück bis zum Ende der 1970er-Jahre, als Kobi (1977) eine schematische Gegenüberstellung von „Einweisungsdiagnostik" und „Förderdiagnostik" vornahm. Wenige Jahre später, 1981, fand in Heidelberg ein Symposium zum Thema „Förderdiagnostik in der Sonderpädagogik" statt, das der Frage gewidmet war, wie eine Diagnostik zu konzeptualisieren ist, deren Ergebnisse für die Planung und Durchführung sonderpädagogischer Förderung verwendet werden können und die sich kritisch von einer individuumzentrierten, am traditionellen „medizinischen Modell" orientierten Diagnostik abgrenzt (vgl. Kornmann / Meister / Schlee 1994). Gegenstand und Ursprung der damals begonnenen kontroversen Diskussion war die Unzufriedenheit mit einer klassifizierenden, taxonomischen Diagnostik, der nach Auffassung vieler Autoren als alternatives Handlungsmodell Förderdiagnostik vorgezogen werden soll. Stets scheinen sich dabei die Stärken von Förderdiagnostik bzw. lernprozessbegleitender Diagnostik erst verdeutlichen zu lassen, wenn sie einer als unzureichend empfundenen normorientierten Diagnostik kontrastierend gegenübergestellt werden (vgl. z. B. Bundschuh 1994; Strasser 1994; Breitenbach 2003).

In polarisierten Diskussionen – und die Auseinandersetzung um das Thema Inklusion ist ein Paradebeispiel dafür – sind Gegenüberstellungen konträrer Positionen ein gut geeignetes Mittel, um die eigene Auffassung im Vergleich mit einer negativ bewerteten anderen Sichtweise positiv darstellen zu können. Ob dies im Streit um ein adäquates Konzept sonderpädagogischer Diagnostik hilfreich ist, darf zumindest bezweifelt werden. Denn die jetzt wieder aufflammende Kontroverse wiederholt lediglich längst bekannte Argumente und übersieht völlig, dass sich mit der Durchsetzung der Grundideen von Förderdiagnostik in der Sonderpädagogik ein weithin akzeptiertes Verständnis von Diagnostik etabliert hat, das alte Differenzen überwindet und ganz unaufgeregt danach fragt, was denn insgesamt an zweckmäßigen und hilfreichen Elementen in den beiden gegensätzlich erscheinenden Ansätzen enthalten ist. Ein kurzer Blick auf die zentralen Bestimmungsstücke beider diagnostischer Konzepte soll die entsprechende Diskussion in groben Strichen rekapitulieren. Es geht dabei zum einen darum zu verdeutlichen, dass die aktuelle Kritik in Anbetracht der vorgetragenen Argumente sonderpädagogische Diagnostik ausgesprochen einseitig als klassifizierende Diagnostik betrachtet, und zum anderen um den Beleg dafür, dass die Qualitätsmerkmale von Förderdiagnostik weithin die an eine „inklusive Diagnostik" gestellten Forderungen einlösen können.

Klassifizierende, taxonomische Diagnostik

„Klassifizierende", „taxonomische" Diagnostik oder „normorientierte Statusdiagnostik" lässt sich als eine Diagnostik charakterisieren, deren Hauptinteresse darauf konzentriert ist, den aktuellen Status einer Person in verschiedenen Persönlichkeits- oder Leistungsbereichen zu erfassen und die Ergebnisse in ein vorgegebenes Normensystem einzuordnen. Sie bedient sich somit des Prinzips der Klassifikation und weist Individuen einem gewöhnlich quantitativ konstruierten Kategorienraster zu.

Sonderpädagogische Diagnostik dient in diesem Sinne als relativ zuverlässige Verfahrensweise zur Erkundung der zeitlich eher stabilen Persönlichkeitsmerkmale eines Menschen mit Behinderung sowie zur Ermittlung der Art und Schwere seiner spezifischen Beeinträchtigungen. Außerdem wird die Frage beantwortet, in welchem Ausmaß die Eigenschaften und Kompetenzen eines bestimmten Kindes oder Jugendlichen vom Durchschnittswert seiner gleichaltrigen Vergleichsgruppe abweichen.

Eher kritisch gesehen wird, dass

- normorientierte Diagnostik einen ausschließlich individuumzentrierten Blickwinkel einnimmt und außerindividuale Gegebenheiten unberücksichtigt lässt.
- sich klassifizierende Diagnostik weithin auf Tests und andere standardisierte Verfahren stützt, die neben unbestreitbaren konstruktionsbedingten Mängeln auch das Problem mit sich bringen, dass sie durch ihre Objektivitätsanforderung die Interaktionsmöglichkeiten zwischen Diagnostiker und Proband stark einschränken.
- psychometrische Verfahren mit der alleinigen Angabe eines Zahlenwertes kaum geeignet sind, die Lebens- und Lernsituation eines Menschen mit Behinderung bzw. die dort vorhandenen Probleme zu erfassen, geschweige denn pädagogische Perspektiven zu eröffnen.
- mit dem Bezug auf die Normen- und Kategoriensysteme eines psychometrischen Zugangs bei Heranwachsenden mit Behinderung zwangsläufig eine Defizitorientierung der Untersuchungsergebnisse korrespondiert. Da diese Mädchen und Jungen in der Regel nicht die Durchschnittsleistungen der Population erreichen, an der die unterschiedlichen Verfahren normiert wurden, erscheinen ihre Fähigkeiten stets als unterdurchschnittlich und damit defizitär.
- sich sonderpädagogische Diagnostik im Zusammenhang mit der Einschulung von Kindern mit Behinderung als „Selektions-" oder „Platzierungsdiagnostik" an Ausleseprozeduren beteiligt, welche die Einweisung eines Kindes in eine Sonderschule zur Folge haben. Da bei einer inklusiven Beschulung die Regelschule von vornherein als Lernort feststeht, wird Einschulungsdiagnostik dort für völlig überflüssig gehalten (vgl. Wocken 2011, 47). Auf jeden Fall aber wird sie als eine Art Unterform taxonomischer Diagnostik schon seit Jahren von einer Vielzahl von Autoren außerordentlich negativ beurteilt (vgl. z.B. Langfeldt / Kurth 1993; Kobi 2003; Breitenbach 2003), weil sie nach deren Auffassung ein segregierendes Schulsystem stabilisiert und die Durchsetzung integrativer Beschulung behindert. Es ist, so Wendeler (2000, 16), eine Tendenz zu beobachten, „die Förderdiagnostik als fortschrittliche Form der Diagnostik zu beschreiben, während die Auslesediagnostik als rückständig und minderwertig betrachtet wird". Dies ist allerdings ein denkbar unglücklicher Standpunkt. Denn tatsächlich ist die Frage des Lernorts von Kindern mit Behinderung – auch wenn es sich um eine inklusive Grundschule handelt – immer auch die Frage nach individuellen Lernerfordernissen, nach speziellen Bedürfnissen, nach Perspektiven der Erziehung und Unterstützung, kurz: nach dem sonderpädagogischen Erziehungs- und Bildungsbedarf. Wie, wenn nicht auf der Basis professioneller sonder-

pädagogischer Diagnostik, sollen Grundlagen dafür geklärt werden, welche Hilfen ein Kind mit Behinderung benötigt und welche Unterstützungsangebote ihm die besten Entwicklungs-, Bildungs und Lebenschancen bieten? Es wird noch darauf zurückzukommen sein, in welcher Weise dies erfolgen sollte.

Förderdiagnostik

Die in Abgrenzung zum normorientierten, klassifizierenden Ansatz der sonderpädagogischen Diagnostik ab Beginn der 1980er-Jahre entstandene „Förderdiagnostik" hat umfassendere Ziele, als sich allein auf die Messung von Persönlichkeitsmerkmalen zu konzentrieren. Zentrales Anliegen von Förderdiagnostik ist es, Aussagen zur sonderpädagogischen Förderung eines Menschen mit Behinderung zu machen und damit notwendige Grundlagen für individualisiertes pädagogisches Handeln zu liefern. Förderdiagnostik akzentuiert also in besonderer Weise den Aspekt der Erziehung und Bildung von Kindern und Jugendlichen und begreift sich als integraler Bestandteil pädagogischen Handelns.

Förderdiagnostik lässt sich durch eine Reihe von Aspekten charakterisieren, die insgesamt die Qualität dieses Ansatzes ausmachen. Sie

- betrachtet Verhalten und Lernen im sozialen und situativen Kontext: Im Mittelpunkt der Betrachtung steht die Person des Kindes bzw. des Jugendlichen in ihrer Wechselwirkung mit der Umwelt. Dementsprechend geht Förderdiagnostik davon aus, dass sich ein verstehender Zugang nicht nur auf den Menschen mit Behinderung selbst konzentrieren kann, sondern stets auch die komplexen Bedingungen seiner aktuellen Lern- und Lebenssituation mitberücksichtigen und diese in gleichem Maße als veränderungs- und förderungswürdig betrachten muss.
- ist interpretativ und hypothesengeleitet, denn die diagnostische Rekonstruktion von Zusammenhängen und Bedingtheiten des Handels von Menschen mit Behinderung erfordert nicht nur, die Handlungsgründe der Individuen zu verstehen, sondern – unter Bezug auf eine theoretische Analyse – die ihnen möglicherweise nicht bewussten Handlungsursachen auch zu erklären.
- richtet sich am Prinzip der Individualisierung aus und orientiert sich einzelfallbezogen – nicht klassifizierend – am jeweiligen Kind.
- ist parteilich für das Kind und nimmt dessen Perspektive sehr ernst.
- stellt die vorhandenen Kompetenzen und Ressourcen eines Menschen mit Behinderung in den Mittelpunkt ihrer Betrachtung. Indem sie von den Stärken eines Menschen mit Behinderung ausgeht, will sie seine Fä-

higkeiten aktivieren und ihm als Person mit Respekt und Wertschätzung begegnen.

- versteht das Handeln eines Kindes oder eines Jugendlichen als eigenaktive, subjektiv sinnvolle Auseinandersetzung mit den Bedingungen seiner Lebenswelt und zielt daher auf Perspektiven der Erziehung und Bildung, die den Selbstgestaltungsmöglichkeiten des Kindes und dem Vertrauen in dessen Eigenaktivitäten einen hohen Stellenwert beimessen.
- geht mit einer Kritik an standardisierten Verfahren einher und betont die Wichtigkeit qualitativer Zugänge: Die wesentlichen förderdiagnostischen Methoden sind Beobachtungen und Verhaltensanalysen, Untersuchungen in informellen Situationen und Interviews.
- schließt als wesentliches Element Förderplanung ein (vgl. Trost 2003). Für unterschiedliche Anlässe und institutionelle Zusammenhänge wurden hierfür verschiedene sehr gut ausgearbeitete methodische Ansätze entwickelt. Dazu zählen beispielsweise Individuelle Erziehungsplanung (Eggert 2007), Individuelle Lern- und Entwicklungsbegleitung (vgl. Burghardt / Brandstätter 2008), Persönliche Zukunftsplanung (vgl. Doose 1999; Haslberger 2012) und Schulische Standortgespräche (vgl. Hollenweger / Lienhard 2008). Dabei handelt es sich keineswegs um bloße Planungstechniken, sondern um wertegeleitete Ansätze, die sich stichwortartig durch folgende Qualitätsmerkmale charakterisieren lassen: Kompetenzorientierung, Unterstützung der Selbstbestimmung und Eigenverantwortlichkeit von Menschen mit Behinderung, Einbeziehung der Perspektiven der Betroffenen, ökosystemische Betrachtungsweise, Individualisierung und Zielorientierung, kooperative Planung und Zusammenarbeit mit den Eltern, Struktur, Praktikabilität und Ökonomie.

Von einigen Autoren (z.B. Schlee 2008) wird als Einwand gegen Förderdiagnostik vorgebracht, dass es zwischen den diagnostisch gewonnenen Hypothesen und Interpretationen und den zu entwickelnden Fördervorschlägen keinen eindeutigen Zusammenhang gibt. Da jeder Mensch mit Behinderung andere Stärken und Schwächen hat und auch Pädagogen über unterschiedliche Konzepte und Visionen verfügen, werden die jeweiligen pädagogischen Schlussfolgerungen, die aus diagnostischen Erkenntnissen gezogen werden, in der Tat recht unterschiedlich ausfallen. Der theoretisch vertretene Anspruch einer Einheit von Diagnostik und Förderung kann demnach nur bedingt aufrechterhalten werden. Gleichwohl gibt es keine Alternative zu der Vorgehensweise, mithilfe professioneller sonderpädagogischer Diagnostik Entscheidungsgrundlagen dafür zu gewinnen, welche Erziehungs- und Unterstützungsangebote für den je einzelnen Menschen mit Behinderung die besten Entwicklungs-, Bildungs- und Lebenschancen bieten.

Aufgaben sonderpädagogischer Diagnostik

Die Kritik an sonderpädagogischer Diagnostik in der gegenwärtigen Inklusionsdiskussion benutzt, so zeigt sich, im Wesentlichen Argumente, die schon immer gegen klassifizierende, taxonomische Diagnostik vorgebracht wurden. Gleichzeitig finden die längst anerkannten Grundideen von Förderdiagnostik so wenig Beachtung, dass sonderpädagogische Diagnostik mit Einwänden konfrontiert wird, die längst überholt sind. So schreibt z.b. Rittmeyer (2013, 1): „In inklusiven Schulsystemen nimmt die Bedeutung von Diagnostik zu. Es bedarf allerdings einer anderen als der noch oft vorzufindenden defizitorientierten Diagnostik, nämlich einer kompetenzenorientierten Diagnostik." Es wird derzeit wohl kaum noch sonderpädagogisches Fachpersonal geben, das nicht mit dem Prinzip der Kompetenzorientierung vertraut wäre. Dennoch stellt sich die Frage, was denn die andere, neue, „inklusive Diagnostik" sein soll.

Am dezidiertesten äußert sich dazu Prengel: „Die inklusive Diagnostik ist aufs engste verbunden mit der inklusiven Didaktik und den inklusiven Lernmaterialien für den individualisierenden Unterricht. Inklusive Diagnostik ist eine in den pädagogischen Alltag eingelassene, stets mit den Lernprozessen einhergehende didaktische Prozessdiagnostik. Grundlage inklusiver Diagnostik bilden didaktische Stufenmodelle, die auch dem Kerncurriculum und den Lernmaterialien zugrunde liegen. Die didaktisch qualifizierten Lehrerinnen und Lehrer kennen die aufeinander aufbauenden Kompetenzstufen in den Lernbereichen, so dass sie im schulischen Alltag problemlos erkennen, auf welcher Stufe sich jedes Kind gerade befindet, was die Zone der jeweils nächsten Entwicklung ist und welches pädagogische Angebot zu diesem Zeitpunkt individuell passend ist" (Prengel 2013, 6). Und weiter: „Darüber hinaus gehört zur inklusiven Diagnostik die Analyse der spezifischen Bedürfnisse der einzelnen Kinder, um die vielseitigen Hilfsmittel zur Unterstützung von Kommunikation, zur Barrierefreiheit, zu angemessenen Vorkehrungen und zum Nachteilsausgleich auf individuell passende Weise sicherzustellen" (2013, 7).

Im Kern lassen sich diese Aussagen darauf reduzieren, dass inklusive Diagnostik zum einen eine lernprozessbegleitende Diagnostik sein soll, die den diagnostizierenden Lehrerinnen und Lehrern hohe theoretische Kenntnisse abverlangt. Zum anderen dürften zwischen der geforderten „Analyse der spezifischen Bedürfnisse der einzelnen Kinder" und der Erhebung eines individualisierten sonderpädagogischen Förder- bzw. Erziehungs- und Bildungsbedarfs wohl kaum große Unterschiede bestehen. So ist eigentlich nicht erkennbar, worin die Spezifität bzw. das Alleinstellungsmerkmal „inklusiver Diagnostik" bestehen soll.

Ohnehin ist es ein Irrtum der Kritiker, wenn sie annehmen, es gäbe irgendwann im diagnostischen Prozess einen Moment, in dem sich der Diagnostiker nach seinem persönlichen Dafürhalten für inklusive, kompetenzorientierte Diagnostik und gegen Statusdiagnostik, Selektionsdiagnostik, Förderdiagnostik oder defizitorientierte Diagnostik etc. entscheiden würde. Eine solche Entscheidung für ein theoretisches Modell wird im diagnostischen Prozess tatsächlich nie getroffen. Grundlegende diagnostische Vorstellungen bilden – maximal – eine Art Folie, vor deren Hintergrund diagnostisches Handeln geschieht. Dieses Handeln geht jedoch nicht primär von einem bevorzugten Konzept aus, sondern – rein sachlogisch betrachtet – von einer bestimmten diagnostischen Fragestellung bzw. einer Beobachtung, aus der eine solche Fragestellung erwächst.

Viel elementarer also als diagnostische Konzepte priorisierend, favorisierend oder kritisierend zu diskutieren ist es, sich bewusst vor Augen zu führen, mit welchen Fragestellungen sich eigentlich sonderpädagogische Diagnostik auseinandersetzen soll und auch muss. Deshalb sollen zunächst die Aufgabenbereiche umrissen werden, die Diagnostik ebenso in inklusiven wie auch in sonderpädagogischen Arbeitsfeldern zu bewältigen hat:

- *Institutionelle Fragestellungen:* Die Entscheidung darüber, an welchem Lernort Kinder mit Behinderung unterrichtet werden sollen, ist mit nachhaltigen Folgen für das spätere Leben der Betroffenen verknüpft. Selbst wenn feststeht, dass Heranwachsende in einer inklusiven Grundschule unterrichtet werden sollen, ist Diagnostik mit großer Sorgfalt und in hoher Verantwortung gegenüber dem jeweiligen Kind und seinen Angehörigen durchzuführen, weil sie auch die Aufgabe hat, voraussichtlich hilfreiche Perspektiven der Erziehung und Bildung für dieses Kind zu benennen. Aber auch im Elementar- und im nachschulischen Bereich sind diagnostisch abzusichernde Entscheidungen zu treffen, die sich auf Hilfen für Kinder und Jugendliche mit Behinderung beziehen.

- *Entwicklung und Verhalten:* Sonderpädagogische Diagnostik ist gefragt bei der Beurteilung der Entwicklung und des Verhaltens von Menschen mit Behinderung. Dies auch deshalb, weil dieser Personenkreis mehr als Nichtbehinderte von Entwicklungs- und Verhaltensauffälligkeiten, Schulschwierigkeiten und Problemen in Familie, Arbeitsleben oder Wohneinrichtungen betroffen ist. Sonderpädagogische Diagnostik wirkt daran mit, solche Problemlagen verstehbar zu machen und pädagogische Handlungsmöglichkeiten zu eruieren, die zur Verminderung oder Lösung damit eingehender Schwierigkeiten für das Individuum oder für seine Umwelt beitragen können.

- *Unterrichts- und lernprozessbegleitende Diagnostik:* Pädagogisches Handeln ist stets von Einschätzungen und Beurteilungen der adressatenbezogenen Wirkungen dieses Tuns begleitet. Auch wenn solche diagnostischen Prozesse meist intuitiv erfolgen, haben sie dennoch weitreichende

Folgen für das Lernen und die individuelle Entwicklung der Schülerinnen und Schüler. In der Schule trägt fundierte Diagnostik zur Systematisierung dieser Bewertungsprozesse bei und reflektiert, wie angemessener Unterricht angesichts der jeweiligen Lernausgangslage eines Schülers oder einer Schülerin aussehen sollte. Lernprozessbegleitende Diagnostik ist also nicht, wie im Zuge der Inklusionsdiskussion immer wieder behauptet wird (vgl. Wocken 2012, 122; Prengel 2013, 49 ff.), ein eigenständiges Modell diagnostischen Handelns, sondern eine der Aufgabenstellungen, mit denen sich (sonder-)pädagogische Diagnostik zu beschäftigen hat.

- *Förderplanung*: In ganz unterschiedlichen Zusammenhängen, in denen Menschen mit Behinderung lernen und leben, stellt sich die Frage, welche Ziele sich für die individualisierte Erziehung und Unterstützung eines bestimmten Kindes, Jugendlichen oder Erwachsenen ergeben. Sonderpädagogische Diagnostik wirkt daran mit, diese Fragen zu beantworten, und trägt dazu bei, im Verlauf eines kooperativen und partizipativen Prozesses längerfristige Perspektiven für Erziehungs- und Bildungsangebote zu entwickeln, die auf die jeweilige Person und ihre Lebensumstände zugeschnitten sind. Dabei steht jedoch nicht die Erstellung von Plänen, sondern der Prozess des Planens im Vordergrund: Sonderpädagogische Diagnostik ist im Rahmen von Förderplanung als Teil eines veränderlichen, offenen Arbeitskonzepts zu verstehen, das für jede Person und jeden Lebensbereich spezifiziert werden muss (Trost 2007).

Für die Erfüllung dieser vier Aufgaben kann es notwendig und zielführend sein,

- die aktuellen Dispositionen und Kompetenzen einer Person in verschiedenen Persönlichkeits- oder Leistungsbereichen zu erfassen und in diesem Zusammenhang auch standardisierte psychometrische Verfahren einzusetzen,
- interindividuelle Vergleiche vorzunehmen, um individuelle Leistungen und Verhaltensweisen auch im Bezug zu einer Vergleichsgruppe beurteilen zu können,
- ebenso professionelle wie auf die Bedürfnisse des jeweiligen Kindes abgestimmte diagnostische Beiträge zu Ein- oder Umschulungsverfahren zu leisten,
- Diagnostik hypothesengeleitet und interpretativ, d.h. theoriefundiert, durchzuführen,
- diagnostische Prozesse individualisiert und am einzelnen Kind orientiert auszurichten,
- diagnostisches Handeln prozesshaft anzulegen,

- die Perspektive des Menschen mit Behinderung einzunehmen und davon auszugehen, dass dessen Handeln als situativ angemessen und subjektiv sinnvoll begriffen werden muss,
- Verhalten und Lernen im Sinne einer „Mensch-Umfeld-Diagnose" in seiner Bedingtheit durch die materiellen und strukturellen Determinanten der Lebenswelt eines Menschen mit Behinderung zu sehen,
- sich auf vorhandene Kompetenzen und Ressourcen (auch im Umfeld) zu beziehen, ohne Beeinträchtigungen und Probleme auszublenden,
- diagnostische Erkenntnisse für Aussagen zum Erziehungs- und Bildungsbedarf eines Menschen mit Behinderung zu nutzen,
- spezielle Erziehungs-, Bildungs- und Unterstützungsangebote nicht als Kompensation eines Defizits, sondern als Herstellung günstigerer Verhältnisse zu begreifen.

Damit diese Zusammenschau unterschiedlicher Bestimmungsstücke von klassifizierender, taxonomischer Diagnostik und von Förderdiagnostik mehr ist als naiver Pragmatismus oder eine bloße eklektizistische Aneinanderreihung von Elementen, die verschiedenen diagnostischen Ansätzen entstammen, ist es notwendig, ein diagnostisches Analyse- und Handlungsmodell zu formulieren, das die konzeptionelle Einbindung dieser Komponenten leisten kann. Es wird deshalb im Weiteren der Versuch unternommen, diesen Anspruch mit der Konzeptualisierung einer „bedingungsanalytischen Diagnostik" einzulösen. Dabei gelten die Qualitätsmerkmale von Förderdiagnostik auch für bedingungsanalytische Diagnostik, die ihrerseits als weiterführende theoretische und prozessuale Systematisierung von Förderdiagnostik verstanden werden soll.

Bedingungsanalytische Diagnostik

Lehrerinnen und Lehrer diagnostizieren tagtäglich im Unterricht, selbst wenn sie das nicht geplant haben und sich dessen vielleicht nicht einmal bewusst sind. Sie beobachten das Verhalten von Kindern und ziehen daraus Schlussfolgerungen. Gleiches geschieht im Alltag, wo zwischenmenschliches Handeln im Grunde ebenso mit diagnostischem Handeln verwoben ist. Wenn einer den Anderen sieht, mit ihm kommuniziert und interagiert, so gewinnt er einen Eindruck von ihm und er interpretiert die Art und Weise, wie sich ihm der Andere präsentiert. Aus den Verhaltensweisen eines Individuums, aus seiner Art, sich zu geben, konstruiert sich sein Gegenüber ein Bild von ihm, deutet seine Handlungen und schließt auf seine Motive. Menschen sind im Alltag unablässig damit beschäftigt, das Verhalten anderer wahrzunehmen und zu versuchen, dieses zu verstehen. Genau dies ist letztlich der Kern diagnostischen Handelns.

Was dabei geschieht, lässt sich gut an einem Beispiel illustrieren: Angenommen, man trifft einen Freund und stellt fest, dass er im Vergleich zu sonst wenig spricht und wenn, dann mit ungewohnt leiser Stimme. Er steht mit hängenden Schultern, seine Mundwinkel sind nach unten gezogen, der Kopf nach vorne geneigt, sein Blick gesenkt. Aus solchen äußeren Eindrücken wird dann auf seine innere Befindlichkeit geschlossen. In diesem Fall wird man wahrscheinlich annehmen, dass es dem Freund nicht gut geht, dass er bedrückt oder traurig ist. Man wird ihn aber auch fragen, was denn los sei, ob es ihm denn nicht gut gehe, und man wird sich Gedanken darüber machen, wie man ihm helfen könnte.

Betrachtet man diese einfache Situation analytisch, so zeigt sich eine Reihe verschiedener, zum Teil aufeinander aufbauender Aspekte:

1. In einem ersten Schritt wurden bestimmte beobachtbare Merkmale und Verhaltensweisen wahrgenommen.
2. Anschließend wurden diese Wahrnehmungen interpretiert und damit der Versuch unternommen, den Freund zu verstehen. Im Zuge dessen kam es zu der Einschätzung, dass der Freund traurig sei. Damit diese „Diagnose" möglich war, musste der Interpretierende über eine Art Theorie oder über Erfahrungswissen verfügen, welche die Schlussfolgerung erlaubten, dass ein gesenkter Kopf, eine leise Stimme, hängende Schultern etc. im Allgemeinen auf Traurigkeit oder Bedrücktsein hinweisen. Es ist wichtig, sich zu vergegenwärtigen, dass der – völlig unbewusst erfolgende – Rekurs auf sachbezogene Wissensbestände eine unabdingbare Voraussetzung für das Zustandekommen einer solchen intuitiv erfolgenden Interpretation ist. Ohne derartige Interpretationsraster sind keine Deutungen beobachtbarer Sachverhalte möglich.
3. Die „Diagnose" hat zunächst lediglich den Charakter einer Hypothese. Auf der Grundlage der ersten Einschätzung kam zwar der Eindruck zustande, der Freund sei traurig, aber der Beurteilende kann sich nicht sicher sein, ob seine Interpretation zutrifft, denn es sind möglicherweise ganz andere Erklärungen für das Erscheinungsbild des Freundes denkbar.
4. Um die Interpretation zu bestätigen – oder im Zweifelsfall auch zu verwerfen –, werden daher weitere Informationen benötigt und ist es erforderlich weiter nachzufragen. Falls der Freund die Vermutung, er sei bedrückt, zurückweist und erklärt, er sei lediglich völlig übermüdet, erweist sich die erste Interpretation als unpassend und muss verworfen werden. Auf Basis der neuen Informationen wird eine neue Schlussfolgerung möglich sein.
5. Die Nachfrage, wie es dem Freund geht, hat auch mit dem angestrebten Ziel der Hilfe für ihn zu tun. Auch dafür ist es erforderlich, genau über

den Grund für dessen Stimmung Bescheid zu wissen, denn nur dann kann sein Gegenüber das Passende sagen oder tun. Je nachdem, ob es um finanzielle Probleme, emotionale Nöte oder Konflikte am Arbeitsplatz geht, sind unterschiedliche Formen der Hilfe zu finden, um adäquat auf das Problem des Freundes eingehen zu können.

Solche Prozesse laufen im Alltag tatsächlich nicht in so bewusster oder expliziter Form wie hier beschrieben ab. Gleiches gilt für Unterrichtssituationen, denn auch in pädagogischen Zusammenhängen findet der größte Teil diagnostischen Handelns nicht in geplanten diagnostischen Arrangements, sondern vor allem in ganz alltäglichen Situationen statt. Wahrscheinlich sind sich die Lehrerinnen und Lehrer dabei nur selten darüber im Klaren, welche unthematisierten Annahmen oder theoretischen Vorstellungen in ihre diagnostische Urteilsbildung eingehen. Oft genug werden sich die diagnostischen Interpretationen ganz unreflektiert auf naive Alltags- oder Persönlichkeitstheorien stützen, die gleichwohl unmittelbar handlungsleitend werden.

Obwohl es in dem Beispiel keineswegs um professionelle Diagnostik ging, beinhaltet es doch alle Aspekte, die für diagnostisches Handeln ebenso typisch wie konstitutiv sind. Und so lässt sich aus der Analyse dieses Beispiels ein verallgemeinerbares diagnostisches Handlungsmodell ableiten, das fünf Schritte umfasst:

1. Wahrnehmung bzw. Beobachtung diagnostisch relevanter Sachverhalte
2. Bezug auf ein theoretisches oder erfahrungsbezogenes Interpretationsraster
3. Beurteilung und Interpretation der Beobachtungen in Form vorläufiger Hypothesen
4. Bestätigung oder Ablehnung der Hypothesen aufgrund weiterer Informationsbeschaffung
5. Überlegungen zur Erziehung, Förderung, Begleitung oder Unterstützung der Klienten.

Die inhaltliche Struktur dieses diagnostischen Handlungsmodells entspricht also exakt dem Handlungsschema, das sich auch in intuitivem diagnostischem Alltagshandeln findet. In systematisierter Form bildet es das Grundgerüst der hier zu skizzierenden „bedingungsanalytischen Diagnostik".

Dabei wird davon ausgegangen, dass sich – unabhängig von theoretischen Konzepten – *jegliches* diagnostische Handeln mit diesem Modell erfassen lässt. Einerlei, ob es sich um Statusdiagnostik, Förderdiagnostik, lernprozessbegleitende Diagnostik oder inklusive Diagnostik handelt; für die Antwort auf die Frage nach der Güte diagnostischen Handelns ist von zentraler Bedeutung, mit welcher Sachkenntnis, auf welchem Niveau und mit welchen methodischen Zugängen die zu klärende diagnostische Fragestellung angegangen wird. Erst an der Art und Weise, wie dies geschieht, lässt sich die Qualität von Diagnostik ablesen. Verfügt der Diagnostiker über geringes Fachwissen, setzt er sich mit der Untersuchungsfrage wenig reflektiert auseinander, kennt er nur ein eingeschränktes Methodenrepertoire, neigt er zu vorschnellen Interpretationen oder fehlt ihm die Phantasie, welche pädagogischen Konsequenzen aus seinen diagnostischen Erkenntnissen zu ziehen sind, so ist zu erwarten, dass die jeweilige Untersuchungsfrage auf einem gänzlich unbefriedigenden Niveau und oder sogar mit negativen Folgen für das untersuchte Kind beantwortet wird. Deshalb ist es nicht in erster Linie entscheidend, welchem diagnostischen Konzept sich Lehrerinnen und Lehrer verpflichtet fühlen, von grundlegender Bedeutung ist vielmehr, ob die Art und Weise und die Qualität des diagnostischen Vorgehens der jeweiligen Fragestellung angemessen sind und ob es gelingt, daraus für das Kind entwicklungsfördernde pädagogische Perspektiven abzuleiten.

Die Formulierung einer Untersuchungsfragestellung

Diagnostisches Handeln nimmt stets seinen Ausgangspunkt bei einer Fragestellung aus einem der vier genannten Aufgabenbereiche. Demnach können diagnostische Fragestellungen ganz unterschiedlicher Art sein und sich z. B. darauf beziehen,

- welche Hilfen erforderlich sind, damit ein Schüler sinnentnehmend lesen kann,
- wie eine Jugendliche dabei unterstützt werden kann, im Zahlenraum bis 1000 zu multiplizieren und zu dividieren,
- welche Unterstützung ein Mensch mit Behinderung benötigt, um selbstständig öffentliche Verkehrsmittel nutzen zu können,
- wie sich das selbstverletzende Verhalten eines Jungen mit geistiger Behinderung reduzieren lässt,
- welche schulische Umgebung am besten dem Erziehungs- und Bildungsbedarf eines Kindes entspricht.

Die klare Formulierung einer diagnostischen Fragestellung ist Voraussetzung für den Einstieg in einen diagnostischen Prozess, weil sich alle diagnostischen Überlegungen und Handlungen unmittelbar aus dem konkreten Untersuchungsanlass ergeben bzw. darauf beziehen müssen.

Am Anfang der Bearbeitung diagnostischer Aufgaben sollte jeweils eine fragestellungsnahe Handlungsbeobachtung stehen, bei der es darauf ankommt, sich einen ersten Eindruck von den in der Fragestellung angesprochenen

Aspekten zu verschaffen. Um die Fragestellung endgültig präzisieren zu können, ist es z.B. wichtig zu sehen, auf welche Art ein Schüler bereits liest oder wie weit er rechnen kann, welche Fähigkeiten zur Mobilität ein Mensch bereits erworben hat, welcher Art das selbstverletzende Verhalten ist oder um welche Person es sich bei einem einzuschulenden Kind handelt. Diese ersten Eindrücke orientieren grundlegend über die Art des zu klärenden Sachverhalts, sie liefern aber noch keine expliziten Anhaltspunkte für die Durchführung der Untersuchung. Auch wenn die zu untersuchende Person dem Diagnostiker bzw. der Diagnostikerin bereits bekannt ist, erübrigt sich die fragestellungsnahe Handlungsbeobachtung keineswegs, da sie eine geeignete Möglichkeit ist, in Alltagsroutinen eingefahrene Sehgewohnheiten zu durchbrechen und sich die Freiheit eines neuen Blicks auf einen Menschen mit Behinderung zu nehmen.

Fragestellungsanalyse als Kern bedingungsanalytischer Diagnostik

Ein im Schulalltag häufig auftauchendes diagnostisches Problem ist beispielsweise die Frage danach, worin die Probleme eines Kindes beim Erlernen des synthetisierenden Lesens bestehen und mit welcher Hilfestellung es seine Fähigkeiten beim Schriftspracherwerb weiterentwickeln kann. Unterhält man sich mit Lehrerinnen und Lehrern darüber, wie eine solche diagnostische Aufgabe angegangen werden sollte, so wird häufig vorgeschlagen, dass dies sinnvollerweise durch differenzierte Beobachtung, durch standardisierte Lesetests, aber auch durch informelle Verfahren der Lesediagnostik oder Gespräche mit anderen Pädagogen, die das Kind unterrichten, bzw. mit dessen Eltern geschehen könne.

Dies ist jedoch ein grundlegend falscher Ansatz! Diagnostisches Handeln muss stets theoriegeleitet sein und niemals methodengeleitet. Denn diagnostische Kompetenz ist nicht gleichzusetzen mit Methodenkompetenz oder mit dem gekonnten Einsatz von Diagnoseinstrumenten. Diagnostische Kompetenz – dies resultiert unmittelbar aus dem vorgeschlagenen Handlungsmodell – beruht vor allem auf Kenntnissen der theoretischen Implikationen einer diagnostischen Untersuchungsfrage. Erforderlich ist Metawissen über Lernprozesse, Entwicklungsverläufe und Störungsbilder, ebenso wie über Präventions- und Interventionskonzepte. „Man sieht nur, was man weiß!" (zit. nach Beutler 1954, 142) Diese von Johann Wolfgang von Goethe formulierte Einsicht beschreibt die Tatsache, dass uns nur Dinge auffallen können, über die wir Hintergrundwissen besitzen. Wer sich also sehr gut mit den Stufenmodellen des Schriftspracherwerbs auskennt, wird bei einem lernenden Kind viele Aspekte beachten, die jemand mit nur mäßigen Kenntnissen überhaupt nicht wahrnimmt. Wer auf aggressives Verhalten von Schülern intuitiv handelnd reagiert und sich auf das verlässt, was ihm spontan in den Sinn kommt oder was sich in anderen Situationen bereits bewährt hat, wird wahrscheinlich weniger verstehen und unangemessener damit umgehen als jemand, der sich sehr gut mit theoretischen Konzepten und empirischen Erkenntnissen zum Thema Aggression auskennt.[1]

Bei jeder diagnostischen Fragestellung muss die Frage nach dem Gegenstand der Untersuchung, also die Frage nach dem „Was?", vor der Methodenfrage, der Frage nach dem „Wie?", geklärt werden. Damit rückt die Notwendigkeit der theoretischen Auseinandersetzung mit der Untersuchungsfrage in den Vordergrund. Nur auf der Basis fundierter Überlegungen zum theoretischen Hintergrund, der für die Bearbeitung jeder einzelnen diagnostischen Fragestellung unabdingbar ist, kann der diagnostische Blick differenziert auf die einzelnen Aspekte des zu untersuchenden Verhaltens gerichtet werden. Kretschmann (2003, 10) formuliert dazu sehr eindringlich: „Theorielos operierende Diagnostiker sind sehenden Auges blind oder [...] setzen alle verfügbaren Instrumente ein, in der Hoffnung ‚irgend etwas' zu finden. Und in der Tat ‚irgend etwas' findet man immer, mag es nun für die Entwicklung der Person relevant sein oder nicht."

Am Anfang einer diagnostischen Untersuchung steht also in jedem Fall eine allgemeine Analyse des jeweils zu untersuchenden Verhaltens und von dessen Bedingungshintergründen. Dies ist der Grund, warum hier von „bedingungsanalytischer Diagnostik" die Rede ist. Es wird damit entschieden dafür plädiert, eine diagnostische Untersuchung mit einer sogenannten „Fragestellungsanalyse" (vgl. dazu Sautter 2005, 193 ff.) zu beginnen, die eine systematisierte theoretische Auseinandersetzung mit dem Bedingungsgefüge des in der Fragestellung thematisierten Untersuchungsanliegens darstellt.

Soll die Fragestellungsanalyse alle relevanten Aspekte eines Verhaltens und dessen potenzielle Bedingungshintergründe erfassen, so ist dafür Wissen erforderlich, das weit über die Kenntnisse diagnostischer Methoden hinausreicht. Denn die Überlegungen zu den grundlegenden theoretischen Aspekten einer zu untersuchenden Fragestellung müssen sich auf drei verschiedene Ebenen beziehen:

1. In einem ersten Schritt geht es darum, sich detailliert zu vergegenwärtigen, welches direkt beobachtbare Verhalten in der Fragestellung ange-

---

1 Dies soll kein grundlegendes Plädoyer gegen Intuition als Basis für diagnostische Erkenntnisse sein. Ganz sicher ist Intuition nicht gleichzusetzen mit Beliebigkeit, vielmehr beruht sie auf Erfahrungen und Wissensbeständen, die ein Mensch im Laufe der Zeit angesammelt hat und situativ für Entscheidungen nutzt. Dennoch bestimmt aber die Breite dieser Erfahrungen und Wissensbestände, inwieweit Intuition zur Basis adäquater Einschätzungen und Handlungsperspektiven werden kann.

sprochen ist, d.h. wie der entsprechende Handlungs- oder Lernprozess üblicherweise abläuft und welche Faktoren damit in unmittelbarem Zusammenhang stehen. Konkret heiß dies für die bisher verwendeten Beispiele, sich genau vor Augen zu führen, was geschieht bzw. geschehen muss, damit ein Schüler gelingend rechnen oder lesen lernen kann, welche Handlungsabläufe für die Fortbewegung mit öffentlichen Verkehrsmitteln kennzeichnend sind, welche theoretischen Ansätze zu einem Verständnis von selbstverletzendem Verhalten führen könnten oder was es heißt, in eine Schule eingeschult zu werden. Und genauer noch ließen sich z.B. die Einzelheiten des Leseprozesses mit folgenden Stichworten erfassen: Lesemotivation, Wahrnehmung der Buchstaben, Symbolverständnis, Erkennen eines Wortanfangs, Kenntnis der Leserichtung, Graphem-Phonem-Korrespondenz, Speicherung, Synthese, Sinnentnahme, Buchstabenkenntnis, phonologische Bewusstheit etc.

Sich auf solche Art und Weise die einzelnen Elemente des jeweiligen Lern- oder Handlungsprozesses zu vergegenwärtigen ist keine praxisferne akademische Pedanterie. Ohne derartige Kenntnisse besteht die Gefahr, dass wesentliche Komponenten des Handlungsablaufs, deren diagnostische Berücksichtigung eventuell viel zum Verstehen der Probleme eines Kindes beitragen kann, nicht als bedeutsam wahrgenommen oder sogar übersehen werden. Dabei sollte die theoretische Analyse umso kleinschrittiger sein, „je schwerer sich der behinderte Mensch mit einem Handlungsprozess tut, denn umso bedeutsamer ist jeder kleinste gelingende oder nicht gelingende Prozessschritt im Blick auf mögliche und adäquate Unterstützung. Denn der Mensch ohne Behinderung (hier der Diagnostiker) hat vielfach Teil-Handlungsprozesse so stark automatisiert, dass er ohne Feinanalyse eines Handlungsprozesses Gefahr läuft, sie zu übersehen" (Sautter 2005, 192).

2. Das zu untersuchende Verhalten eines Menschen mit Behinderung oder ein bestimmter Lern-/Handlungsprozess lässt sich aber nicht aus sich selbst heraus erklären. Deshalb muss neben die Analyse des bestimmten Verhaltens bzw. des Lernprozesses in einem zweiten Teil der Fragestellungsanalyse die Klärung individueller Bedingungshintergründe treten, die als Einflussgrößen gewissermaßen „hinter" dem beobachtbaren Verhalten eines Menschen stehen. Je nach Fragestellung sind hier ganz unterschiedliche persönliche Faktoren und Fähigkeiten von Belang. Es kann sich dabei um somatisch-konstitutionelle und gesundheitliche Voraussetzungen handeln, um kognitive Kompetenzen, motorische Fähigkeiten, kommunikative Möglichkeiten, insbesondere das Sprach- und Sprechverhalten, soziale Kompetenzen, den emotionalen Bereich, das Selbstkonzept etc. Ein Kind wird nur dann Lesen lernen, wenn es über bestimmte kognitive Fähigkeiten verfügt, ein Regel- und Symbolverständnis entwi-

ckelt hat, seine Wahrnehmungsfähigkeit ausreicht, um Buchstaben und Zahlen zu erkennen, sein Selbstkonzept durch ein Gefühl der Erfolgszuversicht und nicht der Misserfolgsängstlichkeit bestimmt ist etc. All dies sind individuelle Kompetenzen, deren diagnostische Untersuchung im je spezifischen Einzelfall erhellen kann, warum ein Schüler gut oder weniger gut lesen kann. Im Hinblick auf das Verständnis selbstverletzenden Verhaltens ist es dagegen unabdingbar zu wissen, dass beispielsweise die Bereiche der kommunikativen Fähigkeiten, der lebenspraktischen Selbstversorgung, der Sinnestätigkeiten, aber auch die emotionale Grundgestimmtheit in einem engen Zusammenhang mit Auftreten und Form dieser Verhaltensauffälligkeit stehen (vgl. Mühl / Neukäter / Schulz 1996, 78).

3. Neben den individuumsbezogenen Aspekten muss eine Fragestellungsanalyse die Bedingungen des Umfeldes eines Menschen mit berücksichtigen und diese in gleichem Maße als prägend und verursachend für individuelles Verhalten betrachten. Der Grund dafür ist der letztlich selbstverständliche Zusammenhang zwischen Verhalten und Verhältnissen, zwischen individuellen Verhaltensweisen und Strukturen der Lebenswelt: Über welche Fähigkeiten ein Mensch verfügt, was er tut, wie er denkt und fühlt, das ist nicht verstehbar, wenn man nicht die jeweiligen Umweltbedingungen kennt.

Einen dritten Bereich der Fragestellungsanalyse stellt daher die sogenannte „Mensch-" oder „Kind-Umfeld-Analyse" dar. Zu klären ist dabei, welche biographischen, sozialen und gesellschaftlichen Bedingungshintergründe in einem Zusammenhang mit dem in der diagnostischen Fragestellung angesprochenen Verhalten stehen. Zu den lebensweltlichen Teilsystemen, die dabei in Betracht zu ziehen sind, gehören vor allem die Familie und die Wohnumgebung, die Bedingungen der Institutionen, in denen ein Mensch mit Behinderung lernt, lebt oder arbeitet, die dort agierenden Bezugspersonen, besonders aber auch materielle, soziale und kulturelle Aspekte des jeweiligen Umfeldes. So kann es für das Lesen lernen eine wesentliche Rolle spielen, welcher Lehrer mit welchem didaktischen Material diese Kulturtechnik zu vermitteln versucht, wie die Zusammensetzung einer Klasse aussieht, welchem kulturellen bzw. sprachlichen Zusammenhang ein Schüler entstammt, welche Unterstützung er zu Hause bekommt etc. Auch im Hinblick auf die Entstehung von selbstverletzenden Verhaltensweisen kommt Gegebenheiten der sozialen, materiellen und räumlichen Umgebung der Betroffenen eine wesentliche Rolle zu (vgl. Mühl / Neukäter / Schulz 1996, 80). Der materialistische Erklärungsansatz (vgl. Lanwer 2002) betont die Bedeutung von Macht und Bedrohung, von sozialer, sensorischer und emotionaler Deprivation als Faktoren, die selbstverletzendes Verhalten als Autokompensation von Bedingungen der „äußeren Isolation" zur Folge haben.

Alle diese Beispiele belegen, dass die Konzeption jeglicher diagnostischer Untersuchung ohne die Berücksichtigung von Umfeldbedingungen von vornherein als unzureichend betrachtet werden muss.

Insgesamt hat die Erarbeitung einer Fragestellungsanalyse zwei wichtige Funktionen:

- Zum einen wird der theoretische Hintergrund der beabsichtigten Untersuchung expliziert,
- Zum anderen wird dadurch eine Systematisierung und Strukturierung der diagnostischen Vorgehensweise erreicht.

Durchführung einer Untersuchung im Rahmen bedingungsanalytischer Diagnostik

Die üblicherweise schwierige Frage, wie eine diagnostische Untersuchung beginnt und worauf sie sich anfangs konzentriert, ist im Rahmen bedingungsanalytischer Diagnostik durch die Fragestellungsanalyse bereits beantwortet bzw. vorgegeben. Da geklärt ist, welche individuellen und außerindividuellen Aspekte von diagnostischer Bedeutung sind, wird zunächst eine Erhebung des Ist-Standes durchgeführt, die sich auf die im ersten Teil der Fragestellungsanalyse vorgenommene Analyse des beobachtbaren Verhaltens bzw. des Lernprozesses stützt und entsprechende Informationen zusammenträgt. Die einzelnen Verhaltensaspekte sind dabei so genau, breit und vielfältig wie möglich zu erheben, damit generalisierte Aussagen über das Beobachtete zulässig sind.

Es ist davon auszugehen, dass im Verlauf dieser Bestandsaufnahme offensichtlich wird, wo die Fähigkeiten eines Kindes liegen, aber auch worin seine Probleme und Schwierigkeiten bestehen. Die Hinweise darauf sind Ausgangspunkt für den nächsten diagnostischen Schritt, die Formulierung von Hypothesen, mit denen versucht wird, das beobachtbare Verhalten zu verstehen und zu erklären. Die eigentliche diagnostische Aufgabe besteht ja darin, über die Formulierung und Überprüfung von Hypothesen zu Interpretationen zu gelangen, welche die Hintergründe beobachtbaren Verhaltes erschließen. Die zentrale Frage lautet dementsprechend in dieser Phase des diagnostischen Prozesses: Welche Bedingungen bzw. Bedingungsgefüge sind vermutlich am Zustandekommen und an der Aufrechterhaltung der ermittelten Handlungsabläufe bzw. Verhaltensweisen beteiligt? Auch hierfür erfolgt wieder der Bezug auf die Fragestellungsanalyse: Zielführende Untersuchungshypothesen kommen dadurch zustande, dass empirisch vorfindbare Daten in einen Zusammenhang mit den in der Fragestellungsanalyse formulierten individuellen und außerindividuellen Bedingungshintergründen gebracht werden. Bestätigen sich entsprechende Hypothesen, so ergeben sich daraus Anhaltspunkte für die Erklärung des Verhaltens, bestätigen sich die Hypothesen nicht, werden sich im diagnostischen Prozess andere Ansatzpunkte ergeben müssen, um neue Hypothesen zu generieren, zu prüfen und abzusichern. Die Formulierung von Hypothesen und deren Untersuchung mit geeigneten Mitteln sind Schritte des diagnostischen Prozesses, die ineinandergreifen und sich so lange wiederholen werden, bis der Diagnostiker zu einem gut begründbaren Ergebnis gekommen ist.

Erst nach der Entscheidung zur Überprüfung bestimmter Hypothesen ist in Abhängigkeit von diesen die Methodenfrage zu klären. Aus der Breite der diagnostischen Untersuchungsverfahren und -instrumente (standardisierte Verfahren, Beobachtungen in natürlichen oder in Spieltestsituationen, Befragungen, Dokumentenanalyse etc.) sind diejenigen auszuwählen, die dem jeweils in Frage stehenden Untersuchungsinhalt unter den individuell gegebenen Umständen am besten gerecht werden. Dabei geht es zwar darum, eng am Untersuchungsgegenstand zu bleiben, aber es muss ebenso möglich sein, die subjektiven Vorlieben und Neigungen der Menschen mit Behinderung wie auch die Interessen und Kompetenzen des Diagnostikers selbst zu berücksichtigen (vgl. Sautter 2005, 198 ff.).

In diesem Zusammenhang noch eine Anmerkung zum Einsatz von psychometrischen Verfahren: Tests „an sich" sind weder gut noch schlecht. Die Frage nach der Qualität und Tauglichkeit standardisierter Verfahren muss immer anwendungsbezogen formuliert werden: Wann macht es Sinn, einen Test einzusetzen, und wann nicht? Es kann also nicht darum gehen, Tests prinzipiell in Abrede zu stellen, es muss vielmehr genau abgewogen werden, in welchem Fall es tatsächlich in welcher Form Sinn macht, standardisierte Verfahren zu benützen. Ein Anwender muss sich aber auch darüber im Klaren sein, wie die quantitativen Ergebnisse zu bewerten und wofür sie zu benutzen sind, und er sollte ihre Bedeutung nicht überschätzen.

Bedingungsanalytische Diagnostik und Perspektiven pädagogischen Handelns

Ungeachtet der mangelnden Eindeutigkeit im Verhältnis von Diagnostik und Pädagogik bleibt es das prinzipielle Ziel der vorgeschlagenen bedingungsanalytischen Diagnostik, einen verstehenden Zugang zum Handeln und zum Lebensfeld eines Menschen mit Behinderung zu gewinnen und sich damit die bestmögliche Basis für sorgfältige Überlegungen im Hinblick auf die Formulierung von Perspektiven für das pädagogische Handeln und für die Gestaltung entwicklungsfördernder Angebote zu verschaffen. Insofern ist bedingungsanalytische Diagnostik klar als Förderdiagnostik zu begreifen. Da der diagnostische Prozess in der vorgestellten Form seinen Ausgang primär von inhaltlichen Gesichtspunkten bzw. von einer theoretischen Klärung diagnostischer Frage- oder Problemstellungen nimmt und auch ständig darauf bezogen bleibt, kann davon ausgegangen werden, dass dies auf fachlich hohem Niveau und transparent im Hinblick auf die Ergebnisse geschieht.

Dahinter steht die Überzeugung, dass diagnostische Ergebnisse alleine nur wenig Relevanz haben, wenn es nicht gelingt, die gewonnenen Erkenntnisse für die Erziehung und Begleitung der betreffenden Person und für die Unterstützung ihrer Lern- und Entwicklungsprozesse zu nutzen. Die Erfassung einer Lernausgangslage kann sich demnach nicht auf die Analyse von Defiziten im Unterschied zu durchschnittlichen Leistungsniveaus beschränken, vielmehr wird angestrebt, eine Vorstellung davon zu gewinnen, wie die „Zone der nächsten Entwicklung" (Wygotski) aussehen kann und welche nächsten Schritte unternommen werden können, um – ausgehend vom individuellen Leistungsvermögen – weiteres Lernen und Wachstum zu ermöglichen. Dazu zählen auch die Erstellung individueller Erziehungs- und Förderpläne und die Identifizierung bzw. Schaffung einer schulischen Umgebung, in der das Kind seine Möglichkeiten am besten realisieren kann. Denn auch Fragen der Einschulung lassen sich im Rahmen bedingungsanalytischer Diagnostik auf der Grundlage eines theoretischen Interpretationsrasters (Fragestellungsanalyse) systematisch klären und mit Überlegungen zur Erziehung und zum individuellen Bildungsbedarf eines Kindes verknüpfen. Dabei geht es diagnostisch weder um Fragen der Zuweisung, der Selektion, der Schulreife oder der Etikettierung, sondern darum, ein förderdiagnostisches Verständnis für den Unterstützungsbedarf eines Kindes zu gewinnen, das lernen und eine Schule besuchen will, um daran anschließend zu entscheiden, welche konkreten Hilfen dieses Kind in seiner jeweiligen schulischen Umgebung benötigt.

Auch in inklusivem Unterricht – darüber besteht Einigkeit – wird diagnostisches Handeln zu den Schlüsselkompetenzen von Lehrerinnen und Lehrern gehören. Das vorgestellte diagnostische Handlungsmodell sollte es auch dort im Sinne der Forderung nach einer „inklusiven Diagnostik" ermöglichen, sich mit Lernvoraussetzungen und Lernprozessen, aber auch mit Verhaltensfragestellungen zu beschäftigen und aus entsprechenden Erkenntnissen Konsequenzen für unterrichtliches Handeln abzuleiten. Auf diese Weise kann Diagnostik zur Individualisierung von Unterricht beitragen und konstitutives Element einer Lernkultur sein, welche die Entfaltung individueller Potenziale gewährleistet.

Literatur

Ahrbeck, B. (2011): Der Umgang mit Behinderung. Stuttgart.

Beutler, E. (Hrsg.) (1954): Johann Wolfgang von Goethe. Gedenkausgabe der Werke, Briefe und Gespräche, Bd. 13: Schriften zur Kunst. Zürich.

Breitenbach, E. (2003): Förderdiagnostik. Theoretische Grundlagen und Konsequenzen für die Praxis. Würzburg.

Bundschuh, K. (1994): Praxiskonzepte der Förderdiagnostik. Möglichkeiten der Anwendung in der sonder- oder heilpädagogischen Praxis. Bad Heilbrunn.

Burghardt, M. / Brandstetter, R. (2008): Individuelle Lern- und Entwicklungsbegleitung. Aufgabe und Instrument der Arbeit an Sonderschulen. In: Pädagogische Impulse 42, 3, 2–9.

Doose, S. ([10]2013): „I want my dream!". Persönliche Zukunftsplanung. Neue Perspektiven und Methoden einer personenzentrierten Hilfeplanung mit Menschen mit und ohne Beeinträchtigungen. Neu-Ulm.

Eggert, D. ([5]2007): Von den Stärken ausgehen ... Individuelle Entwicklungspläne in der Lernförderungsdiagnostik. Ein Plädoyer für andere Denkgewohnheiten und eine veränderte Praxis. Dortmund.

Haslberger, J. (2012): Persönliche Zukunftsplanung im Übergang von der Schule ins Berufsleben. Berlin/Münster/Wien/Zürich/London. [= Arbeitswissenschaften, Bd. 6].

Hinz, A. (2002): Von der Integration zur Inklusion – terminologisches Spiel oder konzeptionelle Weiterentwicklung? In: Zeitschrift für Heilpädagogik 53, 9, 354–361.

Hinz, A. (2008): Dekategorisierung in der Inklusion und Fallarbeit in der schulischen Erziehungshilfe – wie passt das zusammen? In: Behindertenpädagogik 47, 1, 98–109.

Hollenweger, J. / Lienhard, P. (2008): Schulische Standortgespräche. Ein Verfahren zur Förderplanung und Zuweisung von sonderpädagogischen Massnahmen. Zürich.

Kobi, E. E. (1977): Einweisungsdiagnostik – Förderdiagnostik: Eine schematisierte Gegenüberstellung. In: Vierteljahresschrift für Heilpädagogik und ihre Nachbargebiete 46, 115–123.

Kobi E. E. ([5]2003): Diagnostik in der heilpädagogischen Arbeit. Luzern.

Kornmann, R. / Meister, H. / Schlee, J. (Hrsg.) ([3]1994): Förderungsdiagnostik: Konzept und Realisierungsmöglichkeiten. Heidelberg.

Kretschmann, R. (2003): Erfordernisse und Elemente einer Diagnostik-Ausbildung für Lehrerinnen und Lehrer. In: Journal für LehrerInnenbildung 3, 2, 9–19.

Langfeldt, H. / Kurth, E. (Hrsg.) (1993): Diagnostik bei Lernbehinderten. Neuwied.

Lanwer, W. (2002): Selbstverletzungen bei Menschen mit einer sogenannten geistigen Behinderung. Butzbach.

Mühl, H. / Neukäter, H. / Schulz, K. (1996): Selbstverletzendes Verhalten bei Menschen mit geistiger Behinderung. Ein Lehrbuch aus pädagogischer Sicht. Bern/Stuttgart/Wien.

Prengel, A. ([3]2006): Pädagogik der Vielfalt. Verschiedenheit und Gleichberechtigung in Interkultureller, Feministischer und Integrativer Pädagogik. Wiesbaden.

Prengel, A. (2013): Inklusive Bildung in der Primarstufe. Eine wissenschaftliche Expertise des Grundschulverbandes (unter Mitarbeit von Elija Horn). Frankfurt a. M.

Rittmeyer, C. (2013): Die Bedeutung der (sonder)pädagogischen Diagnostik für ein inklusives Schulsystem im Kontext der Lehrer/innenbildung. München/Ravensburg.

Sautter, H. (2005): Förderorientierte Erhebungen. In: Stahl, B. / Irblich, D. (Hrsg.): Diagnostik bei Menschen mit geistiger Behinderung. Ein interdisziplinäres Handbuch. Göttingen, 186–203.

Schlee, J. (2008): 30 Jahre „Förderdiagnostik" – eine kritische Bilanz. In: Zeitschrift für Heilpädagogik 59, 4, 122–131.

Stinkes, U. (2012): Ist es normal, verschieden zu sein? – Fremdheit im Kontext der egalitären Differenz. In: Behindertenpädagogik 51, 3, 236–251.

Strasser, U. (1994): Wahrnehmen, Verstehen, Handeln. Förderdiagnostik für Menschen mit einer geistigen Behinderung. Luzern.

Trost, R. (2003): Förderplanung mit Menschen mit geistiger Behinderung. In: Irblich, D. / Stahl, B. (Hrsg.): Menschen mit geistiger Behinderung. Psychologische Grundlagen, Konzepte und Tätigkeitsfelder. Göttingen/Bern/Toronto/Seattle, 502–558.

Trost, R. (2005): Diagnostisches Handeln und personzentrierte Planung. In: Stahl, B. / Irblich, D. (Hrsg): Diagnostik bei Menschen mit geistiger Behinderung. Ein interdisziplinäres Handbuch. Göttingen, 204–214.

Trost, R. (2007): Förderplanung. In: Theunissen, G. / Kulig, W. / Schirbort, K. (Hrsg.): Handlexikon Geistige Behinderung. Stuttgart, 117–119.

Trost, R. (2008): Bedingungsanalytische Diagnostik – ein Vorschlag zur Überwindung alter Gräben. In: Hiller, G. G. / Trost, R. / Weiß, H. (Hrsg.): Der diagnostische Blick. (Sonder-)Pädagogische Diagnostik und ihre Wirkungen. Laupheim, 165–192.

Wendeler, J. (2000): Förderdiagnostik für Grund- und Sonderschulen. Praxisorientierte Entwicklung von Lernzieltests. Weinheim/Basel.

Wocken, H. (1996): Sonderpädagogischer Förderbedarf als systemischer Begriff. In: Sonderpädagogik 26, 1, 34–38.

Wocken, H. (2010): Restauration der Stigmatisierung! Kritik der „diagnosegeleiteten Integration". In: Behindertenpädagogik 49, 2, 117–134.

Wocken, H. (2011): Architektur eines inklusiven Bildungswesens. Eine bildungspolitische Skizze. In: Mittendrin e. V. (Hrsg.): Eine Schule für alle. Vielfalt Leben! Materialien zum Kongress 2010. Norderstedt, 41–56.

Wocken, H. (2012): Rettet die Sonderschulen? – Rettet die Menschenrechte! Ein Appell zu einem differenzierten Diskurs über Dekategorisierung. In: Zeitschrift für Inklusion, Nr. 4. http://www.inklusion-online.net/index.php/inklusion-online/article/view/81/81 [20.2.2014].

Anschrift des Verfassers:
Prof. Dr. Rainer Trost
Pädagogische Hochschule Ludwigsburg
Förderschwerpunkt geistige Entwicklung
Postfach 2 20
71602 Ludwigsburg

Bernhard Rauh

Sonderpädagogische Professionsberatung im System inklusiver Bildung

Im Unterschied zur Integration erfordert Inklusion eine Veränderung im Selbstverständnis des Bildungssystems. Es reicht nicht, Kinder mit und ohne Behinderung aufzunehmen. Eine inklusive Schule ist eine Schule, die alle Kinder in ihrer Individualität erkennt und annimmt, sich entsprechend den Bedürfnissen der Kinder verändert und für alle Kinder passende pädagogische Angebote bereithält. Inklusive Bildung fußt auf der bewussten Wahrnehmung der Vielfalt der Beziehungs- und Lehr-/Lernsituationen und einem darauf abgestimmten pädagogischen Handeln, was auch eine bewusste Wahrnehmung von und einen reflektierten Umgang mit Exklusionsrisiken beinhaltet.

Die Allgemeine Schule kann diese Aufgaben derzeit noch nicht aus sich heraus bewältigen. Allgemeinpädagoginnen[1] sind dafür noch nicht hinreichend professionalisiert. Sie haben die für die Umsetzung der Inklusionsforderung nötigen Handlungslogiken, -strukturen und -praxen noch nicht fest in ihren beruflichen Habitus integriert.

Indem die Sonderpädagogik einen Beitrag zur Professionalisierung der (allgemein-)pädagogischen Berufe leistet, kann sie ein „Motor der Umsetzung der Inklusionsforderung" sein (Rauh 2012, 22). Kern dieser neuen sonderpädagogischen Aufgabe ist die Unterstützung bei der Anerkennung von Heterogenität. Dieses sonderpädagogische Handlungsfeld soll vorläufig als *sonderpädagogische Professionsberatung* bezeichnet und im Beitrag entfaltet werden.

Theoretische Perspektive auf Professionalisierung

Die Diskussion um Professionalisierung und Professionalität war lange Zeit auf Institutionen und Rollen, Expertise und Kompetenzen ausgerichtet (vgl.

---

1 Um der Verständlichkeit des Textes willen und um den realen Verhältnissen Ausdruck zu verleihen, werden weibliche Sprachformen verwendet. Männer sind selbstverständlich mitgedacht und mitgemeint.

z. B. Bauer / Kopka / Brindt 1999, 15). Neuen Schwung erhielt die Professionsforschung ab den 1990er-Jahren, als die Strukturlogik professionellen pädagogischen Handelns fokussiert wurde (Dewe 2005, 257). Aktuell sind in der Debatte um pädagogische Professionalität mindestens zwei Ansätze, ein modernisierungstheoretisch-kompetenzorientierter und ein strukturtheoretischer Ansatz, zu unterscheiden (vgl. Baumert / Kunter 2006; Helsper 2007). Aktuell konstatieren Helsper und Tippelt (2011, 272), dass Professionalität zunehmend unabhängig von Status und Zustand einer Berufsgruppe konzipiert wird. Nicht das äußere Erscheinungsbild, sondern die Handlungs- und Anforderungsstrukturen eines Praxisfeldes stehen im Vordergrund.

In seiner 1996 veröffentlichen „Theoretische[n] Skizze einer revidierten Theorie professionalisierten Handelns" geht Oevermann (1996, 150) davon aus, dass „das Selbstverständnis der Normalpädagogik sich auf die Funktion der Wissens- und Normvermittlung beschränkt und die therapeutische Dimension ihrer Praxis ausblendet". Bedingt durch diese Selbstbegrenzung „kommt es zur bezeichnenden *Differenzierung von Normal- und Sonderpädagogik*" (Oevermann 1996, 150, Hervorh. im Orig.). Eine Professionalisierung der Lehrertätigkeit gelingt seiner Ansicht nach aber nur dann, wenn Lehrkräfte neben der Wissens- und Normenvermittlung die von ihm als „therapeutische Dimension" bezeichnete Sorge um die psychosoziale Integrität von Schülerinnen und Schülern als selbstverständlichen Teil der beruflichen Anforderungs- und Handlungsstruktur akzeptieren. Sie beinhaltet die Kompetenz zu Prävention und Intervention bei einer „durch pädagogische Praxis induzierten psychosozialen Störung" (Oevermann 1996, 150), was im inklusionspädagogischen Diskurs als „Bearbeitung von Exklusionsrisiken" (Weisser 2012, 11) bezeichnet wird.

Oevermann attestiert der Sonderpädagogik eine relativ weit gediehene Professionalisierung, da sie die „therapeutische Dimension" in ihr berufliches Selbstverständnis, in die Handlungsstruktur der sonderpädagogischen Förderung integriert hat. Konzepte wie Kind-Umfeld-Analyse und diagnosegeleitete Förderung, welche die je individuellen Lebensbedingungen und psychosozialen Problemlagen von Familien, Kindern und Heranwachsenden in den Vordergrund rücken, die unter besonderen Voraussetzungen und mit Risiken der Exklusion leben, belegen diese Einschätzung.

Im strukturtheoretischen Zugang nach Oevermann (2002; 1996) werden Professionen über eine „stellvertretende Krisenbewältigung" und die Generierung von „nicht-standardisierten Problemlösungen" bei Handlungsproblemen von hoher gesellschaftlicher Bedeutung definiert. Aus einer strukturtheoretischen Perspektive wäre *sonderpädagogische Professionalität* nicht institutionell durch einen spezifischen Förderort, eine eigenständige Schuloder Organisationsform, auch nicht durch die Expertise für eine eng umgrenzte Personengruppe oder ganz spezifische und exklusive Kompetenzen charakterisiert, sondern von der Struktur des Handelns (vgl. Reiser 1996, 184) in einem Handlungsfeld von hoher gesellschaftlicher Bedeutung zu bestimmen. Bei inklusiver Bildung handelt es sich zweifellos um ein solches hochrelevantes Handlungsfeld, denn die Anerkennung von Heterogenität, die Einbindung der verschiedenen sozialen und psychischen Systeme und damit auch die Verhinderung von Exklusionsprozessen ist die zentrale Problemstellung, die jede Gesellschaft als Ganzes und in ihren Subsystemen immer wieder neu bewältigen muss.

Anerkennung von Heterogenität als Kern eines professionellen inklusionspädagogischen Handelns

Viele Lehrkräfte der Allgemeinen Schule sehen sich aktuell mit der Forderung nach Berücksichtigung und Wertschätzung von Heterogenität überfordert. Ihre Praxisroutinen und damit sie selbst geraten in eine „Krise", da die stark auf Homogenisierung ausgerichteten Routinen der Akteure im Schulsystem im Zuge der Forderung nach „inclusion & diversity" ihre Passung verlieren. Es fehlen Allgemeinen Schulen bislang die nötigen theoretischen, konzeptionellen und praktischen Ressourcen, um die Bearbeitung von massiven Krisen, sichtbar als gravierende Störungen im Lehr-Lernprozess und den sozialen Interaktionen, zu organisieren und damit die „therapeutische Dimension" wahrzunehmen.

Die Anerkennung von Heterogenität erfordert ein differenziertes bis individuelles pädagogisches Handeln, das nur „nicht-standardisiert" (Oevermann 2002, 32) erfolgen kann. Im Verständnis der strukturtheoretischen Professionalisierungstheorie ist damit eine sozio-technische, situations- und kontextunabhängige Anwendung von Routinen in der Pädagogik – als Handlungsfeld von hoher gesellschaftlicher Bedeutung – nicht adäquat. Vielmehr ist ein professionelles Handeln nötig, bei dem die Applikation eines reflexiv angeeigneten wissenschaftlichen Wissens zur Bewältigung einer ganz bestimmten Situation eingesetzt wird (Oevermann 2002). Das Grundverständnis, mit ganz individuellen Fällen zu arbeiten, ist handlungsleitend. Fallverstehen gerät zum zentralen Charakteristikum professioneller pädagogischer Arbeit. So reicht es beispielsweise nicht aus, zu fragen, was bei Schulverweigerung zu tun sei. Vielmehr ist zu fragen, warum und wozu genau dieses Kind nicht mehr in diese Schule geht und was auf der Basis des gewonnenen Verständnisses in dieser Situation möglich ist.

Die Allgemeine Schule scheint noch nicht hinreichend auf den mit inklusiver Bildung verbundenen Systemwechsel vorbereitet, ihre Lehrkräfte scheinen noch nicht hinreichend für den Umgang mit „diversity" und „disability" professionalisiert, um ihre pädagogische Praxis – gemäß den veränderten

Bedingungen – autonom zu gestalten. Die Allgemeine Schule kann die durch die Anerkennung von Heterogenität an sie gestellten Herausforderungen noch nicht aus sich selbst heraus bewältigen. Deshalb muss Sonderpädagogik Allgemeinpädagogik bei der Übernahme und Erlangung von „disability"-bezogener Professionalität, verstanden als Kompetenz zur individuellen Problemlösung, unterstützen.

Welche Form von Unterstützung erscheint systemadäquat?

Neupositionierung der Sonderpädagogik als Unterstützungssystem *im* inklusiven Bildungssystem

Damit sich Lehrkräfte in den Stand versetzen, einen passenden Zugang zu den mit der Anerkennung von Heterogenität verknüpften Problematiken zu erlangen, können sie sich beraten lassen. Sonderpädagogik hat Wissen für die Bearbeitung bestimmter Heterogenitätsdimensionen akkumuliert und institutionalisiert. Dies insbesondere deshalb, weil an die Sonderpädagogik bislang ein Teil der Bearbeitung von Krisen, von „Exklusionsrisiken" (Weisser 2012) delegiert war. Diesen Bereich dürfte Oevermann mit „therapeutischer Dimension" gemeint haben. Seit 1996 hat sich die gesellschaftliche und politische Landschaft verändert. Die allgemeinen, nun der Leitidee der Inklusion verpflichteten Bildungssysteme sind aufgefordert, die bislang von der Sonderpädagogik wahrgenommene „therapeutische Dimension" in ihre Handlungslogiken, -strukturen und -praxen zu integrieren.

Dazu scheint es sinnvoll, Sonderpädagogik strukturell im System inklusiver Bildung als *ein* Unterstützungssystem zu verorten, welches die Allgemeine Pädagogik bei der Bewältigung von Krisen *innerhalb des Systems* unterstützt (vgl. Katzenbach 2007). Seine Legitimation gewinnt dieses Unterstützungssystem aus der „*prinzipiellen* Krisenanfälligkeit von Bildungsprozessen *aller* Schülerinnen und Schüler" (Katzenbach 2007). Sonderpädagogik leistet damit einen Beitrag zur (Wieder-)Aneignung der umfassenden gesellschaftlichen Aufgabe, „Schule für alle und jeden"[2] zu sein. Sie wird dann aktiv, wenn mehr als alltägliche Schwierigkeiten, eben Krisen, auftreten bzw. zu erwarten sind, denn eine „vielfältige Unterstützung der Lehrpersonen [ist als] eine der wichtigsten Komponenten erfolgreicher schulischer Inklusion" zu betrachten (Sander 2003, 322).

---

2 Die deutschsprachige Fassung der Charta von Luxemburg verwendet den Ausdruck „Schule für alle und jeden" (Europäische Kommission 1996). Durch den Zusatz „und jeden" wird der Leitorientierung der Wertschätzung von individuellen Bedürfnissen bzw. Heterogenität deutlicher Ausdruck verliehen.

Durch eine sonderpädagogische Unterstützung wird die Fähigkeit und Bereitschaft von Lehrkräften zur „stellvertretenden Krisenbewältigung" und „nicht-standardisierten Problemlösung", zur Übernahme der „therapeutischen Dimension" im Sinne des Aufnehmens von präventiven, interventiven, intensivpädagogischen Zielen und Arbeitsformen deutlich erhöht. Sonderpädagogik leistet dann einen gewichtigen Beitrag zum sukzessiven Kompetenzaufbau in Allgemeinen Schulen, damit diese als inklusive Schulen den individuellen Bedürfnissen aller entsprechen können.

Für einen solchen grundlegenden Wandel, der als ‚Unterstützung der Allgemeinen Pädagogik durch Kompetenztransfer' gefasst werden kann, ist ein verändertes Leitbild der sonderpädagogischen Tätigkeit zu entwickeln: Die Zuständigkeit für das Kind bleibt im Konzept inklusiver Bildung – personalisiert gedacht – bei der Allgemeinpädagogin. Das erfordert einen Rückzug der Sonderpädagogin aus der direkten ‚Arbeit mit dem Kind' (Reiser 1996, 183 f.), da sich sonst keine strukturell neue, subsidiäre Positionierung der Sonderpädagogik etabliert, die am ehesten dem Bereich der *Beratung* zuzuordnen ist.

Beratung und prozessbezogene Professionsberatung

Systemisch betrachtet ist Beratung eine Systemstrategie zum Komplexitätsmanagement, zur Organisation von Komplexität durch eine „[…] Ausdifferenzierung reflexiver Strukturen im Schulsystem" (Urban 2009, 203). Durch Beratungskompetenz kann Unsicherheit im System aufgefangen werden, wie sie in der gegenwärtigen Transformationsphase des Bildungssystems hin zu einem inklusiven Bildungssystem zur Genüge vorzufinden ist.

Mutzeck (2002, 14) definiert Beratung als eine „besondere zwischenmenschliche Interaktionsform, die im Gegensatz zum Alltagsgespräch planvoll, sachkundig und methodisch geschult durchgeführt wird". Strukturlogik und Anspruch von professionalisierter Beratung ist es, mithilfe einer wissenschaftlich begründbaren Problemlösung zu arbeiten (vgl. Oevermann 1996, 80).

Beratung gilt als eine Grundform pädagogischen Handelns (Prange / Strobel-Eisele 2006, 31). Ein Kompetenzzuwachs der Klienten durch Eröffnung neuer Sichtweisen und Handlungsmöglichkeiten ist das Ziel der pädagogischen Beratung. Beratung wird in der Pädagogik meist als ein eigenes Handlungsfeld neben Unterricht, Förderung, Kooperation und Diagnostik/ Fallanalyse oder als feld- und professionsbezogene Kompetenz thematisiert.

Eine *Professionsberatung* fokussiert die Qualifizierung und Identitätsbildung von Fachkräften. Dafür sollten Beraterinnen eine klare Vorstellung davon haben, welche Kompetenzen für den jeweiligen Tätigkeitsbereich relevant sind. Idealtypisch werden zwei Subformen von Professionsberatung, Experten- und Prozessberatung, unterschieden.[3]

In der *Experten- bzw. Fachberatung* will die Ratsuchende ein Informationsdefizit ausgleichen. Die Beraterin gibt auf der Basis ihres Fachwissens Auskunft. Sie löst das Problem der Ratsuchenden real oder antizipierend, indem sie Lösungsmöglichkeiten erarbeitet. Ein typisches Bespiel für diese Beratungsform wäre die IT-Fachberatung, in der die Problembearbeitung an die Beraterin delegiert ist und die Ratsuchende anschließend instruiert wird, was zu tun sei. Als Grundkonfiguration der Expertenberatung dienen die Annahme eines Wissens- und Kompetenzunterschiedes zwischen der Beraterin und der Ratsuchenden sowie die Möglichkeit einer objektiven Problemdefinition: Die Beraterin erkennt objektiv das Problem (z. B. in der Softwarekonfiguration), bearbeitet es und bereitet als aktive Akteurin dessen Lösung vor. Der Ratsuchenden kommt die Aufgabe zu, die von der Beraterin ausgearbeitete Lösung umzusetzen (z. B. Funktionen zu deaktivieren).

In der *Prozessberatung* hingegen bleibt das Problem im Besitz der Ratsuchenden und die Erarbeitung von Lösungsmöglichkeiten erfolgt nicht durch die Beraterin, sondern in einem gemeinsamen, kooperativen Prozess (vgl. Katzenbach / Olde / Rinck-Muhler 2006, 10). Entscheidend sind eine kommunikative Problemdefinition und gemeinsame Erarbeitung von Lösungsmöglichkeiten, wobei der Ratsuchende die auftretenden emotional-kognitiven Problemstellungen selbst bewältigen muss, dabei aber unterstützt wird. Zweck der Prozessberatung ist Hilfe zur Selbsthilfe. Probleme und mögliche Lösungen – vorsichtiger formuliert – Veränderungen, die zu einer Verbesserung der Situation beitragen können, werden in der Beratung festgelegt und erarbeitet.

Eine Expertenberatung geht deutlich direktiver und inhaltsorientierter vor als eine Prozessberatung. Anders als in der Expertenberatung sind in der Prozessberatung Problem und Ziel nicht von Anfang an festgelegt. Der Beratungsanlass wird nicht mit dem Problem gleichgesetzt. Die Situationsdiagnose bzw. Problemdefinition wird bereits als Teil der Lösung, als Intervention, betrachtet. Die kommunikative und kooperative Erarbeitung nimmt einen zentralen Stellenwert ein. Der Beratungsprozess dient der Erarbeitung eines gemeinsamen Problemverständnisses und der Problemlösung. Das Spektrum der Prozessberatung reicht von Fallbesprechungen bis zur Supervision.

---

3 Realiter können die beiden Formate nicht eindeutig voneinander abgegrenzt werden. Eine Differenzierung ergibt aber Sinn, da die zwei Grundausrichtungen tendenziell unterschiedliche Wirkungen entfalten, zum Beispiel bei den Beziehungsdefinitionen (s. Kap. Strukturelle Bedingung des Ge- und Misslingens).

Beratung als „stellvertretende Krisenbewältigung"

Aus strukturtheoretischer Perspektive stellt sich Prozessberatung als „stellvertretende Krisenbewältigung" und damit als eine professionalisierungsbedürftige Form des pädagogischen Handelns dar.

Beratungsanlass ist, dass Lehrkräfte der Allgemeinen Schulen durch die Forderung nach Anerkennung von Heterogenität in ihrer beruflichen Praxis in eine Krise geraten, die sie noch nicht selbst lösen können. Um diese Krise zu bewältigen, wenden sie sich als Klientinnen an Beraterinnen. Eine Bedingung der Krisenbewältigung ist das Zustandekommen eines gemeinsamen *Arbeitsbündnisses*, das darauf basiert, dass die Lehrkräfte als Klientinnen ein Problem als ein von ihnen allein nicht lösbares Problem ihrer Praxis, eben als Krise, wahrnehmen.

Die Bearbeitung des Problems kann unter den Bedingungen der inklusiven Schule nicht mehr einfach an das sonderpädagogische Subsystem delegiert werden. Demnach haben nicht Schülerinnen und Schüler oder Eltern ein Problem, das auch jemand anderes bearbeiten kann, sondern die Lehrkraft hat ein Problem mit der Interaktion mit einem Kind oder mit Kindern oder Eltern.

Vier Aspekte sind in einem als stellvertretende Krisenbewältigung konzipierten Beratungsprozess zu identifizieren und genauer zu betrachten (vgl. Oevermann 2002, 30):

- das Zustandekommen eines Arbeitsbündnisses
- eine „diagnostische Phase des Fallverstehens" als Rekonstruktion der jeweilig konstitutiven Krisenkonstellation
- die Anwendung einer auf die theoriefundierte Diagnose bezogenen, fallangemessenen Problemlösung
- eine sokratische „Weckung der Eigenkräfte", der Ressourcen der Klientin in der gemeinsamen Problembearbeitung

Arbeitsbündnis

Als wesentlicher Faktor für die Etablierung und Aufrechterhaltung und damit das Gelingen einer Beratung gilt, ob „ein je fallspezifisches Arbeitsbündnis" zustande kommt, in dem spezifische und diffuse Aspekte der Sozialbeziehung einfließen (Oevermann 1996, 151; vgl. auch Reiser 1998). Zentrale Gelingenskriterien sind, ob und inwieweit eine problembezogene Arbeitsbeziehung entsteht und die Integrität und Autonomie des Handelns der Ratsuchenden gewahrt bleiben. Konkret: Übernimmt die Ratsuchende ihre

Verantwortung bei der weiteren Problemlösung oder wandert diese zur Beraterin? Bleibt die Ratsuchende Subjekt ihres Handelns?

Das Arbeitsbündnis basiert auf Seiten der Beraterin auf mindestens fünf Bedingungen, die den Aufbau von Vertrauen in den Beratungsprozess und in die Beraterin bei der Ratsuchenden und somit die Qualität des Arbeitsbündnisses beeinflussen:

- *Anerkennung der Ratsuchenden*, denn eine Wertschätzung ihrer Bedürfnisse und Sichtweisen „erlaube es Menschen, sich auf ihre konkreten Eigenschaften und Fähigkeiten positiv zu beziehen" (Honneth 1992, 196; zit. n. Gröning 2006, 83).
- *Empathie* als Fähigkeit der Beraterin, sich in die Situation und das Erleben einer anderen hineinversetzen zu können und so ihre Perspektive und das innere Referenzsystem der anderen verstehen zu können, ohne die eigene Perspektive dabei aufzugeben. Ebenso ist auf die narzisstische Balance zu achten (Lohmer / Wernz 2000), um die Ratsuchende nicht zu überfordern, indem ihr beispielsweise ihre Fehler konsequent aufgezeigt werden.
- *Introspektion* als Fähigkeit zur Selbstbeobachtung, um die eigene Positionierung und Bedürfnislage zu reflektieren und auf dieser Grundlage den Beratungsprozess sicher gestalten zu können.
- *(Beratungs-)methodische Kompetenz* als Wissen darüber, was in einer Beratung zu tun ist.
- *Fach- bzw. Feldkompetenz* als Wissen, worüber die Ratsuchende spricht.

Fallverstehen

Die stellvertretende Bewältigung einer Krise ist immer auf die Darstellung eines Falles in seiner Eigenlogik angewiesen. Ein entsprechendes Fallverstehen ist als ein Teilkonzept professionellen Handelns zu betrachten (Oevermann 1996), in dem eine hermeneutisch-forschende Grundhaltung einzunehmen ist und in dessen Zentrum die hermeneutische Kompetenz der Professionellen steht. Als elaborierte Strategie kennt Fallverstehen verschiedene Methoden, die alle das Ziel verfolgen, Sinn zu rekonstruieren bzw. zu konstruieren. Entscheidend ist bei diesen Formen der professionellen Hinterfragung, dass mithilfe von Methoden eine „reflexive Position" (v. Freyberg / Wolff 2006, 195) erlangt wird, ein Nachdenken über die eigene Praxis entsteht, bei dem auch das eigene Handeln Gegenstand der Analyse wird.

Leicht wird das Kind mit dem Fall gleichgesetzt. Ausgangspunkt eines pädagogischen Fallverstehens ist aber die Rekonstruktion der „pädagogischen Situation" (Heimann 1947, 59), die Situation des Kindes ist lediglich ein

Bestandteil davon. Die Praxis des pädagogischen Handelns, die Interaktion, die nicht gelingt, rückt in den Fokus.

Gemäß diesem Verständnis hat nicht die Schülerin, die stört, ein Problem, sondern die Lehrkräfte mit der Interaktion mit der Schülerin. Der Fall ist nach diesem Verständnis nicht das Kind, sondern die „pädagogische Situation [...] mit wechselwirkenden Einzelpersonen" (Heimann 1976, 59). Die gesamte Krisenkonstellation mit Defiziten, personalen wie sozialen Ressourcen und Konfliktdynamiken ist zu betrachten, die Interaktion zwischen den Akteuren steht im Zentrum des Falls. Damit wird das auch eigene Denken und Handeln der ratsuchenden Lehrkraft zum Gegenstand der Analyse. Für eine Krisenbewältigung ist es essentiell, dass im Fallverstehen „routinehafte Handlungsmuster des Klienten problematisiert und aufgebrochen werden", und zwar mithilfe „eines Krisenkonzepts, das über die subjektive Krisenempfindung des Klienten hinausgeht" (Oevermann 2000, 135). Die Vorstellungen der Klientin darüber, wie es zur Krise kam und was zu tun ist, sind zu erweitern, damit eine Problemlösung von einer breiteren Basis aus angegangen und die Autonomie der Klientin wiedererlangt werden kann.

Ressourcenorientierte Problemlösung und Autonomie der Klientin

Ein Fokus der Beratungsarbeit liegt auf der Erforschung der Problemsituation und dem Rekonstruieren von Sinn in dieser Problemsituation. Vor dem Hintergrund konstatierter Probleme geht es auch ganz zentral um ein gemeinsames Erarbeiten von Alternativen zum bisherigen Handeln und Erleben, die „sich in weiterer Lebenspraxis des Klienten bewähren können" (Fischer 2010, 23).

Die professionelle Unterstützungsarbeit dient der Wiederherstellung der autonomen Lebenspraxis einer Klientin. Ziel der Beratung ist ein Kompetenzzuwachs bei der Klientin, indem sich ihr neue Sichtweisen eröffnen und ihre Handlungsmöglichkeiten erweitern, was einen Zugewinn an Autonomie bedeutet.

Beraterische Grundhaltung sollte sein, dass die Kompetenz für Erziehung und Unterricht der Lehrkraft, die um Beratung nachfragt, anerkannt wird.

Bei einer Prozessberatung ist es wichtig, dass die fachliche Kompetenz der Beraterin nicht direkt im Sinne von Lösungsvorschlägen in den Beratungsprozess einfließt. Vielmehr kommt es darauf an, „die Wissensbestände und Sinndeutungen der Ratsuchenden zu aktivieren, die Suche nach Lösungen zu begleiten und zu moderieren" (Reiser 1998, 50). Hier zeigt sich deutlich eine „antinomische Grundstruktur" (1998, 52) der Prozessberatung, „eine Intention verfolgen zu wollen, es aber eigentlich nicht zu können, weil, was gewollt wird, nur vom Anderen selbst hervorgebracht werden kann" (Wimmer 1996, 425 f.; zit. n. Reiser 1998, 52).

Zwischenfazit

Die Forderung nach Anerkennung von Heterogenität stellt bestehende Systemroutinen der Allgemeinen Schule in Frage, ein krisenhafter Zustand tritt ein. Beratung hat den Zweck, einen *Kompetenztransfer* zu leisten und die Problemlösefähigkeit der Ratsuchenden zu erhöhen. Sie arbeitet demnach daran, sich selbst überflüssig machen, strukturtheoretisch formuliert, Autonomie wieder herzustellen. Eine stellvertretende Krisenbewältigung stellt die Autonomie der ratsuchenden Lehrkräfte der Allgemeinen Schule für deren pädagogische Arbeit nicht in Frage, denn die Problemlösungen werden gemeinsam erarbeitet. Lehrkräfte der Allgemeinen Schule werden dabei unterstützt, Heterogenität anzuerkennen, was auch bedeutet, die Zuständigkeit für die Bearbeitung von Heterogenität zu behalten, sich zu professionalisieren und autonomer zu werden.

Strukturell geht es in der Prozessberatung um die Bereitstellung eines *triadisch strukturierten Möglichkeitsraumes*. Zwei Perspektiven sind in der Beratung zusammenzubringen: Die Beraterin muss sich empathisch in die Perspektive der Ratsuchenden eindenken, sie muss aber auch die möglichen Perspektiven anderer Beteiligten einnehmen, beides ohne die Zielperspektive der Beratung – Autonomie der Ratsuchenden – aufzugeben und das Arbeitsbündnis zu gefährden. Gelingt eine Triangulierung der beiden Perspektiven, kann sich ein Weg zu einer vertieften Bearbeitung des Problems eröffnen, da Denk- und Handlungsmöglichkeiten erweitert werden.

Fallverstehen legt die Basis für ein verlässliches und belastbares *Arbeitsbündnis* und umgekehrt. Es handelt sich um einen sich wechselseitig verstärkenden Prozess. Die Beraterin muss die Situation der Ratsuchenden als Fall verstehen und gleichzeitig eben diese Person beraten, um deren Autonomie zu fördern. Durch Fallverstehen erschließen sich der Beraterin das Individuelle und das Allgemeine im Fall. Es gibt ihr Orientierung dafür, was sie in der Beratungsbeziehung beraten kann, ohne das Arbeitsbündnis und die Autonomie der Ratsuchenden zu gefährden. Im Fallverstehen wird, ohne die Autonomie der Ratsuchenden in Frage zu stellen, ein Problemkomplex mithilfe wissenschaftlichen Wissens aufgeschlossen und eine neue, idealiter passendere Problemsicht kooperativ hervorgebracht, die auch zu einer Problembearbeitung oder -lösung führt.

Im Handlungsfeld *Professionsberatung* gestalten Sonderpädagoginnen pädagogische Prozesse zweiter Ordnung. Sie unterstützen Lehrkräfte bei der

Lösung *ihrer pädagogischen Probleme*. Die Verantwortung verbleibt bei der Ratsuchenden. Von der Struktur handelt es sich um ein professionelles Handeln, das bisher dem Feld von Supervision und Coaching von Lehrkräften zugerechnet wird.

Durch eine professionalisierungstheoretische Rekonstruktion der Strukturlogik einer sonderpädagogischen Professionsberatung kann ihr Handlungsproblem vorläufig als ‚stellvertretende Krisenbewältigung' für die berufliche pädagogische Praxis bezeichnet werden. Nach diesem Versuch einer strukturtheoretischen Ausarbeitung der sonderpädagogischen Professionsberatung soll der weitere Fokus auf den strukturellen Verursachungszusammenhang von Gelingen/Scheitern und vorhandener/fehlender Professionalisierung gelegt werden.

Strukturelle Bedingungen des Ge- und Misslingens

Strukturtheoretisch betrachtet werden Lehrkräfte der inklusiven Schule durch eine sonderpädagogische Professionsberatung dabei unterstützt, die Zuständigkeit für die Bearbeitung von Heterogenität zu behalten. Dabei ist der Erfolg bzw. Misserfolg des Beratungsprozesses von verschiedenen Bedingungen und Einflussfaktoren abhängig.

Grundverständnis und strukturelle Absicherung des Beratungssettings

Von zentraler Bedeutung für das Gelingen des Beratungsprozesses ist das Verständnis der sonderpädagogischen Beraterin und der Ratsuchenden von sonderpädagogischer Professionsberatung. Verschiedene Fragen sind zu klären: Welche Funktion und Position will die Beraterin einnehmen (vgl. Overbeck / Kauz 2007, 232) und welche Funktion wollen ihr die Kooperationspartnerinnen zuschreiben und welche Position zuweisen. In welcher Weise verortet sich die sonderpädagogische Professionsberatung in der Organisation? Bleibt die Beraterin im Modus der Prozessberatung oder folgt ihr Handeln einer technische Fachberatung und damit der Strukturlogik einer Instruktion, mit einer ganz spezifischen Expertin-Klientin-Beziehung? Lassen sich die am Beratungsprozess beteiligten Personen auf eine gemeinsame Suchbewegung ein?

Entscheidend ist wohl, ob und inwieweit es einer Sonderpädagogin gelingt, die postulierte Position einer Prozessberatung und gemeinsamen Krisenbewältigung einzunehmen und zu halten und nicht in den Sog der Handlungsstruktur sozio-technisch anmutender Fachberatung zu geraten. Fach beratung folgt der Strukturlogik einer Instruktion. Sie kommt den latent vorhandenen und angesichts der hohen Anforderungen an Lehrkräfte in der inklusiven Schule verständlichen, aber professionalisierungsgefährdenden Bedürfnissen mancher Allgemeinpädagoginnen nach „Verantwortungsdelegation" (Katzenbach / Olde 2007) entgegen.

Das vorgestellte Konzept einer Professionsberatung mit seiner offenen, strukturell von Unsicherheit geprägten Gesprächssituation aktiviert Ängste auf beiden Seiten. Eine möglicherweise aufkommende „Angst vor Kontrollverlust" (Overbeck / Kauz 2007, 241 f.) erschwert das Einlassen auf eine Prozessberatung und fördert die Tendenz zur Herstellung einer Gesprächsstruktur, die eher der Expertenberatung entspricht. Dadurch wird aber das Gespräch seines Potentials beraubt, zu Verstehensprozessen beizutragen und neues Wissen bei der Ratsuchenden zu generieren, über das sie autonom verfügen kann.

Im Beratungsprozess kann sich eine Situation einstellen, in der Ratsuchende Phantasien von Größe auf die sonderpädagogischen Beraterinnen projizieren, ihnen besondere fachliche Kompetenz zuschreiben und sie zu allwissenden Expertinnen stilisieren, die ihnen sagen sollen, was zu tun ist. Das kann den Bedürfnissen von Sonderpädagoginnen nach Wertschätzung entgegenkommen. Andererseits sind sie es dann aber auch, die für ein Scheitern verantwortlich gemacht werden, da sie aus der Perspektive der Ratsuchenden Vorschläge generiert haben. Die ratsuchende Lehrkraft kann sich somit leicht vom Problem distanzieren und sich als weniger verantwortlich erleben, da sie ja weniger weiß. Eine solche Spaltung in Wissende und Unwissende mit einer Delegation der Verantwortung an die Beraterinnen gefährdet das Entstehen eines Arbeitsbündnisses oder stellt es in Frage: Es geht sowieso nicht, was *die* will.

Ohne ein passendes Setting ist eine sinnvolle Beratungsarbeit nur schwerlich zu realisieren. Die strukturelle Absicherung des Beratungshandelns über ein eigenes Setting mit verbindlich zugeordneten Personen, einem festen Stundendeputat und eigenen Räumlichkeiten ist vorteilhaft, ansonsten ergeben sich leicht vielfältige Funktionsunklarheiten und Konflikte. Es ist zu klären, ob eine intra- oder extraorganisationale Organisation des Beratungssettings strukturell zu präferieren ist. Ebenso nimmt Einfluss, ob eine sonderpädagogische Professionsberatung in der inklusiven Schule oder in einem multiprofessionellen Beratungszentrum zusammen mit sozialarbeiterischer, interkultureller und genderspezifischer Kompetenz angesiedelt wird. Eine eigenständige Organisationsform erleichtert es Beraterinnen, eine dritte, exzentrische Position einzunehmen und nicht so leicht vereinnahmt zu werden. Allerdings werden dadurch Barrieren errichtet, da eine Kontaktaufnahme mit einem organisationalen Wechsel verbunden ist.

Sonderpädagogischer Auftrag zwischen Professionsberatung und Förderung

Die Auftragsklärung stellt ein zentrales Moment des Beratungsprozesses dar. Von Reiser (1996) stammt die instruktive Unterscheidung einer „Arbeit mit dem Kind" versus einer „Arbeit für das Kind", die zwei Modi sonderpädagogischer Arbeit markiert. Die Differenzierung der Handlungsstrukturen *Förderung von Kindern und Jugendlichen* als „Arbeit mit" und der *Beratung von Fachkräften* als „Arbeit für" gibt eine erste Orientierung für nötige Systematisierungs- und Verortungsversuche.

Betrachtet man die gegenwärtige Praxis der sonderpädagogischen Arbeit an Regelschulen, so fällt auf, dass Sonderpädagoginnen bei gleichen Klientinnen mehrere Handlungsfelder bearbeiten. Sie beraten Lehrkräfte und fördern gleichzeitig deren Schülerinnen und Schüler. Es gibt gewichtige Hinweise darauf, dass sich hier eine Konstellation zeigt, welche die Autonomie der jeweiligen Lehrkräfte tendenziell gefährdet. Denn übernimmt eine Sonderpädagogin Förderaufgaben, dann wird möglicherweise der (unbewusste) Wunsch genährt, dass die Sonderpädagogin die Verantwortung für die Problemlösung übernimmt. Damit wird ihre Beratungsposition tendenziell geschwächt, da sich die Interaktionsform „Delegation" des Problems (vgl. Katzenbach / Olde 2007, 191 f.) statt einer stellvertretenden Krisenbewältigung etabliert.

Die Tätigkeitsbereiche von Allgemeinpädagogik und Sonderpädagogik sind in der inklusiven Schule komplementär zu bestimmen: Die Allgemeinpädagogin ist zuständig für alle Schülerinnen und Schüler und deren Förderung, im professionellen Kontakt mit Sonderpädagoginnen versteht sie sich als Ratsuchende. Die Sonderpädagogin versteht sich im professionellen Kontakt mit Allgemeinpädagoginnen als Beraterin, die Systeme und Personen durch Metakommunikation unterstützt. Der Vorteil einer Funktionsdifferenzierung in Verantwortliche und Beraterin ist in der klaren Trennung der Aufgaben-, Kompetenz- und Verantwortungsbereiche zu sehen. Falls eine Sonderpädagogin mit einem Kind arbeitet, dient es diagnostischen Zwecken, der Erkundung von Problemsituationen, Kompetenzen, Motivstrukturen, verinnerlichten Beziehungserfahrungen und Bewältigungsversuchen, um dann mit den für das Kind oder die Jugendliche zuständigen Lehrkräften passende sachliche, soziale und personale Bildungsangebote zu entwickeln (Reiser 1996). Wird hingegen keine klare Trennung der Aufgaben-, Kompetenz- und Verantwortungsbereiche vollzogen, wie z. B. beim gern geäußerten und als Team-Teaching überhöhten Wunsch nach Doppelbesetzung im Unterricht, besteht die Gefahr, in Routinen zurückzufallen, wie sie aus der Einzelintegration und einer kindzentrierten sonderpädagogischen Förderung bekannt sind: Akteure geraten in die Versuchung, Probleme und deren Bearbeitung zu delegieren und sich damit zu deprofessionalisieren, da sie die Sonderpädagogik als hauptzuständig betrachten.

Im Fall des Handlungsdilemmas Beraten versus Fördern mit seinen Folgeproblemen könnten eine strukturelle Klarheit und organisatorische Trennung der sonderpädagogischen Handlungsfelder *Professionsberatung*, mit ihrer Strukturlogik der stellvertretenden Krisenbewältigung, und *Förderung*, mit der Strukturlogik der Delegation der Krisenbewältigung, die Wahrscheinlichkeit ungünstiger Systemdynamiken verringern und eine Professionalisierung der Allgemeinpädagoginnen vorantreiben.

Qualität des Arbeitsbündnisses

In den Förderschwerpunkten Lernen und emotional-soziale Entwicklung besteht eine große inhaltliche Nähe zu allgemeinpädagogischen Kernkompetenzen wie Organisation von Lehr-/Lernprozessen, Beziehungsgestaltung und „classroom-management", wodurch die Autonomie der ratsuchenden Person im Beratungsprozess tendenziell stärker tangiert wird als in anderen Förderschwerpunkten. Hier ist eine Differenz zwischen der sonderpädagogischen Perspektive auf die Entwicklungsbereiche Lernen und emotional-soziale Entwicklung und den stärker abgrenzbaren sonderpädagogischen Perspektiven auf körperlich-motorische Entwicklung, Entwicklung der Wahrnehmung und des sprachlich-kommunikatives Handeln zu markieren.[4] Deshalb muss eine sonderpädagogische Professionsberatung in den Entwicklungsbereichen Lernen und Emotional-Soziales sehr sensibel und empathisch gestaltet werden, da ansonsten *Konkurrenz- und Schamthematiken* den Beratungsprozess korrumpieren können.

Das pädagogische Handeln in der Professionsberatung ist als Beziehungspraxis zu sehen. Die Beratungsbeziehung muss belastbar sein, das Arbeitsbündnis von Vertrauen, Anerkennung und Wertschätzung getragen, sodass Ängste und Rücksichtnahmen den Erlebens- und Denkraum nicht stark einengen. Es geht um die Etablierung einer Beziehung, die diffuse und spezifische Beziehungsmodi zulässt und von distanzierter Nähe gekennzeichnet ist, sodass ein gemeinsames Verstehen des Falls und eine Problembearbeitung jenseits von Verschwisterung und Kumpanei möglich werden. Dazu müssen die Erwartungen und „Erwartungserwartungen" (Bubner 1984, 149) der Prozessbeteiligten zur Passung gebracht werden. Nachteilig ist es, wenn keine

---

4   Die Einteilung in diese fünf Schwerpunkte bezieht sich auf die Empfehlungen der Kultusministerkonferenz „Inklusive Bildung von Kindern und Jugendlichen mit Behinderung in Schulen" (KMK 2011).

vom Gedanken der gemeinsamen Problembearbeitung getragene Beratungsbeziehung entsteht, sondern Erwartungen nach einer Experten- und Fachberatung dominieren, die den Aufbau eines auf Prozessberatung ausgerichteten Arbeitsbündnisses gefährden.

Im Beratungsprozess geht es für Ratsuchende auch darum, anzuerkennen, nicht mehr weiterzuwissen, was mit recht unangenehmen Gefühlen verbunden ist. Lehrkräfte schämen sich möglicherweise, wenn sie in der Situation mit einer Schülerin feststecken. Der Widerstand gegen das schambehaftete Anerkennen von (Noch-)Nichtkönnen zeigt sich in zwei Formen und weist darauf hin, dass das Arbeitsbündnis nicht hinreichend von Vertrauen geprägt ist: Von der Ratsuchenden wird eine mehr oder minder oppositionelle „Ja, aber"-Haltung eingenommen, die die Beraterin in Rechtfertigungen drängt, oder eine passiv-konforme „Sagen Sie mir, was zu tun ist"-Haltung (Katzenbach / Olde / Rinck-Muhler 2006, 26 f.), die die Beraterin zur Aktivität nötigt. Beides entfaltet eine kontraproduktive Wirkung.

Nicht zu vernachlässigen ist, dass sich gegenwärtig beide am Beratungsprozess beteiligten Seiten, Sonder- und Allgemeinpädagoginnen, in eine noch relativ unvertraute Situation begeben. Denn nicht nur Beratung zu geben, sondern auch Beratung zu nehmen stellt eine neue Anforderung dar (Katzenbach / Olde / Rinck-Muhler 2006, 26), sodass es für das Arbeitsbündnis noch wenig institutionalisierte Sicherheiten gibt, was das Entstehen von Ängsten begünstigt und eine Vertrauensbildung erschwert. So dient der oft zu vernehmende Wunsch nach Team-Teaching womöglich auch der Vereinnahmung einer nicht fest in die Struktur von schulischer Tätigkeit eingebundenen und damit die Systemroutinen tendenziell störenden Beraterin (vgl. Overbeck / Kauz 2007, 234 ff.). Wird die Sonderpädagogin an die bestehende Strukturlogik von Schule assimiliert, indem sie in die Gruppen der Lehrkräfte eingegliedert wird, erhöht sich das Sicherheitsgefühl der Lehrkräfte durch eine Homogenisierung. Die Begrenztheit einer solchen Konzeption wird deutlich, wenn man sich Team-Teaching mit den anderen beiden klassischen Dimensionen einer „Pädagogik der Vielfalt" (Prengel 1993), mit interkultureller oder genderspezifischer Pädagogik, vorstellt.

Problemfokus und Problemdefinition

Für eine erfolgreiche Krisenbewältigung ist ausschlaggebend, dass der Problemfokus im Beratungsprozess über das subjektive Krisenempfinden der Ratsuchenden hinaus geweitet wird (Oevermann 2000, 135; s. Kap. Fallverstehen), indem es Beraterin und Ratsuchender gemeinsam gelingt, in einem hermeneutischen Prozess zu einer veränderten Problemsicht zu gelangen. Es ist als eine gravierende Störung des Beratungsprozesses zu betrachten, wenn das Problem ausschließlich auf die Schülerin reduziert wird, die Schülerin das Problem ist oder hat (Willmann / Hüper 2004, 182). Das Krisenkonzept ist dann unterkomplex angelegt. Die Hervorbringung einer qualitativ neuen Problemsicht auf der Basis der Reflexionseinheit „pädagogische Situation", verstanden als „zwischen interagierenden Individuen wirksame Situationsdefinitionen" (Mollenhauer 1976, 123 f.), ist erschwert.

Der Beratungsprozess gerät auch dann in eine Krise, wenn das Problem in der Familie der Schülerin deponiert wird und nicht die Arbeit der Lehrkraft im Zentrum steht. Auch andere relevante schulische Bedingungen sind in den Fokus zu nehmen wie die Klassengruppensituation und Peer-Beziehungen in der Schülergruppe (vgl. Rauh 2010, 195 ff.). Werden durch eine umfassende „Kind-Umfeld-Analyse" (Sander 1998) sozio-kulturelle und psycho-soziale Passungsprobleme thematisiert? Gelingt es, auch Bedürfnisse und soziale Ressourcen, die dem Kind in seinem Kontext zur Verfügung stehen, sowie Belastungen, denen das Kind ausgesetzt ist, und Passungsprobleme zu rekonstruieren? Oder etabliert sich eine kindzentrierte diagnostische Sicht unter Ausblendung der Kind-Umfeld-Aspekte, die Schwierigkeiten der Schülerin allein in eng umschriebenen schulischen Lernprozessen verortet?

Definition der Klientin

Im ersten Zugang zum Feld wird leicht davon ausgegangen, dass die ratsuchende Lehrkraft auch die Klientin sei. Von Schein (2000, 92) wird es im Prozess der Organisationsberatung als höchst relevant erachtet, die Frage zu klären, wer die Klientin bzw. wer die primäre und sekundäre Klientin sei. Auch Overbeck und Kauz (2007, 232) thematisieren die Frage für eine sonderpädagogische Beratung im Verfahren zur Feststellung eines sonderpädagogischen Förderbedarfs. So kann es auf Seiten der Beraterin zu starken Identifizierungen mit Schülerinnen oder Eltern, mit der abstrakten Idee einer radikalen Inklusion oder dem Erhalt des bestehenden Sonderschulwesens oder eines Schulstandortes kommen. Das Beratungshandeln ist präformiert und die Fähigkeit zur stellvertretenden Krisenbewältigung beeinträchtigt. Die ratsuchende Person wäre dann nicht mehr die primäre Klientin, sondern würde in eine nachrangige Position geraten.

Abschließende Überlegungen

Im Beitrag wurde versucht, Strukturen und mögliche strukturelle Probleme einer sonderpädagogischen Professionsberatung zu rekonstruieren.

Eine maßgebliche Gelingensvariable für inklusive Bildung ist es, die Zuständigkeit für die Bearbeitung von problematischen Lehr-/Lernsituationen und Beziehungssituationen prinzipiell bei der Allgemeinpädagogik zu belassen. Strukturtheoretisch verortet sich Sonderpädagogik als Teil des Unterstützungssystems in der inklusiven Schule. Dafür werden neu akzentuierte professionelle Kompetenzen erforderlich, die als Kooperation mit allgemeinpädagogisch qualifizierten Lehrkräften in Form von Beratung und Schulentwicklung zu umreißen sind. Sonderpädagogik übernimmt eine subsidiäre Funktion im System der inklusiven Bildung. Sonderpädagogik wird aktiv, wenn Allgemeinpädagogik alleine nicht mehr weiterkommt, weiterweiß, weiterkann.

Das Verstehen individueller Fälle und eine darauf aufbauende Professionsberatung für ein Handeln in nicht-standardisierbaren Situationen wird in den nächsten Jahren ein zentrales sonderpädagogisches Handlungsfeld im System inklusiver Bildung darstellen.

Eine doppelte Neuorientierung, die inhaltlich miteinander verschränkt ist, wird erforderlich: Der Fokus der sonderpädagogischen Arbeit ist stärker von der Person auf die „pädagogische Situation" (Heimann 1947) zu richten, in der eine Person in ihren Kontexten betrachtet wird. Das Tätigkeitsfeld verschiebt sich von der ‚Arbeit mit dem Kind' zur ‚Arbeit für das Kind' (Reiser 1996).

Aber Sonderpädagoginnen übernehmen nicht den Fall, sie präsentieren nicht fertige Lösungen für die „richtige" Inklusion von Kindern, sondern sie beraten Lehrkräfte dabei, ihre Stärken zu nutzen und ihren Weg bei der Gestaltung einer inklusiven Klasse und Schule zu finden. Die entscheidende Grundlage einer gelingenden Kooperation zwischen Sonder- und Allgemeinpädagogik liegt in der Bearbeitung gemeinsamer Aufgaben bei Wahrung eigenständiger Profile. Die eigentliche Herausforderung für die Sonderpädagogik dürfte darin bestehen, sich nicht vereinnahmen zu lassen, sondern eine wechselseitige Anerkennung in einer produktiv erlebten Differenz zu praktizieren. Gegen eine ‚Ideologie der Gleichheit' und Nicht-Differenz ist eine Strukturbildung im Sinne sich ergänzender Kompetenzen zu favorisieren.

Anerkennung von Heterogenität erfordert nicht nur eine sozialsystemische, sondern auch eine psychische Integrationsarbeit. Professionsberatung folgt der Strukturlogik einer Reflexion. Systemsoziologisch betrachtet stellt Professionsberatung eine Systemstrategie zur Organisation von Komplexität dar: Eine stellvertretende Krisenbewältigung durch Professionsberatung generiert Strukturen, die Unsicherheiten im System auffangen, sofern sie organisational verfestigt werden.

Ziel der sonderpädagogischen Professionsberatung ist die Erhöhung der Problemlösekompetenz der Ratsuchenden durch eine Erweiterung von Verstehens- und Handlungsmöglichkeiten. Sie intendiert damit, sich selbst durch einen Kompetenztransfer überflüssig zu machen, strukturtheoretisch gefasst, Autonomie wiederherzustellen.

Eine stellvertretende Krisenbewältigung bedeutet, dass die Autonomie der Ratsuchenden grundsätzlich nicht in Frage gestellt wird, also keine Verantwortungsübernahme, keine Delegation stattfindet, sondern Problemlösungen gemeinsam erarbeitet werden.

Als nicht-standardisierbare Tätigkeit ist Professionsberatung als eine durch rationales, abstraktes, hoch generalisiertes Wissen gesteuerte Kunstlehre zu betrachten, die „den Anschluß an eine Professionsgruppe und den Rückhalt durch wissenschaftliche und selbsterfahrungsbezogene Reflexion" (Reiser 1998, 51) benötigt. Sonderpädagogische Professionsberatung in der inklusiven Schule ist eine professionalisierungsbedürftige Tätigkeit, da in ihr Krise und Bewältigung, Autonomie und Heteronomie, diffuse und rollenförmige Beziehung auf komplexe Weise ineinandergreifen. Die aufgezeigten Bereiche verdeutlichen, dass eine professionalisierte stellvertretende Krisenbewältigung selbst hoch krisenanfällig ist. Deshalb muss sie sich beständig „zum Gegenstand einer supervisorischen Rekonstruktion und Vergewisserung" machen (Oevermann 2000, 135 f.). Zentrale Gelingensvariablen sind qualitätssichernde Maßnahmen. Qualitätsstandard einer sonderpädagogischen Professionsberatung sollte eine gemeinsame Reflexion über die eigene Interaktionsgestaltung in der Beratung in Form von Fallbesprechung, Inter- und Supervision sein.

Eine so konzipierte sonderpädagogische Professionsberatung trägt dazu bei, dass Allgemeinpädagoginnen die durch die Forderung nach Anerkennung von Heterogenität ausgelöste Krise als bewältigbare Herausforderung ansehen. Unter dieser Bedingung können sie sich leichter für einen inklusiven Schulentwicklungsprozess öffnen, ihn sogar vorantreiben.

Literatur

Bauer, K.-O. / Kopka, A. / Brindt, S. (²1999): Pädagogische Professionalität und Lehrerarbeit. Eine qualitativ empirische Studie über professionelles Handeln und Bewußtsein. Weinheim: Juventa.

Baumert, J. / Kunter, M. (2006): Stichwort: Professionelle Kompetenz von Lehrkräften. In: Zeitschrift für Erziehungswissenschaft 9, 4, 469–520.

Bubner, R. (1984): Geschichtsprozesse und Handlungsnormen. Untersuchungen zur praktischen Philosophie. Frankfurt a. M.: Suhrkamp.

Dewe, B. (2005): Perspektiven gelingender Professionalität. In: neue praxis 35, 3, 257–266.

Europäische Kommission, GDXXII (1996): Die Charta von Luxemburg. Brüssel.

Fischer, W. (2010): Die Praxis des Wissens der Praxis. In: Busse, S. / Ehmer, S. (Hrsg): Wissen wir, was wir tun? Beraterisches Handeln in Supervision und Coaching. Göttingen: Vandenhoeck & Ruprecht, 14–35

Freyberg, T. v. / Wolff, A. (2006): Der fehlende und der notwendige Dritte in den Konfliktgschichten nicht beschulbarer Jugendlicher. In: Freyberg, T. v. / Wolff, A. (Hrsg.): Störer und Gestörte. Bd.2: Konfliktgeschichten als Lernprozesse. Frankfurt a.m.: Brandes & Apsel, 151–198.

Gröning, K. (2006): Pädagogische Beratung. Konzepte und Positionen. Wiesbaden: VS Verlag für Sozialwissenschaften.

Heimann, P. (1947): Die pädagogische Situation als psychologische Aufgabe. In: Pädagogik 2, H. 6 (Wiederveröffentlicht in: Heimann; P. (1976): Didaktik als Unterrichtswissenschaft. Stuttgart, 59–83).

Helsper, W. (2007): Eine Antwort auf Jürgen Baumerts und Mareike Kunters Kritik am strukturtheoretischen Professionsansatz. In: Zeitschrift für Erziehungswissenschaft 10, 4, 567–579.

Helsper, W. / Tippelt, R. (2011): Ende der Profession und Professionalisierung ohne Ende? Zwischenbilanz einer unabgeschlossenen Diskussion. In: Helsper, W. / Tippelt, R. (Hrsg.): Pädagogische Professionalität. Weinheim/Basel: Beltz 2011, 268–288. [= Zeitschrift für Pädagogik, 57. Beiheft].

Katzenbach, D. (2007): Vision I (Katzenbach): Die Inklusive Schule – „Eine Schule für alle Kinder". Teil des Beitrags von Katzenbach, D. / Schroeder, J.: „Ohne Angst verschieden sein können". Über Inklusion und ihre Machbarkeit. In: inklusion-online.net, 01/2007. http://www.inklusion-online.net/index.php?menuid=25&peporeid=31 [06.12.07].

Katzenbach, D. / Olde, V. / Rinck-Muhler, S. (2006): Zwischenbericht zur Evaluation von Beratungs- und Förderzentren. Johann-Wolfgang Goethe Universität Frankfurt a. M.

Katzenbach, D. / Olde, V. (2007): Beratungskompetenz im Spannungsfeld von Kooperation und Delegation: Spezifische Anforderungen an die professionelle Kompetenz an sonderpädagogischen Beratungs- und Förderzentren. In: Diouani-Streek, M. / Ellinger, S. (Hrsg.): Beratungskonzepte in sonderpädagogischen Handlungsfeldern. Oberhausen: Athena, 191–207.

KMK (Sekretariat der Ständigen Konferenz der Kultusminister der Länder in der Bundesrepublik Deutschland) (2011): Inklusive Bildung von Kindern und Jugendlichen mit Behinderungen in Schulen. Beschluss der Kultusministerkonferenz vom 20.10.2011.

Lohmer, M. / Wernz, S. (2000): Zwischen Veränderungsdruck und Homöostaseneigung: Die narzißtische Balance in therapeutischen Institutionen. In: Lohmer, M. (Hrsg.): Psychodynamische Organisationsberatung. Konflikte und Potentiale in Veränderungsprozessen. Stuttgart: Klett-Cotta, 233–254.

Mollenhauer, K. (^{3}1976): Theorien zum Erziehungsprozeß. München: Juventa.

Mutzeck, W. (^{4}2002): Kooperative Beratung. Grundlagen, Methoden, Training, Effektivität. Weinheim/Basel: Beltz.

Oevermann, U. (1996): Theoretische Skizze einer revidierten Theorie professionellen Handelns. In: Combe, A. / Helsper, W. (Hrsg.): Pädagogische Professionalität. Frankfurt a.m.: Suhrkamp, 70–182.

Oevermann, U. (2000): Die Methode der Fallrekonstruktion in der Grundlagenforschung sowie der klinischen und pädagogischen Praxis. In: Kraimer, K. (Hrsg.): Die Fallrekonstruktion. Sinnverstehen in der sozialwissenschaftlichen Forschung. Frankfurt a. M.: Suhrkamp, 58–156.

Oevermann, U. (2002): Professionalisierungsbedürftigkeit und Professionalisiertheit pädagogischen Handelns. In: Kraul, M. / Marotzki, W. / Schweppe, C. (Hrsg.): Biographie und Profession. Bad Heilbrunn: Klinkhardt, 19–63.

Overbeck, A. / Kauz, V. (2007): In: Diouani-Streek, M. / Ellinger, S. (Hrsg.): Beratungskonzepte in sonderpädagogischen Handlungsfeldern. Oberhausen: Athena, 209–243.

Prange, K. / Strobel-Eisele, G. (2006): Die Formen des pädagogischen Handelns. Eine Einführung. Stuttgart: Kohlhammer.

Prengel, A. (1993): Pädagogik der Vielfalt. Opladen: Leske & Budrich.

Rauh, B. (2010): Triade und Gruppe – Ressourcen schulischer Bildung. Baltmannsweiler: Schneider.

Rauh, B. (2012): Sonderpädagogische Professionalität in der inklusiven Schule – ein Szenario für den Förderschwerpunkt Lernen. In: lehren und lernen 38, 12, 21–26.

Reiser, H. (1996): Arbeitsplatzbeschreibungen – Veränderungen der sonderpädagogischen Berufsrolle. In: Zeitschrift für Heilpädagogik 47, 5, 178–186.

Reiser, H. (1998): Sonderpädagogik als Serviceleistung? Perspektiven der sonderpädagogischen Berufsrolle. In: Zeitschrift für Heilpädagogik 49, 2, 46–54.

Sander, A. (1998): Kind-Umfeld-Analyse: Diagnostik bei Schülern und Schülerinnen mit besonderem Förderbedarf. In: Mutzeck, W. (Hrsg.): Förderdiagnostik bei Lern- und Verhaltensstörungen. Konzepte und Methoden. Weinheim: Deutscher Studienverlag, 6–24.

Sander, A. (2003): Von Integrationspädagogik zu Inklusionspädagogik. In: Sonderpädagogische Förderung 48, 4, 313–329.

Schein, E. (2000): Prozessberatung für die Organisation der Zukunft. Köln: Ed. Humanistische Psychologie.

Urban, M. (2009): Beratungsdienste der schulischen Erziehungshilfe als Ausdifferenzierung reflexiver Strukturen im Schulsystem. In: Göhlich, M. / Weber, S. M. / Seitter, W. / Feld, T. C. (Hrsg.) Organisation und Beratung. Wiesbaden: VS Verlag für Sozialwissenschaften, 203–211.

Weisser, J. (2012): Pädagogische Professionalisierung, Innovation und die Demokratisierung gesellschaftlicher Verhältnisse. Entwicklungen und weiterführende Überlegungen zum Bereich der Sonderpädagogik an der Pädagogischen Hochschule FHNW. Basel: Institut Spezielle Pädagogik und Psychologie PH FHNW (Working Paper Nr. 3).

Willmann, M. / Hüper, L. (2004): Möglichkeiten und Grenzen schulinterner Beratung. Eine Grounded-Theory-Studie zur paradoxalen Rollenstruktur und Rollenidentität von Beratungslehrerinnen. Berlin: uni-edition.

Anschrift des Verfassers:
Dr. Bernhard Rauh
Pädagogische Hochschule Ludwigsburg
Fakultät III - Sonderpädagogik
Förderschwerpunkt Lernen
Reuteallee 46
D-71634 Ludwigsburg

Hans Weiß

Heil- und inklusionspädagogische Fragestellungen im Spannungsfeld von ethisch fundierter Reflexion und technologischer Orientierung

Problemzentrierte Annäherungen an die Thematik

„Die ethische Grundlegung der Behindertenpädagogik[1] ist fast so alt wie das Fach selbst […]" (Moser / Horster 2012, 13). Fragen nach den angemessenen Lebensbedingungen für Menschen, speziell auch Kinder und Jugendliche mit (schweren) Behinderungen, nach ihrem Recht auf Erziehung und Bildung sowie dem „Ort" und der Art der Einlösung dieses Rechts, nach einer (Für-) Sorge für diese Menschen, ohne sie in ihren Selbstgestaltungsmöglichkeiten (unnötig) einzuschränken, usw. beinhalten nicht nur fachlich-wissenschaftliche Aspekte, sondern bedürfen einer differenzierten ethischen Reflexion. Besonders seit Ende der 80er-Jahre des letzten Jahrhunderts hat im Zuge der Auseinandersetzung mit den Thesen des australischen Bioethikers Peter Singer, der den Personstatus von Menschen mit erheblichen kognitiven Behinderungen infrage stellt, die Beschäftigung mit ethischen Fragen in der Heilpädagogik an Intensität gewonnen (vgl. z.B. Antor / Bleidick 2000; Lindmeier / Lindmeier 2012, 88). Vor diesem Hintergrund wurden von verschiedenen Heil- bzw. Behindertenpädagogen (Bleidick, Gröschke, Haeberlin, Speck und anderen) ethisch relevante anthropologische Grundpositionen vorgelegt, die ungeachtet ihrer jeweiligen unterschiedlichen inhaltlichen Akzentuierungen

---

[1] Die Begriffe Heil-, Sonder- und Behindertenpädagogik werden im Rahmen dieses Beitrags, ungeachtet ihres jeweiligen spezifischen Verständniskontextes und entsprechender inhaltlicher Akzentuierungen, synonym verstanden als die Pädagogik, die sich mit Fragen und Aufgaben der Erziehung und Bildung bei Behinderung und Benachteiligung (Lindmeier / Lindmeier 2012) befasst. ‚Heilpädagogik' umfasst im Folgenden die drei genannten Begriffe. Nur wenn Personen oder Inhalte referiert werden, die sich auf eine dieser drei Bezeichnungen explizit beziehen, werden jeweils diese verwendet.

und mancher kritisch zu betrachtender Argumentationslinien (vgl. Bohlken 2012) darauf hinauslaufen, bei der Frage ‚nach dem Menschen' in einer nicht-exklusiven Betrachtungsweise Menschen mit Behinderung dezidiert nicht auszuschließen. Angesichts der historisch und aktuell gegebenen Gefährdungen im Zuge einer ‚Ökonomisierung des Sozialen' (vgl. Weiß / Stinkes / Fries 2010) und biotechnischer Entwicklungen, denen Menschen insbesondere mit komplexen Behinderungen ausgesetzt sind, ergibt sich aus einer derartigen nicht-exklusiven Perspektive das Postulat, ein unverbrüchliches Recht auf Leben zu sichern und für eine „Ethik als Schutzbereich" (Schnell 2008) einzutreten (vgl. Dederich / Schnell 2009, 81). Es kann geradezu als ein ‚Eckpfeiler' für eine ‚ethische und politische Programmatik' im Rahmen der Heilpädagogik bezeichnet werden.

Auch für die Entwicklung und den aktuellen Diskurs heilpädagogischer Professionalität spielten und spielen ethische Fragestellungen und Positionierungen eine wichtige Rolle; denn: „Heilpädagogisches Handeln, eine heilpädagogische Profession und Professionsentwicklung hat sich [...] immer zu versichern, wie ethische Kompetenz, auch im Rahmen einer praktischen Urteilskraft, realisiert werden kann" (Greving 2011, 80). Im Kontext ethischer und berufsethischer Überlegungen stellt sich vor allem auch die Frage nach der Bedeutung und Angemessenheit heilpädagogischer Grundhaltungen und berufsbezogener Tugenden. Nach Häußler, einer skeptischen Position verpflichtet, muss die „heilpädagogische Haltung in einer Zeit des Wertepluralismus mehr denn je eine reflektierte, autonome, selbstverantwortete moralische Haltung des Einzelnen sein [...], in der unter anderem Offenheit, Gelassenheit und mitmenschliche Solidarität eine bedeutende Rolle spielen" (2000b, 331). Unter Bezug auf Derbolav skizziert Gröschke (1993, 145–149) „die Tugenden der sachbestimmten Autorität, des pädagogischen Eros, der pädagogischen Gerechtigkeit, des pädagogischen Taktes und des pädagogischen Humors" (Greving 2011, 81), wobei diese Tugenden sicher auch im allgemeinpädagogischen Handlungskontext Orientierungspotenzial aufweisen können.

Weiter nennt Greving (2011, 82) als „Konkretisierungen für das praktische Handeln in der Pädagogik und Heilpädagogik" die Fragen nach der Stellvertretung, der Kontrolle, der Macht in pädagogischen Prozessen und „nach der Normativität und Normgebundenheit konkreten pädagogischen Handelns [...]". Diese Fragen- und Problemaspekte haben ebenfalls nicht nur in heilpädagogischen, sondern auch in allgemein- und inklusionspädagogischen Handlungskontexten eine hohe Relevanz, können jedoch in heilpädagogischen Arbeitszusammenhängen zum Teil noch ein Mehr an Brisanz gewinnen. So spielen stellvertretende Entscheidungen für Kinder und – in abnehmendem Maße – auch für Jugendliche und damit verbundene Macht- und Kontrollfragen in institutionellen Erziehungs- und Bildungssystemen, welcher Art auch immer, eine wichtige Rolle, soweit selbstbestimmte Entscheidungen heranwachsenden Personen, wichtige Fragen ihres Lebens, ihrer Entwicklung und Bildung betreffend, noch nicht möglich sind. C. Lindmeier hat das dabei entstehende „grundlegende Dilemma" so formuliert: „[...] das Ziel der Erziehung und Bildung ist die *Freiheit,* Erziehen und Bilden selbst bedeutet aber *richtungsgebende Einflußnahme"* (1999, 215; Hervorh. im Original). Diese Paradoxie der Erziehungswirklichkeit zwischen der In-Stand-Setzung in selbstverantwortete Freiheit und ‚richtungsgebender Einflußnahme' ist in der Pädagogik oftmals mit dialektisch-polaren Paaren beschrieben worden, so von Schleiermacher (1826/1983) mit „Unterstützen" und „Gegenwirken" und von Litt (1976) als „Führen oder Wachsenlassen".

Moralisch besonders brisant wird eine solche Stellvertreter- bzw. Anwaltsfunktion vor allem dann, „wenn ein deutliches Mündigkeitsgefälle hinzu kommt, wie dies etwa bei pädagogischen Beziehungen der Fall ist" (Brumlik 1992, 103; zit. nach Dederich / Schnell 2009, 80). Das Mündigkeitsgefälle und die damit verbundenen Machtverhältnisse zwischen Erwachsenen und Kind in der Erziehungswirklichkeit können noch dadurch verstärkt und verlängert werden, dass Kindern, Jugendlichen oder Erwachsenen aufgrund ihrer gravierenden Behinderung ein selbstbestimmtes Eintreten für ihre Belange und Interessen nicht möglich ist und sie deshalb auf advokatorische Entscheidungen Anderer angewiesen sind. Auch wenn ein solches advokatorisches Mandat nach bestem Wissen und Gewissen zu übernehmen versucht wird, muss sich dessen Träger/in immer der Unsicherheit, Fehlbarkeit und Begrenztheit seiner oder ihrer stellvertretenden Entscheidungen und der damit verbundenen Machtausübung bewusst sein. „Advokatorische Entscheidungen sind prinzipiell mit dem Zweifel behaftet, ob das, was getan wird, tatsächlich im Sinne des anderen Menschen ist oder einen Übergriff darstellt" (Dederich / Schnell 2009, 80).

Die von Greving (2011, 82) genannte Frage „nach der Normativität und Normgebundenheit konkreten pädagogischen Handelns" beinhaltet verschiedene Facetten, vor allem die Frage nach den Erziehungszielen und -praktiken und deren normative Legitimation. Da Normen und Werte historisch gewachsen sind und gesellschafts-, kultur- und ethnospezifische Ausprägungen aufweisen, jedoch von unterschiedlich politisch mächtigen Gruppierungen praktiziert und vertreten werden, stellt sich nicht zuletzt die komplexe Frage: Welche Normen und Werte bringen Kinder und Familien aus unterschiedlichen sozioökonomischen, soziokulturellen und ethnischen Lebenskontexten mit und wie gehen pädagogische Fachpersonen in Kindertagesstätten und Schulen damit um. Unter dem inklusionspädagogischen Postulat der *Anerkennung von Vielfalt* scheint die Frage vordergründig eindeutig beantwortet zu werden. Aber tiefer betrachtet, enthält sie für eine heil-

und inklusionspädagogische Reflexion durchaus Klärungsbedarf und Virulenzen, auf die ich eingehen möchte.

Diese bisherige skizzenhafte Erörterung einiger (professions-)ethischer Frage- und Problemstellungen in der Heilpädagogik verdeutlicht deren Bedeutung für die pädagogische Arbeit mit Kindern und Jugendlichen mit Behinderung und Benachteiligung (im schulischen Kontext: mit sonderpädagogischem Förderbedarf). Im Gegensatz dazu scheinen solche berufsbezogenen ethischen Fragen in der Professionsdiskussion und -entwicklung der (inklusiven) Pädagogik im Elementar- wie im Primar- und Sekundarbereich eine geringere, wenn nicht marginale Rolle zu spielen. Zwar verstehen beispielsweise Baumert und Kunter in dem Kompetenzmodell von COACTIV, einem bekannten und einflussreichen Modell der professionellen Kompetenz von Lehrkräften, professionelle Kompetenz als ein mehrdimensionales „Zusammenspiel kognitiver und motivational-selbstregulativer Merkmale" (2011, 46), als Fähigkeit und Bereitschaft zu handeln (2011, 47). Aber von welchen professionsethischen und handlungsmoralischen Maximen die Handlungsbereitschaft, die Selbstregulationsfähigkeit der Lehrkräfte getragen werden sollte, bleibt unberücksichtigt. Der Text legt nahe, vor allem an psychische Kompetenzen im Sinne einer „psychischen Funktionsfähigkeit" (2011, 42) in diesem Zusammenhang zu denken. Zwar sehen Baumert und Kunter (2011, 32, Abb. 2.1) neben „motivationalen Orientierungen" und „Selbstregulation" auch „Überzeugungen/Werhaltungen/Ziele" als „Aspekte professioneller Kompetenz", aber auch diese werden im Kompetenzmodell von COACTIV nur sehr fragmentarisch entfaltet. Inhaltliche Bezüge wären lediglich zu dem „konzeptionellen bildungswissenschaftlichen Grundlagenwissen und hier speziell zum ersten Aspekt „Erziehungsphilosophische, bildungstheoretische und historische Grundlagen von Schule und Unterricht" (2011, 39, Tab. 2.1) herzustellen. Ein eigenes Kapitel (2011, Kap. 2.3) widmet sich „Werthaltungen und Überzeugungen". Die darin am Beispiel des Mathematikunterrichts referierten Differenzierungen in unterschiedliche Überzeugungen von Lehrkräften bieten, so Baumert und Kunter, „ein brauchbares konzeptuelles Ordnungssystem, wenn man Wertbindungen, die professionsintern als Berufsethik diskutiert werden [...], und andererseits Zielvorstellungen, die präskriptive Richtungsweiser für Unterrichtsplanung und Unterrichtshandeln sind [...], hinzufügt" (2011, 42). Der Komplex der Werthaltungen und Überzeugungen wird im COACTIV-Modell allerdings weitestgehend auf Unterricht bezogen (2011, 42). Insgesamt fällt bei dem Kompetenzmodell von Baumert und Kunter eine didaktisch-unterrichtliche Technologieakzentuierung auf, die für professionsethische Fragestellungen in einer umfassenderen pädagogischen Handlungsorientierung und -reflexion wenig Raum vorsieht. Dies ist insofern konsequent, als Baumert und Kunter von einem stark auf Unterricht bezogenen Professionsverständnis des Lehrer(innen)berufs ausgehen: „Die didaktische Vorbereitung und In-szenierung von Unterricht können als eine zentrale Anforderung des Berufs gelten" (2011, 29 f.). Unterrichten ist für sie „die eigentliche Kernaufgabe von Lehrkräften" (2011, 46). Erziehung als weitere Kernaufgabe von Lehrerinnen und Lehrern bleibt damit im Grunde ausgeklammert. Demgegenüber sei da-ran erinnert, dass sich die oben erwähnten (professions-)ethischen Frage- und Problemstellungen gerade auf *Erziehungs*handeln beziehen, z.B. die Frage nach advokatorischer Stellvertretung in der Paradoxie von In-Stand-Setzung in selbstverantwortete Freiheit und „richtungsgebender Einfluß-nahme".

Ausdrücklich soll hier nicht der Eindruck erweckt werden, als ob (profes-sions-)ethische Traditionsstränge der Heilpädagogik pauschal und unkri-tisch in die allgemeine und inklusive (Schul-)Pädagogik zu exportieren wä-ren. Herkömmliche Tugendkataloge für die Lehrer(innen)persönlichkeit in der Tradition der geisteswissenschaftlichen (Heil-)Pädagogik waren oftmals moralisch aufgeladen, idealistisch und beliebig und wirkten überfordernd (vgl. Häußler 2000a). Jedoch darf die berechtigte Kritik an traditionellen be-rufsethischen Postulaten und Tugendkatalogen – gerade angesichts einer vielfach festzustellenden „Diffusion und Konkurrenz von Wertorientierun-gen" (Antor / Bleidick 2001, 160) – nicht dazu führen, die Frage einer tragfä-higen Berufsethik und professionsmoralischen Qualifizierung in der Lehrer-bildung in ihren drei berufslaufbahnbezogenen Phasen (Studium, Referen-dariat, Fort- und Weiterbildung) hintanzustellen. Damit nämlich wäre die Gefahr einer unprofessionellen Verkürzung auf eine Sozial- bzw. Erziehungs- und Unterrichtstechnologie (Lindmeier / Lindmeier 2012, 89) verbunden.

In den folgenden Überlegungen möchte ich einige Reflexionszonen ent-falten, die sowohl für die heilpädagogische wie auch eine inklusionspädago-gische Professionsentwicklung, also z.B. für Sonderschullehrer/innen wie für Regelschullehrer/innen in inklusiven Kontexten, eine hohe Bedeutung ha-ben. Es geht dabei vor allem um die Erziehung und Bildung von Kindern und Jugendlichen, die sich von der Lebenswelt, den Erlebens- und Wahrneh-mungsmustern sowie Erfahrungshintergründen der pädagogischen Fach-kräfte in Kindertagesstätten wie Schulen in einem Maße unterscheiden, dass sie diesen nicht nur als ‚Andere', sondern als ‚Fremde' erscheinen – in ihren Ausdrucks- und Handlungsweisen mehr oder weniger unbekannt und un-verständlich. Zu denken ist hier vor allem an Kinder und Jugendliche mit schweren Behinderungen[2], ferner an jene, die in sozial hoch benachteiligten und randständigen Lebenswelten aufwachsen, und ihre Eltern, schließlich an

---

2 Die Bezeichnung schwere Behinderung steht hier synonym für ‚schwerste', ‚schwer mehrfache', ‚umfassende' oder ‚komplexe' (Fornefeld 2008) Behinderung.

jene, die im Zusammenhang mit Migration und Flucht aus buchstäblich fremden Welten und Kulturen kommen. Was heißt im Blick auf diese drei Personengruppen Anerkennung von Verschiedenheit?[3] Wie lässt sich beispielsweise eine körper- und leibbezogene Beziehung mit einem schwer behinderten Schüler aufbauen und durchhalten, der entstellt ist und durch permanenten Speichelfluss die ästhetischen Normen einer Lehrperson möglicherweise aufs Äußerste strapaziert und deren Ekel hervorruft? Wie weit schließt Anerkennung der Verschiedenheit von Kindern auch ein, Lebens- und Ausdrucksformen ihres Benachteiligt- und Depriviertwerdens, z. B. eigenwillige Entwicklungs- und Lernverläufe, als gleichsam „habituell" gewordenen Teil ihrer Persönlichkeit zu akzeptieren? Wie kann eine Arbeitsbeziehung mit einer Familie aufgebaut werden, deren Erziehungspraktiken gegenüber dem eigenen Kind die Fachperson an die Grenze des Ertragbaren treiben? – Diese Fragen, die sich fortsetzen ließen, sollen verdeutlichen, dass die Umsetzung des Prinzips der Anerkennung von Verschiedenheit in pädagogischen Handlungskontexten neben einem unbestritten hohen Maß an (technologischem) Handlungskompetenzen – etwa im Sinne des Kompetenzmodells von Baumert und Kunter (2011) – ebenso differenzierte Reflexionskompetenzen, die zum einen (professions-)ethisch und zum anderen erziehungsphilosophisch und bildungstheoretisch fundiert sind.

Menschen mit schwerer Behinderung als wichtiger Bezugspunkt eines heil- und inklusionsorientierten Professionsverständnisses

Im Diskurs über die Chancen und Probleme eines inklusiven Schulsystems stehen neben Kindern und Jugendlichen mit externalisierten, insbesondere gewaltförmigen Verhaltensproblemen (vgl. Ricking / Wittrock 2012) vor allem Schüler/innen mit schweren Behinderungen im Blick. Auf die zahlreichen grundlegenden pädagogisch-didaktischen Fragen, die sich in diesem Zusammenhang stellen, kann hier nicht weiter eingegangen werden, z. B. die Frage: Wie lassen sich schwer behinderte Schüler/innen in einen fächerorientierten Unterricht angemessen einbinden, d. h. in eine Unterrichtsstruktur, die ausgerichtet ist nach Schulfächern, die unterschiedliche kulturelle Zugänge zur Welt repräsentieren? Dabei geht es mir vor allem um zwei Aspekte: zum einen die auch ethisch relevante Frage des Selbstverständnisses, der Einstellung und Haltung der pädagogischen Fachperson, ob in Kitas oder Schu-

---

3 Im Folgenden werde ich mich auf Menschen mit schweren Behinderungen und in soziokulturellen Benachteiligungslagen zentrieren.

len, in der Begegnung mit und im pädagogischen Bezug zu schwer behinderten Kindern und Jugendlichen, zum anderen ein nicht-exklusives Bildungsverständnis.

Fremdheitserfahrungen in der Begegnung und Arbeit mit schwer behinderten Kindern

Kinder und Jugendliche mit schwerer Behinderung scheinen sich in ihrem Ausdrucksverhalten, in ihren Kommunikationsweisen von den gewohnten Wahrnehmungsmustern pädagogischer Fachkräfte oftmals ‚radikal' zu unterscheiden. Dadurch bringen sie Erzieher/innen oder Lehrer/innen in Unsicherheiten, in Verwirrung, weil sich diese schwertun, die fremdartig, ‚anormal' erscheinenden Ausdrucks- und Kommunikationsweisen dieser Kinder und Jugendlichen zu verstehen, in die geläufigen Formen einzuordnen.

Deutlich zeigte sich dies in einem Forschungsprojekt an der Universität Würzburg im Rahmen der Etablierung der Schwerbehindertenpädagogik in den 70er- und 80er-Jahren des letzten Jahrhunderts. Es wurde mit Studierenden in einer großen Einrichtung für geistig behinderte Menschen durchgeführt (vgl. Pfeffer 1988): Die studentischen Projektmitarbeiter/innen wurden gebeten, in Tagebuchaufzeichnungen ihr Erleben, ihre Erfahrungen im Projekt und dadurch in Gang gesetzten Reflexionen festzuhalten. Sie schilderten ihre zum Teil sehr große und tief gehende Unsicherheit, ihre Abwehrgefühle gegen das Unverständliche und das Unheimliche im Verhalten der schwer geistig behinderten Kinder und Jugendlichen. Dazu nur zwei Tagebuchnotizen von Studierenden des Projekts:

> „Scheu, Abscheu, Ekel und Hilflosigkeit – wir hatten es mit Menschen zu tun, die sich schlugen, kratzten, bissen, die laut schrien, ungewöhnliche Bewegungen machten, die unangenehm rochen, denen der Speichel aus dem Mund lief, die verkrüppelte Körper hatten. Wir merkten sehr bald, daß wir keine Verhaltensmuster hatten, mit denen wir auf diese Kinder hätten reagieren können" (zit. nach Pfeffer 1988, 127).

> „Die gesamte Atmosphäre erweckte in mir eher den Eindruck des Unwirklichen, das Gefühl, mich plötzlich in einer anderen Welt zu befinden. Ich war so überwältigt von dieser Stimmung, daß ich mich in meinen Verhaltensweisen selbst nicht mehr erkannte: meine Bewegungen und Ausdrucksweisen den Kindern gegenüber mussten wohl vollkommen steif und linkisch wirken; in mir machte sich ein Gefühl großer Hilflosigkeit breit. Wo blieb die sonst für mich eigentlich typische Freude und ungezwungene Heiterkeit beim Umgang mit behinderten Kindern [...]? (zit. nach Pfeffer 1988, 111).

In der eindrücklichen Konfrontation mit dem Fremdartigen und der damit verbundenen eigenen Verunsicherung erlebte die zitierte Studierende Seiten an sich, die sie offenbar selbst bisher nicht kannte, die ihr unvertraut und fremd vorkamen. Es besteht ein Zusammenhang zwischen dem Erleben des Fremdartigen beim Anderen und dem Erleben des Fremdartigen bei einem selbst. Pädagogische Fachkräfte sind versucht, durch Therapie und Förderung ihre Unsicherheit mit dem sich in diesen Kindern widerspiegelnden Fremdartigen zu reduzieren, suchen das Unverständliche ihrer Ausdrucks- und Kommunikationsweisen zu mindern bzw. zu verstehen. Dieses Bemühen kann geradezu einer „Wut des Verstehens" (Kleinbach 1990) gleichen.

Menschen mit schwerer Behinderung konfrontieren einen mit der eigenen Verletzbarkeit, Hinfälligkeit und realen Gefährdung, gesellschaftlichen Standards von Leistung, Nützlichkeit und Attraktivität nicht (mehr) genügen zu können. Dies kann auch bei pädagogischen Fachpersonen Angst machen und sie deshalb in eine innere Distanz zu Menschen mit schwerer Behinderung bringen. Andererseits erleben Fachpersonen den schwer behinderten Menschen oftmals auch so, dass er seine emotionale Befindlichkeit in spontaner Weise ausdrückt – jenseits der anerzogenen und internalisierten Verhaltensschemata, die das Selbst verstellen können. In dieser Ambivalenz zwischen Abgeschreckt-Werden und einem Stück Faszination erleben pädagogische Fachkräfte das Fremdartige des Phänomens *schwere Behinderung*. Voraussetzung ist allerdings, dass sie dieses Selbsterleben auch zulassen (können) und nicht mit verfestigter professioneller Routine abblocken.

Eine weitere Aufzeichnung eines Studierenden im Hinblick auf seine Erfahrungen aus dem Würzburger Projekt verdeutlicht, wie durch die Begegnung mit schwer behinderten Kindern und Jugendlichen die Projektmitarbeiter/innen auch mit anthropologischen Fragen der „conditio humana" konfrontiert wurden:

„Einerseits trennten mich Welten von diesen Kindern, die in für mich unbegreifbare Stereotypien verfangen waren, andererseits konnte ich aber auch keine einzige Aussage üer ihr Mensch-Sein machen, die nicht genau so mein Mensch-Sein betraf. Denn: was trennte mich prinzipiell von der Existenzform dieser Kinder? – ein vorgeburtlicher Schaden, eine Verletzung bei der Geburt, eine Stoffwechselkrankheit, eine Meningitis, ein Schlag auf den Kopf [...], all das hätte auch mich treffen können! Das bedeutet, daß ich ein funktionsfähiges Gehirn besaß! Nun war es aber nicht etwa mein Narzißmus, der angesichts dieser Tatsache verletzt war, sondern es war meine schon lange vorher existente Angst vor dem Tod [...]. Die Gründe für ein Fortleben nach dem Tode, die ich mir mühsam zurechtgelegt hatte, waren für mich in keiner vorstellbaren Weise auf diese Menschen übertragbar. Was sollte von ihnen in ein Jenseits hinübergerettet werden? Ihre Taten? – Ihre Persönlichkeit? – Alles, was einen Menschen ausmacht, was ihn vom Tier unterscheidet, schien bei ihnen offensichtlich nicht vorhanden zu sein: abstraktes Denken und Sprache als typisch menschliche Eigenschaften konnten sofort gestrichen werden. Was blieb also übrig? [...] Was ist der Mensch, dieses Maß aller Dinge, wenn schwerst geistig Behinderte auch Menschen sind?" (zit. nach Pfeffer 1988, 128).

Pfeffer führt diese Fragen zuspitzend weiter:

> „Wie soll man von Freiheit reden, wo Kinder und Jugendliche mit schwerer geistiger Behinderung doch eher den Eindruck erwecken, stumpfsinnig, zwanghaft, triebhaft zu sein? Bedeutet es nicht, ihre tiefe Not ‚anthropologisch' zu verbrämen oder nicht ernst zu nehmen, wenn man ihnen Selbstsein, Für-sich-Sein und Freiheit zuspricht?" (Pfeffer 1988, 54).

Bereits im radikalen Stellen solcher Fragen und im Aushalten der Vorläufigkeit und Bruchstückhaftigkeit der möglichen Antworten könnte ein wichtiges Moment der Selbstbildung, der Selbst-Entwicklung des Erziehers (vgl. Pfeffer 1987; 1988, 132 ff.) liegen. Wenn man sich, wie Pfeffer (1988) betont, ‚wahrhaftig' auf diese Fragen einlässt und die dadurch ausgelösten Unsicherheiten nicht *vorschnell* durch die Suche nach scheinbare Sicherheit gebenden Förder- und Therapiekonzepten zu überdecken sucht, können sie zu fruchtbaren Selbstbildungsprozessen führen: in der Auseinandersetzung mit dem eigenen Menschen- und Weltbild, mit dem eigenen Lebenskonzept, mit den eigenen Ambivalenzen und Ängsten in Bezug auf die Hinfälligkeit menschlicher Existenz, die einem gerade die Existenz schwer behinderter Menschen widerspiegelt.

Zwei Einwände mögen vielleicht mit einem gewissen Recht angeführt werden: Zum einen löst gerade die Konfrontation mit einer weitgehend homogenen Gruppe von Menschen mit schweren Behinderungen Gefühle des Fremdartigen, der Distanz, des Erschreckens usw. aus. Zum anderen lebten diese schwer behinderten Kinder und Jugendlichen in einer großen Einrichtung mit damals durchaus ghettoartigem Charakter; im Rahmen des Projekts wurde zum ersten Mal und mit tastenden Schritten versucht, mit ihnen in Beziehungs- und Bildungsprozesse zu treten. Nicht zuletzt dank der Umsetzung des Rechts auf Bildung für die Personengruppe schwer behinderter Kinder und Jugendlicher dürfte das Erscheinungsbild der meisten von ihnen heute ein Stück weit anders aussehen. Gleichwohl zeigt die Erfahrung, dass Kinder und Jugendliche mit schweren Behinderungen, gerade dann, wenn diese progredient verlaufen, mit deutlichen Auffälligkeiten insbesondere im Gesicht oder mit unverständlichen Ausdrucks- bzw. Verhaltensweisen (Stereotypien, selbstverletzendes Verhalten) verbunden sind, bei pädagogischen Fachkräften (zumindest anfänglich) Empfindungen des Fremdartigen, ambivalente Gefühle, Erleben von Verunsicherung, Irritation und existenzieller Bedrohung auslösen können. Damit unverstellt umzugehen setzt allerdings eine offene, wahrhaftige Atmosphäre z. B. in Kolleg(inn)enkreisen jenseits einer „educational correctness" voraus. Sich damit in die persönliche Auseinandersetzung zu begeben ist eine gute Möglichkeitsbedingung dafür, eine tragfähige professionelle Einstellung und Haltung für und in der Arbeit mit schwer behinderten Kindern und Jugendlichen zu entwickeln.

Bildungstheoretische Fundierungen im Blick auf Kinder und Jugendliche mit schwerer Behinderung

Die flächendeckende Umsetzung des Rechtes von schwer behinderten Kindern und Jugendlichen auf schulische Bildung hat sich in Deutschland seit den 1970er-Jahren vollzogen. Dies ist bislang weitestgehend in Schulen mit den Förderschwerpunkten geistige Entwicklung sowie körperliche und motorische Entwicklung erfolgt. Im Diskurs um eine inklusive Schule stellt sich für diesen Personenkreis der zentrale Fragenkomplex: Inwieweit gelingt es, ein grundlegendes Bildungsverständnis zu entwickeln, dass so offen ist (ohne den Bildungsbegriff zu entleeren; vgl. Ricken 2006), dass es sich für alle Kinder und Jugendlichen (einschließlich jener mit schwerer Behinderung) als tragfähig erweist? Bietet ein solches Bildungsverständnis auch für die pädagogischen wie sonstigen Fachkräfte in der inklusiven Schule, insbesondere Regelschullehrer/innen, eine überzeugende handlungsorientierende Grundlage für ihre unterrichtliche Arbeit? Passen z. B. Kinder mit schwerer Behinderung aus der Sicht von Lehrerinnen und Lehrern etwa des Regelschulbereichs überhaupt in ein allgemeines Verständnis von Bildung? Sind sie zwar zu Lern- und Trainingsprozessen fähig, aber nicht zu Bildungsprozessen, wie sie in den einzelnen Schulfächern intendiert sind? Ist das, was Schüler/innen mit schwerer Behinderung lernen können, wirklich Bildung? – Diese Fragen sind nicht nur rhetorischer Art. In offenen Gesprächen z. B. mit Regelschullehrkräften (aber nicht nur mit ihnen) zeigt sich, dass es ihnen oftmals zumindest nicht leicht fällt, diese spezielle Schülergruppe mit Bildung in Zusammenhang zu bringen.

Andererseits wurden im Laufe der letzten Jahrzehnte im sonderpädagogischen Kontext eine Reihe von Ansätzen der Bildung schwer behinderter Kinder und Jugendlichen entwickelt (vgl. Weiß 2012), sodass auf der Bildungsfähigkeit von Menschen mit schwerer Behinderung begründet zu bestehen ist und ihnen ausnahmslos Bildung ermöglicht werden kann.

Gerade im Blick auf die Frage nach den Chancen und möglichen Problemen der Bildung und Erziehung von Schülerinnen und Schülern mit schwerer Behinderung in einem inklusiven Rahmen bedarf es der theoretischen Fundierung eines nicht-exklusiven Bildungsverständnisses innerhalb des Kompetenzprofils von Lehrerinnen und Lehrern. Deren Weiterentwicklung hätte im Kompetenzmodell von Baumert und Kunter innerhalb des darin vorgesehenen „konzeptuellen bildungswissenschaftlichen Grundlagenwissens", speziell der bildungstheoretischen Grundlagen (2011, 39, Tab. 2.1), durchaus ihren Platz. Auch dies geht jedoch über eine technologische Kompetenzorientierung im Sinne der „didaktische[n] Vorbereitung und Inszenierung von Unterricht [...] als eine[r] zentrale[n] Anforderung des Berufs" (Baumert / Kunter 2011, 29 f.) deutlich hinaus. Denn diese Fundierungsprozesse haben wiederum auch eine ethische und politische Relevanz. Die Geschichte des gesellschaftlichen Umgangs mit (schwer) behinderten Menschen belegt nämlich, „dass Bildung (bzw. Erziehung) einen aktiven Lebensschutz bedeuten und dass die Verweigerung des Bildungsrechts lebensbedrohliche Konsequenzen haben kann" (Antor / Bleidick 1995, 62). Nur im Vorgang der Bildung entwickelt der Mensch als leib-seelische Einheit mit den Mitmenschen deutend und be-deutend Selbst- und Weltverständnis und wird dadurch (über-)lebensfähig. Dies gilt ausnahmslos, erhält jedoch für den Menschen mit schwerer Behinderung eine besondere Relevanz. Ihm „gute Bildung für die wesentlichen Bedürfnisse seine Erdenlebens" (Pestalozzi 1793; 1949, 300) zu ermöglichen oder vorzuenthalten ist in der Tat eine Frage von ‚Leben und Tod'. Daher sind Bildungsfragen mit Klafki (1996, 49) Gesellschaftsfragen und in einem ganz existenziellen Sinn auch ethische Fragen.

Die Überlegungen zur Einstellung und zum (pädagogischen) Bezug zu Menschen mit schwerer Behinderung zeigen, dass Anerkennung der Vielfalt, der Differenz die pädagogische Fachperson[4] vor potenziell produktive Herausforderungen stellen kann, vor allem, wenn aus ‚relativer',‚‚radikale' Differenz" (Dederich 2013, 42) wird. Allgemein von Vielfalt zu sprechen, die es anzuerkennen gilt, ohne die Unterschiedlichkeit, Formen und Größe der Differenzen zu bedenken, kann dazu beitragen, dieses Postulat in seiner Vielschichtigkeit und Provokanz zu verharmlosen. Dies möchte ich am Beispiel der Erziehung und Bildung von soziokulturell benachteiligten Kindern und Jugendlichen in Kitas und Schule und der Zusammenarbeit mit ihren Eltern und Familien verdeutlichen.

---

4 Anstelle von Fachkraft spreche ich immer dann von Fach*person*, wenn im professionsspezifischen Profil neben den zweifellos wichtigen technologischen Kompetenzen personspezifische Aspekte in besonderem Maße gefordert sind. Für den ‚pädagogischen Bezug' und die Beziehungsgestaltung gilt dies ebenso fraglos wie auch für (ethisch fundierte) Einstellungen und Haltungen.

Sozial benachteiligte Menschen im Reflexionshorizont der Heil- und inklusionsbezogenen Pädagogik – professionsspefische Implikationen

Im Kontext von Bildung und Erziehung ist Inklusion ein grundlegendes reflexions-, planungs- und entwicklungsleitendes Prinzip mit dem Ziel, den Bedürfnissen und Bedarfen von Kindern und Jugendlichen ohne und mit Behinderung, Kindern und Jugendlichen, die Probleme machen, weil sie Probleme haben, Kindern und Jugendlichen in gravierenden sozial benachteiligten Lebenslagen und Deprivationssituationen usw. so gut wie möglich gerecht zu werden (vgl. Weiß 2013; mit kritischem Bezug auf Hinz 2013, 6). Darin liegen Spannungsfelder und Widersprüche, die für die Professionsentwicklung im Feld der pädagogischen Inklusion bedeutsam sind. Einige seien kurz angerissen, wobei ich vor allem Kinder mit psychosozial bedingten Entwicklungsgefährdungen und deren Eltern/Familien im Blick habe.

Differenzen: Unterschiedlichkeiten versus Ungleichheiten und damit verbundene Diskussionszonen

Eine „Pädagogik der Vielfalt" (Prengel 2006) gilt in der Inklusionspädagogik zu Recht als tragendes Prinzip. Sie versucht, jedem Kind, unabhängig von Begabungshöhe, sozialer Herkunft, kultureller Lebensform, Geschlecht oder Behinderung, unbedingte Akzeptanz zu geben; denn „es ist normal, verschieden zu sein". Dies ist die eine Seite eines Spannungsverhältnisses. Die andere besteht darin, dass die Individualität von Kindern und die damit verbundene Vielfalt nicht nur ,naturgegeben' ist, sondern sozialen Bedingungen und Machtverhältnissen unterliegt.

Es mag für eine pädagogische Fachkraft mitunter schwer sein, die externalen Verhaltensprobleme eines Kindes, die ihren Entstehungshintergrund in Kontextfaktoren, etwa familiärer Vernachlässigung, haben, hinzunehmen; dieses Kind dennoch zu achten und wertzuschätzen ist gleichwohl ein Gebot pädagogischer Professionalität. Aber es ist schlichtweg zynisch, in diese Akzeptanz des Kindes die Gründe für sein spezifisches, oftmals schädliches Verhalten einzubeziehen. Hinz (2013, 10) fordert z.B. die „Akzeptanz von individuellen Unterschieden, von im wahrsten Sinne des Wortes eigenwilligen Lernverläufen". Wie weit dürfen ,eigenwillige' Lern- und Entwicklungsverläufe als Teil der Individualität eines Kindes jedoch auch dann noch akzeptiert werden, wenn sie für das Kind selbst (wie für andere) störend, ja zerstörend sind? Diese durchaus komplexe Frage führt in drei Diskussionszonen:

1. Verhältnis von inklusionsbezogener Pädagogik und Intersektionalitäts-konzepten
2. Verhältnis von Prävention und Inklusion
3. Legitimität von Kategorien zur Beschreibung und Analyse von Entwicklungs- und Lernbeeinträchtigungen

Zu 1: Die inklusionsbezogene Pädagogik als *Pädagogik der Vielfalt* orientiert sich an Diversitätskonzepten, in denen, wie angedeutet, die voraussetzungslose Anerkennung der Kinder und Jugendlichen in ihren jeweiligen Unterschiedlichkeiten postuliert wird. Darin liegt einerseits ein hoher professionsethischer Anspruch, andererseits besteht die Gefahr, dass nicht hinreichend berücksichtigt wird, ob es sich um ‚naturgegebene' Differenzen handelt oder um *Ungleichheiten,* die im Kontext von Macht-, Herrschafts- und Normalisierungsverhältnissen entstanden sind (vgl. Walgenbach 2014), beide Differenzarten also hinsichtlich der daraus abzuleitenden Handlungsperspektiven letztlich gleichgestellt werden. Darauf machen Intersektionalitätskonzepte aufmerksam. Diese befassen sich mit dem Zusammenwirken unterschiedlicher Diskriminierungs- und Benachteiligungsfaktoren auf die betroffenen Menschen, z.B. mit Interaktionsprozessen zwischen biologischen Risiken und sozioökonomischer Situation oder zwischen biologischer Schädigung, ethnischer Herkunft und Geschlecht. Obwohl nach Walgenbach (2015, 131) eine „Positionierung des Paradigmas Intersektionalität" zur „aktuellen Inklusionsdebatte" noch aussteht, ist vor diesem Hintergrund der Autorin zufolge zu erwarten, „dass eine pädagogische Inklusionsrhetorik, die soziale Ungleichheiten durch die Forderung nach einer pauschalen Anerkennung der Unterschiedlichkeiten von Kindern und Jugendlichen unsichtbar macht, auf erhebliche Kritik in der Intersektionalitätsforschung treffen wird" (2015, 131).

Zu 2: Hinz sieht die beiden Zielorientierungen Inklusion und Prävention in einem Widerspruch: „Der deutlichste Widerspruch zu inklusiven Vorstellungen dürfte darin bestehen, dass bei Prävention der Anschluss an die allgemeine Entwicklung angestrebt wird und Inklusion genau die Freiheit für das Gegenteil postuliert, nämlich die Legitimität individueller Lernwege und Entwicklungen" (2013, 10).

Dieser Widerspruch ist differenziert zu sehen (vgl. Weiß 2013). In den Präventionsdebatten der Gesundheitsförderung wird zwischen *Verhältnis-* und *Verhaltens*prävention unterschieden. Verhältnisprävention bezieht sich auf die Schaffung förderlicher sozial-ökologischer Bedingungen (Verhältnisse). Im Rahmen der Verhältnisprävention kommt es darauf an, Kindern in (früh-)pädagogischen Einrichtungen Bedingungen (Verhältnisse) bereitzustellen, die ihnen eine gedeihliche Entwicklung sowie angemessene

Bildung und Erziehung ermöglichen. Dazu gehören für Kinder aus sozial benachteiligten und gesellschaftlichen Exklusionsprozessen ausgesetzten Familien spezifische Bildungsangebote, die von ihrer Lebenswelt ausgehen, diese achten und damit ihren Bildungsbedürfnissen entsprechen. Zwischen einer so verstandenen Verhältnisprävention und der Inklusion bestehen wichtige Gemeinsamkeiten. Es ist geboten, in Kitas und Schulen über *verhältnispräventive* Wege für Kinder in benachteiligten Lebenslagen gerade unter inklusivem Anspruch verstärkt nachzudenken und eine präventive Zielorientierung nicht aufzugeben.

Dies gilt auch für die Verhaltensprävention. Bei aller notwendigen Anerkennung „individueller Lernwege und Entwicklungen" (Hinz 2013, 10) wird es unter dem Gebot der Bildungsgerechtigkeit darauf ankommen, Kinder mit psychosozialen Risiken auf verschiedenen Ebenen zu stärken – gegebenenfalls auch in ihrer physischen Situation, insbesondere aber emotional, sozial und in ihren kognitiven Aneignungsmöglichkeiten. Dafür bieten die Bindungs- und Resilienzforschung wichtige Erkenntnisse (z.B. Opp / Fingerle 2008). Kinder, die auf einer ‚sicheren Basis' und an einem Sicherheit gebenden Ort Zutrauen finden, um sich – in Kooperation mit für sie signifikanten Erwachsenen – mit der Welt der Menschen und Dinge auseinanderzusetzen und sich dadurch wichtige Bildungsgüter und ‚Kulturtechniken' anzueignen, gehen auch leichter ihren Weg in der ‚Welt der Schule'. Verhältnis- und Verhaltensprävention sind nicht zu trennen; denn Verhältnisse, ob förderlich oder nicht, wirken auf das Verhalten besonders von Kindern ein.

Die generelle Wertschätzung von Diversity, die Anerkennung der Verschiedenheit von Kindern – als grundlegendes Kriterium von Inklusion – bedarf also des differenzierenden Blicks auf die Gründe dieser Verschiedenheit. Verschiedenheiten aufgrund von (Bildungs-)Benachteiligung, in welcher Form auch immer, erfordern präventive und kompensatorische Maßnahmen. Dabei geht es jedoch nicht darum, Kinder in soziokulturell benachteiligten und randständigen Lebenslagen unter Missachtung lebensweltspezifischer Sensibilitäten an mittelschichtorientierte, (klein-)bürgerliche Verhaltens- und Leistungsstandards *einseitig* anpassen zu wollen und damit ihrer Lebenswelt zu entfremden, sondern sie in ihrer nicht einfachen Rolle als Grenzgänger/innen zwischen (sub-)kulturspezifischen Kontexten zu stärken. Den Anspruch auf Prävention und Kompensation in inklusiven Kontexten aufzugeben widerspräche dem Gebot der ausgleichenden Gerechtigkeit bzw. – pointierter formuliert – dem „Prinzip der ‚gerechten Ungerechtigkeit'" (Engler 2005, 305).

Zu 3: Vielfach herrscht ein Verständnis von inklusionsbezogener Pädagogik vor, in dem sich Anerkennung und Wertschätzung von Kindern mit unterschiedlichen Differenzkategorien und die Verwendung von Kategorien zur

Beschreibung und Klassifizierung von Entwicklungs- und Lernbeeinträchtigungen bis hin zu Behinderungen und ihren „funktionellen Äquivalenten" wie den sonderpädagogischen Förderbedarfen (Dederich 2015, 27) ausschließen. Da deprivationsbedingte Beeinträchtigungen der Entwicklung, des Lernens und spezifischer Handlungskompetenzen bis zum Grad einer ‚Behinderung' letztlich nicht additiv angefügte Attribute eines Menschen sind, sondern sich habituell in ihnen ‚verkörpern', wäre es naiv zu behaupten, dass die Attestierung beeinträchtigungs- und behinderungsspezifischer Kategorien ‚nur' einen ‚äußerlichen' Aspekt eines Menschen, nicht jedoch diesen Menschen als Person beträfe. Andererseits ist mit Dederich (2015, 31) auch in einer (professions-)ethischen Perspektive festzuhalten, dass die Anerkennung eines Kindes oder Jugendlichen mit Beeinträchtigung oder Behinderung und die damit verbundene Ausgestaltung der (professionellen) Verantwortung für diesen Anderen ein hinreichend fundiertes Wissen voraussetzen, wer dieser Andere „ist und wessen er bedarf" (was eben auch seine beeinträchtigungs- und behinderungsspezifischen Bedürfnisse einschließt). Wir haben es hier mit einem Dilemma zu tun, das sich letztlich nicht völlig auflösen lässt und gerade deshalb einen (professions-)ethisch differenzierten, behutsamen und zurückhaltenden Umgang damit verlangt (Dederich 2015, 32). Wegweisend könnten hier philosophisch-ethische Überlegungen sein, die zwischen den beiden Ebenen der *Begegnung und Beziehung* mit dem Anderen einerseits und der *Zuschreibung von Eigenschaften* ‚im Blick' auf diesen Anderen andererseits differenzieren. In ethischer Perspektive impliziert die Begegnung mit dem Anderen eine nicht an Bedingungen gebundene Anerkennung und Wertschätzung. Davon gilt es zu unterscheiden, diesem Anderen Merkmale bzw. Eigenschaften zuzuschreiben, die jedoch immer auch in ihrem Kontext (z.B. Bezugsnormen, Entstehungsbedingungen, situationsbezogenes Auftreten und Ausdrucksformen) zu verstehen sind:

„Konsequent verfolgt, bedeutet dies, dass z. B. die Würde des Menschen nicht gebunden wird an bestimmte Eigenschaften. Sie ist vielmehr gebunden an die Art, wie diesem Menschen begegnet werde. Das Paradigma der Eigenschaften ist zweitrangig. Vorrangig ist das Paradigma der Begegnung, der Beziehung. Alle Zuschreibungen von Eigenschaften, alle ‚Einordnungen', ‚Klassifizierungen' eines Menschen setzen eine Begegnung mit diesem Menschen voraus [...]. Die Vorrangstellung der Begegnung vor einer Zuschreibung würdigt, dass der Andere nicht per se ein ‚Fall von ...' oder ein ‚diagnostisches oder pädagogisches, therapeutisches Thema' ist, worüber wir schreiben und sprechen, sondern ein Gesprächspartner, und zwar noch bevor er von uns eingeschätzt und interpretiert wird: Beachtung kommt vor Beobachtung (Einschätzung, Interpretation, Zuschreibung)" (Stinkes 2016, 38; vgl. auch Stinkes 2012).

Diese Differenzierung zwischen der unbedingten Anerkennung des Anderen in seiner Einzigartigkeit – jenseits der ihm zuschreibbaren kategorialen Merkmale – und dem performativen, Wirklichkeit schaffenden Zuschreibungsakt scheint auch bei Dederich (2015, 32) auf:

> „Kategorien haben nicht die Funktion, Menschen und ihre Lebenswirklichkeit umfänglich und als Totalität zu erfassen. Vielmehr sind sie kontextabhängig auf bestimmte und umgrenzte Hinsichten oder Aspekte eines Lebens bezogen. Die Unausweichlichkeit der Verwendung von Kategorien wäre mit einem wachen Bewusstsein dafür zu verbinden, dass das, was die Singularität des Menschen und seine unverbrüchliche Humanität ausmacht, gerade nicht in den Kategorien aufgeht" und – so könnte man hinzufügen – in der Begegnung mit ihm sichtbar und wertgeschätzt wird.

Anerkennung von Vielfalt – eine nicht leichte Aufgabe im Umgang mit Eltern und Familien aus ‚fremden' Lebenslagen

Die Frage eines anerkennenden, respektvollen Umgangs von pädagogischen Fachpersonen in Kindertagesstätten und Schulen stellt sich in nicht selten herausfordernder Weise in der Arbeit mit soziokulturell benachteiligten, randständigen und dadurch für das pädagogische Fachpersonal im Allgemeinen ‚fremden' Eltern und Familien, denn Respekt – so Sennett (2002) – ist „[...] im Zeitalter der Ungleichheit" ein knappes Gut. Bei der Rezeption inklusionspädagogischer Literatur habe ich manchmal den Eindruck, dass im Fokus der Anerkennung von Vielfalt vor allem Kinder und Jugendliche in der Diversität ihrer Situation und Lebenslage stehen, weniger jedoch deren Eltern und Familien. In den früheren Schulen für Lernbehinderte und heutigen Schulen mit dem Förderschwerpunkt Lernen, die oftmals auch als ‚Schulen der Armut' bezeichnet werden, konnte man gegenüber den Eltern der Schüler/innen oftmals Skepsis bis hin zu Resignation oder gar Defaitismus spüren, wenn es um die Kooperation mit Eltern geht (vgl. Weiß 2001). Es ist hier nicht möglich, tiefgehendere Analysen über die Gründe dafür anzustellen; Enttäuschungsprozesse im Zusammenhang mit gut gemeinten, aber nicht hinreichend erfolgreich verlaufenen Kooperationsbemühungen, vor allem aber auch nicht überbrückbare kulturell-lebensweltliche Differenzen und Distanzen mit entsprechenden Verständigungsproblemen und daraus resultierenden tendenziell negativen Pauschalurteilen spielen hier eine Rolle.

Als Beispiel für eine problematische Pauschaleinschätzung gegenüber Müttern aus sozial benachteiligten Lebenslagen bzw. aus der ‚Unterschicht' können die folgenden Aussagen von Katharina Rutschky, der Herausgeberin einer verdienstvollen, wichtigen Quellensammlung über „Schwarze Pädagogik", gelten:

„[…] Gefangen in einem Gespinst von Wohlmeinung und Moral, scheut man sich, der eigentlichen Armut in einer immer noch reichen Gesellschaft wie der Bundesrepublik wirklich ins Auge zu blicken. Arm ist kein Kind, dessen Eltern Sozialhilfe beziehen – arm ist es, weil die Eltern und Mütter über null sozio-kulturelles Kapital verfügen. Daraus folgte ein Votum nicht für die Umverteilung von Geld, sondern für gute Kinderhorte und Ganztagsschulen und ein flächendeckendes Angebot an kulturellen Freizeitmöglichkeiten für diese Kinder […]" (Rutschky 2003, 12).

Ohne der Forderung Rutschkys nach guten Kinderhorten und Ganztagsschulen sowie einem flächendeckenden Angebot an kulturellen Freizeitmöglichkeiten für Kinder in Armutslagen widersprechen zu wollen, ist ein solches mehr oder weniger eindeutiges Pauschalurteil über deren Mütter das Gegenteil von Respekt und eines Mindestmaßes an Wertschätzung, es ist schlichtweg missachtend. Nicht nur muss gefragt, welchen wert- und normbezogenen Beurteilungsmaßstab hier Rutschky zugrunde legte, vielmehr auch, welche Grundlage zur Kooperation pädagogische Fachpersonen mit Menschen haben, denen sie „null sozio-kulturelles Kapital" zuweisen. Dann bleibt im Grunde eigentlich allein die Konsequenz, Kinder, die in prekären Lebenslagen aufwachsen, möglichst schnell in außerhäusliche Erziehungs- und Bildungseinrichtungen aufzunehmen und mit ihnen – pointiert formuliert – sowohl in den Kindertagesstätten wie in den Schulen sozusagen eine zweite Lebens- und Lernwelt zu gestalten, die ohne die intensive Pflege von Bezügen zu den familiären Lebenswelten existiert. Wie Bronfenbrenner (1981) aus einer ökosystemischen Perspektive zeigen konnte, erweist sich die Pflege solcher Querverbindungen zwischen Elternhaus und Schule (Mesosystem) für die Entwicklung der Kinder und Jugendlichen als wichtig und förderlich.

Daher wird in inklusiven pädagogischen Einrichtungen wie Kitas und Schulen die Kooperation mit den Eltern und Familien, speziell auch mit jenen, die als ‚bildungsfern‘, ‚sozial abgehängt‘ und ‚randständig‘ usw. gelten, eine zentrale Aufgabe sein. Dazu bedarf es in einer professionellen Perspektive jedoch wiederum nicht nur technologisch-instrumenteller Kompetenzen, sondern einer hohen (Selbst-)Reflexionskompetenz unter Einbezug wertbezogen-normativer, also auch ethisch grundierter Überlegungen im Sinne der (Be-)Achtung soziokulturell ‚fremder‘ Lebenswelten und -formen.

Zu dieser Reflexionskompetenz gehört maßgeblich eine *doppelte reflexive Distanz*, zum einen eine reflexive Distanz zu den eigenen Wertvorstellungen und Normen, zum anderen eine reflexive Distanz zu den kulturellen Lebensmustern der Familie und ihrer Mitglieder. Zum eigenen Werte- und Normensystem, zum eigenen Lebenskonzept in Distanz zu treten kann bereits damit beginnen, kritisch nach dessen Allgemeingültigkeit zu fragen. Dann muss man feststellen, dass die normale bürgerliche Lebensform von Mittelschichtsangehörigen in der sog. Ersten Welt schon aus ökologischen Gründen keineswegs als Universalmodell taugt. Würden alle Menschen dieser Welt so leben, müsste dies auf relativ kurze Sicht zu einer unumkehrbaren Zerstörung unserer Lebensgrundlagen führen. In reflexive Distanz zu den subjektiven Deutungs- und Handlungsmustern sog. Unterschichtfamilien zu treten heißt, diese Muster als Ausdruck lebensweltlich geprägter und lebensgeschichtlich gewordener Strategien zu begreifen, mit denen diese Familien ihre oftmals prekäre Lebenswirklichkeit zu bewältigen suchen – und wofür die Attestierung ‚null sozio-kulturelles Kapital' schlichtweg unzutreffend ist. Dazu gehört auch, die dahinter liegenden sozialstrukturellen Problemfaktoren zu analysieren.

Eine solche Sichtweise kann dazu beitragen, sich die ‚guten Gründe' des Denkens und Handelns von Eltern und Familien in deprivierten Lebensverhältnissen, ihre ‚overlooked positives', bewusst zu machen, auch wenn sie den eigenen normativen Vorstellungen der pädagogischen Fachperson nicht entsprechen mögen.

Erziehungs- und Unterrichtstechnologie sowie pädagogisches Ethos – zwei zentrale Bereiche einer heil- und inklusionspädagogischen Professionalität

Als eine hoffnungsvolle Perspektive in der Entwicklung einer inklusionsbezogenen Pädagogik und Didaktik erscheint die Tatsache, dass Fachdidakter/innen aus verschiedenen Fächern sowie Sonderpädagoginnen und -pädagogen zusammen Konzepte eines gemeinsamen Unterrichts für Schüler/innen mit und ohne Behinderung entwickeln. Dies ist eine neue Tendenz, die im Hinblick auf die künftige professionelle Profilierung von unterrichtstechnologisch versierten Lehrerinnen und Lehrern in inklusiven Schulen nicht hoch genug eingeschätzt werden kann. Aber sie muss ergänzt werden durch eine professionelle Profilierung, die – jenseits bedeutsamen technologischen Wissens und Könnens – mit Begriffen wie Reflexionskompetenz, professionelle Haltung und Sensibilität umschrieben werden kann – als Bedingung, die es Lehr- und anderen pädagogischen Fachkräften ermöglicht, mit Spannungsfeldern und Dilemmata, die mit der Zunahme von Komplexität im inklusiven Alltag eher zunehmen werden, angemessen umzugehen.

Ein zweiter abschließender Gedanke verweist noch einmal auf den Zusammenhang von Eigenem und Fremdem, der sowohl im Blick auf Menschen mit schweren Behinderungen wie in soziokulturell benachteiligten Lebenslagen (z.B. chronischen Armutsverhältnissen) hoch relevant ist. Der bekannte Soziologe Zygmunt Bauman hat eine Ethik der Anerkennung des Fremden auf folgende Formel gebracht:

„Man muss die Andersheit im anderen ehren, die Fremdheit im Fremden, indem man sich erinnert – mit Edmond Jabès –, daß ‚das Einzigartige universal ist', daß das Verschiedensein bewirkt, daß wir uns ähneln, und daß ich meine eigene Differenz nur dadurch respektieren kann, dass ich die Differenz des anderen respektiere" (1995, 286 f.).

Die Anerkennung der Differenz, der Fremdheit des anderen (Stinkes 1993) und die Anerkennung der eigenen fremd erscheinenden, dunklen, verdrängten Seiten bedingen sich gegenseitig. Im Bewusstsein dessen, dass jeder Mensch ihm fremde, unheimliche und nur bedingt zu ergründende Anteile hat, ist es vielleicht eher möglich, den Fremden in seiner Andersheit anzuerkennen – und umgekehrt. Darin besteht auch der Gewinn, sich auf das Fremde einzulassen. Die Brisanz dieser Aufgabe bleibt gleichwohl bestehen, sie darf innerhalb des Postulats der Anerkennung der Vielfalt nicht unterschätzt werden. Differenziert kritisch mit diesem Postulat umzugehen ist unabdingbarer Teil einer heil- und inklusionspädagogischen Professionalität.

Literatur

Antor, G. / Bleidick, U. (1995): Recht auf Leben – Recht auf Bildung. Aktuelle Fragen der Behindertenpädagogik. Heidelberg.

Antor, G. / Bleidick, U. (2000): Behindertenpädagogik als Angewandte Ethik. Stuttgart.

Antor, G. / Bleidick, U. (2001): Ethik. In: Antor, G. / Bleidick, U. (Hrsg.): Handlexikon der Behindertenpädagogik. Stuttgart, 158–161.

Bauman, Z. (1995): Moderne und Ambivalenz. Das Ende der Eindeutigkeit. Frankfurt a. M.

Baumert, J. / Kunter, M. (2011): Das Kompetenzmodell von COACTIV. In: Kunter, M. / Baumert, J. / Blum, W. / Klusmann, U. / Krauss, S. / Neubrand, M. (Hrsg.): Professionelle Kompetenz von Lehrkräften. Ergebnisse des Forschungsprogramms COACTIV. Münster/ New York/München/Berlin, 29–53.

Bohlken, E. (2012): Anthropologische Grundlagen einer Ethik der Behindertenpädagogik. In: Moser, V. / Horster, D. (Hrsg.): Ethik der Behindertenpädagogik. Menschenrechte, Menschenwürde, Behinderung. Eine Grundlegung. Stuttgart, 59–74.

Bronfenbrenner, U. (1981): Die Ökologie der menschlichen Entwicklung. Stuttgart.

Brumlik, M. (1992): Advokatorische Ethik. Zur Legitimation pädagogischer Eingriffe. Bielefeld.

Dederich, M. (2013): Philosophie in der Heil- und Sonderpädagogik. Stuttgart.

Dederich, M. (2015): Zwischen Wertschätzung von Diversität und spezialisierter Intervention. Ein behindertenpädagogisches Dilemma im Zeichen der Inklusion. In: Behinderte Menschen 38, 4/5, 27–32.

Dederich, M. / Schnell, M. W. (2009): Ethische Grundlagen der Behindertenpädagogik: Konstitution und Systematik. In: Dederich, M. / Jantzen, W. (Hrsg.): Behinderung und Anerkennung. Stuttgart, 59–83.

Engler, W. (2005): Bürger, ohne Arbeit. Für eine radikale Neugestaltung der Gesellschaft. Berlin.

Fornefeld, B. (Hrsg.) (2008): Menschen mit Komplexer Behinderung. Selbstverständnis und Aufgaben der Behindertenpädagogik. München/Basel.

Greving, H. (2011): Heilpädagogische Professionalität. Eine Orientierung. Stuttgart.

Gröschke, D. (1993): Praktische Ethik der Heilpädagogik. Individual- und sozialethische Reflexionen zu Grundlagen der Behindertenhilfe. Bad Heilbrunn.

Häußler, M. (2000a): Skepsis als heilpädagogische Haltung. Reflexionen zur Berufsethik der Heilpädagogik. Bad Heilbrunn.

Häußler, M. (2000b): Heilpädagogische Haltung. Zur aktuellen Bedeutung eines traditionsreichen Begriffs. In: Zeitschrift für Heilpädagogik 51, 8, 327–334.

Hinz, A. (2013): Inklusion – von der Unkenntnis zur Unkenntlichkeit!? – Kritische Anmerkungen zu einem Jahrzehnt Diskurs über schulische Inklusion in Deutschland. Inklusion online, Nr. 1. http://www.inklusion-online.net/index.php/inklusion/article/view/201/182 [31.05.2013].

Klafki, W. ([5]1996): Neue Studien der Bildungstheorie und Didaktik. Zeitgemäße Allgemeinbildung und kritisch-konstruktive Didaktik. Weinheim/Basel.

Kleinbach, K. (1990): Gegen die „Wut des Verstehens" – der Andere: Überlegungen zu einem veränderten Verständnis des Kommunikationsbegriffs in der Schule für geistig Behinderte. In: Sonderpädagogik 20, 3, 97–107.

Lindmeier, C. (1999): Selbstbestimmung als Orientierungsprinzip der Erziehung und Bildung von Menschen mit geistiger Behinderung – kritische Bestandsaufnahme und Perspektiven. In: Die neue Sonderschule 44, 3, 209–224.

Lindmeier, B. / Lindmeier, C. (2012): Pädagogik bei Behinderung und Benachteiligung. Band I: Grundlagen. Stuttgart.

Litt, T. ([13]1976): Führen oder Wachsenlassen. Eine Erörterung des pädagogischen Grundproblems (Reprint). Stuttgart.

Moser, V. / Horster, D. (2012): Einleitung: Ethische Argumentationen der Behindertenpädagogik – eine Bestandsaufnahme. In: Moser, V. / Horster, D. (Hrsg.): Ethik der Behindertenpädagogik. Menschenrechte, Menschenwürde, Behinderung. Eine Grundlegung. Stuttgart, 13–22.

Opp, G. / Fingerle, M. (Hrsg.) ([3]2008): Was Kinder stärkt. Erziehung zwischen Risiko und Resilienz. München/Basel.

Pestalozzi, J. H. (1949): Brief an Nicolovius. In: Pestalozzi, J. H.: Sämtliche Briefe. Dritter Band. Briefe aus den Jahren 1767–1797. Zürich, 297 ff. books.google.de/books?isbn=3110054930 [28.04.2012].

Pfeffer, W. (1987): Zur Entwicklung des Erziehers in der Erziehung bei schwerer geistiger Behinderung. In: Adam, G. / Hußlein, E. / Pfeffer, W. (Hrsg.): Erziehen als Beruf. Würzburg, 257–268.

Pfeffer, W. (1988): Förderung schwer geistig Behinderter. Eine Grundlegung. Würzburg.

Prengel, A. ([3]2006): Pädagogik der Vielfalt. Wiesbaden.

Ricken, N. (2006): Die Ordnung der Bildung. Beiträge zu einer Genealogie der Bildung. Wiesbaden.

Ricking, H. / Wittrock, M. (2012): Und wer nimmt sie? Schüler und Schülerinnen mit gewaltförmigen Verhaltensmustern in Zeiten der Inklusion. In: Sonderpädagogische Förderung heute 57, 2, 190–202.

Rutschky, K. (2003): Oliver Twist im Zeitalter der Kuschelpädagogik. In: Frankfurter Rundschau vom 12.09.2003, Nr. 213, 12.

Schleiermacher, F. (1983): Pädagogische Schriften I. Die Vorlesungen aus dem Jahre 1826. Frankfurt a.M.

Schnell, M. W. (2008): Ethik als Schutzbereich. Lehrbuch für Pflege, Medizin und Philosophie. Bern.

Sennett, R. (2002): Respekt im Zeitalter der Ungleichheit. Berlin.

Stinkes, U. (1993): Spuren eines Fremden in der Nähe. Das ,geistigbehinderte' Kind aus phänomenologischer Sicht. Würzburg.

Stinkes, U. (2012): „Es ist normal, verschieden zu sein". In: Lehren & Lernen 38, 12, 17–21.

Stinkes, U. (2016): Der ambivalente Status des Menschen: Verwundbarkeit und Selbstverwirklichung. In: Behinderte Menschen 39, 2, 33–39.

Walgenbach, K. (2014): Heterogenität – Intersektionalität – Diversity in der Erziehungswissenschaft. Opladen/Toronto.

Walgenbach, K. (2015): Intersektionalität – Impulse für die Sonderpädagogik und inklusive Bildung. In: Sonderpädagogische Förderung heute 60, 2, 121–136.

Weiß, H. (2001): Armut und soziale Benachteiligung: Was bedeuten sie für die Heil- und Sonderpädagogik. In: Die neue Sonderschule 46, 5, 350–368.

Weiß, H. (2012): Bildungsrecht und Bildungsrealität von Kindern und Jugendlichen mit schwerer Behinderung – eine Problemskizze. In: Sonderpädagogische Förderung heute 57, 3, 253–267.

Weiß, H. (2013): Inklusion in frühpädagogischen Einrichtungen – Spannungsfelder und Widersprüche. In: Frühe Bildung 2, 4, 212–215.

Weiß, H. / Stinkes, U. / Fries, A. (Hrsg.): Prüfstand der Gesellschaft. Behinderung und Benachteiligung als soziale Herausforderung. Würzburg.

Anschrift des Verfassers:
Prof. Dr. Hans Weiß
Jahnstr. 45
93326 Abensberg